21世纪普通高等院校系列规划教材

统计学实验与实训

Tongjixue Shiyan yu Shixun

主　编　甘伦知

副主编　张春国

西南财经大学出版社

中国·成都

图书在版编目(CIP)数据

统计学实验与实训/甘伦知主编．—成都：西南财经大学出版社，2018.3

ISBN 978－7－5504－3400－4

Ⅰ.①统…　Ⅱ.①甘…　Ⅲ.①统计学—实验—高等学校—教材
Ⅳ.①C8－33

中国版本图书馆 CIP 数据核字(2018)第 046362 号

统计学实验与实训

主　编：甘伦知
副主编：张春国

责任编辑：杨婧颖
责任校对：田园
封面设计：杨红鹰　张姗姗
责任印制：朱曼丽

出版发行	西南财经大学出版社(四川省成都市光华村街 55 号)
网　　址	http://www.bookcj.com
电子邮件	bookcj@foxmail.com
邮政编码	610074
电　　话	028－87353785　87352368
照　　排	四川胜翔数码印务设计有限公司
印　　刷	郫县犀浦印刷厂
成品尺寸	185mm×260mm
印　　张	21
字　　数	435 千字
版　　次	2018 年 4 月第 1 版
印　　次	2018 年 4 月第 1 次印刷
印　　数	1— 3000 册
书　　号	ISBN 978－7－5504－3400－4
定　　价	45.00 元

前言 Foreword

统计实验与实训教学是将统计数据、统计方法、统计软件和实际问题相结合，培养学生动手能力和实践创新能力，是统计学理论学习的继续、补充和发展。本书的编写按照这种要求，融入当前统计学教学改革的研究成果，着力培养学生分析问题和解决实际问题的能力。本书可以独立使用，也可以与《统计学》（张春国主编，甘伦知副主编）配套使用，作为本科生、大中专学生、统计工作者学习统计基本理论的指导教材和开展统计学实验与实训教学活动的专门教材。

全书共分为 11 章，第 1~10 章统一按统计知识、统计实验、统计实训、实训题解四个模块安排内容结构，第 11 章内容为统计综合实验指导。

统计知识部分：本部分对统计学的基本知识、基本方法等内容进行归纳、总结和点拨，既是指导统计理论学习，也是为顺利开展统计实验与实训活动做必要准备。

统计实验部分：由于 Excel 具有大众化特点，也具有强大的数据管理和数据分析能力，因此，本部分以 Excel 为基本平台，结合章节内容设计统计实验，明确实验目的和实验内容。在具体实验操作指导中，以图文并茂的形式对统计数据整理和统计分析等过程进行实验指导，内容除了具体实验步骤外，还包括解决问题的简要思路分析、对实验结果的解读和分析结论等。同时，每个实验都分别提出了三个需要学生独立思考、动手完成的实验实践问题，以期提高实验效果，逐步培养学生的动手能力及解决实际问题的能力。

统计实训部分：本部分结合现实社会经济问题，以各种题型为载体，对理解统计知识和运用统计方法解决实际问题展开实训，与统计实验结合，培养统计思想和统计方法应用的自觉性。

实训题解部分：统计学自学难度相对较高，而大学生一般都有自学的学习习惯，因而，本部分内容通过对实训题目的较详细解析，解决学生学习中只知其然而不知其所以然的问题，引导学习者举一反三，达到灵活运用统计知识和统计方法的目的。

统计综合实验部分：本部分对开展统计综合实验与实训进行指导。统计学综合实验一般完成难度大，本书对综合创新实验除加强选题、数据搜集、数据分析等方法的一般性指导外，特意挑选了两份比较有代表性的案例予以点评，为初学者提供一个参照学习、应用统计方法解决实际问题的模板。其中，选例一是主要基于初级资料的实验案例，点评中针对选题、数据搜集、整理分析、结论与结果等各方面进行了重点点评。选例二是基于次级资料的统计分析案例，重点对统计研究论文的写作进行点评。综合实验部分意在全面培养学生运用统计方法开展定量分析的能力，使学生的实践能力和论文写作技能在参与发现问题、分析问题、解决问题的过程中得到切实提高。

附录一给出了 4 套统计学模拟测试题，可以作为学习者自我检测学习效果的工具。附录二附上了《中华人民共和国统计法》，便于读者学习和了解统计实务工作中的一些基本要求。值得一提的是，书中不少地方对“$\sum_{i=1}^{n} x_i$”采用了一般常用的简记形式“$\sum x_i$”或“$\sum x$”，类似记号不再特别说明。

本书第 1、2、3、9、10 章的“统计知识、统计实训、实训题解”、模拟试题 1–2、综合实验选例一等内容由张春国编写，其余内容由甘伦知编写并统稿。本书是四川理工学院 2017 年教改项目“基于创新能力培养的统计学教学研究”的成果，编写过程中参考了同行们的大量著作，得到了四川理工学院师生和西南财经大学出版社的大力支持，在此一并致谢！感谢编辑孙婧对本书细心编校和顺利出版倾注的心血！

由于编者水平所限，书中疏漏之处在所难免，敬请读者提出宝贵意见，我们将不断完善。谢谢！

编　者

2017 年 12 月

目录 Contents

第一章　概论

一、统计知识

（一）统计的含义

抽象的“统计”一词包含统计工作、统计资料和统计学三个内涵，具体的“统计”只有其中某一个特定含义。

统计工作是统计人员对社会、经济、自然等现象的数量进行搜集、整理和分析工作的总称。统计资料又叫统计信息、统计数据，是指统计工作各个阶段取得的成果，包括原始资料、综合资料和分析报告。统计学是指系统阐述统计理论和方法的学科。

统计工作是基础，统计工作与统计资料之间是实践活动与成果的关系；统计工作与统计学之间是实践活动与理论研究的关系。

（二）统计的研究对象及特点

1. 统计工作的研究对象

统计工作的研究对象是社会、经济以及自然等现象的数量方面及数量关系。

统计工作的研究对象具有以下四个特点：

（1）数量性。它包括三个层次：①数量多少；②现象之间的数量关系；③现象由量变到质变的界限。

（2）总体性。统计总是研究总体现象的数量，不以研究个别事物为日的。

（3）具体性。统计研究的数量是客观存在的，不是抽象的。

（4）变异性。变异是指个别事物之间的差异，变异是统计研究的前提条件。

2. 统计学的研究对象

统计学是研究社会、经济以及自然等现象数量方面的方法论科学。

统计工作的研究对象与统计学的研究对象既有区别也有联系。

（三）统计学研究的基本方法

图 1-1 列出了统计研究中有关数据搜集、数据分析的基本方法。

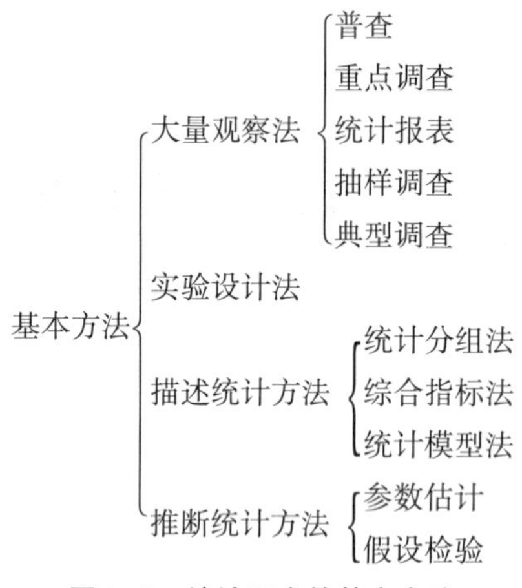

图 1-1　统计研究的基本方法

（四）统计学的产生与发展

1. 古典统计学时期（17 世纪中期至 18 世纪中期）

（1）国势学派。其主要代表人物是赫尔曼·康令、哥特弗莱德·阿亨瓦尔。阿亨瓦尔首次提出了“统计学”这一名称，该学派“有统计学之名，无统计学之实”。

（2）“政治算术”学派。其主要代表人物是威廉·配第和约翰·格朗特，威廉·配第开创了以数量研究社会经济问题的方法。该学派被称为“有统计之实，无统计学之名”。

2. 近代统计学时期（18 世纪末至 19 世纪末）

（1）数理统计学派。其主要代表人物是拉普拉斯和凯特勒。凯特勒对统计学的发展做出了重大贡献，被推崇为“近代统计学之父”。

（2）社会统计学派。其主要代表人物是恩格尔和梅尔，该学派不强调以数量研究社会经济问题，未成为统计学的主流。

3. 现代统计学时期（20 世纪初至今）

统计学受计算机、信息论等现代科学技术的影响，新的研究领域层出不穷，如多元统计分析、随机过程、非参数统计、时间序列分析，等等。这一时期的统计学有了进一步完善，新的研究分支不断增加，统计应用领域不断扩展。统计方法在各学科领域的应用又进一步促进了统计方法研究的深入和发展。

（五）统计学中的几个基本概念

1. 统计总体、总体单位与样本

（1）统计总体与总体单位。总体是统计研究对象的全体，它是由许多具有相同性质的个别事物组成的集合体。构成总体的个别事物叫总体单位。

在一定的条件下，总体和总体单位之间可以相互转化。总体可以分为有限总体和无限总体两类。根据统计研究的具体目的不同，总体单位可以是人、事物、机构组织、行为、事件、时间等。统计总体具有客观性、同质性、大量性和变异性四个特征。

（2）样本。从总体中随机抽出的一部分总体单位组成的整体叫样本。样本具有不确定性、随机性，而总体具有确定性、唯一性。

2. 标志与标志表现

（1）标志：说明总体单位特征或属性的名称。标志按其表现形式不同，有品质标志与数量标志之分；按其在所有总体单位上的表现是否一致，可以分为不变标志和可变标志两类。

（2）标志表现。总体单位在任一标志上表现出来的结果叫标志表现。品质标志的标志表现是文字，即分类计量和顺序计量；数量标志的标志表现是数值，即间距计量和比率计量。通常把数量标志的标志表现称作标志值。

3. 变异与变量

（1）变异。变异是指总体单位之间的差异，统计上所指的变异是一种普遍现象。变异是统计研究的前提条件。

（2）变量。可变的数量标志叫变量。变量按取值不同分为连续型变量和离散型变量。总体单位在某一变量上表现出来的结果叫变量值，变量值必须是标志表现，也一定是标志值。

4. 统计指标

（1）统计指标的概念。说明总体数量特征的概念（指标名称）和具体数值（指标数值）叫指标。完整的统计指标应包括时间、空间范围、指标名称、指标数值、计量单位五个基本要素。

推断统计中，说明总体的统计指标称为参数，比如总体均值、总体标准差、总体比例等；说明样本的指标称为统计量，比如样本均值、样本标准差、样本比例等。

（2）统计指标的分类

① 统计指标按其性质不同分为数量指标和质量指标。

② 统计指标按其表现形式不同分为总量指标、相对指标和平均指标。数量指标以总量的形式表现出来，质量指标以相对数和平均数的形式表现。

③ 统计指标按其在管理上所起的作用不同分为考核指标与非考核指标。

（3）统计指标与标志的区别和联系

区别：① 二者说明的对象不同，标志是说明总体单位特征的，而统计指标是说明总体数量特征的；② 二者的表现形式不同，标志既有不能用数值表示的品质标志，也有能用数值表示的数量标志，而统计指标必须是用数值表示。

联系：① 指标名称与数量标志之间可以相互转化；② 基本的统计指标数值是通过总体各单位的标志表现进行汇总而获得的。

学习上述基本概念，一定要把握好概念之间的相互关系。上述概念关系中，标志处于最核心的位置，其他概念都直接或间接与标志产生联系。

（六）统计计量的层次

统计计量就是指的标志表现，又称为统计资料。

1. 统计计量按功能不同分为分类计量、顺序计量、间距计量和比率计量四种

（1）分类计量。只具有分类功能的品质标志表现，如男、女等。

（2）顺序计量。具有分类、顺序功能的品质标志表现，如教授、副教授等。

（3）间距计量。具有分类、顺序和差值计算功能的标志值，如温度值、手机号、学号等，这类数据取值 0，表示“具有某种水平”的意思。

（4）比率计量。具有分类、顺序、差值计算和比率计算功能的标志值，如产量、销售收入、利润等，这类数据取值 0，表示“没有”。

四种计量获得的数据也相应称之为分类数据、顺序数据、间距数据和比率数据。

2. 统计计量按收集方法分为观察数据和实验数据两类

3. 统计计量按时间状况不同分为截面数据和序时数据两类

二、统计实验

（一）实验目的

熟悉 Excel 2010 界面，掌握 Excel 的一些基本操作。

（二）实验内容

（1）通过观察和试验操作，熟悉 Excel 2010 工作界面。

（2）通过典型案例实操，掌握 Excel 的一些基本操作。

（3）通过典型案例实操，掌握 Excel 的一些常用函数。

（三）实验操作

1. 熟悉 Excel 2010 工作界面

随着版本的不断提高，Excel 软件强大的数据处理功能和操作的简易性逐渐走入了一个新的境界。它除了可以做一些一般的计算工作外，还有众多函数用来做统计、财务、数学、字符串等操作以及各种工程上的分析与计算。Excel 系统拥有大量格式的图表可供选用，用户只需简单操作就可以制作精美的图表。Excel 2010 的工作界面如图 1-2 所示。

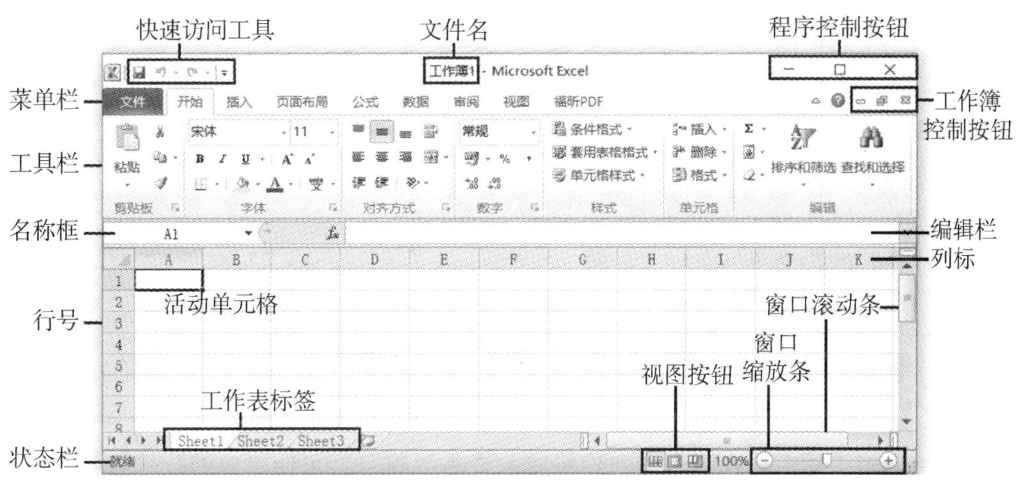

图 1-2　Excel 2010 工作界面

点击菜单名称，与之相应的工具栏会随之出现，熟悉这些常用工具能大大提高工作效率。获得更多工具的方式是点击工具栏各工具模块右下角的箭头。单击不同的工作表标签可在工作表之间进行切换。用鼠标右键单击工作表标签，在弹出的对话框中选择“重命名”，可对默认的工作表标签名“Sheet1、Sheet2、……”逐一更名。也可以根据需要添加或删除工作表。

2. 掌握一些 Excel 基本操作

2.1 设置单元格格式

在“开始”菜单栏的“数字”区域，有设定好的常用格式，比如数值、货币、百分数、日期、分数、文本等，默认为“常规”，直接单击“常规”显示框右边的向下箭头，即可选择完成常用的格式定义。也可以点击“数字”右边指向右下的小箭头，在弹出的对话框中根据提示完成更特殊的单元格格式定义（参见图 1-3）。

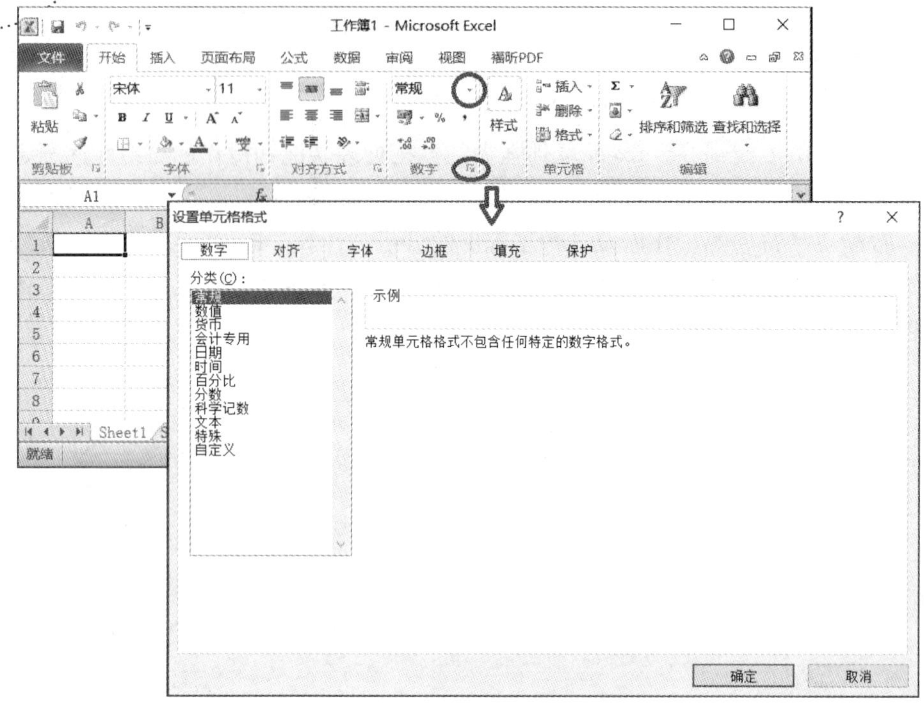

图 1-3　Excel 设置单元格格式操作

2.2 灵活使用单元格引用

在单元格引用时，在行号或列号前加入“$”符号，可使对应的行号或列号成为绝对引用。使用单元格相对引用复制粘贴公式时（或通过拖曳填充柄的方式填充公式），粘贴后公式的引用将被更新。而采用绝对引用的单元格引用位置在公式复制时是不会改变的。所以，如果希望在横向填充公式时某些列号引用不变，只需在相应的列号字母前加入“$”符号；而如果希望在纵向填充公式时某些行号引用不变，只需在相应的行号数字前加入“$”符号。

当剪切粘贴（即移动）公式时，公式中的单元格无论是绝对引用还是相对引用，移动后公式的内容均不改变。

2.3 灵活使用选择性粘贴

1. 实现区域内容行列互换（转置）

首先复制需要转置的区域，然后右键单击目标单元格，在弹出的快捷菜单中单击“选择性粘贴”，在弹出的对话框中选中“转置”，如果只想粘贴数值（而不是公式，也不含单元格格式等），则只需单击选择“数值”，最后单击“确定”即可。

2. 通过数据复制进行数据运算

例如，将原来以“万元”为单位的数据全部转换为以“亿元”为单位，只需在空白单元格 E1 输入 10 000（如图 1-4 所示），复制该单元格，选中要进行转换的目标区域，右键单击，在弹出的快捷菜单中单击“选择性粘贴”，在弹出的对话框中选中“除”，如果还不想改变目标区域的格式，则同时选择“数值”，最后单击“确定”即可。

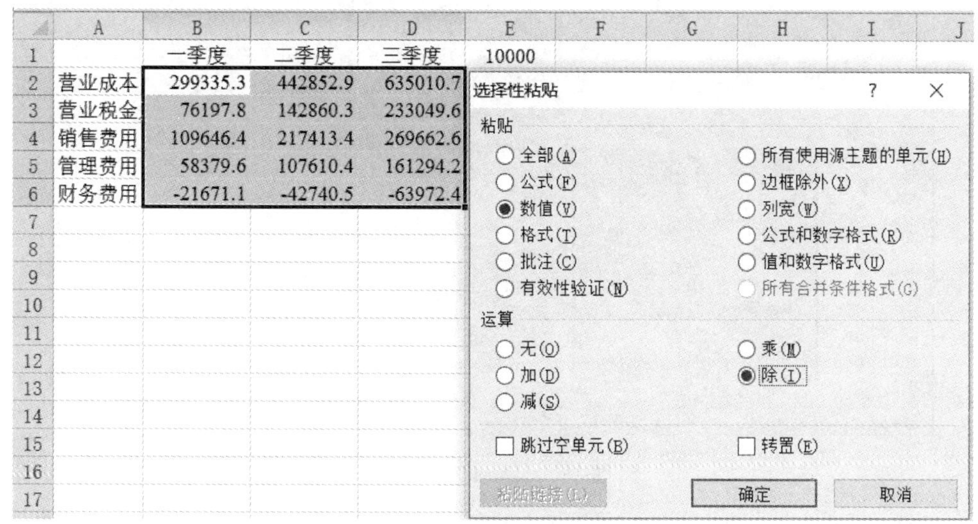

图 1-4　通过选择性粘贴转换数据量纲

2.3 名称引用

使用名称可以更容易地辨识对应单元格的内容和含义。定义名称的规则：①名称中只能包含下列字符：汉字、A-Z、0-9、小数点和下划线；②名称的第一个字符必须是字母、文字或小数点；③名称中不能有空格，小数点和下划线可以用作分字符，如“First. Q1”或“班级_123”；④名称可以包含大、小写字符，但 Excel 在名称中不区分大小写；⑤名称不能与单元格引用相同，如不能用 A2、$ B $ 1、C3D5 等作为名称；⑥避免使用 Excel 中的固定词汇。

主要操作有：

(1) 为单元格或单元格区域定义名称：①选定单元格或单元格区域；②单击编辑栏左侧的名称框；③为单元格键入名称；④回车确认。

(2) 使用已有的行列标志为单元格定义名称：①选定需要命名的区域，包括行列标志；②在“公式”菜单中，单击“根据所选内容创建”；③在弹出的对话框中，通过选定“首行”“最左列”“末行”或“最右列”复选框来指定标志名称的位置，具体参见图 1-5。

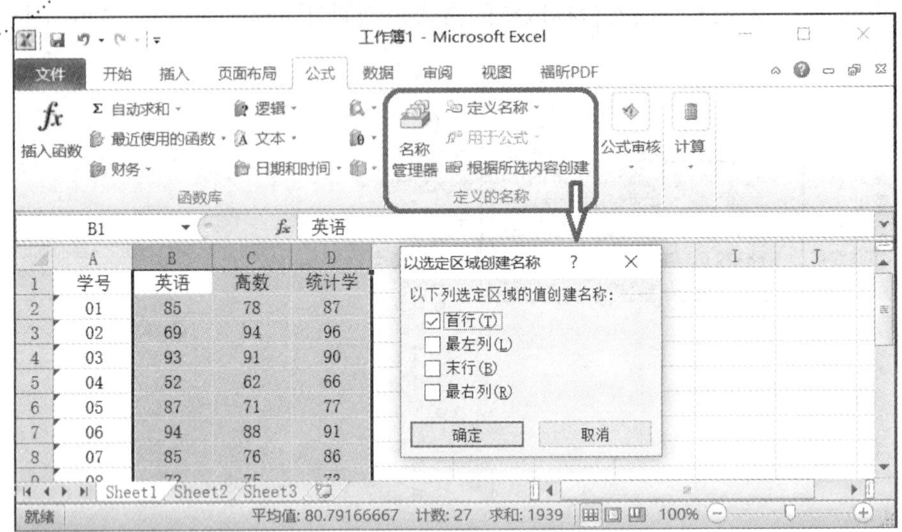

图 1-5 Excel 定义名称

（3）编辑修改名称：①在“公式”菜单中，单击“名称管理器”；②在弹出的“名称管理器”对话框中，选中想要编辑的名称；③单击“编辑”或“删除”按钮，根据提示即可完成名称的修改、删除等操作。

（4）引用名称：在公式插入点直接键入欲引用的单元格或单元格范围的名称，或者点击“公式”菜单中的“用于公式”工具，从中选择已经定义好的名称，如“=AVERAGE(统计学)”。

3. 熟悉一些常用的函数

Excel 中一些使用频率高的函数的功能、使用方法如表 1-1 所示。

表 1-1　Excel 中一些使用频率高的函数

函数名	功能	示例	说明
ABS	求出相应数字的绝对值	=ABS(A2)	返回 A2 单元格中数字的绝对值
SQRT	开平方,返回正平方根	=SQRT(16)	返回 16 的平方根(4)
LN	返回一个数的自然对数,是 EXP 函数的反函数	=LN(EXP(3))	e 的 3 次幂的自然对数(3)
LOG	按所指定的底数,返回一个数的对数	=LOG(8,2)	以 2 为底时 8 的对数(3)
ROUND	将某个数字四舍五入为指定的位数	=ROUND(-1.475,2)	将-1.475 四舍五入到两位小数(-1.48)
INT	将数值向下取整为最接近的整数	=A2-INT(A2)	返回单元格 A2 中正实数的小数部分
MAX	求出一组数中的最大值	=MAX(A2:A6)	返回 A2 到 A6 数字中的最大值
MIN	求出一组数中的最小值	=MIN(A2:A7)	返回 A2 到 A7 数字中的最小值

表1-1(续)

函数名	功能	示例	说明
SUM	计算所有参数数值的和	=SUM(A2:A4,15)	将单元格 A2 至 A4 中的数字相加,然后将结果与 15 相加
SUMIF	对满足条件的单元格求和	=SUMIF(A2:A5,">60",B2:B5)	A2:A5 中属性值高于 60 的单元格对应的 B2:B5 单元格之和
SUMIFS	对区域中满足多个条件的单元格求和	= SUMIFS(A2:A9,B2:B9,"=四川*",C2:C9,">1%")	对满足 B2:B9 中以“四川”开头,且 C2:C9 中大于 1%条件的 A2:A9 单元格求和
COUNT	计算区域中包含数字的单元格个数	=COUNT(A2:A8)	计算单元格区域 A2 到 A8 中包含数字的单元格的个数。
COUNTIF	统计单元格区域中符合指定条件的单元格数目	=COUNTIF(A2:A5,A4)	单元格区域 A2 到 A5 中包含 A4 内容的单元格个数
COUNTIFS	将条件应用于跨多个区域的单元格,并计算符合所有条件的次数	= COUNTIFS(B2:B5,">60",C2:C5,"=是")	统计 B2 到 B5 大于 60,且 C2 到 C5 为“是”的单元格个数
AVERAGE	求出所有参数的算术平均值	= AVERAGE(A2:A6)	单元格区域 A2 到 A6 中数字的平均值
RANK	返回某一数值在一列数值中的排位	=RANK(A3,A2:A6,1)	A3 中数字在 A2:A6 中的排位(升序 1),0 或省略为降序
IF	根据对指定条件的逻辑判断,返回相对应的内容	=IF(A2<100,A2+B2,"否")	如果单元格 A2 中的数字小于 100,则计算 A2 与 B2 的和;否则,返回“否”

(四) 实验实践

1. 下表是调查得到的 12 名同学的成绩:

编号	性别	语文	数学
01	男	87	74
02	男	77	67
03	女	92	82
04	男	95	87
05	女	98	83
06	女	99	84
07	男	68	59
08	女	88	78
09	男	94	81
10	男	79	91
11	女	83	78
12	女	73	71

（1）用 Excel 函数统计男生、女生的人数。

（2）用 Excel 函数统计男生中语文成绩在 80 分以上的人数。

（3）用 Excel 函数统计数学成绩在 80~90 分之间的人数。

2. 对第 1 题的资料，定义名称“性别”“语文”“数学”，通过名称引用而不是单元格引用来完成有关统计。

3. 某学院 4 个专业二年级学生政治面貌统计资料见下表（单位：人），试在 Excel 中只编写一个公式，然后通过填充计算出各种政治面貌的学生占本专业总人数的比例（计算结果显示为带两位小数的百分比格式）。

政治面貌	会计学	工商管理	人力资源管理	市场营销
党员	82	57	42	61
团员	156	80	71	64
群众	22	12	10	15

三、统计实训

（一）单项选择题

1. 统计工作的研究对象是（　　）。

A. 抽象的数量特征和数量关系　　B. 客观现象的规律性

C. 客观现象的数量特征和数量关系　　D. 社会现象变动的原因及规律性

2. 有同学说“我之前还没有学过统计”，这里的“统计”是指（　　）。

A. 统计工作　　B. 统计资料　　C. 统计学　　D. 统计标志

3. 构成统计总体的个别事物称为（　　）。

A. 调查单位　　B. 标志值　　C. 品质标志　　D. 总体单位

4. 对某地区高新技术企业进行设备普查，总体单位是（　　）。

A. 高新技术企业全部设备　　B. 高新技术企业每一台（套）设备

C. 每个高新技术企业的设备　　D. 每一户高新技术企业

5. 提出“统计学”名称的学派是（　　）。

A.“政治算术”学派　　B. 记述学派

C. 社会统计学派　　D. 数理统计学派

6. 关于标志表现，以下说法正确的是（　　）。

A. 它有品质标志值和数量标志值两类

B. 品质标志具有标志值

C. 数量标志具有标志值

D. 品质标志和数量标志都具有标志值

7. 被评价为“有统计学之名，无统计学之实”的学派是（　　）。

A. 国势学派　　B.“政治算术”学派

C. 数理统计学派　　D. 社会统计学派

8. 统计所指的“变异”是（　　）。

A. 总体之间有差异

B. 总体单位之间在某一标志表现上有差异

C. 总体随时间变化而变化

D. 总体单位在不同时间上的表现有差异

9. 工业企业的设备台数、产品产值（　　）。

A. 都是连续型变量

B. 都是离散型变量

C. 前者是连续型变量，后者是离散型变量

D. 前者是离散型变量，后者是连续型变量

10. 几位同学的统计学考试成绩分别是 78 分、88 分、89 分、96 分，则“考试成绩”可以称为（　　）。

A. 品质标志　　B. 数量标志　　C. 标志值　　D. 数量指标

11. 约翰·格朗特、威廉·配第是（　　）的主要代表人物。

A. 国势学派　　B.“政治算术”学派

C. 数理统计学派　　D. 社会统计学派

12. 在全国人口普查中（　　）。

A.“男性”是品质标志　　B. 人的“年龄”是变量

C. 人口的“平均寿命”是数量标志　　D.“全国人口”是统计指标

13. 下列指标中属于相对指标的是（　　）。

A. 产品合格率　　B. 平均月工资　　C. 产品总成本　　D. 人口总数

14. 以下属于比率计量的是（　　）。

A. 性别　　B. 学历　　C. 学号　　D. 销售收入

15. 指标是说明总体特征的，标志是说明总体单位特征的，因此（　　）。

A. 标志和指标之间的关系是固定不变的

B. 标志和指标都必须用数值表示

C. 数量标志和指标名称之间可以相互转化

D. 只有指标才可以用数值表示

16. 统计指标按所反映的数量特点不同可以分为数量指标和质量指标两种。其中数量指标的表现形式为（　　）。

A. 平均数　　B. 相对数　　C. 绝对数　　D. 百分数

17. 取值“0”，表示“具有某种水平”的计量层次是（　　）。

A. 分类计量　B. 顺序计量　C. 间距计量　D. 比率计量

18. 某地区有 2 670 家工业企业，要研究这些企业的产销情况，总体是（　　）。

A. 每个工业企业　B. 2 670 家工业企业
C. 所有工业企业　D. 全部工业产品

（二）多项选择题

1. 要了解某地区的就业情况，（　　）。
A. 全部成年人是研究的总体　B. 成年人口总数是统计指标
C. 成年人口就业率是数量标志　D. 每个成年人的“年龄”是变量
E. 某人职业“教师”是标志表现

2. 统计学研究的基本方法包括（　　）。
A. 大量观察法　B. 实验设计法　C. 描述统计法　D. 推断统计法
E. 对比分析法

3. 抽象的“统计”一词包含（　　）。
A. 统计工作　B. 统计指标　C. 统计学　D. 统计表
E. 统计资料

4. 在全国人口普查中（　　）。
A. 全国人口总数是统计总体　B.“男”是品质标志表现
C.“年龄”是变量　D. 每一户是填报单位
E. 人口的平均年龄是统计指标

5. 统计工作的研究对象具有以下（　　）特征。
A. 数量性　B. 总体性　C. 随机性　D. 具体性
E. 变异性

6. 在工业普查中（　　）。
A. 所有工业企业是统计总体
B. 每个工业企业的“销售收入”是连续型变量
C. 所有工业企业的“资产总额”是统计指标
D. 每个工业企业既是调查单位，又是填报单位
E. 每个工业企业的“职工人数”是离散型变量

7. 描述统计方法主要包括（　　）。
A. 统计分组法　B. 实验设计法　C. 统计模型法　D. 综合指标法
E. 大量观察法

8. 推断统计方法主要包括（　　）。
A. 统计分组法　B. 参数估计　C. 统计模型法　D. 假设检验

E. 综合指标法

9. 下列统计指标中，属于质量指标的有（　　）。

A. 营业收入发展速度　　B. 单位产品成本

C. 男女性别比例　　D. 人口密度

E. 合格品率

10. 下列各项中，属于连续型变量的有（　　）。

A. 基本建设投资额　　B. 岛屿数量

C. 国内生产总值（GDP）　　D. 居民消费价格指数（CPI）

E. 就业人口数

11. 统计学的发展大致经历了（　　）几个阶段。

A. 古典统计学时期　　B. 近代统计学时期

C. 中期统计学时期　　D. 现代统计学时期

12. 下列名称属于数量标志的有（　　）。

A. 销售额　　B. 工种　　C. 月工资　　D. 民族

E. 职工年龄

13. 某班统计学期末考试成绩的前 3 名分别为 94 分、90 分、87 分。则 94、90、87 可以称为（　　）。

A. 标志表现　　B. 指标数值　　C. 标志值　　D. 变量

E. 变量值

14. 根据研究的对象不同，总体单位可以是（　　）等。

A. 人　　B. 物　　C. 基层单位　　D. 事件

E. 行为

15. 统计计量按计量功能不同可以分为以下（　　）几种。

A. 分类计量　　B. 顺序计量　　C. 定性计量　　D. 间距计量

E. 比率计量

16. 关于总体和总体单位的描述，以下正确的是（　　）。

A. 构成总体的总体单位必须具有相同的特征，即所谓同质性

B. 构成总体的各总体单位之间在诸多方面存在差异，即所谓变异性

C. 总体不能脱离总体单位而独立存在

D. 统计研究的对象是总体单位

E. 总体和总体单位之间在一定的条件下可以相互转化

17. 某班统计学期末考试成绩的前 3 名分别为 94 分、91 分、90 分，则“考试成绩”可以称为（　　）。

A. 标志　　B. 数量标志　　C. 可变标志　　D. 变量

E. 连续型变量

18. 关于统计指标与标志，以下说法正确的是（　　）。

A. 统计指标既只能用数值表示，不能用文字表示
B. 标志既有用文字表示的品质标志，也有用数值表示数量标志
C. 数量标志与指标名称可以相互转化
D. 对品质标志表现和标志值进行汇总，可以得到指标数值
E. 因为总体与总体单位可以相互转化，所以统计指标与标志也可以相互转化

（三）判断题

1. 统计学是研究客观现象数量方面的一门方法论科学。（　）
2. 运用大量观察法，必须对研究对象的所有单位进行观察、研究。（　）
3. 统计学是对统计实践活动的经验进行总结和理论概括的结果。（　）
4. 一般而言，指标总是依附在总体上，而总体单位则是标志的直接承担者。（　）
5. 在任何情况下，“统计”一词都包含统计工作、统计资料与统计学三个含义。（　）
6. 统计资料就是统计调查、整理以及分析过程中获得的各种信息，它的主要特征是数量性。（　）
7. 统计工作与统计资料之间是实践活动与成果的关系。（　）
8. 统计研究事物的数量特征和数量关系，其最终目标是用数量揭示事物的本质特征。（　）
9. 质量指标是反映工作质量等内容的，所以一般不能用数值来表示。（　）
10. 总体和总体单位可能随着研究目的变化而相互转化。（　）
11. 威廉·配第被称为“近代统计学之父”。（　）
12. 以绝对数形式表示的指标都是数量指标，以相对数或平均数表示的指标都是质量指标。（　）
13. 构成统计总体的条件是总体各单位之间的差异性，构成统计研究的前提条件是总体各单位之间的同质性。（　）
14. 变异是指各种标志或各种指标之间名称上的差异。（　）
15. “教授”是品质标志。（　）
16. 数量指标可以由数量标志值汇总得到，质量指标是由品质标志表现汇总得到。（　）
17. 统计学和统计工作的研究对象是完全一致的。（　）

（四）简答题

1. 统计工作、统计资料与统计学三者之间是什么关系？
2. 记述学派与“政治算术”学派各自的主要特点是什么？

3. 统计标志与统计指标有何区别与联系？

4. 统计资料有哪些类型？

（五）综合思考题

统计是研究社会、经济以及自然现象数量方面以及数量关系的，而数学、会计等学科也研究数量，统计研究的数量与数学、会计等学科研究的数量有什么关系？

 四、实训题解

（一）单项选择题

1. 答案：C。本题涉及统计工作和统计学的研究对象。一般来讲，统计工作研究的对象是客观现象的数量方面，包括数量特征和数量关系；而统计学的研究对象是关于客观现象数量方面的方法论，即统计方法和理论。

2. 答案：C。抽象的“统计”一词包含统计工作、统计资料和统计学三层意思，而把“统计”放到具体的一句话里，就只具有其中某一个含义了。注意本题可变化。

3. 答案：D。构成总体的个别事物称为总体单位。

4. 答案：B。本题需要搞清楚总体和总体单位两个基本概念。很显然，本题要研究的对象是高新技术企业的全部设备，因而总体应该是本市高新技术企业所有设备，总体单位就是本市高新技术企业每一台（套）设备。注意本题可变化。

5. 答案：B。这里需要清楚地知道各相关学派在统计学发展中的具体贡献。记述学派又称国势学派或国情学派，提出了“统计学”名称，属于“有统计之名，无统计之实”；“政治算术”学派创建了统计学，但没有提出“统计学”名称，属于“有统计之实，无统计之名”；数理统计学派在推动统计学发展上做出了巨大贡献；社会统计学派对统计学的发展有一定的贡献。

6. 答案：C。标志表现分两类，一类是品质标志的标志表现，它用文字或符号表现出来，不会使用数字；另一类是数量标志的标志表现，它用数字表现出来，这种数字习惯上称为标志值。

7. 答案：A。参见第 5 题解析。

8. 答案：B。变异就是总体单位之间存在的差异，差异会在品质标志或数量标志上体现出来。

9. 答案：D。本题需要搞清楚连续型变量和离散型变量的特征：连续型变量既可以取小数值，也可以取整数值；离散型变量只能取整数值，不能取小数值。注意本题可变化。

10. 答案：B。课程“考核成绩”如果以等级方式表现出来，如：优秀、良好等，属于品质标志；如果以数值表现出来则属于数量标志。注意本题可变化。

11. 答案：B。需要搞清楚各学派的主要代表人物。记述学派的主要代表人物是郝尔曼·康令、戈特弗莱德·阿亨瓦尔；“政治算术”学派的主要代表人物是威廉·配第、约翰·格朗特；数理统计学派的主要代表人物是拉普拉斯、阿道夫·凯特勒；社会统计学派的主要代表人物是恩格尔和梅尔。

12. 答案：B。人口普查中的总体是“全国全部人口”或“全国总人口”，总体单位则是其中的每一个人。在这个前提下去判断标志、标志表现、标志值、变量、离散型变量、连续型变量、变量值、指标等相关概念。注意本题可变化，只有把各基本概念之间的关系搞清楚了才能做出正确判断。

13. 答案：A。相对指标是两个相互联系的指标数值相除，用来表明事物相对水平（不是平均水平）的指标，它是一个比率。注意本题可变化。B 为平均指标，C、D 皆为总量指标（绝对指标）。

14. 答案：D。本题着眼点在于弄清楚统计计量的四种层次。A 属于分类计量，B 属于顺序计量，C 属于间距计量。注意本题可变化。

15. 答案：C。本题检验统计指标与标志之间的关系。

16. 答案：C。数量指标以绝对数或总量表现，质量指标以相对数和平均数形式表现。

17. 答案：C。间距计量取值 0，表示“具有某种水平”；比率计量取值 0，表示“没有”。

18. 答案：C。研究对象为所有工业企业，具体产销情况属于研究内容（通过标志体现出来）。B 答案是在描述指标，而不是描述总体。

（二）多项选择题

1. 答案：ABDE。本题的关键在于正确判断总体和总体单位。显然，本题的研究对象是具有就业能力的群体，因此总体就是全部成年人。注意本题可变化。

2. 答案：ABCD。

3. 答案：ACE。参见单项选择题第 2 题解析。

4. 答案：BCDE。本题的关键在于正确判断总体和总体单位。注意答案 A 是描述统计指标，而不是描述总体。本题的总体是全国总人口或全国全部人口。注意本题可变化。

5. 答案：ABDE。

6. 答案：ABCDE。参见第 1 题、第 4 题解析。注意本题可变化。

7. 答案：ACD。

8. 答案：BD。

9. 答案：ACDE。数量指标与质量指标是一对概念，数量指标用总数或绝对数表现，而相对指标以除法运算。注意本题可变化。

10. 答案：ACD。本题需要正确判别连续型变量和离散型变量。注意本题可变化。

11. 答案：ABD。

12. 答案：ACE。本题需要正确判别数量标志和品质标志。注意本题可变化。

13. 答案：ACE。本题需要把统计学中基本概念之间的关系理解清楚，并用来解决实际问题。本题可设计的答案很多。

14. 答案：ABCDE。因为不同的研究目的所涉及的总体具有复杂性，目的不同，总体就有差异。总体单位也就可能表现出不同的形态。

15. 答案：ABDE。

16. 答案：ABCE。

17. 答案：ABCDE。参见第13题解析。注意本题可变化。

18. 答案：ABCD。

（三）判断题

1. 答案：√。统计学就是为统计工作提供研究方法的。

2. 答案：×。大量观察法中也可以使用非全面调查。

3. 答案：√。统计学与统计工作之间的关系：理论来源于实践，又反过来指导实践。

4. 答案：√。这是描述基本概念之间的关系。

5. 答案：×。参见单项选择题第2题解析。

6. 答案：√。

7. 答案：√。

8. 答案：√。

9. 答案：×。统计指标都必须用数量表示。

10. 答案：√。

11. 答案：×。统计学发展经历了古典时期、近代时期和现代时期三个阶段。威廉·配第是统计学的创始人，他是古典统计学之父；阿道夫·凯特勒对统计学的发展做出了巨大贡献，是近代统计学之父。

12. 答案：√。

13. 答案：×。构成统计总体的前提条件是总体各单位之间的同质性，构成统计研究的前提条件是总体各单位之间的差异性。

14. 答案：×。变异是总体单位之间的差异，只能体现在标志上。

15. 答案：×。“教授”是职称的一种类型，属于标志表现，“职称”才是品质标志。

16. 答案：×。不论是对标志值进行汇总还是对品质标志表现进行汇总，都会得到数量指标。

17. 答案：×。

（四）简答题

略。

（五）综合思考题

略。

第二章　统计资料的搜集、整理和显示

一、统计知识

（一）统计调查

1. 统计调查的概念

统计调查是统计工作的第一阶段，以收集资料为目的。统计调查收集的资料分原始资料和次级资料两种。统计调查的基本要求是准确、及时、全面。

2. 统计调查的分类

（1）统计调查按调查对象的范围不同分为全面调查和非全面调查。全面调查需要调查所有总体单位，而非全面调查只需要调查一部分总体单位。

（2）统计调查按调查时间是否连续分为经常性调查和一次性调查。经常性调查是连续、不间断的调查，收集时期数据；一次性调查是间断、不连续调查，收集时点数据。

（3）统计调查按其组织形式不同分为统计报表和专门调查，专门调查又包括普查、重点调查、典型调查和抽样调查四种。

统计报表主要用在政府统计工作中，为各级政府了解基本信息，为日常管理和决策提供资料。企业内部也大量使用统计报表。统计报表通常属于经常性、全面调查。

普查主要用来收集重大国情、国力以及资源情况等全面资料，为最高决策机构进行重大决策提供资料。普查属于一次性全面调查。

重点调查的前提是所研究的数据高度集中在极少数总体单位上，通过选取重点单位进行调查能够了解事物的主要情况，而不是全貌。重点调查能够让决策机构付出较少的调查成本、抓住主要矛盾和主要问题，迅速做出决策。重点调查属于非全面调查，根据需要可经常性开展，也可一次性调查。经常性重点调查往往结合统计报表使用。

典型调查适合研究社会生活中具有一定影响且人们较为关注某些较为特殊的社会经济问题，如留守儿童问题、校园贷问题等。通过选择一些较为典型的事物进行深入研究，较为全面地揭示其可能的负面危害，为相关各方正确面对问题、解决问题提供有益的参考。典型调查属于非全面调查，根据需要可经常性开展，也可一次性调查。

（4）统计调查按收集资料的方法不同分为直接观察法、报告法、访问法、问卷法和实验设计法五种。

3. 抽样调查

（1）抽样调查的概念。抽样调查是从总体中随机抽选一部分总体单位形成样本，在对样本进行全面调查的基础上以样本数据研究总体数量特征。抽样调查在现实当中的应用非常广泛。

（2）抽样调查的特征。随机抽选调查单位，不同于重点调查和典型调查；用样本数据研究总体数据；存在抽样误差，但误差可以计算并控制。

（3）抽样调查中的有关概念

① 总体和样本。总体具有确定性、唯一性，样本具有随机性、不确定性。

② 总体参数和样本统计量：常用的总体参数一般有：总体均值（μ）、总体标准差（σ）、总体方差（σ^2）、总体比率（π）、总体比率的标准差（σ_π）和总体比率的方差（σ_π^2）。总体参数是确定的、唯一的。常用的样本统计量一般有：样本均值（$\bar{X}$）、样本标准差（S）、样本方差（S^2）、样本比率（P）、样本比率的标准差（σ_p）和样本比率的方差（σ_p^2）。样本统计量是随机的、不确定的。

③ 重复抽样和不重复抽样

④ 样本容量和样本数目

⑤ 抽样组织形式：简单随机抽样（纯随机抽样）、等距抽样（机械抽样）、类型抽样（分层抽样）、整群抽样（集团抽样）。

（二）统计调查方案

统计调查方案主要涉及以下六个方面的内容：

（1）明确统计调查目的和任务。调查目的是要清楚为什么而展开调查，调查任务需要搞清楚为达到预定目的需要获取哪些资料。

（2）确定统计调查对象、调查单位和报告单位。总体单位、调查单位和报告单位三者的定位有区别，也有联系。

（3）确定调查项目，拟定调查提纲或调查表。

（4）确定调查时间和调查工作期限。

（5）确定调查地点和调查方法。

（6）制定调查工作的组织实施计划。

（三）统计资料的整理

1. 统计整理的概念

2. 统计整理的内容和步骤

（1）设计统计整理方案；

（2）对原始资料进行审核；

（3）统计分组，统计分组是统计整理的关键；

（4）统计汇总；

（5）制作统计图表；

（6）发布统计数据，积累统计资料。

3. 统计分组

（1）统计分组的概念

统计分组同时具有“分”与“合”两层含义，统计分组以后，每一组内的总体单位具有同质性，各组之间的总体单位具有差异性。

（2）统计分组的作用

① 划分总体现象的类型；

② 研究总体现象的内部结构；

③ 揭示现象之间的相互依存关系。

（3）统计分组的原则

科学性、完整性、互斥性

（4）统计分组的种类

① 按选择分组标志的性质不同分为品质分组和变量分组；

② 按选择分组标志的多少以及排列方式不同分为简单分组、平行分组与复合分组。

（5）统计分组的方法

科学的统计分组是统计整理的前提条件，而正确选择分组标志又是统计分组的关键。

① 正确选择分组标志的原则

Ⅰ 根据研究的目的选择分组标志；

Ⅱ 选择最能反映事物本质特征的标志作为分组标志；

Ⅲ 考虑现象所处的具体历史条件选择分组标志。

② 统计分组的方法

Ⅰ 品质标志分组的方法；

Ⅱ 数量标志分组的方法。

数量标志有单项式分组和组距式分组两种方法。

组距式分组涉及以下几个问题：组限、上限、下限、组距、等距分组、异距分组、组中值、开口组与闭口组、同限分组和异限分组等。开口组的组距等于相邻组。同限分组时，应遵循“上限不在内”的原则。

（四）分布数列

1. 分布数列的概念及分类

分布数列有两个构成要素：一是总体按照某一个或几个标志分组后形成的各组；二是各组的频数或频率。

分布数列有品质数列和变量数列两种类型。变量数列又分为单项式变量数列和组距式变量数列两类，组距式变量数列又分为等距数列和异距数列两类。

2. 变量数列的编制

（1）单项式变量数列的编制

单项式变量数列适用于变动范围很小且变量值高度集中的离散型变量。

（2）组距式变量数列的编制

组距式变量数列适用于变动范围较大的离散型变量以及所有的连续型变量。

一组原始数据，如果编制组距数列，需要经过以下四个步骤：

① 将所有原始数据按大小顺序排列，并计算全距；

② 确定组数和组距；

③ 确定各组组限，代表质变的变量值必须作为组限；

④ 汇总各组总体单位数量，计算各组频率，形成组距式变量数列。

（3）累计频数和累积频率

在累计频数和频率的过程中，有向上累计和向下累计两种方式。

3. 频数分布的类型

社会经济现象的频数分布特征主要有三种类型：钟形分布、U 形分布和 J 形分布。钟形分布中又有正态分布、左偏分布和右偏分布三种情形。

（五）统计表

1. 统计表的含义及结构

从外表形式上看，统计表是由纵横交叉的线条组成的一种表格，包括总标题、纵栏标题、横行标题和指标数值四个部分。从内容上看，统计表由主词栏和宾词栏两个部分组成。

2. 统计表的分类

（1）统计表按主词栏分组的情况不同分为简单表、简单分组表和复合分组表三类。

（2）统计表按用途不同分为调查表、整理表和分析表。

3. 统计表宾词栏的设计

宾词设计主要是关于统计表指标体系的设计，一般有平行排列和层叠排列两种。

4. 统计表设计的要求

统计表的设计必须目的明确，内容具体，美观简洁，清晰明了，科学实用。

（六）统计图

（1）品质数列的图示方法。其中分类数据分布数列的图示方法主要有条形图、柱形图、帕累托图以及饼图，而顺序数据除了可以使用分类数据的图示方法以外，还可以使用累计频数（频率）分布图、环形图等。

（2）数值型数据的图示方法。数值型数据的图示方法主要有散点图、直方图、折线图、曲线图、线图、气泡图、雷达图等类型。

二、统计实验

（一）实验目的

掌握数据的搜集方法，能够借助 Excel 进行随机抽样。掌握对不同类型的调查资料进行整理的方法，学会使用软件完成数据分组频数的统计。能够使用恰当的图形表现数据，并能对所绘制的图形做进一步修饰编辑。

（二）实验内容

1. 使用 Excel 产生满足一定要求的随机数。
2. 借助 Excel 完成随机抽样。
3. 使用软件完成数据分组频数的统计，获得频数分布表。
4. 制作和修饰统计图。
5. 结合统计图表，对数据的分布特征做出初步分析。

（三）实验操作

1. 借助 Excel 进行随机抽样

抽样调查是常用的统计调查形式，这里介绍一下如何借助 Excel 进行抽样。

【例 2.1】假定总体有 300 个单位，如何在这 300 个单位中随机抽取 20 个单位组成随机样本？

【分析】借助 Excel 进行抽样，首先需要将各总体单位进行编号，得到抽样框。编号可以按随机原则，也可以按有关标志或无关标志排序，此例假定已经从 1 到 300 进行了编号。接下来就可以借助 Excel 产生 20 个 1~300 范围内的随机整数，这些整数对应的编号单位就是被抽中的单位。

【操作步骤】

【方式一】产生随机数方式。这种方式适用于连续编号的情况。

（1）使用函数产生随机数。借助 Excel 函数“RANDBETWEEN（a，b）”生成［a，b］区间范围内的随机整数。在 Excel 单元格中输入：

=RANDBETWEEN（1，300）

回车后可以获得一个随机整数，然后通过“填充”（使用单元格填充柄即可）得到等于样本容量个数的随机数，这些随机数对应编号的个体即被抽出。注意，Excel 有可能产生出重复的编号，这可以理解为重复抽样，如果需要不重复抽样，则需要剔除重复的编号。

如果函数“RANDBETWEEN”不可用，并返回错误值“#NAME?”，则需要加载“数据分析”工具，方法及有关注意事项见提示 2.1。

> 提示 2.1：
>
> 1. Excel 2010 的加载“数据分析”工具的方法是：点击 Excel 工作表左上角的“文件”，选择“选项”，在弹出的对话框中点击“加载项”，点击“分析工具库”，点击“转到”，在弹出的对话框中勾选“分析工具库”，然后点“确定”加载。如果您的 Excel 是不完整安装的，可能会提示插入 Office 安装光盘。
>
> 2. 在 Excel 中，函数“RAND( )”产生 0 到 1 范围的随机实数，所以使用“RAND( )*(b-a)+a”可以得到 a 到 b 之间的随机实数。再四舍五入也可以得到这个范围内的随机整数：ROUND(RAND( )*(b-a)+a,0)，其中“ROUND”函数的调用方法也可参见提示 1.2。
>
> 3. 在 Excel 工作表的每次操作中，用函数产生的随机数会被自动重新生成。如果不希望这些随机数再改变，可以复制后选择另外的空白区域，点击“开始”菜单中“粘贴”工具下的小三角形，选择“粘贴数值”中的“值”，这样粘贴出来的数值就不会再改变了。另外，如果在“公式”菜单中的“计算选项”中选择“手动”计算，则随机数函数也将会与其他函数一起不被自动重算，只在点击“开始计算”或“计算工作表”工具时才重新计算。

（2）使用宏工具产生随机数。单击“数据”菜单，点击“数据分析”（如果“数据”菜单中没有“数据分析”工具，需加载“分析工具库”宏，方法见提示2.1），从中选择“随机数发生器”，在弹出的对话框中，“变量个数”输入“1”（相当于1列。Excel通常把一列数据视为一个变量的取值），“随机数个数”输入“20”（相当于20行），“参数”栏填入介于“1”与“300”，“随机数基数”可以不用指定，“输出选项”这里指定“输出区域”从“A1”单元格开始（如图2-1），点“确定”后即可获得1~300范围内的20个随机实数，再四舍五入获得随机整数，近似为整数的方法见提示2.2。

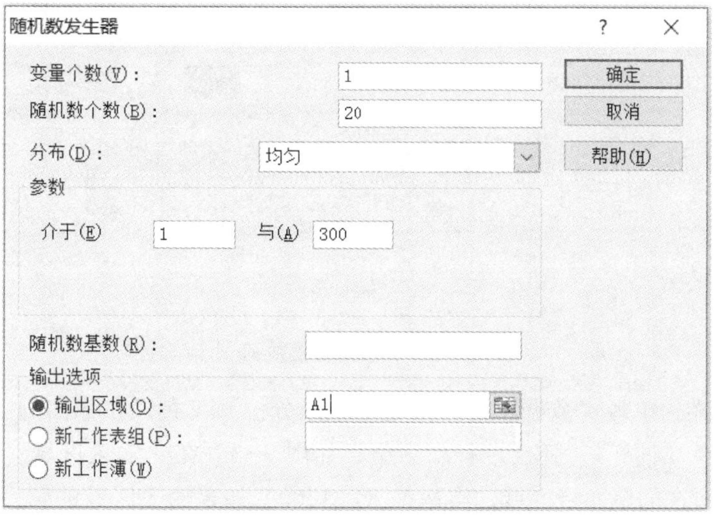

图2-1　随机数发生器

> 提示2.2：
>
> 将随机实数按四舍五入法近似为随机整数的方法：
>
> 方法1：选中需要操作的数据，重复点击工具栏“减少小数位数”按钮“”，直至显示整数。注意，这种方式只是Excel的一种自动进行四舍五入后的数据显示形式，数据本身是没有改变的，以后依然可以通过“增加小数位”的逆向操作还原到原来的实数显示形式。
>
> 方法2：使用四舍五入函数“ROUND（A1，0）”，对已有数据进行舍入计算。其中，“A1”是原实数所在单元格的引用，“0”是指保留0位小数。

【方式二】随机抽样方式。这种方式既适用于连续编号的情况，也适用于非连续的任意号码情况。

（1）录入编号。将各总体单位的编号输入工作表时，如果编号是无规律的非连续编号，则需要手工逐个输入；如果是等差或者等比例连续编号，则可以使用“填充”功能快捷输入。例如将1~300输入A1：A300，首先在A1单元格输入1，选中

A1 单元格，单击“开始”菜单中的“填充”工具，选择“系列”，如图 2-2，在弹出的序列对话框中，“序列产生”选择“列”，

“类型”选择“等差数列”，在“步长值”填上“1”，在“终止值”输入“300”，最后点击“确定”即可。

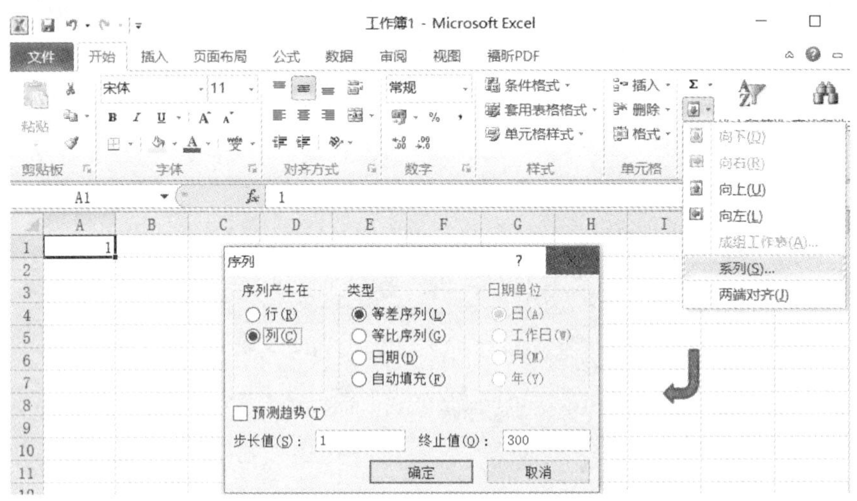

图 2-2　填充等差数列

（2）抽样。单击“数据”菜单中的“数据分析”工具，在弹出的“分析工具”对话框中选择“抽样”，弹出抽样对话框，如图 2-3。在“输入区域”框中输入总体单位编号所在的单元格区域，本例是 A1:A300，如果输入区域的第一行或第一列为标志项（纵栏标题或横行标题），要注意勾选“标志”复选框；在“抽样方法”中选择“随机”，在“样本数”框中输入样本容量“20”；最后指定“输出选项”，这里指定“输出区域”从“B1”单元格开始，单击“确定”后即得到抽样编号。

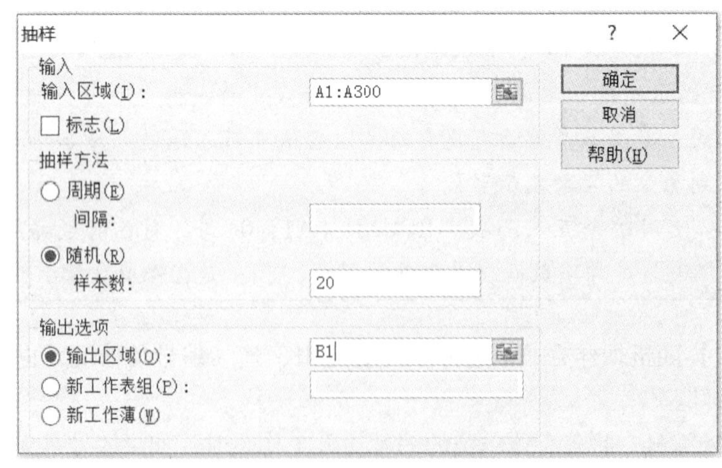

图 2-3　抽样对话框

2. 借助 Excel 进行统计分组

借助 Excel 统计变量分组数列各组的频数，主要有两种方法：一是利用数组函数 FREQUENCY；二是利用“数据分析”中的“直方图”工具。

【例 2.2】某公司 120 名职工的月工资数据见表 2-1，请编制变量数列予以分析。

表 2-1　　某公司 120 名职工的月工资（单位：元）

4 300	4 800	2 500	4 400	2 200	3 500	3 500	4 400	4 200	3 800	3 600
4 460	3 500	3 500	2 800	4 500	3 400	3 200	5 200	4 610	4 300	5 000
3 840	4 400	4 650	4 800	4 600	4 670	5 800	4 700	3 300	4 710	4 100
4 200	3 500	3 800	4 700	6 100	3 900	4 000	4 500	3 900	4 720	4 600
2 900	5 100	3 200	3 800	4 100	5 300	4 400	3 800	4 700	5 700	2 600
4 000	4 700	4 780	5 600	4 300	6 000	5 800	4 500	4 200	5 600	5 200
4 100	5 200	3 900	4 800	2 300	3 200	4 810	3 700	5 500	4 200	3 700
2 900	3 100	4 000	4 830	3 000	5 200	3 600	4 850	4 050	5 100	4 700
4 300	4 880	5 400	5 700	4 600	4 900	5 100	4 800	3 400	5 500	5 100
4 910	4 500	5 000	4 700	4 400	3 700	4 200	4 800	4 940	5 400	3 000
4 000	5 300	5 500	4 970	5 300	2 000	6 500	6 300	5 400	5 900	

【分析】这组数据属于数值型数据，取值较多，应视为连续型变量进行等距分组（对一组数据应当如何分组、如何确定组数、组限等问题，请参见《统计学》教材）。Excel 可以在明确了分组的各组上限值之后，完成频数统计等复杂工作。此例最小值为 2 000，最大值为 6 500，这里采用的分组组限是（当然可以尝试其他组限划分方式）：

2 000~2 750；2 750~3 500；3 500~-4 250；4 250~5 000；5 000~5 750；5 750 以上

接下来就可以借助 Excel 统计各组的频数，获得频数分布表，或进一步做出直方图观察这些数据的分布特征了。

【操作步骤】

【方法一】利用 FREQUENCY 函数：

（1）录入原始数据和分组上限。把原始数据录入在 A1：K11 单元格，将分组上限“2 749、3 499、4 249、4 999、5 749、6 500”逐个输入 A14：A19 单元格，输入上限时应注意的问题见提示 2.3。为便于阅读，可在 A13 到 E13 单元格输入相应的列标题文字（如图 2-4）。

提示 2.3：

分组的上限值在 Excel 中应当按升序排列。对于数值型数据，Excel 在统计时把“上限值”包含在了该组内，是按（a，b］区间模式计数的，这与统计学上的习惯规定“上组限不在内”不同。因此，针对这个例题建议输入的分组上限值是：2 749、3 499、4 249、4 999、5 749、6 500。注意此例分组的末组为开口组，在 Excel 中输入该组的上限值时应该输入一个大于或等于这些数据最大值的值。

SUM =FREQUENCY(A1:K11, A14:A19)

	A	B	C	D	E	F
1	4300	4800	2500	4400	2200	3500
2	4460	3500	3500	2800	4500	3400
3	3840	4400	4650	4800	4600	4670
4	4200	3500	3800	4700	6100	3900
5	2900	5100	3200	3800	4100	5300
6	4000	4700	4780	5600	4300	6000
7	4100	5200	3900	4800	2300	3200
8	2900	3100	4000	4830	3000	5200
9	4300	4880	5400	5700	4600	4900
10	4910	4500	5000	4700	4400	3700
11	4000	5300	5500	4970	5300	2000
12						
13	分组上限	频数	频率	向上累计频数	向下累计频数	
14	2749	=FREQUENCY(A1:K11, A14:A19)				
15	3499	FREQUENCY(data_array, bins_array)				
16	4249					
17	4999					
18	5749					
19	6500					

图 2-4 利用 Frequency 函数汇总频数

（2）调用函数统计频数。选中输出区域 B14：B19，然后插入函数“FREQUENCY”，在“Data_array”位置输入原始数据所在区域的单元格引用“A1:K11”，在“Bins_array”位置输入分组上限值所在区域的单元格引用“A14：A19”，最后敲组合键“Ctrl+Shift+Enter”，Excel 即返回频数统计结果。数组函数的操作比较特殊，请仔细阅读提示 2.4。

> 提示 2.4：
>
> 对于像 FREQUENCY 这样的数组函数的操作需特别注意以下问题：
>
> 1. 应当先选中输出区域后再输入函数；
>
> 2. 函数输入后不能直接敲“回车”，而必须按组合键“Ctrl+Shift+Enter”才能得出正确的结果，具体操作时可左手摁下“Ctrl”和“Shift”键，右手再去敲回车；
>
> 3. Excel 不允许对数组函数输出结果的一部分进行修改，如果想删除数组函数的输出结果，需选中该函数的整个输出区域后敲“Delete”键。若进入数组函数的部分修改状态，Excel 会弹出提示“不能更改数组的某一部分”，这时需要点击公式编辑栏左边的“×”符号取消编辑，退出这种状态。
>
> 4. 如果改变分组上限值，Excel 将自动重新统计出各组频数。

（3）计算频率和累计频数。在 C14 单元格编写公式计算频率“=B14/sum(B $14:B $19)”（注意恰当使用单元格的绝对引用符号“ $ ”），回车后得到该组频率，然后向下填充得到其余各组频率。如果要把频率显示为百分数形式，选中输出结果后点击“开始”菜单中的“%”工具即可。在 D14 单元格编写公式计算向上累计频数“=sum(B $14:B14)”，然后向下填充得到其余各组的向上累计频数。在 E14 单元格编写公式计算向下累计频数“=sum(B14:B$19)”，并向下填充得到其余各组的向下累计频数。

【方法二】利用“直方图”工具：

（1）录入原始数据和分组上限。这一步与用数组函数的操作一致，也是先把原始数据录入在 A1:K11 区域，并在 A14:A19 分别输入分组的上限“2 749、3 499、4 249、4 999、5 749、6 500”这些值。

图 2-5　“直方图”对话框

（2）调用“直方图”工具。在“数据”菜单中单击“数据分析”工具，从弹出的分析工具列表中选择“直方图”，打开直方图对话框（如图 2-5）。在“输入区域”输入需要分组的原始数据所在区域“A1:K11”，在“接收区域”输入定义接收区域的边界值（即分组的上限）的单元格引用“A14:A19”，选择“输出区域”，键入“G13”作为起始的输出位置，勾选“图表输出”，可以得到直方图。如果勾选“柏拉图”，可得到按降序排列的柱形图——帕累托图；勾选“累计百分率”，Excel 将在直方图上添加累积频率折线。点击“确定”后 Excel 返回的结果如图 2-6 所示，返回结果中的“频率”实际是统计学中的“频数”。

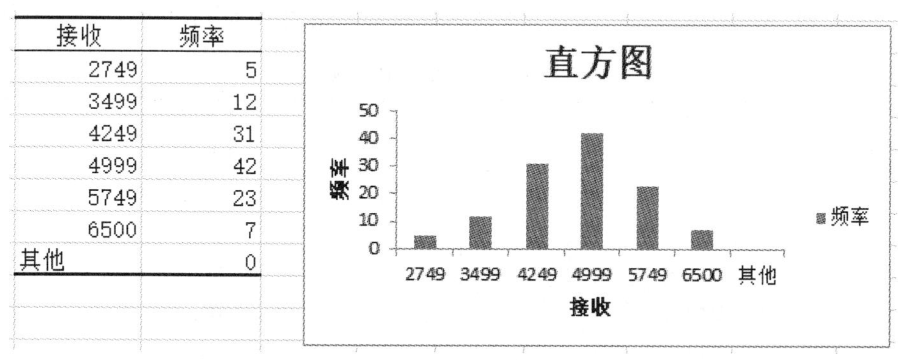

接收	频率
2749	5
3499	12
4249	31
4999	42
5749	23
6500	7
其他	0

图 2-6　直方图

(3) 图形修饰。在图 2-6 中，Excel 输出的图形实际上是一个“柱形图”的形式，若要把它变成“直方图”形式，需要如下操作：用鼠标右键单击任一长方形柱条，在弹出的快捷菜单中选择“设置数据系列格式”，在“系列选项”标签中把“分类间距”宽度改为“0”（如图 2-7 所示），点击“关闭”即可。对得到的直方图，选中图形后，点击“图表工具”中的“格式”菜单，选择自己喜欢的“形状样式”可以进行快速修饰。

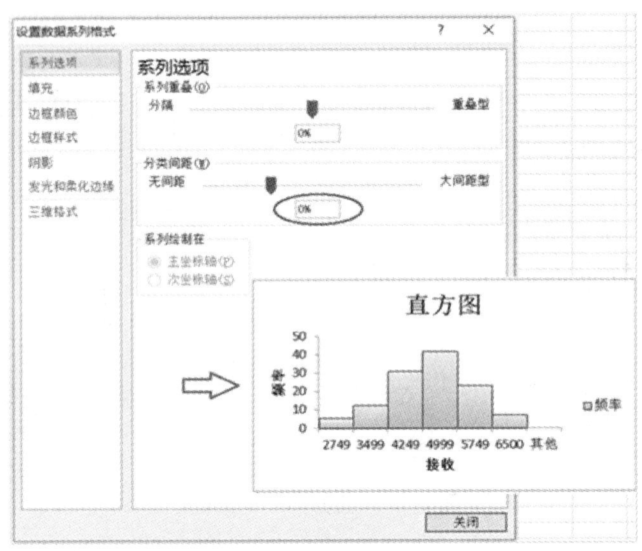

图 2-7 无间距直方图

从直方图可以看出，本例 120 名职工的月工资在 4 250~5 000 之间的人数最多，占总人数的 35%，高工资与低工资的人数都相对较少，人数分布基本呈现中间多、两头少的钟形对称分布特征。

3. 借助 Excel 做统计图

Excel 提供的统计图有很多种，包括柱形图、条形图、折线图、饼图、散点图、面积图、环形图、雷达图、曲面图、气泡图、股价图、圆柱图、圆锥图等，各种图形的作法大同小异。

【例 2.3】某地区企业的所有制分组情况见表 2-2，请使用恰当的图形表现这些数据。

表 2-2 某地区企业的所有制情况

按所有制分组	企业数
全民	3 204
集体	1 286
私营	152
中外合资	212
外商独资	102
其他	44
合计	5 000

【分析】该例数据是针对分类数据进行统计分组得到的频数分布数列。如果目的是想把各种类型企业进行数量上的对比，则可以使用柱形图；如果目的是想说明该地区企业的所有制结构特征，说明各类型企业的占比情况，则使用饼图为好。这里谈谈饼图的绘制方法。

【操作步骤】

（1）绘制基本图形。把表 2-2 的分组名称及数据录入 A1:B7 区域，然后选中这个区域，单击“插入”菜单中饼图工具“饼图”旁边的小三角形，选择“三维饼图”（选择其他类型将得到对应的其他类型图形），则得到基本图形（参见图 2-8）。

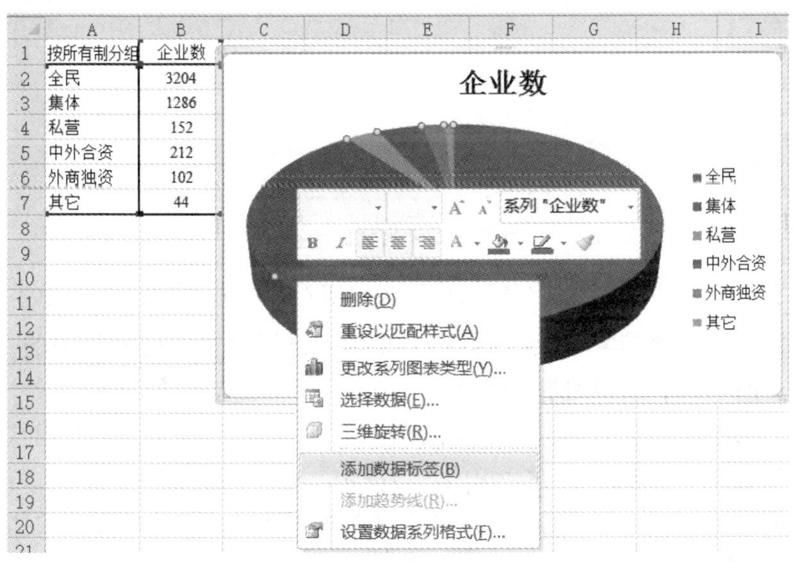

图 2-8　绘制饼图

（2）添加数据标签。鼠标右键单击饼图的任一扇形区域，弹出图 2-8 所示的快捷菜单，选择“添加数据标签”，则 Excel 会在各个扇形区域标明具体企业数。如果需要显示为占比，则再右键单击任一扇形区域，在弹出的快捷菜单中选择“设置数据标签格式”（如图 2-9），在对话框中去掉“值”前面的钩，勾选“百分比”后关闭对话框即可。另外，还可以尝试在“设置数据标签格式”及“设置数据点格式”（两次左键单击后选中指定的扇形区域，再右键单击弹出快捷菜单）对话框中选择其他相应选项，对图形做更加个性化的修饰。这些操作也可以在选中图形后，通过“图表工具”中的“设计”“布局”或“格式”菜单下的相应工具来完成。

从已经绘制出的图形可以看出，后面 4 种类型的企业占比都很小，单一饼图的表现不够细腻、充分，所以可以考虑绘制“复合饼图”，将占比较小的若干类提取进入第二个子图。操作方法是：

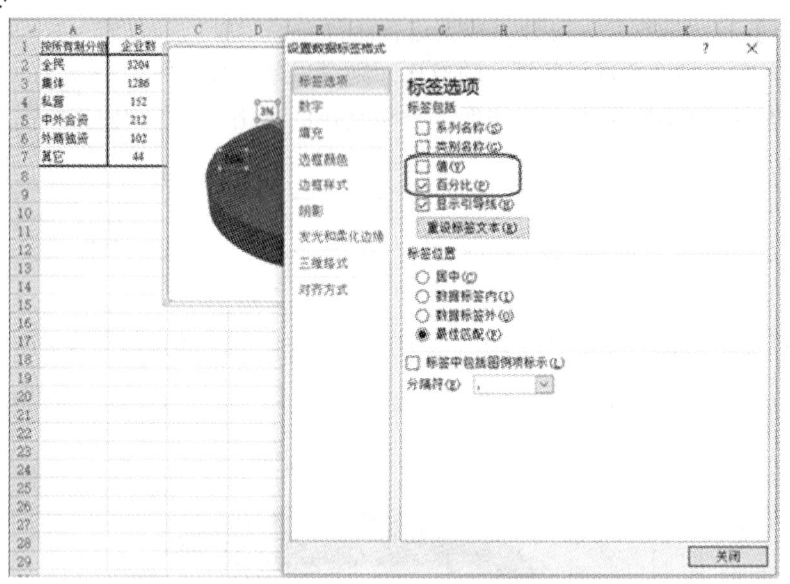

图 2-9　添加数据标签

（1）绘制基本图形。选中分组名称及数据所在的区域 A1:B7 后，单击“插入”菜单中饼图工具“饼图 ▾”旁边的小三角形，选择“二维饼图”中的“复合饼图”（第三个图标），则得到基本图形。

（2）图形编辑。在所得基本图形中用鼠标右键单击任意扇形，弹出快捷菜单，选择“设置数据系列格式”，在弹出的对话框中，在“系列选项”中把“第二个绘图区包含最后一个”的类别数目改为“4”（参见图 2-10），然后点“关闭”即可。如果需要对图形做其他修饰，操作方法与前述一致。

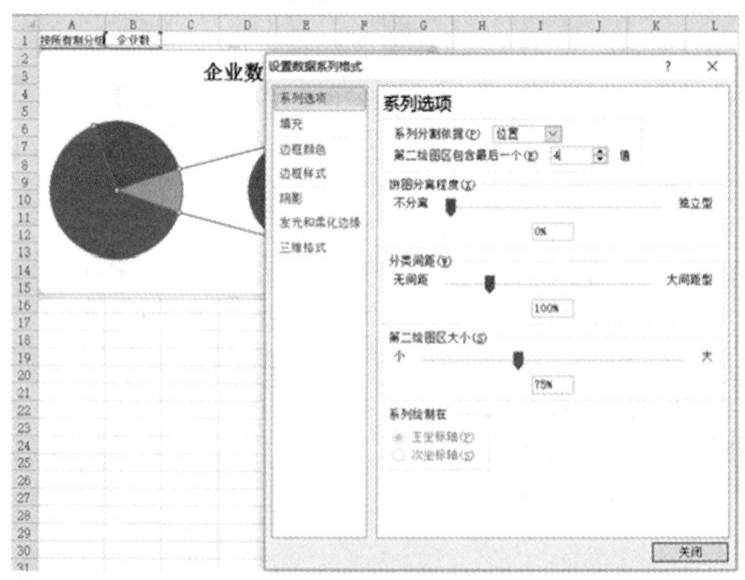

图 2-10　系列设置对话框

【例 2.4】在 Excel 中绘制左右两个不同坐标轴的图形来表现表 2-3 所示数据。

表 2-3　　2006—2011 年中国 GDP 及 GDP 增长率

年份	GDP（亿元）	增长率（%）
2010	413 030	10.6
2011	489 301	9.5
2012	540 367	7.9
2013	595 244	7.8
2014	643 974	7.3
2015	689 052	6.9

【分析】GDP 水平数和增长率数值差异巨大，要在一个图形中同时表现两个变量的动态变化，需要使用双轴图形。

【操作步骤】

（1）绘制基础图形。把变量名及数据录入 A1:C7 区域，选中整个区域 A1:C7，点击“插入”菜单中“柱形图”下方的小三角形，选择二维“簇状柱形图”（第一个图标），得到基础图形。

（2）设置次坐标轴。在得到的基础图形中选中表示“增长率”的柱条，鼠标右键单击，在弹出的快捷菜单中选择“设置数据系列格式”，然后在“系列选项”中的“系列绘制”栏选择“次坐标轴”，最后点击“关闭”，这样就在图表右边又添加了一个坐标轴。

（3）更改图表类型。在得到的二维柱形图中，选中“增长率”类别的柱形，鼠标右键单击，在弹出的快捷菜单中选择“更改系列图表类型”，选择折线图中的“带数据标记的折线图”“确定”后得到所需图形。最后对图形稍作修饰，用鼠标右键对“增长率”图形单击弹出快捷菜单，选择“添加数据标签”在图上标出数值；用鼠标右键对“图例”单击弹出快捷菜单，选择“设置图例格式”，在弹出的对话框中选择图例位置“靠上”，把图例位置从图形右边调整到图形上边，即可得到如图 2-11 所示的图形。

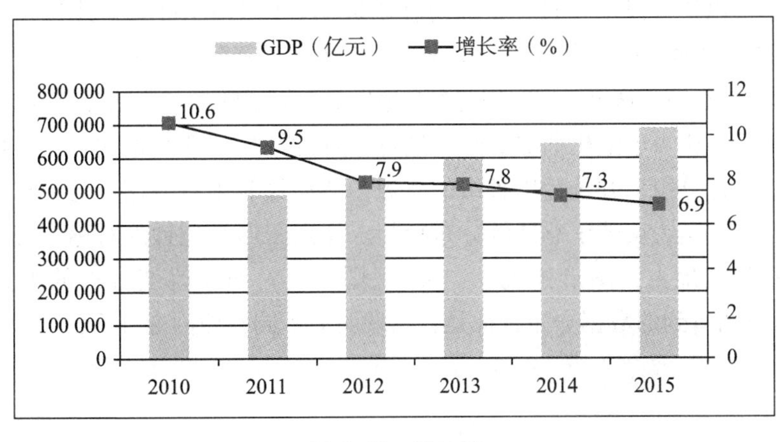

图 2-11　双柱图

（四）实验实践

1. 对 A、B 两城市家庭进行住房满意度抽样调查，结果如下表，试结合统计图分析这个结果。

回答类别	A 城市户数（户）	B 城市户数（户）
非常不满意	24	8
不满意	108	38
一般	93	90
满意	45	50
非常满意	30	14
合计	300	200

2. 调查了某种作物在六个地区的产量情况，试用恰当的图形显示该作物单位面积产量与地区降雨量、温度之间的关系。

地区	温度	降雨量（mm）	产量（kg/hm^2）
1	6	25	2 250
2	8	40	3 450
3	10	50	4 600
4	13	62	5 700
5	14	95	7 400
6	16	110	5 900

3.（计算机模拟问题）用计算机模拟从一个总体中随机抽取一定数量的单位进行调查，并对所得样本数据进行整理分析，验证抽样方法与数据整理分析方法的有效性。

提示：可以执行以下操作：①获得样本数据。借助 Excel“工具”菜单下“数据分析”中的“随机数发生器”产生 300 个服从正态分布的数据（比如，设定均值为 168，标准差为 5），这可以把它理解为某地区成年男子的身高服从分布 N（168，5），这 300 个随机数相当于随机抽取 300 人进行调查的结果。②数据整理。对样本数据进行适当的统计分组，并统计出各组的频数，然后绘制出直方图。③数据分析。观察直方图，看它是否反映了总体的分布特征。注意图形是呈钟形对称形态吗？对称中心大致在什么地方？图形体现了“3σ 规则”吗？如果改变分组的组数（或组限），从直方图看到的数据分布特征是否出现明显不同？原因是什么？

三、统计实训

（一）单项选择题

1. 调查某乡镇年末生猪存栏头数，一般宜采用（　　）。

A. 经常性调查　　B. 一次性调查　　C. 典型调查　　D. 连续性调查

2. 调查资料的承担者是（　　）。

A. 调查单位　　B. 调查对象　　C. 标志表现　　D. 指标值

3. 全面调查与非全面调查的主要区别在于（　　）。

A. 调查单位的多少　　B. 是否需要得到总体的全面资料

C. 调查单位和报告单位是否一致　　D. 是否包括所有总体单位

4. 统计调查资料指的是（　　）。

A. 统计指标　　B. 标志　　C. 标志表现　　D. 变量值

5. 某城市拟对占全市储蓄总额 80%的几大金融机构进行调查，以了解全市储蓄存款的大概情况，这种调查形式属于（　　）。

A. 普查　　B. 典型调查　　C. 抽样调查　　D. 重点调查

6. 对全市外来农民工的素质进行全面调查，调查单位是（　　）。

A. 全部外来农民工　　B. 每个外来农民工

C. 所有用人单位　　D. 每个用人单位

7. 经常性调查一般用来收集（　　）。

A. 时点资料　　B. 时期资料　　C. 文字资料　　D. 数字资料

8. 重点调查的目的是（　　）。

A. 了解现象总体的基本情况　　B. 以样本数据推算总体数据

C. 研究现象的发展规律与趋势　　D. 研究调查单位的具体、详细资料

9. 反映事物的内部结构，最合适的统计图形是（　　）。

A. 条形图或柱形图　　B. 环形图

C. 饼图　　D. 散点图

10. 在全国人口普查中（　　）。

A. 全国人口总数是统计总体　　B. 每一个人是调查单位

C. 每一个人是报告单位　　D. 性别是不变标志

11. 重点调查中的重点单位是（　　）。

A. 随机选取的

B. 按照标志值所占比重的最高值依次选取

C. 根据总体单位的代表性选取

D. 直接选取所有总体单位

12. 在组距数列中，用组中值代表组内变量值的一般水平，是假定（　　）。
A. 组中值比组平均数准确　　B. 组中值就是组内各变量值的平均数
C. 组内变量值是均匀分布的　　D. 不容易得到组平均数

13. 了解农村留守儿童的现状特别是存在的突出问题，宜采用（　　）。
A. 抽样调查　　B. 普查　　C. 重点调查　　D. 典型调查

14. 我国在 2010 年 11 月 1 日零时进行第六次人口普查，要求所有调查单位的材料在 2010 年 11 月 10 日登记完成，则普查的标准时点是（　　）。
A. 2010 年 11 月 1 日 0 时　　B. 2010 年 7 月 10 日 24 时
C. 2010 年 11 月 1 日 24 时　　D. 2010 年 11 月 10 日 0 时

15. 统计资料整理的关键是（　　）。
A. 统计分组　　B. 统计汇总
C. 统计资料审核　　D. 填制统计表

16. 对某企业 1 000 名职工按文化程度分组编制的分配数列，属于（　　）。
A. 品质数列　　B. 单项数列　　C. 变量数列　　D. 组距数列

17. 抽样调查必须遵循的原则是（　　）。
A. 准确性原则　　B. 及时性原则　　C. 随机性原则　　D. 保密性原则

18. 下列调查中，调查单位与填报单位一致的是（　　）。
A. 企业设备调查　　B. 人口普查
C. 农村耕地调查　　D. 工业普查

19. 向上累计频数的数值表示（　　）。
A. 对应组下限以上的累计次数　　B. 对应组上限以下的累计次数
C. 对应组下限以下的累计次数　　D. 对应组上限以上的累计次数

20. 变量数列的两个组成要素是（　　）。
A. 各组总体单位数和各组指标数值
B. 各组指标值和各组频数
C. 变量所分各组和各组频数
D. 各组总体单位总量和各组总体标志总量

21. 某自行车企业对其产品质量进行调查，其调查单位是（　　）。
A. 随机抽选的每一辆自行车　　B. 每一辆自行车的质量
C. 该厂生产的每一辆自行车　　D. 该自行车生产企业

22. 确定连续型变量的组限时，相邻组的组限必须（　　）。
A. 相差 1　　B. 不等　　C. 相等　　D. 重叠

23. 变量数列中各组频率的总和应该（　　）。
A. 小于 1　　B. 等于 1　　C. 大于 1　　D. 不等于 1

24. 某连续型变量分为五个组，依次为：40～50，50～60，60～70，70～80，80 以上。按规定（　　）。

A. 50 在第一组，70 在第四组　　B. 60 在第二组，80 在第五组
C. 70 在第四组，80 在第五组　　D. 80 在第四组，50 在第二组

25. 将统计总体按某一标志分组的结果，表现出（　　）。
A. 组内同质性，组间差异性　　B. 组内差异性，组间差异性
C. 组间同质性，组内差异性　　D. 组内同质性，组间同质性

26. 填写统计表时，当某项不应该有数字时，应填写（　　）。
A. “…”　　B. “—”　　C. “0”　　D. “空白”

27. 对全市中小企业按销售收入分组编制而成的变量数列中，变量是（　　）。
A. 企业数　　B. 各组企业数所占比重
C. 销售收入　　D. 各组销售收入所占比重

28. 统计表按主词栏是否分组，可分为（　　）。
A. 分组表和复合表　　B. 简单表和复合表
C. 简单表和分组表　　D. 单一表和一览表

29. 等距分组适合于（　　）。
A. 变量值变化比较均匀的情形
B. 变量值呈比例变化的情形
C. 变量值呈急剧变动的情形
D. 变量值在不同区间代表特定含义的情形

30. 某连续型变量编制的等距数列，其末组为 6 000 以上。如果其邻近组的组中值为 5 600，则末组的组中值为（　　）。
A. 6 200　　B. 6 400　　C. 6 600　　D. 6 800

31. 编制变量数列时，若遇特大或特小的标志值，应采用（　　）。
A. 闭口组　　B. 开口组　　C. 单项分组　　D. 组距式分组

32. 在同限分组中，若恰有标志值等于组限，应将其归入（　　）。
A. 上限所在组　　B. 将该标志值舍去
C. 上限或下限所在组均可　　D. 下限所在组

33. 有二十个工人看管机器台数资料如下：2，5，4，2，4，3，4，3，4，4，2，2，2，4，3，4，6，3，4，4。将上述资料进行统计分组，宜采用（　　）。
A. 单项分组　　B. 等距分组　　C. 异距分组　　D. 组距分组

34. 在全市医疗卫生设备普查中，该市每家医院是（　　）。
A. 调查对象　　B. 调查单位　　C. 填报单位　　D. 总体单位

35. 某市工业企业 2016 年生产经营情况年报呈报时间规定在 2017 年 1 月 31 日，则调查期限为（　　）。
A. 一日　　B. 一个月　　C. 一年　　D. 一年零一个月

36. 统计分组的关键是（　　）。
A. 正确选择分组标志　　B. 合理划分组数

C. 合理确定组中值　　D. 合理确定组距

37. 单项分组适合于（　　）。

A. 变量值变动范围较大且取值较为分散的离散型变量

B. 变量值变动范围小且取值较为集中的离散型变量

C. 变量值变动范围较小的连续型变量

D. 变量值变动范围较大的连续型变量

38. 关于统计分组的“互斥性”原则，以下说法正确的是（　　）。

A. 一个总体单位只能分在某一个组内

B. 一个总体单位可以同时分在不同的组

C. 各组的组限允许重叠

D. 只能采用异限分组

39. 现实生活中应用最为广泛的非全面调查组织形式是（　　）。

A. 普查　　B. 重点调查　　C. 抽样调查　　D. 典型调查

40. 对几个大型化工企业进行调查，以了解污染排放的基本情况，属于（　　）。

A. 统计报表　　B. 抽样调查　　C. 重点调查　　D. 典型调查

（二）多项选择题

1. 连续型变量和离散型变量进行组距式分组，组限的划分在技术上有不同要求。企业按职工人数分组，正确的方法应是（　　）。

A. 300 以下，300~500，…

B. 300 以下，300~500（不含 500），…

C. 300 以下，301~500，…

D. 300 以下，310~500，…

E. 299 以下，300~499，…

2. 典型调查属于（　　）。

A. 全面调查　　B. 统计报表　　C. 专门调查　　D. 非全面调查

3. 数值型数据的图示方法主要有（　　）。

A. 散点图　　B. 直方图　　C. 折线图　　D. 气泡图

E. 雷达图

4. 下列各调查项目，宜采用经常性调查的有（　　）。

A. 耕地面积　　B. 新生婴儿数量

C. 商品销售数量　　D. 居民消费支出

5. 统计调查按组织形式不同可分为（　　）。

A. 专门调查　　B. 全面调查　　C. 经常性调查　　D. 统计报表

6. 编制组距式变量数列主要有以下几个步骤（　　）。
   A. 将所有变量值按升序或降序排列，计算全距
   B. 确定变量数列的组数，并参考全距和组数确定组距
   C. 依次确定各组的组限
   D. 汇总各组频数，计算频率，形成组距式变量数列
7. 某市准备对全市民营高科技企业进行一次全面调查，则（　　）。
   A. 每个民营高科技企业“拥有的专利数量”是调查项目
   B. 每个民营高科技企业既是总体单位、又是调查单位、还是填报单位
   C. 全市民营高科技企业总数量是统计指标
   D. 全市所有民营高科技企业是调查对象
8. 下列各项中属于统计指标的有（　　）。
   A. 我国 2016 年国内生产总值　　B. 某台设备的使用年限
   C. 某同学该学期平均成绩　　D. 某地区原煤总产量
   E. 某市年供水总量
9. 普查是（　　）。
   A. 专门调查　　B. 经常性调查
   C. 一次性调查　　D. 全面调查
   E. 获取时点资料
10. 简单分组与复合分组的区别在于（　　）。
   A. 总体的复杂程度不同　　B. 组数的多少不同
   C. 选择分组标志的性质不同　　D. 选择分组标志的数量多少不同
   E. 分组状态的排列形式不同
11. 某班统计学考试成绩资料如下表：

考试成绩（分）	人数（人）	比重（%）
60 以下	2	5. 88
60~70	8	23. 53
70~80	11	32. 35
80~90	9	26. 47
90 以上	4	11. 76
合　计	34	100

上表资料可以称为（　　）。
   A. 分布数列　　B. 变量数列　　C. 组距数列　　D. 等距数列
   E. 异距数列
12. 抽样调查的方法主要有（　　）。
   A. 重复抽样　　B. 简单随机抽样　　C. 等距抽样　　D. 不重复抽样

13. 统计分组的作用有（　　）。
A. 说明总体的分布情况　　B. 划分事物的类型
C. 研究现象内部结构　　D. 研究现象之间的依存关系

14. 常见的抽样组织形式有（　　）。
A. 简单随机抽样　　B. 等距抽样
C. 分层抽样　　D. 重复抽样
E. 整群抽样

15. 对原始资料审核的主要内容有（　　）。
A. 资料的及时性　　B. 资料的准确性
C. 资料的代表性　　D. 资料的完整性

16. 变量数列的构成要素有（　　）。
A. 变量所分的各组　　B. 频数或频率
C. 品质标志分组　　D. 指标名称

17. 统计调查按收集资料的方法区分主要有（　　）。
A. 采访法　　B. 实验设计法
C. 直接观察法　　D. 问卷调查法
E. 报告法

18. 组中值的计算方法有（　　）。
A. 组中值 $= \frac{\text{上限} + \text{下限}}{2}$　　B. 组中值 $= \text{上限} - \frac{\text{组距}}{2}$
C. 组中值 $= \text{上限} + \frac{\text{组距}}{2}$　　D. 组中值 $= \text{下限} + \frac{\text{组距}}{2}$

19. 非全面调查包括（　　）。
A. 重点调查　　B. 抽样调查　　C. 快速普查　　D. 典型调查
E. 统计报表

20. 统计表按主词栏分组的情况不同分为（　　）。
A. 简单表　　B. 统计报表　　C. 简单分组表　　D. 整理表
E. 复合分组表

21. 离散型变量分组（　　）。
A. 相邻两组的组限必须断开
B. 只能编成单项数列
C. 既可以编成单项数列，也可以编成组距数列
D. 组距式分组时组距必须相等
E. 组距式分组时，相邻两组的组限既可以断开，也可以重叠

22. 下列说法不正确的有（　　）。
A. 重点调查是一种非全面调查，既可用于经常性调查，也可用于一次性

调查

B. 抽样调查是非全面调查中最有科学根据的方式方法，因此，它适用于完成任何调查任务

C. 在非全面调查中，抽样调查最重要，重点调查次之，典型调查最不重要

D. 如果典型调查的目的是为了近似地估计总体的数值，则可以选择若干中等典型单位进行调查

E. 普查是取得全面统计资料的唯一调查形式

23. 原始资料的最小值，可用作最小组的（　　）。

A. 下限　　B. 上限　　C. 组中值　　D. 组距

E. 开口组的上限

24. 已知某车间同工种的 40 名工人完成个人生产定额百分数如下：

97	88	123	115	119	158	112	146	119	105
110	107	137	120	136	125	127	142	103	87
115	114	117	124	129	138	100	92	95	113
126	107	108	105	119	127	108	118	103	104

若据以上资料进行统计分组，则可以采用（　　）。

A. 同限等距分组　　B. 异限等距分组

C. 同限异距分组　　D. 异限异距分组

E. ABCD 均可

25. 某地区将工业企业作如下分组：

国有企业

固定资产 5 000 万元以下，固定资产 5 000~50 000 万元，固定资产 50 000 万元以上

非国有企业

固定资产 2 000 万元以下，固定资产 2 000~10 000 万元，固定资产 10 000 万元以上

上述分组属于（　　）。

A. 选择两个标志进行的复合分组

B. 选择两个标志进行的平行分组

C. 选择一个品质标志和一个数量标志进行的复合分组

D. 按两个可变标志进行的复合分组

26. 某行业所属企业利润计划完成情况（%）资料进行如下分组：

第 1 种：100%以下，100%~110%，110%以上

第 2 种：80%以下，80.1%~90%，90.1%~100%，100.1%~110%，110.1%以上

第 3 种：80%以下，80%~90%，90%~100%，100%~110%，110%以上

第 4 种：85%以下，85%~95%，95%~105%，105%~115%，115%以上

这 4 种分组中（　　）。

A. 第一种是正确的　　B. 第二种是错误的
C. 第三种是错误的　　D. 第四种是错误的
E. 都是错误的

27. 抽样调查与重点调查的主要区别有（　　）。
A. 选取调查单位的多少不同　　B. 选取调查单位的方式方法不同
C. 取得资料的方法不同　　D. 使用调查资料所要达到的目的不同

28. 调查居民消费心理，宜采用（　　）。
A. 全面调查　　B. 非全面调查　　C. 抽样调查　　D. 一次性调查
E. 专门调查

29. 全国工业普查中（　　）。
A. 每一个工业企业是调查单位　　B. “企业增加值”是调查项目
C. 每一个工业企业都是报告单位　　D. 所有工业企业是统计总体
E. 每一个工业企业都是总体单位

30. 异限分组的情况下，组距的计算方法有（　　）。
A. 本组上限减去相邻上一组上限　　B. 本组上限减去相邻下一组上限
C. 本组上限减去本组下限再加 1　　D. 本组上限减去本组下限

31. 统计表的主词栏可以是（　　）。
A. 总体各单位的名称　　B. 总体按若干标志所分的各组
C. 计量单位栏　　D. 指标数值
E. 现象所处的不同时间

32. 不同社会经济现象都有其特定的分布类型。常见的频数分布类型主要有（　　）。
A. 钟形分布　　B. S 型分布　　C. 双曲线分布　　D. J 型分布
E. U 型分布

（三）判断题

1. 调查单位、填报单位就是总体单位。（　　）

2. 统计调查的目的就是获取反映总体特征的指标数值。（　　）

3. 第六次全国人口普查的标准时间是 2010 年 11 月 1 日零时，11 月 5 日到某户登记时得知该户 11 月 2 日死去 1 人，死去的人应该登记。（　　）

4. 向上累计频数是对频数由变量值低的组向变量值高的组依次进行累加。（　　）

5. 统计分组是统计整理的关键，正确选择分组标志又是统计分组的关键。（　　）

6. 样本容量也叫抽样数目，是指抽样过程中可能产生的样本组合数。（　　）

7. 重点调查中的重点单位是指总体单位的标志值在所研究的标志值总和中占有绝对比重。（ ）

8. 在编制变量数列时，若资料中有特大或特小的极端数值，宜采用开口组。（ ）

9. 抽样调查必须遵循的基本原则是准确性原则。（ ）

10. 组距式分组时，开口组的组距等于相邻组。（ ）

11. 一次性调查是指在时间上可以间断的统计调查，一般用来收集时点资料。（ ）

12. 组距式分组时，代表质变的数据必须作为组限。（ ）

13. 同限分组，需遵循"上限不在内"的原则。（ ）

14. 抽样调查中的总体是确定的、唯一的，而样本带有随机性、不确定性。（ ）

15. 统计分组是在某一标志下，把性质相同或相近的总体单位合在一个组内，而把性质不同的总体单位分在不同的组里。（ ）

16. 普查是一种经常性的全面调查。（ ）

17. 统计报表和普查都属于全面调查，它们之间有时可以相互替代。（ ）

18. 统计分组的"互斥性"就是要保证任何一个总体单位都不能分在两个或更多的组里。（ ）

19. 抽样调查的数据可以用来检查和修正全面调查特别是普查的数据。（ ）

20. 向下累计频数的结果表示对应组上限以上的累计次数。（ ）

21. 调查单位是调查资料的承担者。（ ）

22. 用两个不同标志对同一个总体加以分组，称为复合分组。（ ）

23. 与普查相比，抽样调查的规模小，组织方便，省时省力，所以调查项目可以多一些。（ ）

24. 调查项目就是指标的名称。（ ）

25. 统计调查的任务是收集所有总体单位的原始资料。（ ）

26. 抽样方法不重复的情况下，每一次抽样时的总体单位数量始终保持不变。（ ）

27. 一次性调查主要用来收集时期性资料。（ ）

28. 洛伦兹曲线实际上就是累计频率分布曲线。（ ）

29. 确定统计调查对象就是为统计调查划定一个合理范围。（ ）

30. 组距数列的组数一般介于 5~8 个组之间，特殊情况下也可以低于 5 个组或高于 8 个组。（ ）

（四）简答题

1. 什么叫统计调查？统计调查怎样分类？

2. 什么叫抽样调查？抽样调查有何特征？

3. 抽样调查适用于什么情况？

4. 常用的参数和统计量分别有哪些？

5. 统计调查方案包括哪些内容？

6. 统计整理的内容和步骤包括哪些内容？

7. 什么叫统计分组？统计分组有何作用？

8. 正确选择分组标志应遵循哪些原则？

9. 编制组距数列有哪几个步骤？

10. 设计统计图应注意哪些问题？

11. 设计统计表有哪些要求？

（五）图表题

某企业 120 个工人 3 月份生产某种产品数量（件）如下：

103	70	104	90	100	124	85	88	112	134	99	104
114	108	118	106	95	98	117	106	98	108	115	115
104	97	105	125	126	85	129	94	99	97	134	112
138	110	123	118	97	106	104	110	108	114	107	116
104	100	108	87	89	85	114	124	120	118	131	75
118	114	98	110	129	104	114	105	116	117	124	100
117	114	113	108	115	109	95	118	126	113	106	104
108	125	106	113	90	103	134	121	115	124	85	128
86	113	91	124	107	114	103	101	125	104	71	102
110	94	86	138	98	105	84	90	133	126	118	98

要求：（1）根据以上资料，采用等距分组把工人产量分成 6 组；

（2）在等距分组的基础上，编制变量数列表；

（3）在变量数列基础上，计算向上、向下累计频数以及向上、向下累计频率；

（4）绘制工人月产量分布的直方图、折线图和饼图，并绘制累计频数和累计频率分布图。

四、实训题解

（一）单项选择题

1. 答案：B。年末生猪存栏头数为时点数据，宜采用一次性调查，即间断调查。注意本题可变化。

2. 答案：A。调查单位是调查资料的承担者，调查单位指需要接受调查的总体单位。

3. 答案：D。

4. 答案：C。调查资料就是标志表现。

5. 答案：D。调查数据高度集中于极少数总体单位，最适宜重点调查。

6. 答案：B。调查单位是指接受调查的总体单位。

7. 答案：B。调查时期数据宜采用经常性调查，即不能间断。

8. 答案：A。重点调查的目的只是获得总体的大概情况（基本情况）。

9. 答案：C。

10. 答案：B。把总体和总体单位搞清楚就容易找出正确答案了。注意本题可变化。

11. 答案：B。

12. 答案：C。

13. 答案：D。

14. 答案：A。

15. 答案：A。

16. 答案：A。

17. 答案：C。

18. 答案：D。调查单位与填报单位一致就是最适合自填自报的情形。

19. 答案：B。向下累计频数的数值表示对应组下限以上的累计次数。

20. 答案：C。

21. 答案：A。质量检验往往带有破坏性，通常采用抽样调查，被随机选中的自行车才是调查单位。

22. 答案：D。同限分组的组限重叠，而不是相等，因为同限分组时，最大值不包含在所在组内。

23. 答案：B。频率是结构相对指标，各部分结构的合计值必须为1。

24. 答案：C。同限分组，上限不在内。

25. 答案：A。

26. 答案：B。

27. 答案：C。分组的数量标志就是变量。

28. 答案：C。

29. 答案：A。

30. 答案：B。运用组中值、组限以及组距之间的关系推算。

31. 答案：B。特大或特小的值俗称极端值，只能将极端值放入首尾两端的开口组中。

32. 答案：D。遵循“上限不在内”的原则。

33. 答案：A。

34. 答案：C。每一台（套）医疗卫生设备既是总体单位，又是调查单位。

35. 答案：B。

36. 答案：A。统计整理的关键是统计分组，而统计分组的关键则是正确选择分组标志。

37. 答案：B。注意与第33题对应。

38. 答案：A。

39. 答案：C。抽样调查无处不在。

40. 答案：C。暗示调查数据高度集中于几个大型化工企业。

（二）多项选择题

1. 答案：ACE。对连续型变量进行组距式分组，必须采用同限分组的方法；对离散型变量进行组距式分组，既可以同限分组，也可以异限分组。

2. 答案：CD。

3. 答案：ABCDE。

4. 答案：BCD。时期数据都必须采用经常性调查。注意本题可变化。

5. 答案：AD。

6. 答案：ABCD。

7. 答案：ABCD。注意本题可变化。

8. 答案：ACDE。只要能用来说明一个整体事物的数值就可以叫指标。注意本题可变化。

9. 答案：ACDE。注意本题可变化。

10. 答案：DE。

11. 答案：ABCD。注意本题可变化。

12. 答案：AD。

13. 答案：BCD。

14. 答案：ABCE。

15. 答案：ABD。

16. 答案：AB。

17. 答案：ABCDE。

18. 答案：ABD。

19. 答案：ABD。

20. 答案：ACE。

21. 答案：CE。

22. 答案：BCE。

23. 答案：AC。

24. 答案：AC。生产定额完成百分数为连续型变量，只能同限分组。

25. 答案：ACD。

26. 答案：ABCD。第 2 种分组的错误在于没有采用同限分组；第 3 种分组的错误在于把未完成任务的分成了 3 组；第 4 种分组的错误在第 3 组，把没有完成计划的和超额完成计划的分在了一个组。

27. 答案：BD。

28. 答案：BCDE。

29. 答案：ABCDE。

30. 答案：BC。

31. 答案：ABCE。

32. 答案：ADE。

（三）判断题

1. 答案：×。调查单位是指需要接受调查的总体单位，而填报单位则是负责填写和上报调查资料的单位。某些调查适合自填自报，这种情形下，每一个调查单位都是填报单位；而有些统计调查不适合自填自报，这种情形下的调查单位就不是填报单位。

2. 答案：×。统计调查的直接目的是获取反映总体单位特征的资料，即标志表现。

3. 答案：√。只要在 2010 年 11 月 1 日零时能“喘气”的人，就应该登记。

4. 答案：√。

5. 答案：√。

6. 答案：×。样本容量是指从总体中抽取的总体单位数目。样本个数才是抽样过程中可能产生的样本排列或组合数。

7. 答案：√。

8. 答案：√。

9. 答案：×。随机性原则。

10. 答案：√。

11. 答案：√。

12. 答案：√。

13. 答案：√。

14. 答案：√。

15. 答案：√。

16. 答案：×。普查是一次性的全面调查。

17. 答案：×。不可以相互替代。

18. 答案：√。

19. 答案：√。

20. 答案：×。向上累计频数的结果表示对应组上限以下各组频数的累计数；向下累计频数的结果表示对应组下限以上各组频数的累计数。

21. 答案：√。

22. 答案：×。采用两个及以标志对同一个总体进行并列分组，称为平行分组；采用两个及以上标志对同一个总体进行交叉分组，称为复合分组。

23. 答案：√。

24. 答案：×。调查项目是指调查资料的名称，即标志。

25. 答案：×。全面调查时需要收集所有总体单位的资料，非全面调查只收集部分总体单位的资料；统计调查有时收集原始资料，有时还要收集二手资料。

26. 答案：×。重复抽样方法下，每次抽样的总体单位数量始终保持不变；不重复抽样方法下，每次抽样的总体单位数量都在减少。

27. 答案：×。一次性调查主要用来收集时点数据，经常性调查主要用来收集时期数据。

28. 答案：√。

29. 答案：√。

30. 答案：√。

（四）简答题

略。

（五）图表题

（1）参考分组结果如下：70~82，82~94，94~106，106~118，118~130，130~142。

（2）变量数列及累计频数、累计频率如下表：

按工人月产量分组（件）	工人数（人）	频率（%）	累计频数（人）		累计频率（%）	
			向上	向下	向上	向下
70~82	3	2.5	3	120	2.5	100
82~94	14	11.67	17	117	14.17	97.5
94~106	33	27.5	50	103	41.67	85.83
106~118	40	33.33	90	70	75	58.33
118~130	23	19.17	113	30	94.17	25
130~142	7	5.83	120	7	100	5.83
合　计	120	100	—	—	—	—

各种统计图形略。

第三章　描述分析的基本指标

一、统计知识

本章主要涉及总量指标、相对指标、平均指标、变异指标以及偏度和峰度指标等内容。

（一）总量指标

1. 总量指标的概念及作用

总量指标习惯又称为数量指标、绝对指标、绝对数，是说明事物在特定条件卜达到的总规模、总水平或工作总量的统计指标。如 GDP、销售收入、净利润等。

2. 总量指标的分类

（1）总量指标按说明总体的内容不同分为总体单位总量和总体标志总量。

（2）总量指标按说明总体的时间状况不同分为时期指标和时点指标。

时期指标与时点指标的区别：① 时期指标的原始资料需要连续登记；而时点指标的原始资料不需要连续登记。② 时期指标数值的大小与时间间隔长短有直接关系；时点指标数值的大小与时间间隔长短无直接关系。③ 时期指标数值既可以纵向相加，也可以横向相加；时点指标数值不能纵向相加，但可以横向相加。④ 时期指标数值随时间变化只增加不减少，而时点指标数值随时间变化既有增加也有减少。

3. 总量指标的计算方法

（1）直接计算方法

在统计整理阶段，通过汇总总体单位数、标志值获得有关总量指标。

（2）推算与估算法

① 平衡推算法；

② 因素推算法；

③ 抽样推算法；

④ 插值推算法。

4. 总量指标的计量单位

（1）实物单位：自然单位、度量衡单位、双重单位和标准实物单位。

（2）劳动时间单位。

（3）价值单位。

（二）相对指标

1. 相对指标的概念

（1）相对指标的概念及基本公式：

$$相对指标(相对数)=\frac{比数(子项)}{基数(母项)}$$

（2）相对指标的表现形式：

相对指标有无名数和有名数两种具体表现形式。无名数有系数、倍数、百分数或千分数等；有名数是将相对指标中比数与基数指标的计量单位同时保留，是一种复合单位。

2. 相对指标的计算

（1）计划完成程度相对指标

① 计划完成程度指标的概念及基本公式：

$$计划完成程度相对指标=\frac{实际完成数}{计划完成数}\times 100\%$$

当计划数为绝对数或平均数时，可以直接使用上述公式计算计划完成程度。

② 计划数为增减百分数：

如果计划数是以上年为基数，在上年基础上增长或降低相应的百分数，计划完成程度应调整为按如下公式计算：

$$计划完成程度=\frac{实际达到上年的百分数}{计划达到上年的百分数}\times 100\%=\frac{1\pm 实际\begin{matrix}提高\\降低\end{matrix}百分数}{1\pm 计划\begin{matrix}提高\\降低\end{matrix}百分数}\times 100\%$$

③ 关于百分点：百分数减去一个不是基数100%的同类百分数称为百分点。

计划完成程度指标的评价标准。产出成果类指标：该类指标的计划数代表最低控制数，以实际数大于计划数为好，计划完成程度大于100%为好，超出100%的部分为超额完成任务的部分。消耗成本类指标：该类指标的计划数代表最高控制数，以实际数低于计划数为好，计划完成程度小于 100% 为好，不足 100% 的部分为节约。

④ 计划完成进度的计算：

$$\text{计划完成进度} = \frac{\text{期初至检查之日止累计实际完成数}}{\text{全期计划数}} \times 100\%$$

⑤ 中长期计划的检查：

Ⅰ. 水平法

$$\text{中长期计划完成程度} = \frac{\text{中长期计划最后一年实际完成数}}{\text{中长期计划数}} \times 100\%$$

注意：提前确定时间。

Ⅱ. 累计法

$$\text{中长期计划完成程度} = \frac{\text{中长期计划各年累计实际完成数}}{\text{中长期计划数}} \times 100\%$$

注意：提前确定时间。

水平法一般应用于较为稳定以及增减变动较为确定的指标；而累计法应用于增减变动不确定的指标。

（2）结构相对指标：部分与全体对比的结果，其值小于 100%。

$$\text{结构相对指标} = \frac{\text{总体某一组的数量}}{\text{总体的总数量}} \times 100\%$$

（3）比例相对指标：总体内各部分之间的比值。

$$\text{比例相对指标} = \frac{\text{总体某一组的数量}}{\text{总体另一组的总数量}}$$

（4）比较相对指标：

$$\text{比较相对指标} = \frac{\text{某一总体的指标数值}}{\text{同一时间下另一总体的同类指标数值}}$$

比较相对指标属于横向比较。

（5）强度相对指标：

$$\text{强度相对指标} = \frac{\text{某一总体的总量}}{\text{另一性质不同而又有联系总体的总量}}$$

强度相对指标有时用无名数表示，有时候用名数表示。此外，强度相对指标还有正指标与逆指标之分。

（6）动态相对指标：

$$\text{动态相对指标} = \frac{\text{现象在报告期的指标数值}}{\text{现象在基期的指标数值}} \times 100\%$$

动态相对指标属于纵向比较。

注意：理解各种相对指标的关键在于正确把握各指标子项、母项之间的关系。子项与母项属于同一总体的有计划完成程度相对指标、结构相对指标、比例相对指标、动态相对指标；子项与母项可以交换位置的有比例相对指标、比较相对指标和强度相对指标。

3. 计算和运用相对指标应注意的问题

正确选择基数；注意比数、基数之间的可比性；相对指标与总量指标结合运用；相对指标与相对指标结合运用。

（三）平均指标

1. 平均指标的概念及特征

平均指标具有以下两个特征：①表明变量值的一般水平或集中趋势，是一个代表值；②把总体单位之间的差异抽象化了。

2. 平均指标的分类

（1）平均指标按计算方法不同分为算术平均数、调和平均数、几何平均数、中位数和众数。

（2）平均指标按反映的时间状况不同分为静态平均数和动态平均数。

3. 算术平均数

$$\text{算术平均数} = \frac{\text{总体标志总量}}{\text{总体单位总量}}$$

算术平均数与强度相对指标的区别和联系如下所述：

区别：① 算术平均数是同一总体的标志总量除以总体单位总量的结果；而强度相对指标是两个性质不同总体的总量指标进行对比的结果。② 算术平均数的分子、分母之间存在一一对应关系；而强度相对指标的分子、分母之间不存在一一对应关系。

联系：某些强度相对指标带有平均的意思。

（1）简单算术平均数

$$\bar{x} = \frac{x_1 + x_2 + x_3 + \cdots + x_n}{n} = \frac{\sum_{i=1}^{n} x_i}{n} = \frac{\sum x}{n}$$

注意，$\sum_{i=1}^{n} x_i$ 往往简单记为 $\sum x$，后文类似符号不再特别指明。

（2）加权算术平均数

$$\bar{x} = \frac{x_1f_1 + x_2f_2 + x_3f_3 + \cdots + x_nf_n}{f_1 + f_2 + f_3 + \cdots + f_n} = \frac{\sum_{i=1}^{n} x_if_i}{\sum_{i=1}^{n} f_i} = \frac{\sum xf}{\sum f}$$

加权算术平均数的变形：

$$\bar{x}=\frac{x_1f_1+x_2f_2+x_3f_3+\cdots+x_nf_n}{f_1+f_2+f_3+\cdots+f_n}$$

$$=x_1\cdot\frac{f_1}{\sum f}+x_2\cdot\frac{f_2}{\sum f}+x_3\cdot\frac{f_3}{\sum f}+\cdots+x_n\cdot\frac{f_n}{\sum f}=\sum x\cdot\frac{f}{\sum f}$$

从变形公式可以看出，加权算术平均数的影响因素有两个：各组变量值及各组频率。

4. 调和平均数

（1）简单调和平均数

$$\bar{x}_H=\frac{1}{\dfrac{\dfrac{1}{x_1}+\dfrac{1}{x_2}+\dfrac{1}{x_3}+\cdots+\dfrac{1}{x_n}}{n}}=\frac{n}{\sum\dfrac{1}{x}}$$

（2）加权调和平均数

$$\bar{x}_H=\frac{1}{\dfrac{\dfrac{1}{x_1}\cdot m_1+\dfrac{1}{x_2}\cdot m_2+\dfrac{1}{x_3}\cdot m_3+\cdots+\dfrac{1}{x_n}\cdot m_n}{m_1+m_2+m_3+\cdots+m_n}}=\frac{\sum m}{\sum\dfrac{m}{x}}(m=xf)$$

注意：算术平均数与调和平均数都是用总体标志总量除以总体单位总量的结果。所不同的是二者的表现形式不同，即它们的具体运用条件不一样。

算术平均数与调和平均数的运用条件：①已知变量值 x 及其对应的频数 f，计算算术平均数。如果频数 f 完全相等，采用简单算术平均法，如果频数 f 不完全相等，采用加权算术平均法。由此得出推论：简单算术平均数是加权算术平均数的特殊形式。②已知变量值 x 及其对应的标志总量 $m(m=xf)$，计算调和平均数。如果标志总量 $m(m=xf)$ 完全相等，采用简单调和平均法，如果标志总量 $m(m=xf)$ 不完全相等，采用加权调和平均法。由此得出推论：简单调和平均数是加权调和平均数的特殊形式。

5. 几何平均数

（1）简单几何平均数

$$\bar{x}_G=\sqrt[n]{x_1\cdot x_2\cdot x_3\cdot\cdots\cdot x_n}=\sqrt[n]{\Pi x_i}$$

（2）加权几何平均数

$$\bar{x}_G=\sqrt[\sum f]{x_1^{f_1}\cdot x_2^{f_2}\cdot x_3^{f_3}\cdot\cdots\cdot x_n^{f_n}}=\sqrt[\sum f]{\Pi x_i^{f_i}}$$

几何平均数的运用条件：若干连续比率的连乘积等于某个总比率，求平均比率需采用几何平均数。几何平均数主要用来计算平均发展速度、连续作业车间（工序）的平均合格率以及按复利计算利息的平均利率等。

6. 位置平均数

(1) 中位数

①根据未经分组的原始数据确定中位数。

②根据变量数列确定中位数。

对于单项式变量数列，中位数正好是累计频数刚好超过 $\frac{\sum f}{2}$ 的那一组的变量值。

对于组距式变量数列，用插值推算法按比例计算中位数的近似值。

下限公式：

$$Me = L + \frac{\frac{\sum f}{2} - S_{m_e-1}}{f_{m_e}} \times d$$

上限公式：

$$Me = U - \frac{\frac{\sum f}{2} - S_{m_e+1}}{f_{m_e}} \times d$$

(2) 众数

单项式变量中，频数最多或频率最高的变量值即是众数。

对于组距式变量数列，用相应的公式近似地确定众数。

下限公式：

$$M_o = L + \frac{f_{M_e} - f_{M_e-1}}{(f_{M_e} - f_{M_e-1}) + (f_{M_e} - f_{M_e+1})} \times d$$

上限公式：

$$M_o = U - \frac{f_{M_e} - f_{M_e+1}}{(f_{M_e} - f_{M_e-1}) + (f_{M_e} - f_{M_e+1})} \times d$$

7. 几种平均数之间的关系

(1) 算术平均数、调和平均数、几何平均数被习惯称为计算平均数。三种计算平均数均有特定的应用条件：即掌握资料的特点不同，计算平均数的方法是有差异的。

(2) 三种计算平均数均受极端变量值的影响，若无明显极端值的情况下更适合计算平均数。两种位置平均数不受极端变量值的影响，如有明显极端值的情况下更适合位置平均数。其中，集中趋势很明显的用众数，集中趋势不明显的用中位数。

(3) 有人认为根据同一资料计算的算术平均数、调和平均数和几何平均数之间存在如下关系：算术平均数最大，几何平均数次之，调和平均数最小。这一结论在数学上有效，但在统计上无效。

(4) 众数、中位数和算术平均数的关系。在对称的正态分布条件下，中位数、众数和算术平均数三者完全相等，即 $\bar{x} = M_e = M_o$。在非对称分布的情况下，众数、中位数和算术平均数三者的差别取决于分布的偏斜程度，分布偏斜的程度越大，它们之间的差别越大。当频数分布呈右偏（正偏）时，算术平均数受极大值的影响而最大，众数最小，此时有 $\bar{x} > M_e > M_o$；当频数分布呈左偏（负偏）时，算术平均数受极小值的影响而最小，众数最大，此时有 $\bar{x} < M_e < M_o$。但无论是哪种分布特征，中位数始终介于众数和平均数之间。

（四）变异指标

1. 变异指标的概念及作用

变异指标的作用主要有以下几点：①衡量和比较平均数的代表性；②反映现象活动过程的均衡性、节奏性或稳定性；③研究变量值分布偏离正态的状况；④为统计推断提供依据。

2. 极差

$$R = x_{\max} - x_{\min}$$

3. 平均差

（1）简单算式平均差：

$$A \cdot D = \frac{\sum |x - \bar{x}|}{n}$$

（2）加权算式平均差：

$$A \cdot D = \frac{\sum |x - \bar{x}| f}{\sum f}$$

4. 方差与标准差

简单算式方差：$\sigma^2 = \dfrac{\sum (x - \bar{x})^2}{n}$

简单算式标准差：$\sigma = \sqrt{\dfrac{\sum (x - \bar{x})^2}{n}}$

加权算式方差：$\sigma^2 = \dfrac{\sum (x - \bar{x})^2 f}{\sum f}$

加权算式标准差：$\sigma = \sqrt{\dfrac{\sum (x - \bar{x})^2 f}{\sum f}}$

注意：根据样本数据计算方差和标准差时，分母应该是 $n - 1$ 或 $\sum f - 1$，即样本方差和标准差的自由度为 $n - 1$ 或 $\sum f - 1$，但当 n 或 $\sum f$ 很大时，可以忽略 n 或

$\sum f$ 与自由度 $n-1$ 或 $\sum f-1$ 之间的差异。

两个简捷计算公式（适合于手工计算具有一定特殊性的数据，实质上与前面所说的加权算术平均数、加权算式标准差一致）：

适合于组距数列的加权算术平均数简捷计算公式：

$$\bar{x}=\frac{\sum\left(\frac{x-A}{d}\right)f}{\sum f}\times d+A$$

适合于组距数列的加权算术标准差简捷计算公式：

$$\sigma=\sqrt{\frac{\sum\left(\frac{x-A}{d}\right)^2 f}{\sum f}-\left[\frac{\sum\left(\frac{x-A}{d}\right)f}{\sum f}\right]^2}\times d$$

式中：A 代表最接近平均水平的那个组中值，d 代表组距。

5. 变异系数

$$V_\sigma=\frac{\sigma}{\bar{x}}\times 100\%$$

计算变异系数或标准差系数是基于以下两个理由：对于不同性质的现象，绝对变异指标（标准差）不能直接比较总体内部的差异程度及平均指标对总体的代表性大小（可能量纲都完全不同）；对于性质相同的现象，在平均水平不一致的情况下，绝对变异指标（标准差）也不能比较总体内部的差异程度及平均指标对总体的代表性大小。

（五）变量分布的偏度和峰度

1. 偏度指标

$$K_\alpha=\frac{U_3}{\sigma^3}=\frac{\sum(x-\bar{x})^3 f}{\sigma^3\sum f}$$

$K_\alpha>0$，表示变量分布呈正偏形态；$K_\alpha=0$，表示变量分布呈对称形态；$K_\alpha<0$，表示变量分布呈负偏形态。

2. 峰度指标

$$K_\beta=\frac{U_4}{\sigma^4}=\frac{\sum(x-\bar{x})^4 f}{\sigma^4\sum f}$$

峰度系数的标准值为 3。如果峰度系数大于 3，频数分布接近于尖峰形态，变量值分布很集中；如果峰度系数等于 3，频数分布呈正态分布；如果峰度系数小于 3，频数分布接近于平顶形态，变量值分布很分散。

二、统计实验

(一) 实验目的

掌握借助 Excel 计算平均指标、变异指标等描述统计分析指标的方法，能够通过这些指标对一组数据的基本特征做出定量分析。

(二) 实验内容

(1) 使用 Excel 函数计算一组数据的统计指标，包括算术平均数、调和平均数、几何平均数、众数、中位数、标准差、方差、偏度、峰度等。

(2) 使用描述统计工具获得一组数据的常用统计指标。

(3) 正确理解各指标的含义，借助统计指标分析数据的分布特征。

(三) 实验操作

1. 对未分组资料进行描述统计指标计算

对未分组数据资料进行描述统计指标计算，Excel 有两种方法：函数方法和描述统计工具方法。

(1) 函数方法

常用于描述统计指标计算的 Excel 函数见表 3-1。其中，样本标准差和总体标准差的计算说明见提示 3.1。

表 3-1　常用于描述统计指标计算的 Excel 函数

分类	指标名称	Excel 函数	说　明
平均指标	算术平均数	AVERAGE	返回一组数据的算术平均值
	调和平均数	HARMEAN	返回数据集合的调和平均值
	几何平均数	GEOMEAN	返回正数数组或区域的几何平均值
	切尾平均数	TRIMMEAN	返回数据集的内部平均值
	条件平均	AVERAGEIF	返回某个区域内满足给定条件的所有单元格的算术平均值
	多条件平均	AVERAGEIFS	返回满足多重条件的所有单元格的算术平均值
	众数	MODE	求一组数据的众数
	中位数	MEDIAN	返回给定数值集合的中位数
	四分位数	QUARTILE. EXC	计算数据集的四分位数

表3-1(续)

分类	指标名称	Excel 函数	说 明
变异指标	平均差	AVEDEV	求一组数据与其均值的平均离差
	样本标准差	STDEV. S	计算基于给定样本的标准差
	总体标准差	STDEV. P	计算总体的标准差
	样本方差	VAR	计算基于给定样本的方差
	总体方差	VARP	计算总体的方差
形态指标	峰度系数	KURT	返回数据集的峰度值
	偏态系数	SKEW	返回分布的偏斜度

提示 3.1：

在 Excel 中，函数 STDEV.P 用于计算总体标准差，即把所有数据视为一个总体的观测值，是使用公式 $\sigma = \sqrt{\frac{1}{n}\sum_{i=1}^{n}(x_i - \bar{x})^2}$ 做的计算；而函数 STDEV. S 用于计算样本标准差，即把所有数据视为一个样本的观测值，是使用公式 $s = \sqrt{\frac{1}{n-1}\sum_{i=1}^{n}(x_i - \bar{x})^2}$ 做的计算。

【例 3.1】现调查了某地区 30 名高中男生的身高，测得身高如表 3-2。试做描述统计分析。

表 3-2 某地区 30 名男生的身高情况 单位：cm

171	168	163	171	171	163	167	171	166	166
173	168	165	169	162	171	167	168	172	165
166	166	165	171	172	164	166	167	170	170

【分析】这是一组数值型数据，平均数、中位数和标准差是最常用的描述统计分析指标，在 Excel 中调用相应的函数即可完成计算。Excel 函数的调用有两种常用方式：①在“=”号后直接输入函数名。②插入函数。

【操作一】用函数计算。首先将这 30 个人的身高数据录入 A1:J3 单元格，然后按表 3-3 所示输入函数命令。

表 3-3 Excel 计算描述统计指标的函数输入示例

计算指标	输入命令	返回结果
算术平均数	=AVERAGE(A1:J3)	167.8
170cm 以上人的平均数	=AVERAGEIF(A1:J3,">170")	171.44
中位数	=MEDIAN(A1:J3)	167.5

表3-3(续)

计算指标	输入命令	返回结果
众数	=MODE(A1:J3)	171
标准差	=STDEVP(A1:J3)	3.004 4
偏度	=SKEW(A1:J3)	-0.076 8
峰度	=KURT(A1:J3)	-1.064 7

计算结果中，偏度值小于0，说明这些数据呈负偏态分布，但该值很接近0，所以偏斜程度很小，基本可以认为呈对称分布。峰度值小于0，说明这些数据的分布比标准正态分布更分散，已经接近-1.2了，说明分布曲线比较平坦，接近一条水平线了。

【操作二】点击“公式”菜单中的“插入函数”工具，在弹出的对话框中，点击“选择类别”框右边的向下符号，在出现的下拉菜单中选择“统计”，然后在“选择函数”框中找到相应的函数命令，如果对相应函数不熟悉，注意观察下方对函数的说明，点“确定”后将弹出函数对话框，只需在其中输入函数计算所需的单元格区域即可。

（2）描述统计工具方法

下面仍然使用例3.1中30名高中男生的身高数据，来说明如何用描述统计工具计算有关描述统计指标。

【分析】在使用描述统计工具时，需要把一个样本的所有观测数据调整放置在一列（或一行）。这其中的原因是，Excel会把每一列（或每一行）作为一个样本的观察值进行统计指标的计算。

【操作步骤】

（1）录入数据。如果数据已经像例3.1那样，存在于Excel的A1:J3区域，则可以把后两行数据逐行“剪切”后“粘贴”在第一行后面，使所有数据位于A1:AD1区域，也可以进一步复制该行数据后，使用“选择性粘贴”中的“转置”，将数据转置为一列。如果这些数据是在Word表格中以表3-2的形式存在，则可以把鼠标移到第一行左边（鼠标呈空心箭头形式）点击，选中第一行，然后按住“Ctrl”键，把鼠标移到第二行左边点击，选中第二行，同理选中其余各行之后“复制”，到Excel中直接“粘贴”就能得到一列数据。这里假设已经把例3.1中的30个观测数据录入在了A1:A30单元格。

（2）指标计算。点击“数据”菜单中的“数据分析”工具，从弹出的对话框中选择“描述统计”，点击“确定”后打开“描述统计”对话框，如图3-1所示。在“输入区域”中输入数据所在的区域“A1:A30”，在“输出区域”中输入“B1”（指的是从B1单元格位置开始放置输出结果），其他复选框可根据需要选定：勾选“汇总统计”，可给出一系列描述统计量；勾选“平均数置信度”，会给出用样本平均数估计总体平均数的置信区间；“第 K 大值”和“第 K 小值”会给出样本中第 k 个大值和第 k 个小值。单击“确定”，可得如图 3-1 右下部分所示输出结果。

图 3-1　描述统计对话框

在 Excel 的输出结果中（参见图 3-1 所示），“平均”是指样本均值 $\bar{x}$；“标准误差”是指样本平均数的抽样平均误差 $s/\sqrt{n}$（作为 $\sigma/\sqrt{n}$ 的近似值）；“中位数”“众数”“标准差”分别指样本数据的中位数 Me、众数 Mo、标准差 s（自由度为 n-1）；“峰度”即峰度系数；“偏度”即偏度系数；“区域”实际上是极差（全距）；“置信度（95%）”是在总体正态、方差未知的情形计算的总体均值区间估计的边际误差 $t_{\frac{\alpha}{2}}(n-1)\cdot\frac{s}{\sqrt{n}}$ 的值（参见统计学区间估计部分内容）。

2. 计算分组资料的描述统计指标

计算分组数据资料的描述统计分析指标，只能借助 Excel 工作表自己编写算式完成。

【例 3.2】某班同学某次考试成绩分组统计资料如表 3-4。试计算平均数、标准差、中位数和众数等指标。

表 3-4　　某班同学考试成绩分组统计表

成绩（分）	60 以下	60~70	70~80	80~90	90 以上	合计
学生数（人）	4	12	24	6	4	50

【分析】该例数据为组距分组数列，需要确定出各组的组中值后，计算加权算术平均数和按加权形式计算标准差。加权算术平均数的计算公式为：$\bar{x}=\frac{\sum_{i=1}^{n}x_if_i}{\sum_{j=1}^{n}f_j}$；（总体）标准差的计算公式为：$\sigma=\sqrt{\frac{\sum_{i=1}^{n}(x_i-\bar{x})^2f_i}{\sum_{j=1}^{n}f_j}}$。向上累计频数首次超过 $\frac{\sum_{i=1}^{n}f_i}{2}$ 的组为中位数组，计算中位数的下限公式为：$Me=L+\frac{\frac{\sum f}{2}-S_{m_e-1}}{f_{m_e}}\times d$。频数最大的组为众数组，计算众数的下限公式为：$Mo=L+\frac{f_{Mo}-f_{Mo-1}}{(f_{Mo}-f_{Mo-1})+(f_{Mo}-f_{Mo+1})}\times d$。在 Excel 中没有针对组距分组数列直接的计算函数或工具，需要自己输入公式逐步完成。

【操作步骤】

（1）计算准备。在工作表中录入成绩分组的上下限和学生人数资料，在 E2 单元格输入"=(C2+D2)/2"计算该组组中值，向下填充得到其余各组组中值。在 F2 单元格输入"=B2 * E2"计算 $x_i \cdot f_i$，然后向下填充至 F6 单元格；在 G2 单元格输入"=(E2-B$9)^2 * B2"后向下填充，分别在 B7、F7 和 G7 单元格点击"开始"菜单中的"自动求和"工具得到对应列数据的总和。

（2）指标计算。如图 3-2 所示，图中上部分是计算结果，下部分是用"Ctrl+~"键切换后看到的公式形式。

算术平均数：在 B9 单元格输入"=F7/B7"计算出加权算术平均数。如果对数组函数操作熟悉，也可以不计算 F 列数据，直接利用组中值和频数进行计算，在 C9 单元格输入"=SUM(B2:B6 * E2:E6)/SUM(B2:B6)"并按 Ctrl+Shift+Enter，以数组方式计算出加权算术平均数。

方差：在 B10 单元格输入"=G7/B7"计算出按加权公式计算的方差。也可以不计算 G 列数据，利用数组函数方式进行直接计算，在 C10 单元格输入"=SUM(B2:B6 * (E2:E6-B $ 9)^2)/SUM(B2:B6)"并按 Ctrl+Shift+Enter。

标准差：在 B11 单元格对 B10 单元格中的方差开方"=SQRT(D10)"就得到了标准差。

中位数：由于 70~80 组的向上累计频数为 40，超过了总频数 50 的一半，因而 70~80 这组是中位数组。对照中位数计算公式，在 B12 单元格输入"=C4+(B7/2-SUM(B2:B3))/B4 * (D4-C4)"计算出中位数。

众数：70~80 组的频数 24 大于其他各组，所以 70-80 组是众数组。对照众数的计算公式，在 B13 单元格输入“=C4+(B4-B3)/(B4-B3+B4-B5)*(D4-C4)”计算出众数。

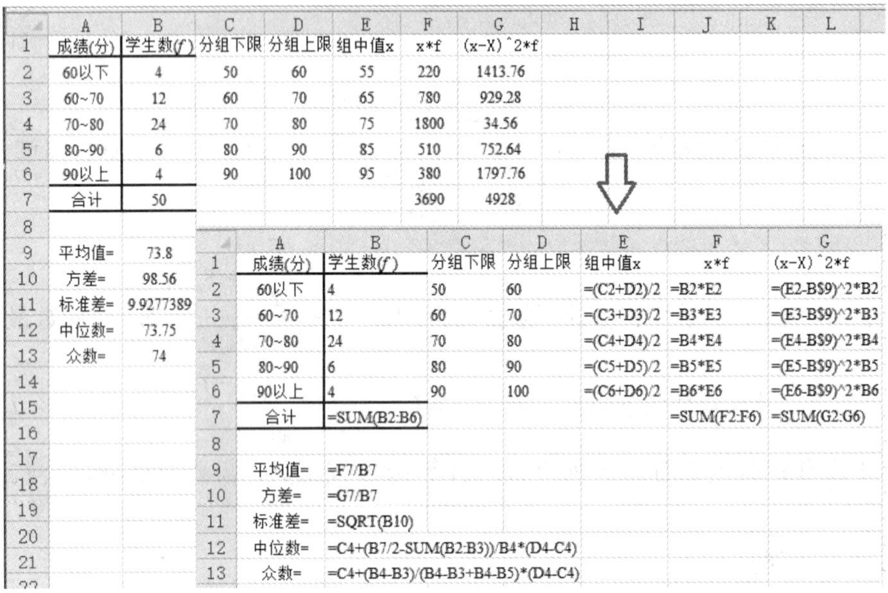

	A	B	C	D	E	F	G
1	成绩(分)	学生数(f)	分组下限	分组上限	组中值x	x*f	(x-X)^2*f
2	60以下	4	50	60	55	220	1413.76
3	60~70	12	60	70	65	780	929.28
4	70~80	24	70	80	75	1800	34.56
5	80~90	6	80	90	85	510	752.64
6	90以上	4	90	100	95	380	1797.76
7	合计	50				3690	4928
8							
9	平均值=	73.8					
10	方差=	98.56					
11	标准差=	9.9277389					
12	中位数=	73.75					
13	众数=	74					

	A	B	C	D	E	F	G
1	成绩(分)	学生数(f)	分组下限	分组上限	组中值x	x*f	(x-X)^2*f
2	60以下	4	50	60	=(C2+D2)/2	=B2*E2	=(E2-B$9)^2*B2
3	60~70	12	60	70	=(C3+D3)/2	=B3*E3	=(E3-B$9)^2*B3
4	70~80	24	70	80	=(C4+D4)/2	=B4*E4	=(E4-B$9)^2*B4
5	80~90	6	80	90	=(C5+D5)/2	=B5*E5	=(E5-B$9)^2*B5
6	90以上	4	90	100	=(C6+D6)/2	=B6*E6	=(E6-B$9)^2*B6
7	合计	=SUM(B2:B6)				=SUM(F2:F6)	=SUM(G2:G6)
8							
9	平均值=	=F7/B7					
10	方差=	=G7/B7					
11	标准差=	=SQRT(B10)					
12	中位数=	=C4+(B7/2-SUM(B2:B3))/B4*(D4-C4)					
13	众数=	=C4+(B4-B3)/(B4-B3+B4-B5)*(D4-C4)					

图 3-2　对分组数据的描述统计

（四）实验实践

1. 根据 2015 年四川省各市（州）就业人数及就业人员平均工资资料（见表 3-5），分析 2015 年四川省就业人员工资的平均水平及地区工资差异情况。

表 3-5　　2015 年四川省各市（州）就业人数及就业人员平均工资

	工资（元）	人数（万人）
成都	57 480	828
自贡	43 157	198
攀枝花	51 999	60
泸州	44 749	251
德阳	48 090	220
绵阳	49 817	302
广元	46 888	164
遂宁	42 188	163
内江	40 617	176
乐山	45 805	184
南充	44 033	295

表3-5(续)

	工资（元）	人数（万人）
眉山	45 379	189
宜宾	46 019	316
广安	44 079	218
达州	42 446	329
雅安	42 533	103
巴中	43 080	170
资阳	42 537	224
阿坝	59 526	51
甘孜	63 729	67
凉山	54 195	286

2. 请查阅五粮液（股票代码 000858）近 15 年的净利润，对其做描述统计分析。并与贵州茅台（股票代码 600519）做对比分析。

3.（计算机模拟问题）用计算机模拟从一个总体中随机抽取一定数量的单位进行调查，并对所得样本数据进行描述统计分析。

【提示】可以执行以下操作：①获得样本数据。借助 Excel 的“随机数发生器”产生 100 个服从正态分布的数据（注意尝试设定不同的均值和标准差）。②计算样本数据的描述统计指标，并与设定的（总体）参数值做对比，看看它们的差异，想想为什么会存在差异？③改变总体的分布类型为二项分布或均匀分布，自行设定有关参数，再对所得数据做分析，注意样本与总体数字特征（均值、标准差等）的差异。

三、统计实训

（一）单项选择题

1. 表明现象总规模、总水平以及工作总量的统计指标叫（　　）。

A. 质量指标　　B. 相对指标　　C. 平均指标　　D. 总量指标

2. 在相对指标中，指标值一定小于 100%的是（　　）。

A. 比较相对数　　B. 比例相对数　　C. 结构相对数　　D. 强度相对数

3. 总量指标按其反映的时间状况不同分为（　　）。

A. 数量指标和质量指标　　B. 时期指标和时点指标

C. 总体单位总量和总体标志总量　　D. 实物指标和价值指标

4. 某企业单位能源消耗量计划比上年降低 6%，实际比上年降低 3%，则单位能源消耗量计划完成程度指标的计算式为（　　）。

A. $\frac{3\%}{6\%}$　　B. $1-\frac{3\%}{6\%}$　　C. $\frac{1+3\%}{1+6\%}$　　D. $\frac{1-3\%}{1-6\%}$

5. 某企业增加值计划比上年增长 10%，实际比上年增长 15%，则该企业增加值计划超额完成（　　）。

A. 4.55%　　B. 5%　　C. 9.44%　　D. 20%

6. 已知不同蔬菜的销售额及其对应的销售单价，计算蔬菜平均售价，应采用（　　）方法计算。

A. 算术平均数　　B. 调和平均数

C. 加权算术平均数　　D. 几何平均数

7. 某公司 2016 年实际完成销售收入 1 500 万元，2017 年计划比 2016 年增长 10%，实际达到 2 310 万元，超额（　　）完成 2017 年销售收入计划。

A. 10%　　B. 40%　　C. 54%　　D. 140%

8. 总体各单位标志值与算术平均数离差之和（　　）。

A. 等于 0　　B. 等于 1

C. 等于各标志值之和　　D. 最小

9. 已知甲、乙两个变量数列的平均数分别为 200 个单位和 180 个单位，其标准差相等，则两个数列平均数的代表性（　　）。

A. 甲大于乙　　B. 甲小于乙　　C. 甲、乙相等　　D. 不可确定

10. 反映不同总体在同一时间下同类指标数值对比的相对指标属于（　　）。

A. 结构相对指标　　B. 强度相对指标

C. 比较相对指标　　D. 计划完成程度相对指标

11. 总体各单位标志值与算术平均数离差平方之和（　　）。

A. 等于 0　　B. 等于 1

C. 等于各标志值之和　　D. 最小

12. 下列相对数中，属于不同时期对比的指标有（　　）。

A. 动态相对数　　B. 结构相对数

C. 比较相对数　　D. 强度相对数

13. 成本计划完成百分数（　　）100%，表明没有完成计划。

A. 大于　　B. 小于　　C. 等于　　D. 不大于

14. 某商场 2016 年自行车销售量为 8 000 辆，年末库存量 200 辆，这两个指标（　　）。

A. 都是时点指标　　B. 前者是时点指标，后者是时期指标

C. 前者是时期指标，后者是时点指标　　D. 都是时期指标

15.“职工总人数”指标既可以用来说明“职工”总体，也可以用来说明“企业”总体。在说明这两个总体的时候，“职工总人数”指标（　　）。

A. 都是总体单位总量

B. 前者是总体单位总量，后者是总体标志总量

C. 都是总体标志总量

D. 前者是总体标志总量，后者是总体单位总量

16. 平均指标将总体各单位标志值之间的数量差异（　　）。

A. 具体化　　B. 明显化　　C. 扩大化　　D. 抽象化

17. 平均指标说明（　　）。

A. 不同总体各单位某一指标数值的一般水平

B. 两种社会经济现象各单位在一定条件下的平均水平

C. 同质总体各单位某一数量标志值的一般水平

D. 大量社会经济现象各单位在一定条件下的一般水平

18. 某学校评优考核制度规定，出勤率在 90%~95%之间的，出勤项目得分为 80~90 分。考核得知某班 3 月份的出勤率为 94.5%，则该班的出勤项目得分为（　　）。

A. 80 分　　B. 84.5 分　　C. 89 分　　D. 90 分

19. 某企业产值计划完成 103%，实际比去年增长 5%。试问计划规定比去年增长多少？（　　）。

A. 98%　　B. 1.94%　　C. 2%　　D. 3%

20. 某地区男女人口的性别比为 106：100，这属于（　　）。

A. 比例相对指标　　B. 比较相对指标

C. 强度相对指标　　D. 平均指标

21. 在正偏（右偏）分布的情况下，算术平均数、中位数以及众数三者之间的数量关系为（　　）。

A. $\bar{x} > M_e > M_o$　　B. $\bar{x} < M_e < M_o$　　C. $\bar{x} > M_o > M_e$　　D. $\bar{x} < M_o < M_e$

22. 某公司“十二五”计划规定，A 产品最后一年的产量应达到 45 万吨，各年实际完成情况如下：

	2011 年	2012 年	2013 年		2014 年				2015 年			
			上半年	下半年	一季度	二季度	三季度	四季度	一季度	二季度	三季度	四季度
产量(万吨)	30	32	17	19	10	10	11	12	12	12	13	13

该产品提前完成“十二五”计划的时间为（　　）。

A. 一个季度　　B. 半年　　C. 三个季度　　D. 一年

23. 某企业本月共生产 3 批次产品，3 批产品的废品率分别为 1%、1.5%、2%；前 2 批送检产品占全月的比重分别为 25%、30%，则全月平均废品率为（　　）。

A. 1.5%　　B. 1.6%　　C. 4.5%　　D. 2.7%

24. 设有如下资料，其中位数为（　　）。

工人日产量（件）	4	5	6	7	8	9	合计
工 人 数（人）	20	25	35	30	15	5	130

A. 65　　B. 35　　C. 6.5　　D. 6

25. 设有如下资料，其众数为（　　）。

工人日产量（件）	4	5	6	7	8	9	合计
工 人 数（人）	20	25	35	30	15	5	130

A. 65　　B. 35　　C. 6.5　　D. 6

26. 下列指标中属于结构相对指标的是（　　）。

A. 销售收入计划完成程度　　B. 新生婴儿死亡率

C. 资产利润率　　D. 全国人均 GDP

27. 某集团公司所属三个企业，2016 年实现的销售收入分别为 8 400 万元，6 000 万元，7 500 万元，分别完成销售计划的 118%，112%，110%，则三个企业平均销售收入计划完成百分比的计算式为（　　）。

A. $\frac{118\% + 112\% + 110\%}{3}$

B. $\sqrt[3]{118\% \times 112\% \times 110\%}$

C. $\frac{8\,400 \times 118\% + 6\,000 \times 112\% + 7\,500 \times 110\%}{8\,400 + 6\,000 + 7\,500}$

D. $\frac{8\,400 + 6\,000 + 7\,500}{\frac{8\,400}{118\%} + \frac{6\,000}{112\%} + \frac{7\,500}{110\%}}$

28. 两个电子元器件生产企业生产某种电子元件的检测数据如下表：

	甲企业	乙企业
电子元件平均耐用时间（小时）	5 420	5 600
电子元件耐用时间标准差（小时）	400	400

依上述资料，可以看出（　　）。

A. 甲企业电子元件质量稳定

B. 甲企业电子元件平均耐用时间的代表性高

C. 乙企业电子元件质量稳定

D. 乙企业电子元件平均耐用时间的代表性低

29. 全国人均 GDP 属于（　　）。

A. 算术平均数　　B. 结构相对数　　C. 比较相对数　　D. 强度相对数

30. 若干个变量值的平均数（$\bar{x}$）为 360，变量值平方的平均数为 131 200，据此推算的标准差系数为（　　）。

A. 100.6%　　B. 11.11%　　C. 15%　　D. 20%

31. 标志变异指标中最容易受极端变量值影响的是（　　）。

A. 极差　　B. 平均差　　C. 标准差　　D. 标准差系数

（二）多项选择题

1. 某地区 2016 年地区生产总值为 3 519 亿元，该指标可以称为（　　）。

A. 数量指标　　B. 总量指标　　C. 绝对指标　　D. 绝对数

E. 相对数

2. 下列指标属于时点指标的有（　　）。

A. 职工人数　　B. 全年死亡人数

C. 某乡耕地面积　　D. 某市居民户数

E. 居民家庭财产总额

3. 某地区对所有民营企业进行调查，其总体标志总量有（　　）。

A. 各企业增加值总和　　B. 各企业职工人数总和

C. 民营企业总户数　　D. 各企业职工工资总和

E. 民营企业利润总额

4. 位置平均数包括（　　）。

A. 算术平均数　　B. 调和平均数　　C. 几何平均数　　D. 众数

E. 中位数

5. 下列指标属于质量指标的有（　　）。

A. 单位产品成本　　B. 城镇居民人均收入

C. 货物周转量　　D. 单位面积粮食产量

E. 企业全年平均职工人数

6. 在下列条件下，加权算术平均数等于简单算术平均数（　　）。

A. 各组频数相等　　B. 各组变量值不等

C. 变量数列为组距数列　　D. 各组频数都为 1

E. 各组频数占总次数的比重相等

7. 比数、基数可以互换位置的相对指标有（　　）。

A. 比较相对指标　　B. 比例相对指标

C. 强度相对指标　　D. 计划完成相对指标

E. 动态相对指标

8. 检查中长期计划执行情况的方法有（　　）。

A. 累计法　　B. 几何法　　C. 水平法　　D. 方程法

E. 实验法

9. 标准差（　　）。

A. 表明总体各单位标志值的一般水平

B. 反映总体单位的一般水平

C. 反映总体各单位标志值的离散程度

D. 反映总体分布的集中趋势

E. 表明平均指标对总体的代表性大小

10. 相对指标的表现形式有（　　）。

A. 有名数　B. 系数　C. 倍数　D. 百分数

E. 千分数

11. 下列指标属于比较相对指标的有（　　）。

A. 甲地区工业增加值是乙地区工业增加值的 2.3 倍

B. 某市 2016 年出生人数是 2015 年出生人数的 102%

C. 甲国的国内生产总值是乙国的 87%

D. 某企业职工总人数是另一企业职工总人数的 3.7 倍

E. 某市居民人均消费支出较上年增长 12%

12. 相对指标中子项、母项属于同一个总体的有（　　）。

A. 比较相对指标　B. 比例相对指标

C. 强度相对指标　D. 结构相对指标

E. 计划完成相对指标　F. 动态相对指标

13. 下列属于结构相对指标的有（　　）。

A. 国有企业职工占全部职工总人数的比重

B. 产品合格率

C. 某工业企业产品产量比上年增长的百分数

D. 考试及格率

E. 大学生占全部学生总人数的比重

14. 下列属于强度相对指标的有（　　）。

A. 人口密度　B. 甲地区人均粮食产量

C. 投资利润率　D. 人口出生率

E. 全国每 100 人汽车拥有量

15. 平均指标（　　）。

A. 是质量指标　B. 是数量指标

C. 说明现象的一般水平　D. 在同质总体中计算的指标

E. 将总体单位之间的差异抽象化了

16. 下列各项中应采用倒数平均数方法计算的有（　　）。

A. 已知某种产品不同等级的销售价和销售额，计算平均售价

B. 已知五个企业的产值计划完成程度和计划产值，计算平均计划完成程度

C. 已知各种粮食作物亩（1 亩 = 666.67 平方米，下同）产量和播种面积，求平均亩产量

D. 已知各生产小组工人的劳动生产率（件/人）和产品总数量，求平均工人劳动生产率

E. 已知各组职工的工资水平及工资总额，计算职工平均工资

17. 下列指标属于平均指标的有（　　）。

A. 粮食平均亩产量

B. 平均每平方千米土地面积上拥有 128 人

C. 工人平均劳动生产率

D. 平均每个农业劳动力生产的粮食数量

E. 企业职工平均月工资

18. 标志变异指标反映（　　）。

A. 变量值的集中趋势　　B. 总体各单位标志值的差异程度

C. 变量值的离散程度　　D. 总体各单位标志值的一般水平

E. 平均指标对总体的代表性大小

19. 标准差（　　）。

A. 又叫方差

B. 又叫均方差

C. 是标志变异指标

D. 是各单位标志值与其算术平均数离差平方的算术平均数的平方根

E. 是各单位标志值与其算术平均数离差的平均数的平方根

20. 几何平均数（　　）。

A. 是算术平均数的变形　　B. 等于 N 个变量值连乘积的 N 次方根

C. 用于求各种形式变量值的一般水平　D. 是一般水平的代表值

E. 适用于标志值按一定比率变化，求变化率的一般水平

21. 不受极端变量值影响的平均指标有（　　）。

A. 算术平均数　B. 调和平均数　C. 几何平均数　D. 中位数

E. 众数

22. 时期指标的特点是（　　）。

A. 不同时期的指标可以累计

B. 不同时期的指标不可以累计

C. 其数值的大小与其说明的时期长短有直接关系

D. 其数值的大小与其说明的时期长短无直接关系

E. 时期指标的原始资料需要连续登记

23. 某些现象的数量关系可以描述为：期末数 = 期初数 + 本期增加数 − 本期减少

数。这一数量关系式表明（　　）。

A. 其中的四个指标都属于总量指标

B. 其中有两个时期指标，两个时点指标

C. 可以根据某些时期指标推算相应的时点指标

D. 可以根据某些时点指标推算相应的时期指标

E. 虽然时期指标与时点指标差异明显，但不能割裂两者之间的关系

24. 某行业所属 200 个企业，2016 年按其生产某种产品的平均单位产品成本分组的有关资料如下表：

按平均单位成本分组(元)	企业数(个)	各组企业数占总企业数比重(%)	产量(台)	各组产量占总产量比重(%)
100~150	16	8	1 000	25
150~200	85	42.5	1 300	32.5
200~250	62	31	1 200	30
250~300	37	18.5	500	12.5
合 计	200	100	4 000	100

若需计算该行业的平均单位成本，可用作权数指标的有（　　）。

A. 企业数　　B. 产量

C. 企业数或产量　　D. 各组产量占总产量比重

E. 各组企业数占总企业数比重

25. 常见的变异指标有（　　）。

A. 极差　　B. 平均差

C. 标准差或方差　　D. 分位差

E. 变异系数

26. 加权算式标准差的计算公式有（　　）。

A. $\sigma = \sqrt{\dfrac{\sum (x-\bar{x})^2 f}{\sum f}}$

B. $\sigma = \sqrt{\dfrac{\sum (x-\bar{x})^2 f}{n}}$

C. $\sigma = \sqrt{\dfrac{\sum x^2 f}{\sum f} - \left(\dfrac{\sum xf}{\sum f}\right)^2}$

D. $\sigma = \sqrt{\dfrac{\sum \left(\dfrac{x-A}{d}\right)^2 f}{\sum f} - \left[\dfrac{\sum \left(\dfrac{x-A}{d}\right) f}{\sum f}\right]^2} \times d$

$$E.\ \sigma = \sqrt{\frac{\sum\left(\frac{x-A}{d}\right)^2 f}{\sum f} - \left[\frac{\sum\left(\frac{x-A}{d}\right) f}{\sum f}\right]^2} \times d + A$$

（三）判断题

1. 简单调和平均数是加权调和平均数的特殊形式。（ ）

2. 如果偏度指标 $K_\alpha = 0$，表示变量分布呈对称形态，此时会有 $\bar{x} = M_e = M_o$。（ ）

3. 甲村的新生婴儿数量是乙村的90%，这属于强度相对指标。（ ）

4. 某企业单位产品成本计划比上年降低6%，实际比上年降低3%，则单位产品成本计划完成程度仅为50%。（ ）

5. 在变量值集中趋势非常明显的条件下，使用中位数或众数的效果会更好。（ ）

6. 计划完成程度相对指标只有大于100%，才说明超额完成了计划。（ ）

7. 相对指标是两个相互联系的指标数值对比的结果，用百分数表示。（ ）

8. 时期指标数值与时点指标数值一定是绝对数。（ ）

9. 平均数的代表性与标志变异指标的大小成正比关系。（ ）

10. 中长期计划中，累计法适合于变动趋势不明显、在变动过程中波动较大的统计指标。（ ）

11. 某集团公司所属三个企业，已知三个企业的产值计划完成程度和实际产值，计算该公司三个企业的平均产值计划完成程度应采用算术平均法。（ ）

12. 已知各个变量值的平均数等于4，各个变量值平方的平均数等于25，则标准差系数等于0.75。（ ）

13. 如果两个变量数列的标准差相同，则其平均数的代表性也相同。（ ）

14. 比例的数值越接近0.5，其方差越大。（ ）

15. 某村今年农业增加值比上年增加1 000万元，该指标是时期指标。（ ）

16. 某电子元器件产品质量标准规定：产品寿命介于4 000~5 000小时之间的，其质量分为70~80分。如果检测某元器件公司产品平均寿命为4 680小时，则其质量分为76分。（ ）

17. 在权数 $m = xf$ 的条件下，加权调和平均数的公式可以演变为加权算术平均数，据此可以认为加权调和平均数是加权算术平均的变形。（ ）

18. 应用统计指标进行统计分析时，需要将相对指标与总量指标结合运用。（ ）

（四）简答题

1. 时期指标与时点指标的区别表现在哪些方面？
2. 什么是相对指标？计算和运用相对指标应注意哪些问题？
3. 算术平均数与强度相对指标有何区别与联系？
4. 算术平均数、调和平均数与几何平均数各自在什么条件下运用？
5. 什么叫变异系数（标准差系数）？为什么要计算变异系数（标准差系数）？

（五）计算题

1. 某企业“十二五”计划期间计划完成基本建设投资额共计 10 000 万元，各年实际完成投资额如下表：

年　份	2011 年	2012 年	2013 年	2014 年	2015 年			
					一季	二季	三季	四季
投资额（万元）	1 900	2 200	2 250	2 350	550	600	650	700

检查该企业“十二五”计划基本建设投资额完成情况，判断该五年计划提前完成的时间。

2. 某工业企业五年计划规定某种产品产量在计划期最后一年应达到 65 万吨，前 3 年均未完成计划，最后两年实际完成产量数据见下表：

月 份	1	2	3	4	5	6	7	8	9	10	11	12	合计
第 4 年	4. 1	4. 3	4. 5	4. 7	4. 9	5. 2	5	5. 5	5. 6	5. 5	5. 7	6	61
第 5 年	6. 1	6. 3	6. 5	6. 8	6. 9	6. 2	7. 6	7. 5	7. 2	8	8. 5	8. 2	85. 8

据此资料计算分析该企业产品产量五年计划完成程度以及提前完成的时间。

3. 某行业所属 25 个企业上年计划产值及其计划完成程度资料如下：

计划完成程度（%）	企业个数	计划产值（万元）
100 以下	2	230
100~110	7	960
110~120	10	3 400
120 以上	6	5 270
合计	25	9 860

根据资料计算该行业所属 25 个企业产值平均计划完成程度。

4. 某企业职工按月工资分组资料见下表，试计算该企业职工月平均工资和标准差。

按月工资分组（元）	各组职工人数所占比重（%）
2 000 以下	3
2 000~4 000	16
4 000~6 000	23
6 000~8 000	30
8 000~10 000	20
10 000 以上	8
合计	100

5. 指出下面的统计分析报告摘要错在哪里？并把它改写。

（1）本厂按计划规定，第一季度的单位产品成本应比去年同期降低 10%，实际执行结果为单位产品成本较去年同期降低 8%，仅完成产品成本计划的 80%。（8%/10%＝80%）

（2）本厂的全员劳动生产率计划在去年的基础上提高 8%，计划执行结果比去年提高了 12%，劳动生产率的计划超计划 50%。（即 12%/8%－100%＝50%）

6. 某工业企业计划执行情况资料如下：

（1）2016 年计划实现工业增加值 18 400 万元，实际于 11 月 11 日已累计完成全年计划指标，到年末实际完成 20 000 万元。试计算工业增加值计划完成程度，计算确定提前完成计划的时间。

（2）该企业计划规定全年平均每个职工实现增加值 23 万元，全年平均职工人数为 800 人。试计算年全员劳动生产率计划完成程度指标。

7. 某三口之家，父、母在企业上班，月薪分别为 5 800 元、8 700 元，女儿读小学。试计算所有可能的总量指标、相对指标与平均指标。

8. 某投资者 2011 年初以 10 万元资金投入股市，连续 6 年的收益率分别为 15%，27%，－8%，－23%，39%，84%。

（1）如果该投资者进行连续投资（不取出盈利，也不弥补亏损），计算该投资者在 6 年间的平均收益率。

（2）如果该投资者每年初始终保持 10 万元的投资规模，该投资者 6 年期间的平均收益率又是多少？

（3）比较两种假定条件下的收益总额和平均收益率有何差异。

9. 某行业所属三家公司 2015 年、2016 年产量资料如下表：

分公司	2015 年实际产量（吨）	2016 年				2016 年产量为 2015 年的（%）
		计划		实际产量（吨）	产量计划完成程度（%）	
		产量（吨）	比重（%）			
（甲）	（1）	（2）	（3）	（4）	（5）	（6）
A 公司	3 000	4 000	33. 33	4 800		
B 公司	2 000				110	
C 公司				4 400	80	125
合 计						

要求：计算上表空缺指标直接填入表内，并指出各列指标的类别。

10. 某企业某年第一季度产值、人数资料如下表：

指　　标	一月	二月	三月
计划总产值（万元）	5 000	4 900	5 100
实际总产值（万元）	5 100	4 800	5 300
平均每月职工人数（人）	500	500	500
平均每月生产工人数（人）	400	400	400

要求：

（1）计算1月份及第一季度总产值计划完成程度；

（2）计算1月份及第一季度生产工人占职工人数的比重；

（3）计算1月份及第一季度工人劳动生产率（按职工人数计算的每人实际总产值）；

（4）观察上述三组结果，分别说明它们的数值大小与计算时期长短之间的关系及原因。

11. 某产品资料如下：

等 级	单价（元/斤）	收购额（元）	收购量（斤）
一级品	1.20	2 400	2 000
二级品	1.05	3 150	3 000
三级品	0.9	3 600	4 000

要求：根据上表资料直接采用加权算术平均数、加权调和平均数的公式计算该产品的平均收购价格。

12. 设第一组工人的平均工龄为6年，占工人总数的30%；第二组平均工龄为8年，占工人总数的50%；第三组平均工龄为12年。要求：计算全部工人的平均工龄。

13. 甲、乙两个企业工人的生产情况资料如下：

日产量（件）	甲企业工人数（人）	乙企业总产量（件）
11	120	660
12	60	1 200
13	20	520
合　计	200	2 380

要求：

（1）计算两个企业工人的平均日产量，哪个企业的平均日产量更高？原因是什么？

（2）计算两个企业工人日产量的标准差，说明哪个企业的平均日产量更有代表性？

14. 某企业2016年计划产值为500万元，各月任务是均衡安排的。各季度产值实际完成情况如下：

	第一季度	第二季度	第三季度	第四季度		
				10月	11月	12月
产值（万元）	125	135	138	50	52	64

计算该年度产值计划完成程度，确定产值计划提前多长时间完成。

15. 某车间甲、乙2个班组12份生产某种产品的有关数据如下表：

班组	送检量比重（%）	废品量比重（%）
甲	70	60
乙	30	40
合计	100	100

要求：比较两个班组生产工作质量好坏，并说明为什么要这样比较。

16. 某公司从银行取得6年期800万元贷款，按复利计息。第1年利率为6%，第2~3年利率为8%，最后3年的年利率为10%。计算该笔贷款的平均年利率。如果该笔贷款改按单利计息，各年的利率不变，该笔贷款的平均年利率又为多少？比较两种条件下计算的平均利率及负担利息总额的差异情况。

17. 一个汽车修理企业连续10天修理的汽车数量按升序排列如下：3，4，6，9，10，10，11，12，14，15。

要求：（1）计算确定10天中平均每天修理数量的算术平均数、中位数和众数；（2）就以上数据，以哪一种平均数代表平均每天修理的汽车数量最合适？为什么？

18. 在计算平均数时，从每个变量值中减去75个单位，然后将每个差数缩小为$\frac{1}{10}$，最后把各个变量值的权数扩大7倍，根据变化后的标志值计算加权算术平均数，结果这个平均数等于0.4个单位。试计算这个组变量值的实际平均数，并说明理由。

19. 某集团所属三个公司全年净利润和销售收入利润率资料如下：

	净利润（万元）	利润率（%）
一公司	23 580	8.2
二公司	39 540	10.6
三公司	56 370	14.2

要求：（1）计算利润率的简单算术平均数；（2）计算以净利润为权数的加权平均利润率；（3）分析综合利润率应是简单平均数还是加权平均数？为什么？

20. 分别调查东部地区和西部地区4 000名职工的月收入，获得如下数据：

西部地区		东部地区	
月收入（元）	职工人数（人）	月收入（元）	职工人数（人）
4 000 以下	400	5 000 以下	200
4 000~6 000	1 000	5 000~7 000	800
6 000~8 000	1 800	7 000~9 000	1 500
8 000~10 000	500	9 000~11 000	800
10 000~12 000	200	11 000~13 000	400
12 000 以上	100	13 000 以上	300
合计	4 000	合计	4 000

要求：(1) 分别计算东部地区、西部地区职工的月平均收入及标准差。(2) 比较哪个地区平均收入更有代表性?

四、实训题解

(一) 单项选择题

1. 答案：D。总量指标也叫绝对指标、绝对数，是数量指标的表现形式。

2. 答案：C。因为结构相对指标是以部分除以全体，所以指标值必须小于 100%。

3. 答案：B。总量指标按其他标准又怎么分类呢?

4. 答案：D。用实际达到上年的百分数除以计划达到上年的百分数。

5. 答案：A。先用实际达到上年的百分数除以计划达到上年的百分数计算增加值计划完成程度，增加值计划完成程度减去 100%就是超额完成计划的部分。

6. 答案：B。已知条件为标志总量 M 及变量值 x，应采用调和平均法。

7. 答案：B。2017 年实际完成数 2 310 万元，计划完成数 1 650 万元，超计划 40%。

8. 答案：A。总体各单位标志值与算术平均数离差必须相互抵消，即离差之和为 0。

9. 答案：A。标准差系数越小，离散程度越小，平均数代表性越大。反之呢?

10. 答案：C。比较相对指标就是同类数据在同一时间下进行横向比较的结果。

11. 答案：D。总体各单位标志值与算术平均数离差平方之和最小是算术平均数重要的数学性质。

12. 答案：A。动态相对指标更多地称为发展速度，是一种纵向比较。

13. 答案：A。利润计划完成程度大于 100%，表示超额完成计划。注意两类指标在评价标准上的差异。

14. 答案：C。简单判别方法：时期指标可以纵向相加，时点指标不能纵向相加。

15. 答案：B。

16. 答案：D。平均指标能够掩盖总体单位之间差异。

17. 答案：C。

18. 答案：C。插值推算法。

19. 答案：B。

20. 答案：A。

21. 答案：A。负偏（左偏）分布又如何呢？

22. 答案：C。自 2014 年二季度至 2015 年一季度完成计划任务。

23. 答案：B。用 $\bar{x} = \sum x \cdot \frac{f}{\sum f}$ 平均公式计算。

24. 答案：D。

25. 答案：D。

26. 答案：B。

27. 答案：D。

28. 答案：C。用标准差系数比较。

29. 答案：D。不是每个人都创造了一份 GDP。

30. 答案：B。注意标准差的另一计算公式：$\sigma = \sqrt{\overline{x^2} - (\bar{x})^2} = \sqrt{\frac{\sum x^2 f}{\sum f} - \left(\frac{\sum xf}{\sum f}\right)^2}$，然后计算标准差系数。

31. 答案：A。

（二）多项选择题

1. 答案：ABCD。数量指标表现为绝对数，绝对数又称为绝对指标、总量指标。

2. 答案：ACDE。时期指标具有纵向可加性，时点指标不具有纵向可加性。

3. 答案：ABDE。将每一个民营企业的同类数量加总的数据，就是标志总量。

4. 答案：DE。算术平均数、调和平均数和几何平均数一般称为计算平均数。

5. 答案：ABD。质量指标是将两个关联指标相除所得的“商数”。包括相对指标和平均指标。

6. 答案：ADE。

7. 答案：ABC。

8. 答案：AC。

9. 答案：CE。

10. 答案：ABCDE。

11. 答案：ACD。横向比较。

12. 答案：BDEF。

13. 答案：ABDE。结构相对指标是“部分”除以“全体”。

14. 答案：ABCDE。

15. 答案：ACDE。

16. 答案：ADE。

17. 答案：ACE。如果分子、分母之间存在“一一对应”关系，指标属于算术平均数；如果比数、基数之间不存在“一一对应”关系，指标属于强度相对数。

18. 答案：BCE。

19. 答案：BCD。

20. 答案：BDE。

21. 答案：DE。算术平均数、调和平均数、几何平均数均受极端变量值影响。

22. 答案：ACE。时点指标有哪些特点呢?

23. 答案：ABCDE。

24. 答案：BD。

25. 答案：ABCDE。

26. 答案：ACD。

（三）判断题

1. 答案：√。当加权调和平均数中所有权数都相等时，加权调和平均数就演变为简单加权调和平均数。同理：简单算术平均数是加权算术平均数的特殊形式，简单几何平均数是加权几何平均数的特殊形式。

2. 答案：√。

3. 答案：×。“甲村的新生婴儿数量是乙村的90%”属于比较相对指标，这是典型的横向比较。强度相对指标是指性质不同而又相互联系的两个总体总量指标对比的结果。这里要求熟悉各种相对指标对比特征。

4. 答案：×。当计划数为“较上年增减百分数”的情况下，计划完成程度的计算方法不能用 $\frac{\text{实际完成数}}{\text{计划完成数}} \times 100\%$，需调整为 $\frac{1 \pm \text{实际}\begin{matrix}\text{增长}\\\text{降低}\end{matrix}\text{百分数}}{1 \pm \text{计划}\begin{matrix}\text{增长}\\\text{降低}\end{matrix}\text{百分数}} \times 100\%$。

5. 答案：×。由于计算平均数受极端值影响，位置平均数不受极端值影响，所以在存在极端值的情况下，用位置平均数更好，在不存在极端值的情况下，用计算平均数更好。在存在极端值的情况下，变量值集中趋势非常明显的用众数，变量值相对分散的，用中位数。就是说，获取平均数需要分析数据的特征。

6. 答案：×。成果类指标计划完成程度大于100%表明计划完成得好，消耗费用类指标计划完成程度小于100%表明计划完成得好。

7. 答案：×。大多数相对指标是用百分数表现的，除百分数外还有系数、倍数、千分数、有名数（复名数）等表现形式。

8. 答案：√。因为时期指标和时点指标都属于总量指标。

9. 答案：×。变异指标越大，平均指标的代表性越小；变异指标越小，平均指标的代表性越大。

10. 答案：√。中长期计划中，累计法适合于变动趋势不明显、变动过程中波动较大的统计指标；水平法适合于变动趋势明显的统计指标。

11. 答案：×。已知产值计划完成程度和实际产值计算平均产值计划完成程度采用调和平均法；已知产值计划完成程度和计划产值计算平均产值计划完成程度采用算术平均法。这里要求熟悉算术平均法、调和平均法以及几何平均法应用的条件。

12. 答案：√。标准差 $=\sqrt{25-4^2}=3$，标准差系数 $=3/4=0.75$。

13. 答案：×。比较平均数代表性大小，应依据标准差系数。

14. 答案：√。总体比例的方差 $=\pi(1-\pi)$，$\pi=0.5$ 有最大方差。

15. 答案：√。因为各年的“增加额”可以累加。

16. 答案：×。插值推算法：76.8。

17. 答案：√。

18. 答案：√。相对指标与总量指标结合运用，相对指标与总量相对指标结合运用。

（四）简答题

略。

（五）计算题

1. 基本建设投资额计划完成程度112%，超计划12%。2015年7月21日完成“十二五”计划，提前5个月零10天。

2. 产量五年计划完成程度132%，超计划32%。自第4年3月至第5年2月累计实际完成数刚好等于第5年计划数65万吨，提前10个月完成5年计划。

3. 销售收入平均计划完成程度118.90%，超计划18.90%。以计划产值为权数，对计划完成程度组中值进行加权算术平均。

4. 职工月平均工资 $\bar{x}=\sum x\cdot\dfrac{f}{\sum f}=6\,440$ 元，标准差 $\sigma=\sqrt{\sum(x-\bar{x})^2\cdot\dfrac{f}{\sum f}}$ $=2\,515.23$ 元。

5.（1）产品成本计划完成 $\frac{1-8\%}{1-10\%}=102.22\%$，超过计划数的 2.22%，未完成计划；（2）全员劳动生产率计划完成 $\frac{1+12\%}{1+8\%}=103.7\%$，超计划 3.7%。

6.（1）工业增加值计划完成程度 108.7%，超计划 8.7%，提前 50 天。

（2）平均每个职工实际完成增加值 25 万元，全员劳动生产率计划完成程度 25/23=108.7%，超计划 8.7%。

7. 总量指标：家庭人口总数 3 人，家庭劳动力数量 2 人，父母月工资总额 14 500 元，家庭月收入 14 500 元；相对指标：家庭人均月收入 4 833.33 元，家庭劳动力负担系数 1.5；平均指标：父母平均月工资 7 250 元。

8.（1）平均收益率 $=\sqrt[6]{115\%\times127\%\times92\%\times77\%\times139\%\times184\%}-100\%=17.61\%$。

（2）平均收益率 =（15%+27%−8%−23%+39%+84%）/6=22.33%。

（3）表面上看，简单算术平均的收益率更高。实际上，复利本金越来越大存在累积效应，采用几何平均法计算平均收益率，总收益 16.46 万元；单利本金不变无累积效应，采用算术平均法计算平均收益率，总收益仅 13.4 万元。

9.（1）~（6）栏分别属于时期指标、计划指标、结构相对指标、时期指标、计划完成相对指标和动态相对指标。计算提示：（1）、（2）、（4）合计栏直接求和，（3）合计栏必须为 100%，（5）、（6）合计栏不可以直接求和。利用数量关系（5）=（4）/（2）、（6）=（4）/（1）推算空缺指标。

分公司	2015 年实际产量（吨）	2016 年				2016 年产量为 2015 年的（%）
		计划		实际产量（吨）	产量计划完成程度（%）	
		产量（吨）	比重（%）			
A 公司	3 000	4 000	33.33	4 800	⑪	⑬
B 公司	2 000	③	⑥	⑨	110	⑭
C 公司	①	④	⑦	4 400	80	125
合计	②	⑤	⑧	⑩	⑫	⑮

解：根据计划完成程度公式，④=4 400/80%=5 500.

根据 A 公司 2012 年的计划产量占比，有⑤=4 000/33.33%=12 000.

③=12 000−5 500−4 000=2 500.

⑥=2 500/12 000=20.83%.

⑦=5 500/12 000=45.83%.

⑧= 33.33%+20.83%+45.83%=100%.

⑨=2 500 * 110%=2 750.

⑩= 4 800+2 750+4 400=11 950.

⑪=4 800/4 000=120%.

⑫=11 950/12 000=99.58%.

⑬=4 800/3 000=160%.

⑭=2 750/2 000=137.5%.

①=4 400/125%=3 520.

②=3 000+2 000+3 520=8 520.

⑮=11 950/8 520=140.26%.

10.（1）1 月总产值计划完成程度=5 100/5 000=102%，一季度总产值计划完成程度（5 100+4 800+5 300）/（5 000+4 900+5 100）=101.33%；（2）1 月生产工人占职工人数的比重=400/500=80%，一季度生产工人占职工人数的比重=［（400+400+400）/3］/［（500+500+500）/3］=80%；（3）1 月工人劳动生产率=5 100/400=12.75 万元/人，一季度工人劳动生产率=（5 100+4 800+5 300）/［（400+400+400）/3］=38 万元/人；（4）计划完成程度相对数、结构相对数大小与时间间隔长短无直接关系，劳动生产率大小与时间长短有直接关系。

11. 加权算术平均价格=（1.2×2 000+1.05×3 000+0.9×4 000）/（2 000+3 000+4 000）=1.017 元，加权调和平均价格=（2 400+3 150+3 600）/（2 400/1.2+3 150/1.05+3 600/0.9）=1.017 元。表明：同一资料用加权算术平均数和加权调和平均数计算的结果具有一致性，只是两种计算方法用不同形式表现出来，验证了“加权调和平均数是加权算术平均数变形”这一说法。

12. 平均工龄= $\sum x \cdot \frac{f}{\sum f} = 6 \times 30\% + 8 \times 50\% + 12 \times 20\% = 8.2$ 年。

13. 甲、乙企业平均日产量及标准差计算表如下所示：

甲企业				乙企业			
日产量 x	人数 f	总产量 xf	$(x-\bar{x})^2 f$	日产量 x	人数 f	总产量 xf	$(x-\bar{x})^2 f$
11	120	1 320	30	11	60	660	48.6
12	60	720	15	12	100	1 200	1
13	20	260	45	13	40	520	48.4
∑	200	2 300	90	∑	200	2 380	98

（1）乙企业平均日产量 11.9（2 380/200）高于甲企业的 11.5（2 300/200），是由于乙企业中日产量高的工人所占比重更大。（2）标准差 $\sigma_{甲} = \sqrt{90/200} = 0.670\,8$ 件，标准差系数；$V_{\sigma甲} = 0.670\,8/11.5 = 5.83\%$；标准差 $\sigma_{乙} = \sqrt{98/200} = 0.7$ 件，$V_{\sigma乙} = 0.7/11.9 = 5.88\%$，由于 $V_{\sigma甲} < V_{\sigma乙}$，所以甲企业的平均日产量更有代表性。

14. 产值计划完成程度=564/500=112.8%，超计划 12.8%。自年初至 11 月底累计实际完成产值 500 万元，刚好等于年度计划数，所以年度计划于 11 月底完成，提前1个月。

15. 假设产品送检总数为 x，废品总数为 y，废品率计算见下表：

班组	送检产品数量	废品数量	废品率
甲	$0.7x$	$0.6y$	
乙	$0.3x$	$0.4y$	$0.4y/0.3x$
合计	x	y	y/x

比较：$\frac{\text{甲废品率}}{\text{乙废品率}}=\frac{0.6y/0.7x}{0.4y/0.3x}=\frac{6}{7}\times\frac{3}{4}=\frac{9}{14}$。甲组废品率低于乙组，所以甲组工作质量更好。

16. 复利平均年利率 $\bar{x}_G=\sqrt[6]{1.06\times1.08^2\times1.1^3}-100\%=8.66\%$，单利平均年利率 $\bar{x}=(6\%+8\%\times2+10\%\times3)/6=8.67\%$。平均利率差异不大，算术平均数略高于几何平均数。但复利方式下的利息总额516.5万元远高于单利方式下的利息总额416万元。

17.（1）算术平均数 $\bar{x}=9.4$，中位数 $Me=10$，众数 $Mo=10$；（2）数据之间差距较大，且集中度较低，以中位数代表平均水平较好。

18. 实际平均数 $\bar{x}=0.4\times10+75=79$，运用算术平均数的数学性质，权数扩大或缩小相同的倍数对算术平均数无影响。

19.（1）简单算术平均：（8.2%+10.6%+14.2%）/3=11%，（2）加权调和平均：（23 580+39 540+56 370）/（23 580/8.2%+39 540/10.6%+56 370/14.2%）=11.3%；（3）已知 x 及其标志总量 $m(m=xf)$ 且 m 不等时，应采用加权调和平均法。

20. 西部地区平均工资及标准差计算表

月收入（元）	组中值 x	人数（人）f	$\frac{x-A}{d}\left(\begin{matrix}A=7\ 000\\d=2\ 000\end{matrix}\right)$	$\left(\frac{x-A}{d}\right)f$	$\left(\frac{x-A}{d}\right)^2$	$\left(\frac{x-A}{d}\right)^2 f$
4 000以下	3 000	400	−2	−800	4	1 600
4 000~6 000	5 000	1 000	−1	−1 000	1	1 000
6 000~8 000	7 000	1 800	0	0	0	0
8 000~10 000	9 000	500	1	500	1	500
10 000~12 000	11 000	200	2	400	4	800
12 000以上	13 000	100	3	300	9	900
合计		4 000		−600	0	4 800

西部地区平均月收入 $\bar{x}_1=\frac{-600}{4\ 000}\times2\ 000+7\ 000=6\ 700$ 元，标准差 $\sigma_1=\sqrt{\frac{4\ 800}{4\ 000}-\left(\frac{-600}{4\ 000}\right)^2}\times2\ 000=2\ 170.25$ 元，标准差系数 $V_{\sigma1}=2\ 170.25/6\ 700=$

32.39%。列表计算东部地区平均月收入 $\bar{x}_2 = 8\,650$ 元；标准差 $\sigma_2 = 2\,505.49$ 元，标准差系数 $V_{\sigma 2} = 2\,505.49/8\,650 = 28.97\%$。

由于 $V_{\sigma_2} < V_{\sigma_1}$，所以东部地区职工收入差距更小，平均月收入的代表性更高。

说明：本题也可以借助 Excel 直接计算（不用简捷公式，如下图所示）：

	A	B	C	D	E
1	月收入(元)	组中值x	人数f	x*f	(x-x)^2*f
2	4 000以下	3 000	400	=B2*C2	=(B2-D$9)^2*C2
3	4 000~6 000	5 000	1 000	=B3*C3	=(B3-D$9)^2*C3
4	6 000~8 000	7 000	1 800	=B4*C4	=(B4-D$9)^2*C4
5	8 000~10 000	9 000	500	=B5*C5	=(B5-D$9)^2*C5
6	10 000~12 000	11 000	200	=B6*C6	=(B6-D$9)^2*C6
7	12 000以上	13 000	100	=B7*C7	=(B7-D$9)^2*C7
8	合计		=SUM(C2:C7)	=SUM(D2:D7)	=SUM(E2:E7)
9			平均数x:	=D8/C8	
10			标准差:	=SQRT(E8/C8)	
11			标准差系数:	=D10/D9	

⇨

C	D	E
人数f	x*f	(x-x)^2*f
400	1 200 000	5 476 000 000
1 000	5 000 000	2 890 000 000
1 800	12 600 000	162 000 000
500	4 500 000	2 645 000 000
200	2 200 000	3 698 000 000
100	1 300 000	3 969 000 000
4 000	26 800 000	18 840 000 000
平均数x:	6 700	
标准差:	2 170.25	
标准差系数:	0.3239	

东部地区的计算结果：

	A	B	C	D	E
1	月收入(元)	组中值x	人数f	x*f	(x-x)^2*f
2	5 000以下	4 000	200	800 000	4 324 500 000
3	5 000~7 000	6 000	800	4 800 000	5 618 000 000
4	7 000~9 000	8 000	1 500	12 000 000	633 750 000
5	9 000~11 000	10 000	800	8 000 000	1 458 000 000
6	11 000~13 000	12 000	400	4 800 000	4 489 000 000
7	13 000以上	14 000	300	4 200 000	8 586 750 000
8	合计		4 000	34 600 000	25 110 000 000
9			平均数x:	8 650	
10			标准差:	2 505.49	
11			标准差系数:	0.2897	

第四章　概率和抽样分布

一、统计知识

概率论是研究随机现象的理论。抽样具有随机性，要利用随机样本认识总体的数量特征（用样本统计量推断总体参数），大数定律与中心极限定理就成为其中重要的理论依据。抽样分布是指样本统计量的概率分布。抽样分布在推断统计中具有重要的作用，是进行参数估计和假设检验的基础。

（一）随机变量

把随机试验的结果数量化，就得到了随机变量。

1. 二项分布 $X \sim B(n, p)$

设事件 A 发生的概率为 p，$q=1-p$。以 X 表示 n 重贝努里试验中事件 A 发生的次数，则

$$P(X=i)=C_n^i p^i q^{n-i} \qquad (i=0, 1, 2, \cdots, n)$$

2. 泊松分布 $X \sim P(\lambda)$

参数为 λ 的泊松分布的分布列为

$$P(X=i)=\frac{\lambda^i}{i!}e^{-\lambda}, \ i=0, 1, 2, \cdots, \lambda>0$$

3. 正态分布 $X \sim N(\mu, \sigma^2)$

服从正态分布的随机变量的密度函数为

$$f(x)=\frac{1}{\sqrt{2\pi}\sigma}e^{-\frac{(x-\mu)^2}{2\sigma^2}}, \ (-\infty < x < +\infty, \sigma > 0)$$

正态分布密度函数的图形是以 $x=\mu$ 为对称轴的钟形曲线，图形位于 x 轴上方，x 轴为其渐近线。标准差 σ 决定了分布的离散程度：σ 越大，分布越离散，曲线越平缓；σ 越小，分布越集中，曲线越陡峭。

当 $\mu=0$、$\sigma=1$ 时的正态分布，称为标准正态分布 N（0，1）。

如果 $X \sim N(\mu, \sigma^2)$，则 $Z=\frac{X-\mu}{\sigma} \sim N(0, 1)$。这种转化通常称为正态分布的标准化。

4. 卡方分布 $\chi^2(n)$

n 个相互独立的标准正态分布随机变量 X_1，X_2，…，X_n 的和，服从自由度为 n 的卡方分布：

$$X=\sum_{i=1}^{n} X_i^2 \sim \chi^2(n)$$

卡方分布的形态与其自由度 n 有关，通常呈右偏态分布，随着 n 的增大逐渐趋于对称。

性质：(1) 若 $X \sim N(0, 1)$，则 $X^2 \sim \chi^2(1)$。

(2) 可加性：若 $X \sim \chi^2(m)$，$Y \sim \chi^2(n)$，且 X、Y 相互独立，则 $X+Y \sim \chi^2(m+n)$。

5. t 分布 t（n）

设 $X \sim N(0, 1)$，$Y \sim \chi^2(n)$，且它们相互独立，则：

$$T=\frac{X}{\sqrt{Y/n}} \sim t(n)$$

t 分布的分布曲线形态与正态分布曲线相似，也是对称的，不过一般比正态分布平坦些。随着自由度 n 的增大，t 分布越来越接近于标准正态分布。当 $n \geq 30$ 时，t 分布与标准正态分布的差别已非常小，一般可用标准正态分布代替它。

6. F 分布 F（m，n）

设 $X \sim \chi^2(m)$，$Y \sim \chi^2(n)$，且它们相互独立，则：

$$F=\frac{X/m}{Y/n} \sim F(m, n)$$

F 分布的分布形态与其两个自由度都有关，通常呈右偏态分布。

如果 $X \sim t(n)$，则 $X^2 \sim F(1, n)$。

（二）随机变量的期望和方差

1. 性质

(1) $E(a)=a$

(2) $E(aX+bY)=aE(X)+bE(Y)$

(3) $D(a)=0$

(4) $D(aX)=a^2D(X)$

(5) $D(X)=E(X^2)-[E(X)]^2$

(6) $D(X\pm Y)=D(X)+D(Y)\pm 2Cov(X,Y)$。这里，若 X、Y 相互独立，则 $Cov(X,Y)=0$。

2. 常见分布的期望和方差

(1) $X\sim B(n,p)$，则 $E(X)=np$，$D(X)=npq$。

(2) $X\sim P(\lambda)$，则 $E(X)=\lambda$，$D(X)=\lambda$。

(3) $X\sim N(\mu,\sigma^2)$，则 $E(X)=\mu$，$D(X)=\sigma^2$。

(4) $X\sim t(n)$，则 $E(X)=0$，$D(X)=n/(n-2)$。

(5) $X\sim \chi^2(n)$，则 $E(X)=n$，$D(X)=2n$。

（三）大数定律与中心极限定理

1. 辛钦大数定律

设随机变量 X_1，X_2，…，X_n，… 是相互独立、同分布的，它们的数学期望都为 μ，则对任意小的正数 ε，有 $\lim\limits_{n\to+\infty}P\left(\left|\frac{1}{n}\sum\limits_{i=1}^{n}X_i-\mu\right|<\varepsilon\right)=1$。

2. 贝努里大数定律

设 m 是 n 重贝努里试验中事件 A 发生的次数，p 是事件 A 在每次试验中发生的概率，则对于任意小的正数 ε，有 $\lim\limits_{n\to+\infty}P\left(\left|\frac{m}{n}-p\right|<\varepsilon\right)=1$。

3. 林德贝格—莱维定理

设随机变量 X_1，X_2，…，X_n，… 是相互独立、分布相同的，都有数学期望 μ 及方差 σ^2，则当 $n\to\infty$ 时，$\frac{X_1+X_2+\cdots+X_n-n\mu}{\sqrt{n}\sigma}\sim N(0,1)$。

4. 棣莫弗—拉普拉斯定理

设 m 是 n 重贝努里试验中事件 A 发生的次数，p 是事件 A 在每次试验中发生的概率，则当 $n\to\infty$ 时，$\frac{m-np}{\sqrt{np(1-p)}}\sim N(0,1)$。

（四）抽样分布

样本统计量的分布称为抽样分布。

1. 有关样本均值的抽样分布

不同情况下有关样本均值的抽样分布见图 4-1。因为在大样本时 t 分布与标准正态分布近似，所以，对于总体正态、σ 未知的情形，在大样本时，也可以把 t 分布近似为 N（0，1），即大样本时近似有 $\frac{\bar{X}-\mu}{S/\sqrt{n}} \sim N(0,\ 1)$。

$$
\begin{cases}
\text{总体正态}\begin{cases}\sigma\ \text{已知：}\ \dfrac{\bar{X}-\mu}{\sigma/\sqrt{n}} \sim N(0,\ 1)\\ \sigma\ \text{未知：}\ \dfrac{\bar{X}-\mu}{S/\sqrt{n}} \sim t(n-1)\end{cases}\\
\text{总体非正态}\begin{cases}\text{小样本：抽样分布未知}\\ \text{大样本：}\ \dfrac{\bar{X}-\mu}{S/\sqrt{n}} \overset{\text{近似}}{\sim} N(0,\ 1)\end{cases}
\end{cases}
$$

图 4-1　样本均值的抽样分布

由于样本均值的标准差反映了样本均值与总体均值的平均误差程度，因此也称其为抽样平均误差，常记为 $\sigma_{\bar{x}}$。重复抽样条件下的样本均值抽样平均误差 $\sigma_{\bar{x}} = \frac{\sigma}{\sqrt{n}}$，不重复抽样条件下的样本均值抽样平均误差 $\sigma_{\bar{x}} = \frac{\sigma}{\sqrt{n}} \cdot \sqrt{\frac{N-n}{N-1}}$。系数 $\sqrt{\frac{N-n}{N-1}} \approx \sqrt{1-\frac{n}{N}}$ 一般称为不重复抽样的修正系数，当 $n/N<5\%$ 时，一般可以省略修正系数。

2. 有关样本比例的抽样分布

设总体比例为 π，样本比例为 P，当 n 充分大时：一般要求 $n \geqslant 30$，$nP \geqslant 5$，$n(1-P) \geqslant 5$，有：

$$
\frac{P-\pi}{\sqrt{\dfrac{\pi(1-\pi)}{n}}} \sim N(0,\ 1)
$$

一般也把样本比例的标准差 $\sqrt{\frac{\pi(1-\pi)}{n}}$ 称为样本比例的抽样平均误差，记为 σ_p。如果是不重复抽样，则 $\sigma_p = \sqrt{\frac{\pi(1-\pi)}{n} \cdot \frac{N-n}{N-1}}$。

3. 有关方差的抽样分布

如果总体服从正态分布，方差为 σ^2。样本方差为 S^2，则：

$$
\frac{(n-1)S^2}{\sigma^2} \sim \chi^2(n-1)
$$

4. 两样本的抽样分布

如果两个正态总体 $N(\mu_1,\ \sigma_1^2)$ 和 $N(\mu_2,\ \sigma_2^2)$ 是相互独立的，分别从中抽取样本容量为 n_1 和 n_2 的两个样本，样本均值分别为 $\bar{X}_1$、$\bar{X}_2$，样本方差分别为 S_1^2、

S_2^2，则：

（1）当方差 σ_1^2，σ_2^2 已知时，均值差的分布

$$Z = \frac{(\bar{X}_1 - \bar{X}_2) - (\mu_1 - \mu_2)}{\sqrt{\frac{\sigma_1^2}{n_1} + \frac{\sigma_2^2}{n_2}}} \sim N(0, 1)$$

（2）当方差 $\sigma_1^2 = \sigma_2^2$ 但具体数值未知时，均值差的分布

$$T = \frac{(\bar{X}_1 - \bar{X}_2) - (\mu_1 - \mu_2)}{\sqrt{\frac{S_p^2}{n_1} + \frac{S_p^2}{n_2}}} \sim t(n_1 + n_2 - 2)$$

其中 $S_p^2 = \frac{(n_1 - 1)S_1^2 + (n_2 - 1)S_2^2}{n_1 + n_2 - 2}$。

（3）方差比的分布

$$F = \frac{S_1^2/\sigma_1^2}{S_2^2/\sigma_2^2} \sim F(n_1 - 1, n_2 - 1)。$$

二、统计实验

（一）实验目的

掌握借助 Excel 计算正态分布、t 分布、χ^2 分布、F 分布概率值及临界值（逆概率值）的方法。能够模拟抽样获得抽样分布的直观认识。

（二）实验内容

（1）使用 Excel 函数完成正态分布、t 分布、χ^2 分布、F 分布分布函数值的计算。

（2）使用 Excel 函数计算正态分布、t 分布、χ^2 分布、F 分布的临界值。

（3）使用 Excel 模拟抽样，获得抽样分布的直观认识。

（三）实验操作

1. 用 Excel 计算分布的累积概率

分布的累积概率也就是分布函数的值，在传统的做法中这些概率都需要通过查表来获得，但现在通过 Excel 提供的函数却可以更轻松计算得到。

（1）正态分布

对于给定的 x 值，使用下述函数计算正态分布分布函数值或密度函数值：

NORM.DIST(x,mean,standard_dev,cumulative)

该函数在 cumulative 为 1（TRUE）时计算正态分布累积分布函数值（均值为 mean，标准差为 standard_dev，具体计算的是从负无穷到 x 的积分，即正态分布曲线下从负无穷到 x 的面积）；在 cumulative 为 0（FALSE）时计算概率密度函数值。

另外，如果是标准正态分布，则可以使用下述函数计算分布函数值或密度函数值：

NORM.S.DIST(z,cumulative)

【例 4.1】已知某校学生的统计学考试成绩服从均值为 75、标准差为 8 的正态分布，求学生成绩不及格的概率和处于 70~80 分之间的概率。

【操作提示】计算学生成绩不及格的概率，输入公式：

=NORM.DIST(60,75,8,1)

返回结果为 0.030 396。

计算学生成绩处于 70~80 分之间的概率，输入公式：

=NORM.DIST(80,75,8,1)-NORM.DIST(70,75,8,1)

返回结果为 0.468 029。

（2）t 分布

Excel 中计算 t 分布的分布函数值或密度函数值的函数：

T.DIST(x,deg_freedom，cumulative)。

x 为需要计算分布的数字，Degrees_freedom 为自由度，cumulative 为 1（TRUE）时计算从负无穷到 x 的累积分布函数值，即 P（T<x）；cumulative 为 0（FALSE）时计算概率密度函数值。

T.DIST. 2T(x,deg_freedom)计算 t 分布双尾概率 P(|T|>x)。

T.DIST.RT(x,deg_freedom)计算 t 分布右尾概率 P(T>x)。

【例 4.2】已知随机变量 T 服从自由度为 25 的 t 分布，计算 P（|T|≤2）。

【操作提示】结合图 4-2 可以看出，所求概率 P（|T|≤2）为图中白色区域的面积，所以有以下三种实现方式：

①P（|X|≤2）= P（T<2）- P（T<-2），所以可以输入计算公式

= T.DIST(2,25,1)- T.DIST(-2,25,1)

②P（|T|≤2）= 1- P（|T|>2），所以可以输入计算公式

=1-T.DIST. 2T(2,25)

③P（|T|≤2）= P（T>-2）- P（T>2），所以可以输入计算公式

= T.DIST.RT(-2,25)- T.DIST.RT(2,25)

以上三条命令都将返回结果 0. 943 524。

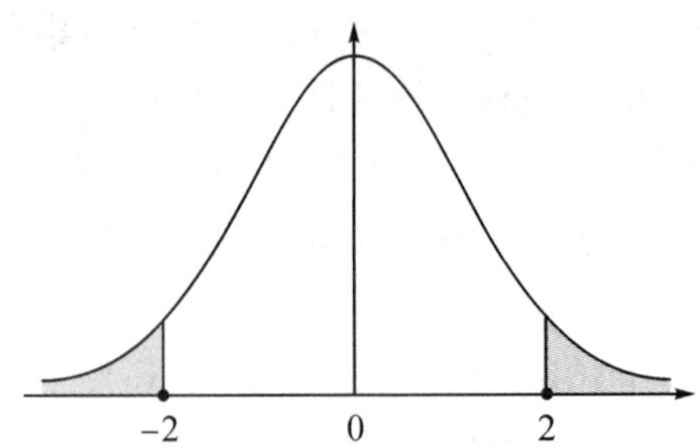

图 4-2　函数 T. DIST（-2，25，1）返回值为左尾阴影面积

（3）卡方分布

对于给定的 x 值，下述函数计算卡方分布分布函数值或密度函数值：

CHISQ.DIST(x,deg_freedom,cumulative)

该函数在 cumulative 为 1（TRUE）时计算分布函数值（自由度为 deg_freedom，具体计算的是 x 左尾部分的面积）；在 cumulative 为 0（FALSE）时计算概率密度函数值。

另外，如果需要计算卡方分布右尾概率（参见图 4-3 阴影部分），则可以使用下述函数：

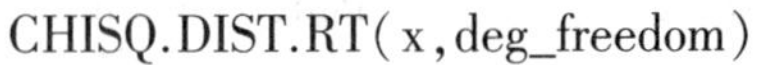
CHISQ.DIST.RT(x,deg_freedom)

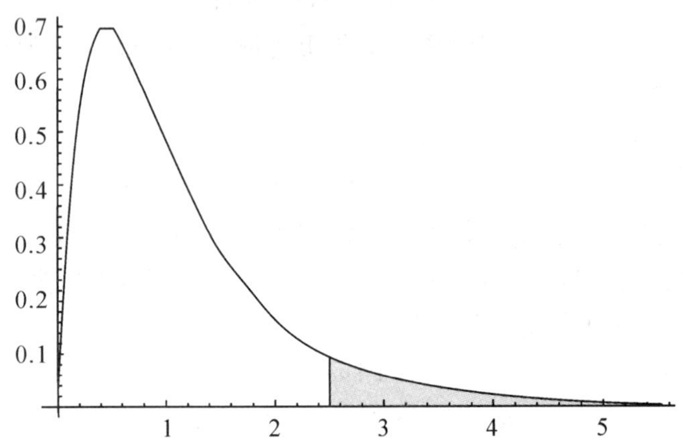

图 4-3　卡方分布函数 CHISQ.DIST.RT 的返回值为阴影面积

（4）F 分布

对于给定的 x 值，下述函数计算 F 分布分布函数值或密度函数值：

F.DIST(x,deg_freedom1,deg_freedom2,cumulative)

该函数在 cumulative 为 1（TRUE）时计算分布函数值（分子自由度为 deg_freedom1，分母自由度为 deg_freedom2，具体计算的是 x 左尾部分的面积）；在 cumulative 为 0（FALSE）时计算概率密度函数值。

另外，如果需要计算 F 分布右尾概率，则可以使用下述函数：

F.DIST.RT(x,deg_freedom1,deg_freedom2)

2. 用 Excel 计算分布的临界值

已知一定的概率值，求概率分布中相应的临界值 x（累积概率分布的反函数），这种计算是累积分布函数的逆运算。

（1）正态分布

对于均值为 mean、标准差为 standard_dev 的正态分布，临界值计算函数为：

NORM.INV(probability,mean,standard_dev)

该函数返回左尾概率为 probability 的临界值 x（从负无穷到 x 的积分为 probability），即 x 左尾的面积为 probability。

如果是标准正态分布，可以使用下述函数计算临界值：

NORM.S.INV(probability)

该函数返回标准正态分布左尾概率为 probability 的临界值 z（参见图 4-4）。例如，输入“=NORM.S.INV(0.975)”，则输出临界值 1.96，说明当左边尾部面积为 0.975 时，与之对应的 z 值是 1.96。

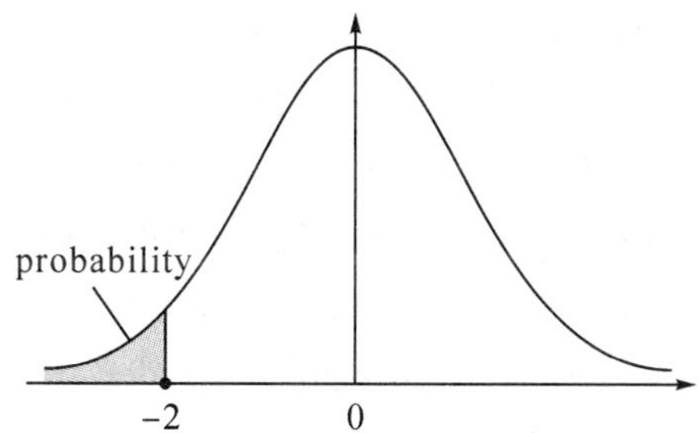

图 4-4　函数 NORM. S. INV 返回与左尾阴影面积对应的 z 值

（2）t 分布

对 t 分布，下述函数返回自由度为 degrees_freedom、左尾面积为 probability 时的临界值 x：

T.INV(probability,deg_freedom)

例如，公式“=T.INV(0.025,8)”的返回值为-2.306，说明在自由度为 8 的 t 分布中，当左边尾部面积为 0.025 时，与之对应的临界值 x 是-2.306，即有：P（T<-2.306）= 0.025。

另外，下述函数返回的是 t 分布双尾面积（概率）为 probability 时的临界值 x：

T.INV. 2T(probability,deg_freedom)

例如，公式“=T.INV. 2T(0.05,8)”的返回值为 2.306，说明在自由度为 8 的 t 分布中，当双尾面积为 0.05 时，与之对应的临界值 x 是 2.306，即有：P（|T|>2.306）= 0.05。

（3）卡方分布

对卡方分布，下述函数返回自由度为 degrees_freedom、左尾面积为 probability 时的临界值 x：

CHISQ.INV(probability,deg_freedom)

例如，公式“=CHISQ.INV(0.05,20)”的返回值为 10.851，说明在自由度为 20 的卡方分布中，当左边尾部面积为 0.05 时，与之对应的临界值 x 是 10.851，即有：P（$\chi^2(20)<10.851$）= 0.05。

另外，下述函数返回的是卡方分布右尾面积（概率）为 probability 时的临界值 x：

CHISQ.INV.RT(probability,deg_freedom)

例如，公式“=CHISQ.INV.RT(0.05,20)”的返回值为 31.410，说明在自由度为 20 的卡方分布中，当右尾面积为 0.05 时，与之对应的临界值 x 是 31.410，即有：P（$\chi^2(20)>31.410$）= 0.05。

（4）F 分布

对 F 分布，下述函数返回分子自由度为 degrees_freedom1、分母自由度为 degrees_freedom2、左尾面积为 probability 时的临界值 x：

F.INV(probability,deg_freedom1,deg_freedom2)

例如，公式“=F.INV(0.05,20,30)”的返回值为 0.490 4，说明在分子自由度、分母自由度分别为 20、30 的 F 分布中，当左边尾部面积为 0.05 时，与之对应的临界值 x 是 0.490 4，即有：P（F（20，30）< 0.490 4）= 0.05。

另外，下述函数返回的是 F 分布右尾面积（概率）为 probability 时的临界值 x：

F.INV.RT(probability,deg_freedom1,deg_freedom2)

例如，公式“=F.INV.RT(0.05,20,30)”的返回值为 1.931 7，说明在分子自由度、分母自由度分别为 20、30 的 F 分布中，当右尾面积为 0.05 时，与之对应的临界值 x 是 1.931 7，即有：P（F（20，30）> 1.931 7）= 0.05。

3. 样本均值抽样分布的随机模拟

统计量的分布称为抽样分布，利用 Excel 提供的随机数发生器，可以对抽样分布进行计算机模拟，从而对抽样分布形成更加直观的理解。

假设总体的均值为 μ，标准差为 σ，则统计理论表明，不论总体的分布如何，只要样本容量 n 足够大，样本均值的分布总会趋向于正态分布，且均值为 μ，标准差为 $\frac{\sigma}{\sqrt{n}}$。

【例 4.3】假设总体服从均匀分布，模拟样本均值的抽样分布。

假设总体服从 0-1 区间上的均匀分布，则总体的均值为μ=0.5，方差 $\sigma^2=\frac{1}{12}$。从理论上说，当样本容量 n 足够大时，有 $\bar{x}\sim N(0.5,\ \frac{1}{12})$。

【操作提示】模拟从总体中抽取 1 000 个样本容量为 10 的样本（重复抽样），计算每个样本的样本均值 $\bar{x}$，然后观察样本均值 $\bar{x}$ 的分布形态。单击“数据”菜单中的“数据分析”，选择“随机数发生器”，在弹出的对话框中把变量个数设为10，随机数个数设为1 000，选择0-1区间的均匀分布，如图4-5。“随机数基数”可以空缺，如果设定了基数，则相同的基数产生的随机数相同，这往往有助于对结果进行验证。

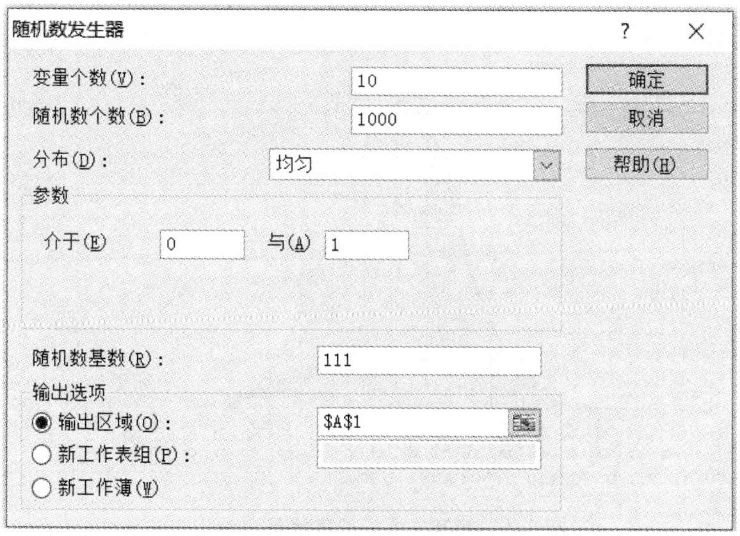

图4-5 随机数发生器对话框

把“随机数发生器”输出结果的每一行看作一个容量为10的样本，这样共有1 000个样本。在Excel工作表的第K列中计算每个样本的均值，从而得到样本均值的1 000个观察值。接下来通过分组整理数据观察这1 000个样本均值的分布状况。这里，以组距为0.05进行分组，利用Excel函数FREQUENCY统计各组频数（具体操作方法参见第2章统计实验），以频数绘制直方图、并在次坐标轴以频率绘制折线图，所得图形如图4-6所示（具体操作方法参见第2章统计实验），可以看出该图基本呈正态分布。另外，从模拟结果来看，本次模拟所得抽样分布的均值为0.499 78（样本均值的1 000个观察值的平均值），与理论值 $\mu=0.5$ 差异非常小；本次模拟所得样本均值的标准差为0.092 41，理论值等于 $\frac{\sigma}{\sqrt{n}}=\frac{\sqrt{1/12}}{\sqrt{10}}=0.091\,29$，两者差异也非常小，这种差异是由于抽样的随机性引起的。

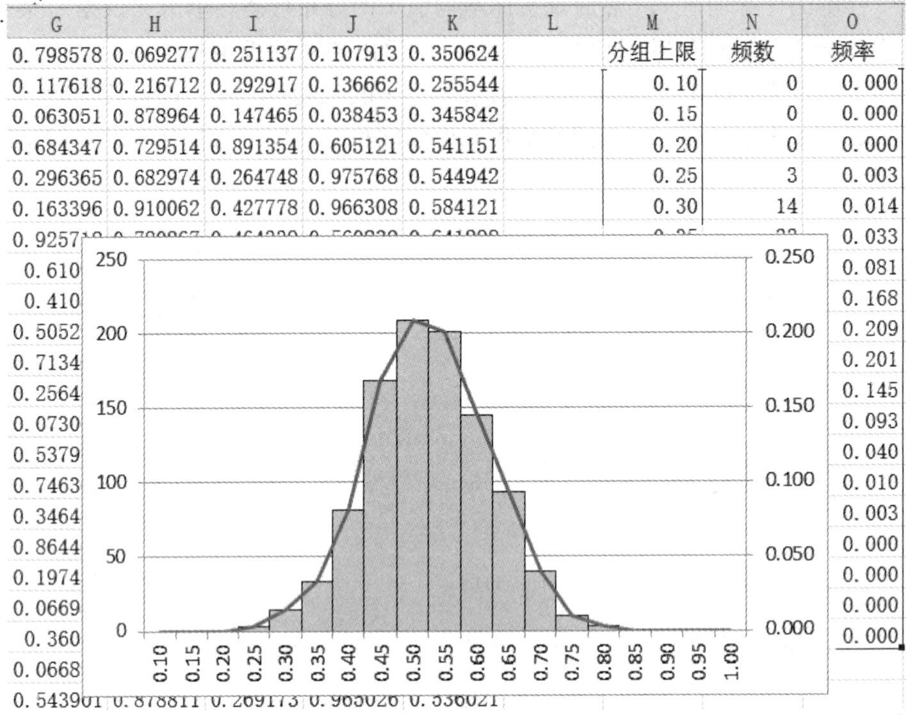

图 4-6 样本均值的抽样分布（n=10）

（四）实验实践

1. 想想下述 Excel 公式分别会得到什么结果，并在 Excel 中具体检验一下：

=NORM.S.INV(NORM.S.DIST(3,1))

=T.DIST(1.8,25,1)+T.DIST.RT(1.8,25)

=T.INV(0.05,25)+T.INV(0.95,25)

=CHISQ.INV(0.95,30)−CHISQ.INV.RT(0.05,30)

=F.INV(0.05,26,12)−F.INV.RT(0.95,26,12)

2. 假设总体 X~U［0，1］，模拟样本均值的抽样分布（样本容量 n=20）。

（1）从模拟所得样本均值数据分布直方图观察 $\bar{x}$ 的分布形态。

（2）分析模拟所得样本均值观察值的平均值、标准差与理论值的差异程度。

（3）增大样本容量再模拟（n=30、50），看看图形和有关指标呈现何种变化。

（4）用随机数发生器检验总体为其他分布时样本均值的抽样分布。

3. 设计样本比例抽样分布的随机模拟。

三、统计实训

(一) 单项选择题

1. 抽样推断是建立在( )基础之上的。

A. 任意抽样　　B. 随机抽样

C. 便利抽样　　D. 非随机抽样

2. 设总体 $X \sim N(11, 4)$, X_1, X_2, …, X_{25} 是来自 X 的样本，则有( )。

A. $\bar{X} \sim N(11, \frac{4}{25})$　　B. $\bar{X} \sim N(11, \frac{4}{5})$

C. $\bar{X} \sim N(11, \frac{2}{5})$　　D. $\bar{X} \sim N(\frac{11}{25}, 4)$

3. 设总体 $X \sim N(9, 4)$, X_1, X_2, …, X_{36} 是来自 X 的样本，则下述服从 N(0, 1)分布的是( )。

A. $9(\bar{X}-9)$　　B. $3(\bar{X}-9)$　　C. $1.5(\bar{X}-3)$　　D. $3(\bar{X}-3)$

4. 记总体均值为 μ，方差为 σ^2，样本容量为 n。则在重复抽样时，关于样本均值 $\bar{X}$ 和样本方差 $\sigma_{\bar{X}}^2$，有( )。

A. $E(\bar{X})=\mu$, $\sigma_{\bar{X}}^2=\sigma^2$　　B. $E(\bar{X})=\mu$, $\sigma_{\bar{X}}^2=\frac{\sigma^2}{n}$

C. $E(\bar{X})=\frac{\mu}{n}$, $\sigma_{\bar{X}}^2=\sigma^2$　　D. $E(\bar{X})=\frac{\mu}{n}$, $\sigma_{\bar{X}}^2=\frac{\sigma^2}{n}$

5. 从均值为 120、标准差为 30 的总体中，抽取容量为 80 的简单随机样本，则样本均值的期望值是( )。

A. 120　　B. 30　　C. $900/\sqrt{80}$　　D. $120/\sqrt{80}$

6. 抽样分布是指( )。

A. 总体参数的分布　　B. 统计量的分布

C. 总体单位标志值的分布　　D. 样本平均数的分布

7. 抽样成数是一个( )。

A. 结构相对数　　B. 比较相对数

C. 比例相对数　　D. 强度相对数

8. 要减小抽样误差，最切实可行的方法是( )。

A. 适当增加样本容量　　B. 控制个体变异

C. 严格挑选观察对象　　D. 考察总体中的每一个个体

9. 在简单随机重复抽样条件下，抽样单位数（即样本容量）扩大为原来的

4 倍，则抽样平均误差的变化是（　　）。

A. 缩小为原来的 1/4　　B. 扩大为原来的 2 倍

C. 缩小为原来的 1/2　　D. 没有变化

10. 假定 10 亿人口的大国和 100 万人口的小国的居民年龄变异程度相同。现在各自用重复抽样方法抽取本国人口的 1%计算平均年龄，则平均年龄的抽样平均误差（　　）。

A. 二者相等　　B. 前者比后者大

C. 前者比后者小　　D. 不能确定大小

11. 对甲乙两个工厂工人平均工资进行随机不重复抽样调查，调查的工人数一样，两工厂工资方差相同，但甲厂工人总数比乙厂工人总数多一倍，则抽样平均误差（　　）。

A. 甲厂比乙厂大　　B. 甲厂比乙厂小

C. 两个工厂一样大　　D. 无法确定

12. 设 X ~ N（0，1），若已知 P（X < -0.9）= 0.184，则 P（X < 0.9）=（　　）。

A. 0.816　　B. 0.184　　C. 0.684　　D. 0.316

13. 设 m 是 n 重贝努里试验中事件 A 发生的次数，p 是事件 A 在每次试验中发生的概率，则对于任意小的正数 ε，有 $\lim\limits_{n \to +\infty} P\left(\left|\frac{m}{n} - p\right| \geqslant \varepsilon\right) =$（　　）。

A. -1　　B. 0.5　　C. 1　　D. 0

14. 设 X_1，X_2，…，X_n，… 是独立同分布的随机变量，数学期望为 μ，方差为 σ^2，则当 $n \to \infty$ 时，$\dfrac{\sum\limits_{i=1}^{n} X_i - n\mu}{\sqrt{n}\sigma}$ 的分布是（　　）。

A. N（0，1）　　B. t（n-1）　　C. $\chi^2(n)$

D. 因这些随机变量的分布类型未知，所以它们的和的分布也是未知的

15. 设 X_1，X_2，…，X_m，Y_1，Y_2，…，Y_n 相互独立，且都服从 N（0，1）分布，则 $\dfrac{n(X_1^2 + X_2^2 + \cdots + X_m^2)}{m(Y_1^2 + Y_2^2 + \cdots + Y_n^2)}$ 服从的分布是（　　）。

A. $t(\frac{n}{m})$　　B. $\chi^2(\frac{n}{m})$　　C. $F(n, m)$　　D. $F(m, n)$

（二）多项选择题

1. 已知 Z ~ N（0，1），P（Z>1.645）= 0.05，把满足 P（Z>x）= α 的 x 记为 z_α，则（　　）。

A. $z_{0.05} = 1.645$　　B. $z_{0.5} = 0$

C. $z_{0.95}=-1.645$　　　　D. $z_{0.95}=1.645$

E. $z_{0.05}=-1.645$

2. 某大学有50%的学生喜欢足球运动，40%的喜欢篮球，30%二者都喜欢。从该校任意抽取一名学生，则此人（　　）。

A. 喜欢足球或篮球的概率是0.9

B. 喜欢足球或篮球的概率是0.6

C. 喜欢足球或篮球的概率是0.8

D. 既不喜欢足球也不喜欢篮球的概率是0.7

E. 既不喜欢足球也不喜欢篮球的概率是0.4

3. 下列结论中，正确的有（　　）。

A. 统计量是数

B. 统计量是随机变量

C. 统计量是不含总体参数的样本函数

D. 统计量是可以含有总体未知参数的样本函数

E. 统计量是可以含有总体已知参数的样本函数

4. 下面几个关于样本均值分布的陈述中，正确的是（　　）。

A. 当总体服从正态分布时，样本均值一定服从正态分布

B. 当总体服从正态分布时，只要样本容量足够大，样本均值就服从正态分布

C. 当总体不服从正态分布时，样本均值一定服从正态分布

D. 当总体不服从正态分布时，无论样本容量多大，样本均值都不会近似服从正态分布

E. 当总体不服从正态分布时，在小样本情况下，样本均值不服从正态分布

5. 如果采用重复抽样，则（　　）。

A. 每个单位在每次抽样中都有相同的概率被抽中

B. 每抽1次，总体单位减少1个

C. 每个单位都可能在样本中出现 n 次

D. n 次抽样之间是相互独立的

E. 有 N^n 个可能的样本

6. 由样本均值的抽样分布可知，样本统计量与总体参数之间的关系为（　　）。

A. 在重复抽样条件下，样本均值的方差等于总体方差的1/n

B. 样本方差等于总体方差的 $1/n$

C. 样本均值的期望值等于总体均值

D. 样本均值恰好等于总体均值

E. 样本均值的方差等于总体方差

7. 从 $\sigma=20$ 的总体（N=5 000）中抽取样本容量为100的随机样本，则样本均值的抽样标准差（　　）。

A. 重复抽样时为 2　　B. 不重复抽样时为 $2\sqrt{4\ 900/4\ 999}$

C. 重复抽样时为 20　　D. 不重复抽样时为 $20\sqrt{4\ 900/4\ 999}$

E. 不重复抽样时为 $0.2\sqrt{4\ 999/4\ 900}$

8. 影响抽样误差的因素包括（　　）。

A. 样本容量的大小　　B. 总体各单位标志值的差异程度

C. 总体均值的大小　　D. 抽取样本的方法

E. 抽样调查的组织形式

9. 下面关于 t 分布的叙述，正确的有（　　）。

A. t 分布是一簇关于 y 轴对称的曲线

B. 当自由度 n 趋近于∞时，t 分布趋近于标准正态分布

C. 自由度 n 越大，t 分布越扁平

D. t 分布是对称分布，但不是正态分布

E. 如果 $X \sim N(0,1)$，则 $X^2 \sim t(1)$

10. 下述分布，是对称分布的有（　　）。

A. $t(21)$ 分布　　B. N（0，1）分布

C. N（97，6）分布　　D. $\chi^2(45)$ 分布

E. $F(46,25)$ 分布

（三）判断题

1. 某班有 40 名同学，现欲从中按不重复抽样抽取 12 人作为调查样本，则全部可能的样本数有 C_{40}^{12} 个。（　　）

2. 统计量是随机变量。（　　）

3. 从同一总体中随机抽取样本容量相同的两个样本，它们的样本均值相同。（　　）

4. 通常所说的抽样误差一般是指抽样平均误差。（　　）

5. 简单随机抽样时，抽样误差大小与总体各单位标志值的差异程度成正比。（　　）

6. 简单随机抽样时，重复抽样的抽样误差大小与样本容量的平方根成反比。（　　）

7. 抽样单位数越多，抽样误差越大。（　　）

8. 不重复抽样的抽样误差小于重复抽样的抽样误差。（　　）

9. S 和 $\sigma_{\bar{x}}$ 都是变异指标，因此它们都可以表示抽样误差的大小。（　　）

10. 在正态分布中，σ 越大，说明分布越集中，分布曲线越陡峭；σ 越小，说明分布离散程度越大，分布曲线越平缓。（　　）

11. 某次统计学考试，全体参与考试的同学成绩的平均分为 70 分，标准差为 5

分。小王成绩为 60 分，则该成绩的标准分是-2。（　　）

12. 小样本时，t 分布与标准正态分布存在较大差异，不能把 t 分布近似为标准正态分布。（　　）

13. 设 $T\sim t(n)$，则 $P(T\leqslant -2)=P(T\geqslant 2)$。（　　）

14. 如果 $X\sim N(0, 1)$，$Y\sim \chi^2(n)$，且它们相互独立，则随机变量 $\dfrac{X}{\sqrt{Y/n}}\sim t(n)$。（　　）

15. 如果 $X\sim N(0, 1)$，则 $X^2\sim \chi^2(1)$。（　　）

16. 已知 X_1，X_2，…，X_n 都服从标准正态分布，且相互独立，则 $\sum_{i=1}^{n} X_i^2\sim \chi^2(n)$。（　　）

17. 已知 $X\sim \chi^2(m)$，$Y\sim \chi^2(n)$，则 $X/Y\sim F(m, n)$。（　　）

18. 根据贝努里大数定律，大量重复试验中事件发生的频率会稳定于该事件发生的概率。（　　）

19. 实践中，可以用事件发生的频率代替概率，所以，某人投掷一枚硬币 4 次，出现了 1 次正面，因此他可以说，投掷一枚硬币出现正面的概率为 1/4。（　　）

20. 已知某校男生身高最低为 155cm，最高为 185cm，按照“3σ 规则”，估计该校男生身高的标准差为 5cm。（　　）

（四）综合应用题

1. 一个多项选择题给出了 5 个选项，如果全凭猜测，猜对的概率是多少？

2. 有一男女比例为 52∶48 的人群，已知男性中 5%是色盲，女性中 0.3%是色盲，现随机抽中了一位色盲，求这个人是男性的概率是多少？

3. 从均值为 180、标准差为 40 的总体中，抽取样本容量 n=100 的简单随机样本，则关于样本均值 $\bar{X}$：

（1）$\bar{X}$ 的数学期望是多少？

（2）$\bar{X}$ 的标准差是多少？

（3）$\bar{X}$ 的抽样分布是什么？

4. 从总体比例 $\pi=0.2$ 的总体中，抽取一个样本容量为 100 的简单随机样本。则关于样本比例 P：

（1）P 的数学期望是多少？

（2）P 的标准差是多少？

（3）P 的分布是什么？

5. 某工厂有 2 000 个计件工人，采用不重复随机抽样方法抽取 100 人作为样本调查他们的平均产量，根据以往资料得知总体标准差为 32.45 件。试计算抽样平均误差。

6. 总体比例为 0.6，从该总体中抽取样本容量分别为 30、60、120 和 500 的样本。

（1）分别计算样本比例的标准差；

（2）当样本容量增大时，样本比例的标准差是如何变化的？

7. 某企业产品合格率为 97.5%。现在从全月生产的 10 000 件产品中随机抽取 600 件进行检验，则样本合格率的抽样平均误差是多少？

8. 在某地，建筑工人的日工资为具有平均数 400 元和标准差为 100 元的正态分布。一个由 25 个煤矿工人组成的随机样本，其平均日工资低于 380 元的概率是多少？

9. 某校有 5 000 名学生，最近体检得知他们的平均身高为 166cm，身高的标准差为 25cm。现在按不重复抽样方法随机抽取了 225 人进行复查，则样本的平均身高大于 165cm 的概率是多少？

10. 某公司生产的加碘食用盐净含量近似服从均值为 500 克的正态分布。现随机抽出 25 袋作为样本进行检测，试问：

（1）如果已知总体标准差为 10 克，则样本的平均净含量不超过 499 克的概率有多大？

（2）如果总体标准差未知，样本的标准差为 10 克，则样本的平均净含量不超过 499 克的概率有多大？

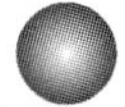

四、实训题解

（一）单项选择题

1. 答案：B。只有按照随机原则抽取的样本，才能用于推断总体的数量特征。任意抽样、便利抽样都是非随机抽样，这种样本不能用于推断总体。另外，诸如重点调查、典型调查取得的资料，也没遵循随机原则抽样，这种资料也是不能用于推断总体数量特征的。

2. 答案：A。总体 $X \sim N(\mu, \sigma^2)$，则 $\bar{X} \sim N(\mu, \frac{\sigma^2}{n})$。本题 $\mu = 11$，$\sigma^2 = 4$，$n = 25$，因而 $\bar{X} \sim N(11, \frac{4}{25})$。

3. 答案：B。总体 $X \sim N(9, 4)$，$n = 36$，因而样本均值的方差为 $\frac{\sigma^2}{n} = \frac{4}{36}$，即标准差为 $\frac{\sigma}{\sqrt{n}} = \frac{1}{3}$，有 $\bar{X} \sim N(9, \frac{1}{9})$，标准化得到 $\frac{\bar{X} - \mu}{\sigma / \sqrt{n}} = \frac{\bar{X} - 9}{1/3} \sim N(0, 1)$。

4. 答案：B。在重复抽样时，样本均值 $\bar{X}$ 服从的分布为 $\bar{X} \sim N(\mu, \frac{\sigma^2}{n})$，因而，其数学期望（均值）为 $E(\bar{X}) = \mu$，方差为 $\sigma_{\bar{X}}^2 = \frac{\sigma^2}{n}$。

5. 答案：A。因为是大样本（n≥30），所以样本均值近似服从正态分布，并且样本均值的期望值等于总体均值。

6. 答案：B。由于抽样具有随机性，所以样本统计量是随机变量，其分布统称抽样分布。

7. 答案：A。抽样成数是样本中具有某种特征的单位数占样本容量的比例，是部分数量与总数量的比值，是一个结构相对数。

8. 答案：A。抽样误差与总体标准差、样本容量、抽样方法及抽样调查的组织形式等因素有关，其中，总体标准差是客观存在的、在研究中是不可能改变的事实，不同的抽样方法及抽样调查的组织形式对抽样误差的影响很有限，并且如果已经采用最好的方法和形式了，要减小抽样误差，也只有靠增加样本容量了。所以，增减样本容量是控制抽样误差最可行的方法。

9. 答案：C。在简单随机重复抽样条件下，样本容量由 n 扩大为 4n，则抽样平均误差将由 $\frac{\sigma}{\sqrt{n}}$ 变化为 $\frac{\sigma}{2\sqrt{n}}$。

10. 答案：C。大国与小国人口基数不同，都按 1%抽取样本，大国实际抽取的人数（样本容量 n）大于小国，而抽样平均误差等于 $\frac{\sigma}{\sqrt{n}}$，变异程度 σ 相同时，n 越大，则抽样平均误差越小。

11. 答案：B。不重复抽样时，抽样平均误差为 $\frac{\sigma}{\sqrt{n}} \cdot \sqrt{\frac{N-n}{N-1}}$，所以，当 n 和 σ 都一样时，总体单位数 N 越大，则 $\sqrt{\frac{N-n}{N-1}}$ 越小，抽样平均误差越小。

12. 答案：A。标准正态分布关于 y 轴对称，所以 $P(X \geqslant 0.9) = P(X < -0.9) = 0.184$，有 $P(X < 0.9) = 1 - P(X \geqslant 0.9) = 0.816$。

13. 答案：D。根据贝努里大数定律，有 $\lim_{n \to +\infty} P(\left|\frac{m}{n} - p\right| < \varepsilon) = 1$，因而 $\lim_{n \to +\infty} P(\left|\frac{m}{n} - p\right| \geqslant \varepsilon) = 1 - \lim_{n \to +\infty} P(\left|\frac{m}{n} - p\right| < \varepsilon) = 0$。

14. 答案：A。根据林德贝格－莱维定理，当 $n \to +\infty$ 时，$\frac{\sum_{i=1}^{n} X_i - n\mu}{\sqrt{n}\sigma}$ 趋于 $N(0, 1)$ 分布。

15. 答案：D。由于 X_1，X_2，…，X_m，Y_1，Y_2，…，Y_n 相互独立，且都服从 $N(0,1)$ 分布，因而 $X_1^2+X_2^2+\cdots+X_m^2\sim\chi^2(m)$，$Y_1^2+Y_2^2+\cdots+Y_n^2\sim\chi^2(n)$，根据F分布的构造可得：

$$\frac{(X_1^2+X_2^2+\cdots+X_m^2)/m}{(Y_1^2+Y_2^2+\cdots+Y_m^2)/n}\sim F(m,n)$$

（二）多项选择题

1. 答案：ABC。z_α 是指标准正态分布右尾面积为 α 的临界值。$P(Z>1.645)=0.05$，则说明 $z_{0.05}=1.645$；根据正态分布的对称性可知，$P(Z>0)=0.5$，即 $z_{0.5}=0$；再由 $P(Z>1.645)=0.05$ 可知 $P(Z\leqslant-1.645)=0.05$，因而 $P(Z>-1.645)=1-P(Z\leqslant-1.645)=0.95$。

2. 答案：BE。记 A＝“喜欢足球运动”，B＝“喜欢篮球运动”，则由题干可知：$P(A)=0.5$，$P(B)=0.4$，$P(A\cap B)=0.3$，由此可进一步推知，喜欢足球或篮球的概率是 $P(A\cup B)=P(A)+P(B)-P(A\cap B)=0.6$，既不喜欢足球也不喜欢篮球的概率是 $P(\bar{A}\cap\bar{B})=P(\overline{AB})=1-P(A\cup B)=0.4$。

3. 答案：BE。统计量是不含有总体未知参数的样本函数。由于样本的随机性，统计量是随机变量。统计量可以含有已知的参数。

4. 答案：AE。当总体服从正态分布时，样本均值一定服从正态分布，具体是，若总体 $X\sim N(\mu,\sigma^2)$，则样本均值 $\bar{X}\sim N(\mu,\frac{\sigma^2}{n})$。当总体不服从正态分布时，在大样本情况下，根据中心极限定理，近似有 $\bar{X}\sim N(\mu,\frac{\sigma^2}{n})$；但在小样本情况下，中心极限定理不适用，样本均值就不再近似服从正态分布。

5. 答案：ACDE。重复抽样也称为有放回抽样，每次从总体中抽取的样本单位，经观测之后又重新放回总体参加下次抽样，这种抽样的特点是总体中每个单位被抽中的概率是相等的。n 次抽样之间是相互独立的，每个单位都可能在样本中出现 n 次，有 N^n 个可能的样本（总体容量为 N，样本容量为 n）。

6. 答案：AC。在重复抽样条件下，总体 $X\sim N(\mu,\sigma^2)$，则 $\bar{X}\sim N(\mu,\frac{\sigma^2}{n})$。有 $E(\bar{X})=\mu$，$D(\bar{X})=\frac{\sigma^2}{n}$，即样本均值的期望值等于总体均值，样本均值的方差等于总体方差的 1/n。如果是在不重复抽样条件下，有 $E(\bar{X})=\mu$，$D(\bar{X})=\frac{\sigma^2}{n}\cdot\frac{N-n}{N-1}$。

7. 答案：AB。在重复抽样条件下，样本均值的抽样标准差为 $\frac{\sigma}{\sqrt{n}}$；在不重复抽样条件下，样本均值的抽样标准差为 $\frac{\sigma}{\sqrt{n}} \cdot \sqrt{\frac{N-n}{N-1}}$。本题 $\sigma=20$，$N=5\ 000$，$n=100$，有 $\frac{\sigma}{\sqrt{n}}=2$，$\frac{\sigma}{\sqrt{n}} \cdot \sqrt{\frac{N-n}{N-1}}=2\sqrt{\frac{4\ 900}{4\ 999}}$。

8. 答案：ABDE。影响抽样误差的因素包括：样本容量的大小（n 越大，抽样误差越小）、总体各单位标志值的差异程度（σ 越小，抽样误差越小）、抽取样本的方法（不重复抽样小于重复抽样的抽样误差）、抽样调查的组织形式（抽样调查的组织形式不同，抽样误差也不相同）。

9. 答案：ABD。t 分布是对称分布。t 分布自由度 n 越大，越接近标准正态分布，分布形态越陡峭。如果 $X\sim$N（0，1），则 $X^2 \sim \chi^2(1)$，而不是 t 分布。

10. 答案：ABC。t 分布是对称分布（不管自由度是多少）。正态分布是对称分布（包括标准正态分布）。χ^2 分布和 F 分布都是非对称分布。

（三）判断题

1. 答案：√。抽出的 12 人是无序的，因而 40 取 12 的组合数就对应了全部可能的样本数。

2. 答案：√。统计量是样本的不含未知参数的函数，而样本是随机抽取出来的，具有随机性，因而作为样本函数的统计量，也具有随机性，是随机变量。

3. 答案：×。随机抽取的两个样本，一般包含的个体不同，观测值也就不同，所以即使样本容量相同，样本均值一般也不相同。

4. 答案：√。通常所说的抽样误差，是指样本统计量与进行推断的总体参数之间出现的差异，这种差异平均来看等于样本统计量的标准差，因此也称其为抽样平均误差。

5. 答案：√。总体标准差 σ 反映了总体各单位标志值的差异程度。重复抽样时抽样误差为 $\sigma_{\bar{x}}=\frac{\sigma}{\sqrt{n}}$，不重复抽样时抽样误差为 $\sigma_{\bar{x}}=\frac{\sigma}{\sqrt{n}} \cdot \sqrt{\frac{N-n}{N-1}}$，所以抽样误差与总体标准差是成正比的。

6. 答案：√。重复抽样时抽样误差为 $\sigma_{\bar{x}}=\frac{\sigma}{\sqrt{n}}$，抽样误差大小与 $\sqrt{n}$ 成反比。

7. 答案：×。抽样单位数（即样本容量）越多，抽样误差应当越小。

8. 答案：√。相比重复抽样的抽样误差，不重复抽样的抽样误差多乘一个修正系数 $\sqrt{\frac{N-n}{N-1}}$，该修正系数是小于 1 的，因而不重复抽样的抽样误差小于重复抽样的抽样误差。

9. 答案：×。虽然 S 也是变异指标，但它只是样本本身离散程度的反映，特别是在小样本情况下，它可能与总体标准差 σ 存在较大差异，因此它不可以直接表示抽样误差的大小。当然，$\sigma_{\bar{x}}$ 是变异指标，表示了抽样误差的大小。

10. 答案：×。σ 越大，说明变异程度越大，分布越分散，正态分布的分布曲线会越平缓；σ 越小，说明分布离散程度越小，分布曲线越陡峭。

11. 答案：✓。标准分的计算公式是 $z=\frac{x-\mu}{\sigma}$。这里有μ=70，σ=5，x=60，所以 z=-2。标准分为-2 表示小王的成绩低于平均分 2 个标准差。

12. 答案：✓。正态分布是人们了解最透彻和熟知的分布，人们习惯将其他形式的分布在满足条件时近似为正态分布。就本题而言，小样本意味着样本容量小，t 分布的自由度（n-1）也小，小自由度的 t 分布与标准正态分布存在较大差异，因此不能把 t 分布近似为标准正态分布。

13. 答案：✓。t 分布也是对称分布，密度曲线关于 y 轴对称。所以，如果 $T\sim$ t（n），对任意常数 C（可正、可负）来说，都有 $P(T\leqslant -C)=P(T\geqslant C)$。并且，由于 t 分布是连续分布，取个别值的概率为 0，所以式中的“≤、≥”可以任意替换为“<、>”（即不包含相等）也成立。

14. 答案：✓。这正是 t 分布的构造，它由相互独立的一个标准正态分布和一个卡方分布构造出来，构造出来的 t 分布自由度与原卡方分布的自由度一致。

15. 答案：✓。一个标准正态分布的平方，会服从自由度为 1 的卡方分布。

16. 答案：✓。这正是卡方分布的构造。也可以这样理解，X_1，X_2，…，X_n 都服从标准正态分布，则 $X_i^2\sim\chi^2(1)$，加之 $X_i^2(i=1,2,\cdots,n)$ 相互独立，由卡方分布的可加性，可知 $\sum_{i=1}^{n}X_i^2\sim\chi^2(n)$。

17. 答案：×。根据 F 分布的构造，当 $X\sim\chi^2(m)$，$Y\sim\chi^2(n)$ 时，有 $\frac{X/m}{Y/n}\sim F(m,n)$。

18. 答案：✓。贝努里大数定律也因此成为人们在实际应用中用“频率”代替“概率”的依据。

19. 答案：×。实践中，可以用事件发生的频率代替概率，是要求在“实验次数足够多”的情况下，而投掷硬币 4 次，显然实验次数太少了，因而得出了一个不合理的结论。

20. 答案：✓。按照“3σ 规则”，最大值与最小值之间的差异为 $(\mu+3\sigma)-(\mu-3\sigma)=6\sigma$。本题已知某校男生身高最高最低之差为 185-155=30cm，因而可以估计标准差 σ=30/6=5cm。

（四）综合应用题

1. 解：猜测者可能猜 2~5 个选项，所有可能的答案个数为 $C_5^2+C_5^3+C_5^4+C_5^5=26$ 个，正确答案只是其中的某一个，因而猜中的概率仅为 1/26。

2. 解：设 A_1 = “男”，A_2 = “女”，B = “色盲”，则：

$$P(A_1|B)=\frac{P(A_1)P(B|A_1)}{P(A_1)P(B|A_1)+P(A_2)P(B|A_2)}$$

$$=\frac{52\%\times5\%}{52\%\times5\%+48\%\times0.3\%}=0.947\ 5$$

这里应用了贝叶斯公式。如果本题问题更改为“现随机抽取一人，求抽中色盲者的概率是多少?”，则问题需应用全概率公式求解：

$P(B)=P(A_1)P(B|A_1)+P(A_2)P(B|A_2)$

$=52\%\times5\%+48\%\times0.3\%=2.744\%$。

3. 解：（1）由题干知，$\mu=180$、$\sigma=40$、$n=100$，所以 $E(\bar{X})=\mu=180$；

（2）$\sigma_{\bar{X}}=\frac{\sigma}{\sqrt{n}}=\frac{40}{\sqrt{100}}=4$；

（3）由于 $n=100>30$，为大样本，所以不论总体服从什么分布，样本均值 $\bar{X}$ 都服从或近似服从正态分布 $\bar{X}\sim N(\mu,\frac{\sigma^2}{n})$，即服从 N（180，16）分布。

4. 解：大样本时，样本比例的抽样分布是 $P\sim N(\pi,\frac{\pi(1-\pi)}{n})$，因而可得：

（1）E（P）＝π＝0.2；

（2）$\sigma_p=\sqrt{\frac{\pi(1-\pi)}{n}}=\sqrt{\frac{0.2\times(1-0.2)}{100}}=0.04$；

（3）P~N（0.2，0.001 6）。

5. 解：抽样平均误差为 $\sigma_{\bar{X}}=\frac{\sigma}{\sqrt{n}}\cdot\sqrt{\frac{N-n}{N-1}}=\frac{32.45}{\sqrt{100}}\cdot\sqrt{\frac{2\ 000-100}{2\ 000-1}}=3.164$。如果省略修正系数，则计算的抽样平均误差为 $\sigma_{\bar{X}}=\frac{\sigma}{\sqrt{n}}=\frac{32.45}{\sqrt{100}}=3.245$。

6. 解：（1）样本比例的标准差为：

$$\sigma_p=\sqrt{\frac{\pi(1-\pi)}{n}}=\sqrt{\frac{0.6\times(1-0.6)}{30}}=0.089\ 4,$$

$$\sigma_p=\sqrt{\frac{\pi(1-\pi)}{n}}=\sqrt{\frac{0.6\times(1-0.6)}{60}}=0.063\ 2,$$

$$\sigma_p=\sqrt{\frac{\pi(1-\pi)}{n}}=\sqrt{\frac{0.6\times(1-0.6)}{120}}=0.044\ 7,$$

$$\sigma_p = \sqrt{\frac{\pi(1-\pi)}{n}} = \sqrt{\frac{0.6\times(1-0.6)}{500}} = 0.021\,9。$$

（2）从（1）问的计算结果可以看出，随着样本容量增大，样本比例的标准差逐步减小。

7. 解：这是对有限总体的不重复抽样，因而抽样平均误差的计算中需考虑修正系数。样本合格率的抽样平均误差是：

$$\sigma_p = \sqrt{\frac{\pi(1-\pi)}{n}} \cdot \sqrt{\frac{N-n}{N-1}} = \sqrt{\frac{0.975\times(1-0.975)}{600}} \cdot \sqrt{\frac{10\,000-600}{10\,000-1}} =$$

0.006 2。

8. 解：由于总体 $X \sim N(400,\ 100^2)$，所以样本均值 $\bar{X} \sim N(400,\ \frac{100^2}{25})$，即 $\bar{X} \sim N(400,\ 20^2)$。故样本均值低于 380 元的概率为：

$$P(\bar{X} < 380) = P\left(\frac{\bar{X}-400}{20} < \frac{380-400}{20}\right)$$

$$= P(Z < -1) = \Phi(-1) = 0.158\,7。$$

9. 解：这是对有限总体的不重复抽样，由于总体 $X \sim N(166,\ 25^2)$，所以 $\bar{X} \sim N(166,\ \frac{25^2}{225}\cdot\frac{5\,000-225}{5\,000-1})$，即 $\bar{X} \sim N(166,\ 2.653\,3)$。故样本均值大于 165cm 的概率为：

$$P(\bar{X} > 165) = P\left(\frac{\bar{X}-166}{\sqrt{2.653\,3}} > \frac{165-166}{\sqrt{2.653\,3}}\right)$$

$$= P(Z > -0.613\,9) = 1-\Phi(-0.613\,9) = \Phi(0.613\,9) = 0.730\,4。$$

10. 解：（1）已知总体 $X \sim N(500,\ 10^2)$，所以样本均值 $\bar{X} \sim N(500,\ \frac{10^2}{25})$，即 $\bar{X} \sim N(500,\ 2^2)$。有

$$P(\bar{X} \leqslant 499) = P\left(\frac{\bar{X}-500}{2} \leqslant \frac{499-500}{2}\right)$$

$$= P(Z \leqslant -0.5) = \Phi(-0.5) = 0.308\,5。$$

（2）由于总体标准差未知，有 $T = \frac{\bar{X}-\mu}{S/\sqrt{n}} = \frac{\bar{X}-500}{10/\sqrt{25}} \sim t$（25−1），所以

$$P(\bar{X} \leqslant 499) = P\left(\frac{\bar{X}-500}{10/\sqrt{25}} \leqslant \frac{499-500}{10/\sqrt{25}}\right)$$

$$= P(T \leqslant -0.5) = 0.310\,8。$$

第五章　参数估计

一、统计知识

在实际问题中，人们往往直接对总体的某个特征数（参数）感兴趣，因此参数估计是一个经常遇到的问题。参数估计就是在抽样及抽样分布的基础上，根据样本特征来推断总体的数量特征。点估计和区间估计是参数估计的两种常用方法。

（一）参数的点估计

1. 点估计的概念

点估计就是以样本观测数据为依据，对总体参数做出确定值的估计，即用一个样本的具体统计量的值去估计总体的未知参数。

2. 评价点估计优劣的标准

（1）无偏性：以样本统计量 $\hat{\theta}$ 估计总体参数 θ，如果 $E(\hat{\theta})=\theta$，则称 $\hat{\theta}$ 是 θ 的无偏估计量，否则称为有偏估计量。

（2）一致性：随着样本容量的增大，估计值与参数值之间有较大偏差的可能性应当可以足够小。即对 $\forall\varepsilon>0$，$\lim\limits_{n\to+\infty}P(|\hat{\theta}_n-\theta|<\varepsilon)=1$。它也可以记为 $\hat{\theta}_n\xrightarrow{P}\theta$ $(n\to\infty)$，称为 $\hat{\theta}_n$ 依概率收敛于 θ，符合这一要求的估计量叫作一致性估计量。

（3）有效性：如果 $\hat{\theta}_1$，$\hat{\theta}_2$ 都是参数 θ 的无偏估计，但 $D(\hat{\theta}_1)<D(\hat{\theta}_2)$，则称 $\hat{\theta}_1$ 比 $\hat{\theta}_2$ 更有效。即对同一参数的两个无偏估计量，看它们谁能更稳定在 θ 的附近，有更小方差的估计量更有效。

3. 常用的点估计

在实际问题中，总体均值μ、比例π、标准差σ这些参数常常是人们认识一个现象重点关注的量。这些参数的点估计量分别为：

$$\hat{\mu} = \bar{X} = \frac{1}{n}\sum_{i=1}^{n} X_i$$

$$\hat{\pi} = P = \frac{m}{n}$$

$$\hat{\sigma} = S = \sqrt{\frac{1}{n-1}\sum_{i=1}^{n}(X_i - \bar{X})^2}.$$

其中，n 为样本容量，m 是样本中具有某种特征的单位数。这些点估计量都满足无偏性、一致性和有效性的要求。

（二）参数的区间估计

区间估计是在一定的置信度下，用一个区间范围来估计总体参数，即估计总体参数的置信区间。

1. 单总体参数的区间估计

单总体均值、比例、方差的置信区间见表 5-1。

表 5-1　　单总体参数的区间估计

参数	条件	置信区间
均值 μ	总体正态，方差 σ^2 已知	$(\bar{x} - z_{\alpha/2}\frac{\sigma}{\sqrt{n}}, \bar{x} + z_{\alpha/2}\frac{\sigma}{\sqrt{n}})$
	总体正态，方差 σ^2 未知	$(\bar{x} - t_{\alpha/2}(n-1)\cdot\frac{s}{\sqrt{n}}, \bar{x} + t_{\alpha/2}(n-1)\cdot\frac{s}{\sqrt{n}})$
	总体非正态，大样本 $(n \geqslant 30)$	$(\bar{x} - z_{\alpha/2}\frac{\sigma}{\sqrt{n}}, \bar{x} + z_{\alpha/2}\frac{\sigma}{\sqrt{n}})$ 或 $(\bar{x} - z_{\alpha/2}\frac{s}{\sqrt{n}}, \bar{x} + z_{\alpha/2}\frac{s}{\sqrt{n}})$
比例 π	大样本 $(n \geqslant 30, np \geqslant 5, n(1-p) \geqslant 5)$	$(p - z_{\frac{\alpha}{2}}\sqrt{\frac{p(1-p)}{n}}, p + z_{\frac{\alpha}{2}}\sqrt{\frac{p(1-p)}{n}})$
方差 σ^2	总体正态	$\left(\frac{(n-1)s^2}{\chi^2_{\alpha/2}}, \frac{(n-1)s^2}{\chi^2_{1-\alpha/2}}\right)$

2. 双总体参数的区间估计

双总体均值差、比例差、方差比的置信区间见表 5-2。

表 5-2　　双总体参数的区间估计

参数	条件	置信区间
均值差 $\mu_1-\mu_2$	总体正态，两组样本一一配对	$(\bar{d}-t_{\alpha/2}(n-1)\dfrac{s_d}{\sqrt{n}},\ \bar{d}+t_{\alpha/2}(n-1)\dfrac{s_d}{\sqrt{n}})$
	两个独立的正态总体，方差已知	$(\bar{x}_1-\bar{x}_2)\pm z_{\alpha/2}\sqrt{\dfrac{\sigma_1^2}{n_1}+\dfrac{\sigma_2^2}{n_2}}$
	两个独立的正态总体，方差未知但相等	$(\bar{x}_1-\bar{x}_2)\pm t_{\alpha/2}(n_1+n_2-2)\cdot\sqrt{s_p^2\left(\dfrac{1}{n_1}+\dfrac{1}{n_2}\right)}$
	两个独立的正态总体，方差未知且不等	$(\bar{x}_1-\bar{x}_2)\pm t_{\alpha/2}(df)\sqrt{\dfrac{s_1^2}{n_1}+\dfrac{s_2^2}{n_2}}$
	两个独立的非正态总体，都为大样本	$(\bar{x}_1-\bar{x}_2)\pm z_{\alpha/2}\sqrt{\dfrac{s_1^2}{n_1}+\dfrac{s_2^2}{n_2}}$
比例差 $\pi_1-\pi_2$	两样本都为大样本 $\left(\begin{matrix}n_1\geqslant 30,n_1p_1\geqslant 5,n_1q_1\geqslant 5,\\ n_2\geqslant 30,n_2p_2\geqslant 5,n_2q_2\geqslant 5\end{matrix}\right)$	$(p_1-p_2)\pm z_{\alpha/2}\sqrt{\dfrac{p_1(1-p_1)}{n_1}+\dfrac{p_2(1-p_2)}{n_2}}$
方差比 σ_1^2/σ_2^2	两个独立的正态总体	$\left(\dfrac{s_1^2/s_2^2}{F_{\alpha/2}},\ \dfrac{s_1^2/s_2^2}{F_{1-\alpha/2}}\right)$

表 5-2 中，$s_p^2=\dfrac{(n_1-1)s_1^2+(n_2-1)s_2^2}{n_1+n_2-2}$，$df=\dfrac{\left(\dfrac{s_1^2}{n_1}+\dfrac{s_2^2}{n_2}\right)^2}{\dfrac{(s_1^2/n_1)^2}{n_1-1}+\dfrac{(s_2^2/n_2)^2}{n_2-1}}$。

（三）样本容量的确定

在抽样调查的设计阶段，人们一般需要确定满足估计精度要求的最小抽样样本容量。

1. 估计总体均值时样本容量的确定

令 Δ 表示所能容忍的边际误差（也称抽样极限误差），在重复抽样条件下，有 $\Delta=z_{\alpha/2}\dfrac{\sigma}{\sqrt{n}}$，由此可推导出所需样本容量为：

$$n=\frac{(z_{\alpha/2})^2\sigma^2}{\Delta^2}$$

实际样本容量取不小于计算结果的最小整数（圆整法则）。式中总体标准差 σ 未知时的一般措施是：①可根据历史的资料来估计 σ，并且如果有多个可选的总体方差值，为了保证估计的精度和置信度，应选最大的；②用试调查的办法，抽选一个初始样本，以该样本的标准差作为 σ 的估计值。

2. 估计总体比例时样本容量的确定

在重复抽样条件下，估计总体比例置信区间的边际误差为 $\Delta = z_{\alpha/2}\sqrt{\dfrac{\pi(1-\pi)}{n}}$，由此推导出确定样本容量的公式为：

$$n = \frac{(z_{\alpha/2})^2 \cdot \pi(1-\pi)}{\Delta^2}$$

式中 π 的值是未知的，解决的办法是：①用过去的（或类似资料的）比例来代替；②用试调查的办法，抽选一个初始样本，以该样本的比例作为 π 的估计值；③直接取 $\pi=0.5$。

二、统计实验

（一）实验目的

掌握借助 Excel 完成参数点估计和区间估计有关计算的方法。能够根据软件返回的计算结果得出最终的分析结论。

（二）实验内容

（1）使用 Excel 函数完成总体参数区间估计的有关计算，得出估计区间。

（2）使用描述统计工具完成总体参数区间估计的有关计算，并得出所需的估计区间。

（三）实验操作

对总体参数的点估计主要涉及有关统计量的计算，在 Excel 中可以直接调用函数实现。

对总体参数进行区间估计，可以使用函数和自编公式的方法来完成置信区间上限与下限的有关计算。

1. 总体正态、标准差已知时对均值的区间估计

当总体服从正态分布且标准差 σ 已知时，对总体均值 μ 的区间估计为 $\bar{x} \pm z_{\alpha/2} \cdot \dfrac{\sigma}{\sqrt{n}}$。在 Excel 中可使用函数“CONFIDENCE. NORM”计算抽样的极限误差 $z_{\alpha/2} \cdot \dfrac{\sigma}{\sqrt{n}}$，调用格式为：

CONFIDENCE.NORM(alpha,standard_dev,size)。

其中，alpha 是对应于置信度（1-α）的 α 值，Standard_dev 为已知的总体标准差 σ，Size 为样本容量 n。

【例 5.1】从一个年级随机抽取 20 名学生，得知他们的统计学成绩如下：

80	92	85	74	63	68	94	96	81	86
73	83	91	72	82	84	79	87	91	64

（1）点估计：对该年级统计学平均分、90 分以上的比例、成绩的标准差做点估计；

（2）区间估计：假设成绩服从正态分布，标准差 $\sigma=10$ 分，试以 90%的置信度估计该年级统计学课程成绩的置信区间。

【操作提示】

（1）点估计的操作：假设已经将样本成绩数据录入在 A1:J2 单元格。在 Excel 中直接调用函数：

在空白单元格输入“=AVERAGE(A1:J2)”，返回样本均值 81.25，它就是总体均值μ的估计值；

在空白单元格输入“=COUNTIF(A1:J2,">=90")/COUNT(A1:J2)”，返回样本比例 0.25，它就是总体比例 π 的估计值；

在空白单元格输入“=STDEV.S(A1:J2)”，返回样本标准差 9.694 7，它就是总体标准差 σ 的估计值。

（2）区间估计的操作：假设已经将样本成绩数据录入在 A1:J2 单元格。在 Excel 中调用函数完成置信区间的计算：

置信下限：输入“=AVERAGE(A1:J2)-CONFIDENCE.NORM(0.1,10,20)”，返回 77.572；

置信上限：输入“=AVERAGE(A1:J2)+CONFIDENCE.NORM(0.1,10,20)”，返回 84.928。

所以，该年级统计学课程成绩置信度 90%的置信区间为（77.572，84.928）。

为方便应用，Excel 也可以通过定义变量名称来实现单元格数据引用。

【操作步骤】

（1）输入变量名和变量值。在 A 列输入变量名“样本数据”和具体的样本数值，在 B 列输入变量名“总体标准差”和已知的标准差数值，在 C 列输入变量名“置信度”和给定的置信度数值。

（2）定义名称。选中 A、B、C 三列之后（鼠标移到 A 列位置，呈黑色向下箭头时按下左键并向右拖动即可实现整列定义。如果只想对已有区域的单元格数据定义变量名称，则只需选中相应区域），点击“公式”菜单中的“根据所选内容创建”工具，弹出的对话框中已经默认勾选“首行”，所以直接点击“确定”完成变量名定义（如图 5-1）。

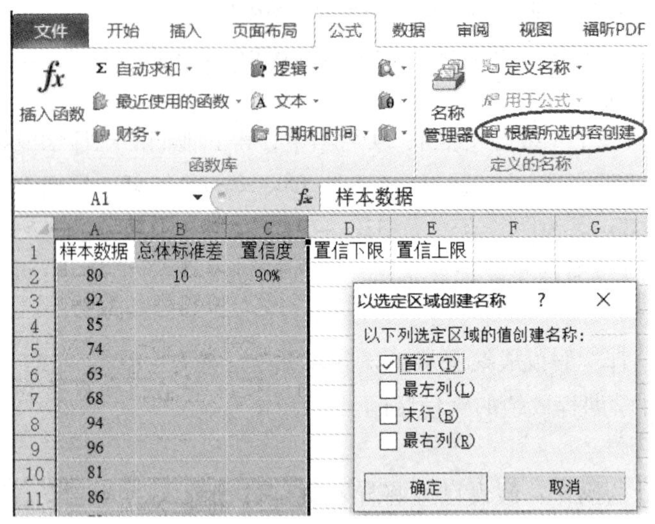

图 5-1　Excel 定义名称

（3）计算置信区间。

置信下限：在 D2 单元格输入“=AVERAGE(样本数据)-CONFIDENCE.NORM(1-置信度,总体标准差,COUNT(样本数据))”，返回 77.572；

置信上限：在 E2 单元格输入“=AVERAGE(样本数据)+CONFIDENCE.NORM(1-置信度,总体标准差,COUNT(样本数据))”，返回 84.928；

注意这些公式中引用的是定义的变量名称，以后使用该工作表进行同类问题的区间估计时，只需在 A 列输入新的样本数据（样本容量可多可少），在 B2 与 C2 单元格输入相应的已知数据，即可得出所求置信区间。其他类型的区间估计问题，也可以仿照这样操作。

2. 总体正态、标准差未知时对均值的区间估计

当总体服从正态分布、标准差 σ 未知时，对总体均值 μ 的区间估计为 $\bar{x} \pm t_{\alpha/2} \cdot \frac{s}{\sqrt{n}}$。下面以例 5.2 具体说明这类问题的操作方法。

【例 5.2】参加某项体育比赛的人的年龄可以视为服从正态分布。现随机调查了 30 位参赛者，他们的年龄如下：

19	20	18	22	21	23	21	22	16	18
17	17	27	19	16	22	16	20	20	19
19	19	16	21	19	22	19	20	20	22

求该项目所有参赛者平均年龄置信度为 90%的置信区间。

【方法 1】用函数 CONFIDENCE. T 计算

在 Excel 中可使用函数“CONFIDENCE. T”计算抽样极限误差 $t_{\alpha/2} \cdot \frac{s}{\sqrt{n}}$，调用

格式为：

CONFIDENCE.T(alpha,standard_dev,size)。

其中，alpha 是对应于置信度（1-α）的 α 值，Standard_dev 为标准差，Size 为样本容量 n。

（1）把数据输入（复制）到 A1:J3 单元格；

（2）对照公式 $\bar{x} \pm t_{1-\alpha/2}\frac{s}{\sqrt{n}}$ 编辑函数：

计算置信下限，输入：

=AVERAGE(A1:J3)-CONFIDENCE.T(0.1,STDEV.S(A1:J3),30)

返回 18.905。

计算置信上限，输入：

=AVERAGE(A1:J3)+CONFIDENCE.T(0.1,STDEV.S(A1:J3),30)

返回 20.428。

其中，AVERAGE(A1:J3) 计算样本平均值 $\bar{x}$，0.1 是 α 值，STDEV.S(A1:J3) 计算样本标准差 s，30 是样本容量。

所以，参赛者平均年龄置信度 90%的置信区间为（18.905，20.428）岁。

【方法 2】利用描述统计工具的报告结果

将样本数据录入为一列，比如放置于 A1:A30，然后点击“数据”菜单中的“数据分析”，在弹出的对话框中选择“描述统计”，在“描述统计”对话框中，把置信度改为“90%”，其他如图 5-2 所示对应填入，“确定”后可得图 5-2 右下角所示结果。

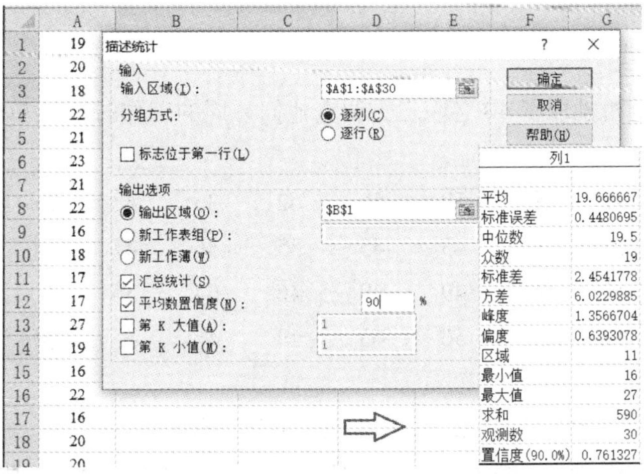
描述统计
输入
输入区域(I):
$A$1:$A$30
分组方式:
逐列(C)
逐行(R)
标志位于第一行(L)
确定
取消
帮助(H)
输出选项
输出区域(O):
$B$1
新工作表组(P):
新工作薄(W)
汇总统计(S)
平均数置信度(N):
90
%
第 K 大值(A):
1
第 K 小值(M):
1
列1
平均 19.666667
标准误差 0.4480695
中位数 19.5
众数 19
标准差 2.4541778
方差 6.0229885
峰度 1.3566704
偏度 0.6393078
区域 11
最小值 16
最大值 27
求和 590
观测数 30
置信度(90.0%) 0.761327

图 5-2　Excel 描述统计工具

由图 5-2 的输出结果可得，样本均值为 19.67，抽样极限误差为 0.76，所以参赛者平均年龄置信度为 90%的置信区间为：

$$(19.67-0.76, 19.67+0.76) = (18.91, 20.43).$$

注意：借助描述统计工具的报告结果，“置信度”对应值是按公式 $t_{\alpha/2} \cdot \frac{s}{\sqrt{n}}$ 计算的抽样极限误差，因而利用它进行总体均值的区间估计，适用于正态总体、标准差未知的情形。当然如果是大样本，也适用于总体分布未知的情形。

3. 总体比例、方差的区间估计

对总体比例进行区间估计要求样本为大样本，公式是：

$$\left(p - z_{\frac{\alpha}{2}}\sqrt{\frac{p(1-p)}{n}},\ p + z_{\frac{\alpha}{2}}\sqrt{\frac{p(1-p)}{n}}\right)$$

对总体方差进行区间估计要求总体服从正态分布，公式是：

$$\left(\frac{(n-1)s^2}{\chi^2_{\alpha/2}},\ \frac{(n-1)s^2}{\chi^2_{1-\alpha/2}}\right)$$

在 Excel 中主要是通过调用函数并编写算式，分别计算置信区间的上限、下限，得到总体比例及方差的置信区间。涉及的函数主要有：

NORM.S.INV(probability)：返回左侧面积为 probability 的标准正态分布临界值；

SQRT (number)：返回数值 number 的正平方根；

VAR.S(number1,[number2],…)：计算样本方差 s^2；

CHISQ.INV(probability,deg_freedom)：返回左尾面积为 probability 的卡方分布临界值。

借助 Excel 进行双总体参数的区间估计，也主要是对照公式通过调用 Excel 函数并编写算式分别计算置信区间的上限和下限。

(四) 实验实践

1. 从行业随机抽取了 40 名职工，调查他们一周的工作时长（单位：小时），结果如下：

48	41	52	59	58	62	35	48	58	42
45	38	37	43	45	35	46	47	51	47
48	47	59	49	49	46	64	56	60	45
62	39	54	56	63	49	46	55	47	55

要求：

（1）试以 95%的置信度估计该行业职工每周工作时长的范围；

（2）试以 90%的置信度估计该行业职工每周工作时长在 56 小时以上（不含 56 小时）的职工所占的比例；

（3）职工工作时长可以认为服从正态分布，试以 95%的置信度估计该行业职工每周工作时长方差的范围。

2. 比较两种配方所生产的某种产品的性能，经抽样测定得到抗拉强度数据如下表所示（单位：kg）：

配方Ⅰ	78.4	83.7	82.9	68.7	77.5	77.9	72.7	83.6	71.9	78.4	81.1	
配方Ⅱ	69.9	70.5	59.7	59.6	74.7	65.4	70.9	73.2	73.2	61.8	72.6	65.9

假定抗拉强度服从正态分布。

（1）假定两个总体方差相等，试以95%的置信度估计配方Ⅰ与配方Ⅱ产品抗拉强度的差异；

（2）假定两个总体方差不相等，仍以95%的置信度估计配方Ⅰ与配方Ⅱ产品抗拉强度的差异。

3.（计算机模拟问题）用计算机模拟从一个总体中随机抽取一定数量的产品进行调查，并依据所得样本数据对总体参数进行估计，验证统计推断方法的有效性。

【提示】可以执行以下操作：

（1）获得样本数据。借助Excel的“随机数发生器”产生30个服从正态分布的数据，不妨设想为特定人群的身高（单位：cm），设定均值为168，标准差为5。

（2）以样本统计量对总体参数（均值、方差、比例）做点估计，注意查看估计的误差大小。

（3）以样本数据对总体参数做区间估计，注意查看总体参数在你估计的范围之内吗？

（4）改变总体标准差和样本容量的大小，重新生成样本数据，再对总体参数进行推断，看看结论有何不同？设定的标准差和样本容量是如何影响估计结果的？

三、统计实训

（一）单项选择题

1. 抽样平均误差是指样本平均数（或样本比例）的（　　）。

A. 平均差　　B. 算术平均数　　C. 标准差　　D. 标准差系数

2. 抽样极限误差是指（　　）。

A. 抽样误差的平均数　　B. 抽样平均数的标准差

C. 抽样成数的标准差　　D. 置信区间的允许误差范围

3. 当可靠度大于68.27%时，抽样极限误差（　　）。

A. 大于抽样平均误差

B. 小于抽样平均误差

C. 等于抽样平均误差

D. 与抽样平均误差的大小关系依样本容量而定

4. 在边际误差一定的条件下，可以提高抽样推断可靠性的方法是（ ）。

A. 扩大样本容量　　B. 扩大总体标准差

C. 缩小样本容量　　D. 缩小总体标准差

5. 抽样调查的根本目的是（ ）。

A. 掌握样本特征　　B. 掌握样本统计量

C. 推断总体特征　　D. 获取详细的总体资料

6. 随着样本容量的增大，几乎可以肯定点估计量的值越来越接近被估计总体参数的真实值，这种性质是估计量的（ ）。

A. 无偏性　　B. 稳健性

C. 有效性　　D. 一致性

7. 参数点估计的无偏性是指（ ）。

A. 样本指标等于总体指标

B. 估计量的值等于被估计的总体参数

C. 样本平均数等于总体平均数

D. 估计量的数学期望等于被估计的总体参数

8. 一个估计量的有效性是指（ ）。

A. 该估计量的方差比其他估计量小

B. 该估计量的期望值等于被估计的总体参数

C. 随着样本容量的增大，该估计量的值越来越接近总体参数

D. 该估计量的方差比其他估计量大

9. 当置信度一定时，置信区间的宽度随样本容量增大而（ ）。

A. 增大　　B. 减小　　C. 不变　　D. 先增后减

10. 在简单随机重复抽样条件下，当置信度从68.27%提高到95.45%时，若要保证置信区间的宽度不变，则必要的样本容量应该（ ）。

A. 增加4倍　　B. 增加2倍

C. 增加3倍　　D. 减少一半

11. 现随机抽查某企业生产的茶叶36袋，发现平均重量为99克，抽样平均误差为1克，则以95.45%（$z_{\frac{\alpha}{2}}=2$）的把握估计，每袋茶叶的重量范围是（ ）。

A.（99-1，99+1）　　B.（99-2，99+2）

C.（99-3，99+3）　　D.（$99-\frac{1}{3}$，$99+\frac{1}{3}$）

12. 对某单位职工的文化程度进行抽样调查，得知其中80%的人是高中毕业，抽样平均误差为2%，当置信度为95.45%时（$z_{\frac{\alpha}{2}}=2$），估计该单位职工中具有高中文化程度的比重是（ ）。

A. 在78%~82%之间　　B. 等于78%

C. 在 76%~84%之间　　D. 大于 84%

13、置信区间的宽度表现了区间估计的（　　）。

A. 可靠度　　B. 置信度　　C. 把握度　　D. 精确度

14. 想要估计两地果树的平均结果量的差异，在甲地随机抽取 100 株，乙地随机抽取 80 株，获得了两地样本的平均结果量与标准差。则要估计两地果树平均结果量的差异应使用的计算方法为（　　）。

A. $(\bar{x}_1-\bar{x}_2)\pm z_{\frac{\alpha}{2}}\sqrt{\frac{s_1^2}{n_1}+\frac{s_2^2}{n_2}}$　　B. $\bar{x}\pm z_{\frac{\alpha}{2}}\frac{s}{\sqrt{n}}$

C. $(\bar{x}_1-\bar{x}_2)\pm z_{\frac{\alpha}{2}}\sqrt{\frac{\sigma_1^2}{n_1}+\frac{\sigma_2^2}{n_2}}$　　D. $(\bar{x}_1-\bar{x}_2)\pm t_{\frac{\alpha}{2}}(n_1+n_2-2)\sqrt{\frac{s_1^2}{n_1}+\frac{s_2^2}{n_2}}$

15. 下表是 2006 年中国 31 个主要城市年平均相对湿度的数据（单位:%）。

城市	年平均相对湿度	城市	年平均相对湿度	城市	年平均相对湿度
拉　萨	35	长　春	59	广　州	71
呼和浩特	47	天　津	61	合　肥	72
银　川	51	郑　州	62	福　州	72
北　京	53	西　安	67	长　沙	72
乌鲁木齐	54	沈　阳	68	重　庆	75
石家庄	55	昆　明	69	南　宁	76
兰　州	56	上　海	70	温　江	77
西　宁	56	南　京	71	海　口	78
哈尔滨	57	杭　州	71	贵　阳	79
太　原	58	南　昌	71		
济　南	58	武　汉	71		

根据表中数据回答下列问题：

（1）根据表中数据对年平均相对湿度进行分组时，适合的组数为（　　）。

A. 2 组　　B. 6 组　　C. 3 组　　D. 16 组

（2）31 个城市年平均相对湿度的中位数为（　　）。

A. 35　　B. 79　　C. 68　　D. 71

（3）31 个城市年平均相对湿度的众数为（　　）。

A. 35　　B. 79　　C. 68　　D. 71

（4）31 个城市的年平均相对湿度可以视为从全国所有城市中抽取的随机样本。假定全国年平均相对湿度服从正态分布，且总体标准差为 11，则全国年平均相对湿度 95%置信度的区间估计为（　　）。

A. $\left(64.3-1.96\times\frac{11}{\sqrt{31}},\ 64.3+1.96\times\frac{11}{\sqrt{31}}\right)$

B. $\left(64.3-1.96\times\frac{11}{31},\ 64.3+1.96\times\frac{11}{31}\right)$

C. $\left(64.3-1.96\times\frac{11}{\sqrt{30}},\ 64.3+1.96\times\frac{11}{\sqrt{30}}\right)$

D. $\left(64.3-1.96\times\frac{11}{30},\ 64.3+1.96\times\frac{11}{30}\right)$

（5）如果希望估计我国所有城市中年平均相对湿度小于60%的城市所占的比例，则该比例95%置信度的区间估计为（　　）。

A. $\left(\frac{12}{31}-1.96\times\frac{12/31\times 19/31}{\sqrt{31}},\ \frac{12}{31}+1.96\times\frac{12/31\times 19/31}{\sqrt{31}}\right)$

B. $\left(\frac{12}{31}-1.96\times\frac{\sqrt{12/31\times 19/31}}{\sqrt{31}},\ \frac{12}{31}+1.96\times\frac{\sqrt{12/31\times 19/31}}{\sqrt{31}}\right)$

C. $\left(\frac{12}{31}-1.96\times\frac{12/31\times 19/31}{31},\ \frac{12}{31}+1.96\times\frac{12/31\times 19/31}{31}\right)$

D. $\left(\frac{12}{31}-1.96\times\frac{\sqrt{12/31\times 19/31}}{31},\ \frac{12}{31}+1.96\times\frac{\sqrt{12/31\times 19/31}}{31}\right)$

（二）多项选择题

1. 为了估计总体均值，在确定抽样样本容量时不知道总体的方差，可以采用（　　）。

A. 总体方差的历史资料　　B. 其他总体的方差
C. 自己估计一个方差值　　D. 直接取方差值为0.5
E. 调查前组织一次小规模试验性的抽样调查取得方差资料

2. 为了估计总体比例，在确定抽样样本容量时总体比例可以采用（　　）。

A. 总体比例的历史资料　　B. 其他总体的比例
C. 自己估计一个比例值　　D. 直接取比例值为0.5
E. 调查前组织一次小规模试验性的抽样调查取得比例资料

3. 必要抽样单位数取决于（　　）。

A. 总体均值的大小　　B. 总体标志变动度的大小
C. 允许误差的大小　　D. 样本标志变动度的大小
E. 抽样推断的置信度

4. 评价点估计量优劣的标准有（　　）。

A. 一致性　　B. 无偏性　　C. 显著性　　D. 有效性
E. 综合性

5. 小样本情况下，总体均值的区间估计方法是（　　）。

A. 如果总体服从正态分布，且总体方差已知，则置信区间为$\left(\bar{X}-z_{\frac{\alpha}{2}}\frac{\sigma}{\sqrt{n}},\bar{X}+z_{\frac{\alpha}{2}}\frac{\sigma}{\sqrt{n}}\right)$

B. 如果总体服从正态分布，且总体方差已知，则置信区间为$\left(\bar{X}-t_{\frac{\alpha}{2}}\frac{\sigma}{\sqrt{n}},\bar{X}+t_{\frac{\alpha}{2}}\frac{\sigma}{\sqrt{n}}\right)$

C. 如果总体服从正态分布，且总体方差未知，则置信区间为$\left(\bar{X}-z_{\frac{\alpha}{2}}\frac{s}{\sqrt{n}},\bar{X}+z_{\frac{\alpha}{2}}\frac{s}{\sqrt{n}}\right)$

D. 如果总体服从正态分布，且总体方差未知，则置信区间为$\left(\bar{X}-t_{\frac{\alpha}{2}}\frac{s}{\sqrt{n}},\bar{X}+t_{\frac{\alpha}{2}}\frac{s}{\sqrt{n}}\right)$

E. 如果总体不服从正态分布，且总体方差已知，则置信区间为$\left(\bar{X}-t_{\frac{\alpha}{2}}\frac{\sigma}{\sqrt{n}},\bar{X}+t_{\frac{\alpha}{2}}\frac{\sigma}{\sqrt{n}}\right)$

6. 对总体比例进行区间估计，需要满足的条件是（　　）。

A. 大样本　　B. 总体服从正态分布

C. 小样本　　D. np≥5

E. n（1-p）≥5

7. 一个置信水平 95%的置信区间是指（　　）。

A. 置信区间包含总体参数值的可能性是 95%

B. 置信区间包含总体参数值的可能性是 1-95%

C. 在用同样方法构造的多个区间中，有 95%的区间包含该总体参数

D. 在用同样方法构造的多个区间中，有 1-95%的区间包含该总体参数

E. 对于所有可能的样本构造出的置信区间而言，会有 95%的区间把该总体参数包含在内

8. 在总体均值和总体比例的区间估计中，下列中会影响边际误差大小的因素有（　　）。

A. 置信水平

B. 样本容量

C. 统计量的抽样标准差（抽样平均误差）

D. 抽样方法（重复抽样或不重复抽样）

E. 是否遵循随机原则

9. 影响样本均值抽样平均误差的因素有（　　）。

A. 总体标志变异程度　　B. 样本容量

C. 抽样方法　　D. 抽样组织方式

E. 可靠程度

10. 下列叙述中正确的有（　　）。

A. 置信水平越高，边际误差越人　　D. 置信水平越高，边际误差越小

C. 样本容量越大，边际误差越大　　D. 样本容量越大，边际误差越小

E. 样本均值越大，边际误差越大

（三）判断题

1. 在抽样推断中，抽样误差虽然不可避免但可以控制。（　）

2. 人们可以有意识地控制抽样误查的大小，因为可以调整总体方差。（　）

3. 因为总体指标是一个未知的随机变量，而样本指标是一个确定的常量，所以才有可能用样本指标去推断总体指标。（　）

4. 点估计可以给出估计的可靠程度。（　）

5. 所有可能的样本均值的平均数等于总体均值。（　）

6. 采用 $S=\sqrt{\frac{1}{n-1}\sum_{i=1}^{n}(X_i-\bar{X})^2}$ 作为总体标准差 σ 的估计量是无偏的。（　）

7. 从 100 个住户中随机抽取了 10 户，调查其月消费支出额。经计算得到 10 户的平均月消费支出额为 3 500 元，标准差为 300 元。假定总体服从正态分布，则总体平均月消费支出额 95%的置信区间为：$\left(3\ 500-1.96\times\frac{300}{10},3\ 500+1.96\times\frac{300}{10}\right)$。（　）

8. 样本容量过大，统计量的标准误差也会增大，对总体参数的估计会不准确。（　）

9. 对 10 000 只灯泡进行耐用性能测试，根据以往资料，耐用时间标准差为 51.91 小时，若采用重复抽样方法，概率保证度为 68.27%，平均耐用时数的误差范围不超过 9 小时。在这种条件下应抽取 34 只灯泡进行耐用性能测试。（　）

10. 为了估计总体均值，在确定样本容量时不知道总体的方差，而总体的历史资料中有多个可以借鉴的方差值，这时应选择其中最大的。（　）

（四）综合应用题

1. 某企业工人每天加工产品件数可以认为服从正态分布。现随机抽取 9 人某天的工作作为样本，调查得知他们加工的产品件数分别是（单位：件）：

18　　20　　12　　14　　19　　15　　16　　13　　17

（1）如果已知总体标准差为 3 件，求总体均值的 95%的置信区间；

（2）如果总体标准差未知，则总体均值的 95%的置信区间又是多少？

2. 为了解某高原地区小学生血红蛋白含量的平均水平，某研究者随机抽取了该地区小学生 400 名，调查后算得其平均血红蛋白为 105.0g/L，标准差为 10.0g/L。试求该地区小学生血红蛋白含量置信度 95%的置信区间。

3. 某企业用自动化设备封装休闲食品，每袋重量可以认为服从正态分布。现从一批产品中随机抽取 20 袋作为样本，测得它们的重量如下（单位：克）：

204　196　198　200　201　201　202　198　203　206

203　204　199　201　205　201　197　199　197　205

试以 90%的置信度估计这批产品每袋重量的区间范围。

4. 某研究小组从全校 25 000 名同学中随机抽取了 36 人，调查大学生假期平均每天从事家务劳动的时间，结果为（单位：小时）：

1.3　2.6　1.8　0.5　0.8　1.5　2.6　3.5　1.1　0.7

1.4　2.5　1.9　2.2　0.8　0.9　1.7　2.2　0.8　1.1

2.0　1.5　0.9　1.0　1.7　2.1　3.0　2.6　1.8　2.8

3.5　1.7　2.4　2.5　2.2　1.2

试以 95%的置信度估计该校学生假期平均每天从事家务劳动时间的区间范围。

5. 有 500 人报名参加了某银行的招聘考试，他们的成绩可以认为是服从正态分布的。现在按不重复抽样随机抽查了 25 人，得出他们的平均成绩为 70 分，标准差为 8 分。试分别按置信度 90%、95%估计参试人员成绩的置信区间。

6. 某市随机抽选 2 400 名企业职工调查其月工资收入，数据如下表：

月工资（元）	职工人数（人）
3 000 以下	150
3 000~4 000	300
4 000~5 000	550
5 000~6 000	750
6 000~7 000	450
7 000 以上	200
合 计	2 400

（1）试以 90%的置信度估计该市企业职工月工资收入的区间范围。

（2）如果月工资收入在 6 000 元以上为高工资，试以 95%的置信度推算该市高工资职工所占比例的区间范围。

7. 从全校 4 000 名中学生中随机抽选 200 人进行调查，结果有 160 人拥有笔记本电脑。试以 95%的置信度推算全校学生中有笔记本电脑的学生所占比例的区间范围（按重复抽样和不重复抽样分别计算）。

8. 某自动车床加工的某种套筒直径可以认为服从正态分布。现从中随机抽取了 16 个检测它们的直径（单位：mm），得到的数据如下：

9.006　9.030　9.091　9.057　9.030　9.065　9.095　9.073

9.032　9.087　9.010　9.092　9.067　9.023　9.050　9.076

试求总体方差 σ^2 及标准差 σ 的置信度 95%的置信区间。

9. 某地区欲对本年大量栽植的树苗的存活率进行抽样调查，根据历史资料，存活率曾有 94%、92%和 95%，现要求推断的边际误差不超过 3%，置信度为 90%，问需要抽取多少棵树苗进行调查。

10. 在全校随机抽取 10 名同学进行话费使用情况调查，他们在 3、4 月的话费消费情况如下表（单位：元）。假定话费消费额服从正态分布。试估计该校同学 3、4 月份话费差额置信水平 95%的置信区间。

同学	1	2	3	4	5	6	7	8	9	10
3 月话费	32	54	64	24	45	47	38	57	69	87
4 月话费	42	65	56	21	54	45	35	64	59	97

11. 某公司旗下有 A、B 两家生产同一种发动机的企业，公司想了解两个企业现在生产的发动机平均最大功率的差异，于是从 A 企业抽选了 20 台发动机，测得样本均值为 15 000kW，从 B 企业抽取了 16 台发动机，测得样本均值为 14 500kW。已知两企业发动机最大功率服从正态分布，标准差分别为 300kW 和 200kW，试求出两总体均值差的置信水平为 95%的置信区间。

12. 要想比较 A、B 两类学校学生每周上网的时间，为此在 A 类学校随机抽取了 17 个学生，了解到其上网时间的均值和标准差分别为 31 小时和 2 小时；在 B 类学校随机抽取了 10 个学生，了解到其上网时间的均值和标准差分别为 28 小时和 3 小时。假定两个总体都服从正态分布，试分别在两个总体方差相等与方差不等条件下构造 $\mu_1 - \mu_2$ 的置信水平为 95%的置信区间。

13. 在对某地区中学生近视情况的调查中，随机调查了 200 名初二学生，发现近视率为 45%；同时随机调查 300 名初三学生，发现近视率为 54%。试以 90%的置信水平估计该地区初三与初二学生近视率差别的置信区间。

14. 为了比较两种不同土壤中果树生长的时间，进行一项试验。试验中抽取了由 A 地的 25 棵树组成的一个随机样本，得到其生长时间的方差为 111；又抽取了由 B 地的 36 棵树组成的一个随机样本，得到其生长时间的方差为 94。假定两独立样本均来自正态总体，试求 σ_1^2/σ_2^2 的置信水平为 95%的置信区间。

15. 有两种组装产品的方法，资料反映所需时间（单位：分钟）的方差分别为 $\sigma_1{}^2 = 15$、$\sigma_2{}^2 = 20$，若在 95%的置信水平下估计两种方法所需时间差值的置信区间，要求边际误差不超过 3 分钟，则两种方法应分别安排多少人参与实验？

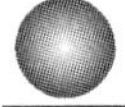

四、实训题解

（一）单项选择题

1. 答案：C。样本平均数（或样本比例）的标准差也称为抽样平均误差。抽样平均误差反映了样本统计量与总体参数的平均误差程度。重复抽样时，$\sigma_{\bar{x}}=\frac{\sigma}{\sqrt{n}}$，$\sigma_p=\frac{\sqrt{\pi(1-\pi)}}{\sqrt{n}}$；不重复抽样时，$\sigma_{\bar{x}}=\frac{\sigma}{\sqrt{n}}\cdot\sqrt{\frac{N-n}{N-1}}$，$\sigma_p=\frac{\sqrt{\pi(1-\pi)}}{\sqrt{n}}\cdot\sqrt{\frac{N-n}{N-1}}$。

2. 答案：D。抽样极限误差（也称为边际误差）是指置信区间的允许误差范围，一般记为Δ。如，以重复抽样样本对总体均值进行估计时，$\Delta=Z_{\frac{\alpha}{2}}\cdot\frac{\sigma}{\sqrt{n}}$。

3. 答案：A。抽样极限误差 $\Delta=Z_{\frac{\alpha}{2}}\times$ 抽样平均误差。当可靠度 1-α 等于 68.27%时，$Z_{\frac{\alpha}{2}}=1$。可用 Excel 函数“=NORM.S.INV(0.5+0.682 7/2)”计算该临界值，因而当可靠度大于 68.27%时，$Z_{\frac{\alpha}{2}}>1$，此时抽样极限误差大于抽样平均误差。当然，当未知 σ 估计总体均值时，临界值是 $t_{\frac{\alpha}{2}}(n-1)$，但由于 t 分布通常比标准正态分布更平坦，所以一般有 $t_{\frac{\alpha}{2}}(n-1)>Z_{\frac{\alpha}{2}}$，结论一致。

4. 答案：A。以重复抽样来看，边际误差 $\Delta=Z_{\frac{\alpha}{2}}\cdot\frac{\sigma}{\sqrt{n}}$ 一定时，提高抽样推断的可靠性（即增大 1-α），此时 $Z_{\frac{\alpha}{2}}$ 也会增大，而总体标准差 σ 是总体客观存在的数量特征，不可能改变，因而有效的办法就是增大样本容量 n。不重复抽样同理。

5. 答案：C。抽样调查的目的就是要借助样本信息，通过样本统计量推断总体的特征。

6. 答案：D。这就是参数点估计满足一致性（点估计优劣评价标准之一）的意义。

7. 答案：D。这就是参数点估计满足无偏性（点估计优劣评价标准之一）的意义。

8. 答案：A。这就是参数点估计满足有效性（点估计优劣评价标准之一）的意义。

9. 答案：B。当置信度一定时，随着样本容量增大，边际误差将减小，从而置信区间的宽度将减小。

10. 答案：C。在简单随机重复抽样条件下，当置信度从 68.27%提高到 95.45%时，$Z_{\frac{\alpha}{2}}$ 从 1 增加到 2，若要保证置信区间的宽度不变，即边际误差Δ不变，则必要的样本容量应该增大到原来的 4 倍，即需要再增加 3 倍。

11. 答案：B。大样本时，总体均值的区间估计范围可以表示为：$\bar{x}\pm Z_{\frac{\alpha}{2}}\times$ 抽样平均误差，所以是 99 ±2。

12. 答案：C。总体比例的区间估计范围可以表示为：$p\pm Z_{\frac{\alpha}{2}}\times$ 抽样平均误差，所以是 80% ±2 × 2%。

13. 答案：D。置信区间的宽度表现的是区间估计的精确度。可靠度、置信度、把握度都与置信水平 1-α 含义一致。

14. 答案：A。大样本、双总体均值差的区间估计应该用选项 A 公式估计。

15.（1）答案：B。分组组数一般在 5~8 个组，数据量小时分组少一些，数据量大时分组多一些。本题选项中，A 和 C 项太小，D 项太大，只有 B 项相对适宜。

（2）答案：C。中位数位置为 $\frac{n+1}{2}=16$，年平均相对湿度排在第 16 位的是 68（沈阳）。

（3）答案：D。众数是一组数据中出现次数最多的数，本题中 71 出现了 5 次，是出现次数最多的数。

（4）答案：A。已知总体服从正态分布，且方差已知，则对总体均值μ的区间估计公式为：

$$\left(\bar{x}-Z_{\frac{\alpha}{2}}\cdot\frac{\sigma}{\sqrt{n}},\ \bar{x}+Z_{\frac{\alpha}{2}}\cdot\frac{\sigma}{\sqrt{n}}\right)$$

而已知 $\sigma=11$，n=31，由 1-α=95%查表知 $Z_{\frac{\alpha}{2}}=1.96$，再由题中数据可以计算出 $\bar{x}=64.3$，代入这些数据即得 A 选项结果。

（5）答案：B。样本中有 12 个城市年平均相对湿度小于 60%，因而样本比例为 $p=\frac{12}{31}$。样本满足大样本条件（n≥30），且满足 $np\geq5$，$n(1-p)\geq5$。对总体比例的区间估计公式为：

$$p\pm Z_{\frac{\alpha}{2}}\cdot\sqrt{\frac{p(1-p)}{n}}$$

代入 $p=\frac{12}{31}$、n=31、$Z_{\frac{\alpha}{2}}=1.96$，即得 B 选项结果。

（二）多项选择题

1. 答案：AE。在确定样本容量时不知道总体的方差，可以采用该总体方差的历史资料，或者调查前组织一次小规模试验性的抽样调查取得方差资料。采用“其他总体的方差”不具有可借鉴价值；“自己估计一个方差值”太主观；“直接取方差值为 0.5”毫无依据，不要与估计总体比例问题中确定样本容量时可以直接取 π=0.5 混淆了。

2. 答案：ADE。在确定样本容量时不知道总体比例，可以采用该总体比例的历史资料，或者调查前组织一次小规模试验性的抽样调查取得比例的资料。也可以直接取 π=0.5，此时的 π 值使乘积 π（1-π）最大，从而使得确定出的样本容量最大，保证误差控制的需要。另外，采用“其他总体的比例”不具有可借鉴价值；“自己估计一个比例值”太主观。

3. 答案：BCE。确定样本容量 n 的公式为：$n=\frac{(Z_{\frac{\alpha}{2}})^{2}\sigma^{2}}{\Delta^{2}}$（估计总体均值时），或者 $n=\frac{(Z_{\frac{\alpha}{2}})^{2}\pi(1-\pi)}{\Delta^{2}}$（估计总体比例时），所以，必要抽样单位数取决于"总体标志变动度的大小，即 σ^2 或 $\pi(1-\pi)$""允许误差的大小Δ""抽样推断的置信度 $1-\alpha$（α 的大小影响 $Z_{\frac{\alpha}{2}}$ 的大小）"。

4. 答案：ABD。评价点估计优劣的常见标准有三个：无偏性、有效性、一致性。另外有一个"充分性"，也是评价点估计优劣的一个标准，但它并不常用，所以一般教科书也没有介绍。另外，假设检验中才有"显著性"的说法，而"综合性"则是无稽之谈了。

5. 答案：AD。总体均值的区间估计方法是：如果总体服从正态分布，且总体方差已知，则置信区间为 $\left(\bar{X}-z_{\frac{\alpha}{2}}\frac{\sigma}{\sqrt{n}},\ \bar{X}+z_{\frac{\alpha}{2}}\frac{\sigma}{\sqrt{n}}\right)$（不论是大样本还是小样本）；如果总体服从正态分布，且总体方差未知，则置信区间为 $\left(\bar{X}-t_{\frac{\alpha}{2}}\frac{s}{\sqrt{n}},\ \bar{X}+t_{\frac{\alpha}{2}}\frac{s}{\sqrt{n}}\right)$（小样本情况下就只能是这种形式；大样本情况下则还可以把临界值 $t_{\frac{\alpha}{2}}$ 用 $Z_{\frac{\alpha}{2}}$ 来近似，这样置信区间就与接下来讲的大样本情况相同了）。在大样本情况下（不论总体是否服从正态分布），置信区间为 $\left(\bar{X}-z_{\frac{\alpha}{2}}\frac{s}{\sqrt{n}},\ \bar{X}+z_{\frac{\alpha}{2}}\frac{s}{\sqrt{n}}\right)$。

6. 答案：ADE。对总体比例做区间估计，需要满足的前提条件是：大样本（$n\geqslant30$）、$np\geqslant5$、$n(1-p)\geqslant5$。无总体服从正态分布的要求。

7. 答案：ACE。选项 A 是从可靠性角度来理解的；选项 C 和 E 都是从频率角度来理解的。

8. 答案：ABCD。边际误差等于临界值乘以统计量的抽样标准差，而统计量的抽样标准差会受到抽样方法和样本容量的影响，因而选项 ABCD 都会影响边际误差。如果没有遵循随机原则，则得到的调查数据是不能用来推断总体参数的，因而 E 不能入选。

9. 答案：ABCD。简单随机抽样下的抽样平均误差为 $\sigma_{\bar{x}}=\frac{\sigma}{\sqrt{n}}$（其他抽样组织方式的抽样平均误差与此有差异），如果采用了不重复抽样，就还需要考虑修正系数，因而总体标志变异程度（σ）、样本容量（n）、抽样方法、抽样组织方式都会影响样本均值抽样平均误差。"可靠程度"只通过临界值影响边际误差，因而 E 不入选。

10. 答案：AD。置信水平越高，则临界值越大，因而边际误差越大；从边际误差的计算表达式可以发现，样本容量越大，边际误差会越小。边际误差不受样本均值影响，因而 E 不入选。

(三) 判断题

1. 答案：√。由于抽样具有随机性，抽样误差是不可避免的，但人们常通过确定适当的样本容量 n 来控制抽样误差。

2. 答案：×。总体方差是客观对象自身具有的数量特征，在统计调查或统计推断中不管是否已知，它都是客观存在的一个确定值，不可能改变其大小。可行的办法是通过确定适当的样本容量来控制抽样误差的大小。

3. 答案：×。总体指标（总体参数）是一个客观存在的确定常量，样本统计量是一个随机变量，正是由于样本统计量的随机性，所以用样本统计量去推断总体参数时会存在抽样误差。

4. 答案：×。点估计可以给出一个确定的估计值，但无法像区间估计那样给出估计的可靠程度。

5. 答案：√。用样本均值估计总体均值是无偏的，有 $E(\bar{X})=\mu$，即所有可能的样本均值的平均数等于总体均值。

6. 答案：√。样本标准差 $S=\sqrt{\frac{1}{n-1}\sum_{i=1}^{n}(X_i-\bar{X})^2}$ 是总体标准差 σ 的无偏估计量，有 $E(S)=\sigma$。但如果采用 $S^*=\sqrt{\frac{1}{n}\sum_{i=1}^{n}(X_i-\bar{X})^2}$ 来估计 σ，则是有偏的，因为 $E(S^*)\neq\sigma$。

7. 答案：×。总体服从正态分布，但总体标准差未知，样本为小样本，应该用 t 分布的临界值，区间估计的形式是 $(\bar{x}-t_{\frac{\alpha}{2}}(n-1)\times\frac{s}{\sqrt{n}},\ \bar{x}+t_{\frac{\alpha}{2}}(n-1)\times\frac{s}{\sqrt{n}})$。查表可知 $t_{\frac{\alpha}{2}}(9)=2.262$，故置信区间为：$(3\,500-2.262\times\frac{300}{\sqrt{10}},\ 3\,500+2.262\times\frac{300}{\sqrt{10}})$。

8. 答案：×。样本容量越大，抽样的平均误差会越小，即统计量的标准差会越小，对总体参数的点估计会可能更接近真实值；对总体参数的区间估计精度会更高。

9. 答案：√。本题 $\sigma=51.91$，$\Delta=9$，概率保证度 $1-\alpha=68.27\%$ 时，$z_{\frac{\alpha}{2}}=1$。所以

$$n=\frac{(Z_{\frac{\alpha}{2}})^2\sigma^2}{\Delta^2}=\frac{1^2\times51.91^2}{9^2}\approx33.27,$$

取不小于 33.27 的最小整数，即取 n=34，故应抽取 34 只灯泡进行耐用性能测试。

10. 答案：√。为了满足误差控制的需要，从“保守”的角度出发，当历史资料中有多个可借鉴的参数值时，应当选择其中使得 n 最大的参数值。

(四) 综合应用题

1. 解：(1) 如果已知总体标准差 $\sigma=3$，此时问题属于"总体正态、方差已知"的类型，置信区间的公式是：$(\bar{x}-Z_{\frac{\alpha}{2}}\times\frac{\sigma}{\sqrt{n}},\ \bar{x}+Z_{\frac{\alpha}{2}}\times\frac{\sigma}{\sqrt{n}})$。又由题干知 n=9，由 1-α=95%查表知 $Z_{\frac{\alpha}{2}}=1.96$，由样本观测数据可以计算得到：

$$\bar{x}=\frac{1}{n}\sum_{i=1}^{n}x_i=\frac{1}{9}(18+20+12+14+19+15+16+13+17)=16$$

故所求置信区间为：

$$\left(\bar{x}-Z_{\frac{\alpha}{2}}\times\frac{\sigma}{\sqrt{n}},\bar{x}+Z_{\frac{\alpha}{2}}\times\frac{\sigma}{\sqrt{n}}\right)=\left(16-1.96\times\frac{3}{\sqrt{9}},16+1.96\times\frac{3}{\sqrt{9}}\right)=(14.04,17.96)$$

(2) 当总体服从正态分布，方差未知时，置信区间的公式是：$(\bar{x}-t_{\frac{\alpha}{2}}(n-1)\times\frac{s}{\sqrt{n}},\ \bar{x}+t_{\frac{\alpha}{2}}(n-1)\times\frac{s}{\sqrt{n}})$。由 1-α=95%查表知 $t_{\frac{\alpha}{2}}(8)=2.306$，由样本观测数据可以计算得到：

$$s=\sqrt{\frac{1}{n-1}\sum_{i=1}^{n}(x_i-\bar{x})^2}=\sqrt{\frac{1}{8}\times 60}=2.74$$

故所求置信区间为：

$$\left(\bar{x}-t_{\frac{\alpha}{2}}(n-1)\times\frac{s}{\sqrt{n}},\ \bar{x}+t_{\frac{\alpha}{2}}(n-1)\times\frac{s}{\sqrt{n}}\right)$$

$$=\left(16-2.306\times\frac{2.74}{\sqrt{9}},\ 16+2.306\times\frac{2.74}{\sqrt{9}}\right)=(13.89,\ 18.11)$$

2. 解：由题干知，n=400，$\bar{x}=105.0$，S=10.0。由 1-α=95%查表知 $Z_{\frac{\alpha}{2}}=1.96$。由于总体分布未知，但 n=400 为大样本（n≥30），所以置信区间为：

$$\left(\bar{x}-Z_{\frac{\alpha}{2}}\times\frac{s}{\sqrt{n}},\ \bar{x}+Z_{\frac{\alpha}{2}}\times\frac{s}{\sqrt{n}}\right)$$

$$=\left(105.0-1.96\times\frac{10.0}{\sqrt{400}},\ 105.0+1.96\times\frac{10.0}{\sqrt{400}}\right)=(104.02,\ 105.98)$$

即该地区小学生血红蛋白含量置信度 95%的置信区间为 104.02g/L 至 105.98g/L。

3. 解：根据样本数据可以计算得到（建议借助 Excel 等软件进行具体数据计算）：

$$\bar{x}=\frac{1}{n}\sum_{i=1}^{n}x_i=\frac{1}{20}\sum_{i=1}^{20}x_i=201$$

$$s=\sqrt{\frac{1}{n-1}\sum_{i=1}^{n}(x_i-\bar{x})^2}=\sqrt{\frac{1}{19}\times 168}=2.974$$

由 1-α=90%查表知 $t_{\frac{\alpha}{2}}(19)=1.7291$，可以使用 Excel 函数计算“=T.INV.2T(10%,19)”。由于总体服从正态分布，总体方差未知，所以置信区间为：

$$\left(\bar{x}-t_{\frac{\alpha}{2}}\times\frac{s}{\sqrt{n}},\ \bar{x}+t_{\frac{\alpha}{2}}\times\frac{s}{\sqrt{n}}\right)$$

$$=\left(201-1.7291\times\frac{2.974}{\sqrt{20}},\ 201+1.7291\times\frac{2.974}{\sqrt{20}}\right)=(199.85,\ 202.15)$$

即以 90%的置信度估计，这批产品每袋重量在 199.85 克至 202.15 克之间。

4. 解：根据样本数据可以计算得到：

$$\bar{x}=\frac{1}{n}\sum_{i=1}^{n}x_i=\frac{1}{36}\sum_{i=1}^{36}x_i=1.8$$

$$s=\sqrt{\frac{1}{n-1}\sum_{i=1}^{n}(x_i-\bar{x})^2}=\sqrt{\frac{1}{35}\times 22.22}=0.797$$

由 1-α=95%查表知 $Z_{\frac{\alpha}{2}}=1.96$。由于 $\frac{n}{N}=\frac{36}{25\,000}<5\%$，所以可以不用进行不重复抽样修正。因为总体分布未知，但 n=36 为大样本（n≥30），所以置信区间为：

$$\left(\bar{x}-Z_{\frac{\alpha}{2}}\times\frac{s}{\sqrt{n}},\ \bar{x}+Z_{\frac{\alpha}{2}}\times\frac{s}{\sqrt{n}}\right)$$

$$=\left(1.8-1.96\times\frac{0.797}{\sqrt{36}},\ 1.8+1.96\times\frac{0.797}{\sqrt{36}}\right)=(1.54,\ 2.06)$$

即以 95%的把握度估计该校学生假期平均每天从事家务劳动时间为 1.54 至 2.06 小时。

5. 解：由题意知，N=500，n=25，$\bar{x}=70$，s=8。由于总体服从正态分布，样本为小样本（n<30），且采用了不重复抽样，故所求置信区间为：

$$\left(\bar{x}-t_{\frac{\alpha}{2}}(n-1)\cdot\frac{s}{\sqrt{n}}\cdot\sqrt{\frac{N-n}{N-1}},\ \bar{x}+t_{\frac{\alpha}{2}}(n-1)\cdot\frac{s}{\sqrt{n}}\cdot\sqrt{\frac{N-n}{N-1}}\right)$$

（1）当置信度为 90%时，查表知 $t_{\frac{0.1}{2}}(24)=1.711$，所以

$$\left(\bar{x}-t_{\frac{\alpha}{2}}(n-1)\cdot\frac{s}{\sqrt{n}}\cdot\sqrt{\frac{N-n}{N-1}},\ \bar{x}+t_{\frac{\alpha}{2}}(n-1)\cdot\frac{s}{\sqrt{n}}\cdot\sqrt{\frac{N-n}{N-1}}\right)$$

$$=\left(70-1.711\times\frac{8}{\sqrt{25}}\times\sqrt{\frac{475}{499}},70+1.711\times\frac{8}{\sqrt{25}}\times\sqrt{\frac{475}{499}}\right)=(67.33,72.67)$$

即按置信度 90%构造的参试人员成绩的置信区间为（67.33，72.67）分。

（2）当置信度为 95%时，查表知 $t_{\frac{0.05}{2}}(24)=2.064$，所以

$$\left(\bar{x}-t_{\frac{\alpha}{2}}(n-1)\cdot\frac{s}{\sqrt{n}}\cdot\sqrt{\frac{N-n}{N-1}},\ \bar{x}+t_{\frac{\alpha}{2}}(n-1)\cdot\frac{s}{\sqrt{n}}\cdot\sqrt{\frac{N-n}{N-1}}\right)$$

$$=\left(70-2.064\times\frac{8}{\sqrt{25}}\times\sqrt{\frac{475}{499}},70+2.064\times\frac{8}{\sqrt{25}}\times\sqrt{\frac{475}{499}}\right)=(66.78,73.22)$$

即按置信度 95%构造的参试人员成绩的置信区间为（66.78，73.22）分。

6. 解：（1）各组组中值及相关量的计算见下表：

月工资（元）	人数（f_i）	组中值（x_i）	$x_i\cdot f_i$	$(x_i-\bar{x})^2\cdot f_i$
3 000 以下	150	2 500	375 000	1 083 398 438
3 000～4 000	300	3 500	1 050 000	854 296 875
4 000～5 000	550	4 500	2 475 000	259 960 937.5
5 000～6 000	750	5 500	4 125 000	73 242 187.5
6 000～7 000	450	6 500	2 925 000	775 195 312.5
7 000 以上	200	7 500	1 500 000	1 069 531 250
合 计	2 400	—	12 450 000	4 115 625 000

根据表中的计算数据，可得样本平均值为：

$$\bar{x}=\frac{\sum_{i=1}^{n}x_if_i}{\sum_{i=1}^{n}f_i}=\frac{12\ 450\ 000}{2\ 400}=5\ 187.5$$

样本标准差为：

$$s=\sqrt{\frac{\sum_{i=1}^{n}(x_i-\bar{x})^2\cdot f_i}{\sum_{i=1}^{n}f_i-1}}=\sqrt{\frac{4\ 115\ 625\ 000}{2\ 399}}=1\ 309.79$$

当 $1-\alpha=90\%$时，查表知 $Z_{\frac{\alpha}{2}}=1.645$，故边际误差为：

$$\Delta_{\bar{x}}=z_{\frac{\alpha}{2}}\cdot\frac{s}{\sqrt{n}}=1.645\times\frac{1\ 309.79}{\sqrt{2\ 400}}=43.98$$

置信下限 $=\bar{x}-\Delta_{\bar{x}}=5\ 187.5-43.98=5\ 143.52$，

置信上限 $=\bar{x}+\Delta_{\bar{x}}=5\ 187.5+43.98=5\ 231.48$，

所以，有 90% 的把握估计该市企业职工月工资在区间（5 143.52，5 231.48）元。

（2）由题知 $p=(450+200)/2\ 400=0.270\ 8$，样本为大样本（$n\geqslant30$），且 $np\geqslant5$，$n(1-p)\geqslant5$。由 $1-\alpha=95\%$查表知 $Z_{\frac{\alpha}{2}}=1.96$。故边际误差为：

$$\Delta_p=Z_{\frac{\alpha}{2}}\cdot\sqrt{\frac{p(1-p)}{n}}=1.96\times\sqrt{\frac{0.270\ 8\times0.729\ 2}{2\ 400}}=0.017\ 8$$

所以，总体比例的区间估计为：

$p-\Delta_p=0.270\ 8-0.017\ 8=0.253\ 0$

$p+\Delta_p=0.270\ 8+0.017\ 8=0.288\ 6$

故，有95%的把握估计月工资在6 000元以上的职工所占比例在25.30%至28.86%区间范围内。

7. 解：由题知 $p=160/200=0.8$，样本为大样本（n≥30），且 $np\geq5$，$n(1-p)\geq5$。由 $1-\alpha=95\%$ 查表知 $Z_{\frac{\alpha}{2}}=1.96$。

（1）按重复抽样时，边际误差为：

$$\Delta_p=Z_{\frac{\alpha}{2}}\cdot\sqrt{\frac{p(1-p)}{n}}=1.96\times\sqrt{\frac{0.8\times0.2}{200}}=0.055\ 4$$

所以，总体比例的区间估计为：

$p-\Delta_p=0.8-0.055\ 4=0.744\ 6$

$p+\Delta_p=0.8+0.055\ 4=0.855\ 4$

故，以95%的置信度估计全校学生中有笔记本电脑的学生所占比例的区间范围是（74.46%，85.54%）。

（2）按不重复抽样时，边际误差为：

$$\Delta_p=Z_{\frac{\alpha}{2}}\cdot\sqrt{\frac{p(1-p)}{n}}\cdot\sqrt{\frac{N-n}{N-1}}=1.96\times\sqrt{\frac{0.8\times0.2}{200}}\cdot\sqrt{\frac{4\ 000-200}{4\ 000-1}}=0.054\ 0$$

所以，总体比例的区间估计为：

$p-\Delta_p=0.8-0.054\ 0=0.746\ 0$

$p+\Delta_p=0.8+0.054\ 0=0.854\ 0$

故，以95%的置信度估计全校学生中有笔记本电脑的学生所占比例的区间范围是（74.60%，85.40%）。

8. 解：根据样本数据可以计算得到：

$$s^2=\frac{1}{n-1}\sum_{i=1}^{n}(x_i-\bar{x})^2=0.000\ 9$$

由 $1-\alpha=95\%$ 查表知 $\chi^2_{\frac{\alpha}{2}}(15)=27.488\ 4$，$\chi^2_{1-\frac{\alpha}{2}}(15)=6.262\ 1$。总体满足服从正态分布条件，所以，总体方差 σ^2 的置信下限和置信上限分别为：

$$\frac{(n-1)s^2}{\chi^2_{\frac{\alpha}{2}}(15)}=\frac{15\times0.000\ 9}{27.488\ 4}=0.000\ 5$$

$$\frac{(n-1)s^2}{\chi^2_{1-\frac{\alpha}{2}}(15)}=\frac{15\times0.000\ 9}{6.262\ 1}=0.002\ 2$$

即总体方差 σ^2 的置信度95%的置信区间为（0.000 5，0.002 2）。

另外，由于 $\sqrt{0.000\ 5}=0.022\ 2$，$\sqrt{0.002\ 2}=0.046\ 4$，所以总体标准差 σ 的置信度95%的置信区间为（0.022 2，0.046 4）。

9. 解：根据题意，$\Delta=3\%$；由置信度为 $1-\alpha=90\%$，查表知 $Z_{\frac{\alpha}{2}}=1.645$；由于历史资料存活率曾有94%、92%和95%，借鉴最接近0.5的值，取 $\pi=92\%$，因而

$$n=\frac{(z_{\alpha/2})^2\cdot\pi(1-\pi)}{\Delta^2}=\frac{1.645^2\times 92\%\times 8\%}{3\%^2}=221.29$$

n 应当取不小于 221.29 的最小整数，所以需要抽取 222 棵树苗进行调查。

10. 解：两组样本是一一配对的，所以根据样本数据可以计算得到 4 月份与 3 月份的话费差额 d_i 分别为：10、11、-8、-3、9、-2、-3、7、-10、10，因而

$$\bar{d}=\frac{1}{n}\sum_{i=1}^{n}d_i=\frac{1}{10}\sum_{i=1}^{10}d_i=2.1$$

$$s_d=\sqrt{\frac{1}{n-1}\sum_{i=1}^{n}(d_i-\bar{d})^2}=\sqrt{\frac{1}{9}\times 592.9}=8.117$$

当置信度 1-α=95%时，查表知 $t_{\frac{\alpha}{2}}(9)=2.262$。由于总体服从正态分布，所以置信区间为：

$$\left(\bar{d}-t_{\frac{\alpha}{2}}\times\frac{s_d}{\sqrt{n}},\ \bar{d}+t_{\frac{\alpha}{2}}\times\frac{s_d}{\sqrt{n}}\right)$$

$$=\left(2.1-2.262\times\frac{8.117}{\sqrt{10}},\ 2.1+2.262\times\frac{8.117}{\sqrt{10}}\right)=(-3.71,\ 7.91)$$

即估计该校同学 3、4 两月话费差额的置信水平 95%的置信区间为（-3.71，7.91）元。

11. 解：由题意知，两总体服从正态分布，$n_1=20$，$\bar{x}_1=15\,000$，$\sigma_1^2=300$，$n_2=16$，$\bar{x}_2=14\,500$，$\sigma_2^2=200$，由 1-α=95%查表知 $Z_{\frac{\alpha}{2}}=1.96$。因而置信区间为：

$$(\bar{x}_1-\bar{x}_2)\pm z_{\alpha/2}\sqrt{\frac{\sigma_1^2}{n_1}+\frac{\sigma_2^2}{n_2}}$$

$$=\left((15\,000-14\,500)-1.96\times\sqrt{\frac{300}{20}+\frac{200}{16}},\ (15\,000-14\,500)+1.96\times\sqrt{\frac{300}{20}+\frac{200}{16}}\right)$$

$$=(489.72,\ 510.28)$$

即两总体均值差的置信水平为 95%的置信区间为（489.72，510.28）kW。

12. 解：由题意知，两总体服从正态分布，但总体方差未知。$n_1=17$，$\bar{x}_1=31$，$s_1=2$，$n_2=10$，$\bar{x}_2=28$，$s_2=3$。

（1）当假定两总体方差相等时，由 1-α=95%查表知 $t_{\frac{\alpha}{2}}(25)=2.059\,5$。

$$s_p^2=\frac{(n_1-1)s_1^2+(n_2-1)s_2^2}{n_1+n_2-2}$$

$$=\frac{16\times 2^2+9\times 3^2}{17+10-2}=5.8$$

因而所求置信区间为：

$$(\bar{x}_1-\bar{x}_2)\pm t_{\alpha/2}(n_1+n_2-2)\cdot\sqrt{s_p^2\left(\frac{1}{n_1}+\frac{1}{n_2}\right)}$$

$$=\left((31-28)-2.0595\times\sqrt{5.8\times\left(\frac{1}{17}+\frac{1}{10}\right)},(31-28)+2.0595\times\sqrt{5.8\times\left(\frac{1}{17}+\frac{1}{10}\right)}\right)$$

$$=(1.023,\ 4.977)$$

（2）两总体方差不相等时，t 分布的自由度为：

$$df=\frac{\left(\frac{s_1^2}{n_1}+\frac{s_2^2}{n_2}\right)^2}{\frac{(s_1^2/n_1)^2}{n_1-1}+\frac{(s_2^2/n_2)^2}{n_2-1}}\approx 14$$

由 1−α=95%查表知 $t_{\frac{\alpha}{2}}(14)=2.1448$。因而所求置信区间为：

$$(\bar{x}_1-\bar{x}_2)\pm t_{\alpha/2}(14)\sqrt{\frac{s_1^2}{n_1}+\frac{s_2^2}{n_2}}$$

$$=\left((31-28)-2.1448\times\sqrt{\frac{4}{17}+\frac{9}{10}},\ (31-28)+2.1448\times\sqrt{\frac{4}{17}+\frac{9}{10}}\right)$$

$$=(0.715,\ 5.285)$$。

13. 解：由题意知，$n_1=200$，$p_1=45\%$，$n_2=300$，$p_2=54\%$，两样本相互独立且满足：$n_1\geqslant 30$，$n_1p_1\geqslant 5$，$n_1(1-p_1)\geqslant 5$，$n_2\geqslant 30$，$n_2p_2\geqslant 5$，$n_2(1-p_2)\geqslant 5$。由 1−α=90%查表知 $Z_{\frac{\alpha}{2}}=1.645$。因而两总体比例差的置信区间为：

$$(p_1-p_2)\pm z_{\alpha/2}\sqrt{\frac{p_1(1-p_1)}{n_1}+\frac{p_2(1-p_2)}{n_2}}$$

$$=(54\%-45\%)\pm 1.645\times\sqrt{\frac{45\%\times 55\%}{200}+\frac{54\%\times 46\%}{300}}$$

$$=(1.52\%,\ 16.48\%)$$

即有 90%的把握说，该地区初三学生近视率比初二学生高 1.52 至 16.48 个百分点。

14. 解：由题意知，两样本相互独立且均来自正态总体。$n_1=25$，$s_1^2=111$，$n_2=36$，$s_2^2=94$。由 1−α=95%查表知（或由 Excel 2010 函数 F. INV. RT 计算），$F_{\frac{\alpha}{2}}(24,\ 35)=2.0617$，$F_{1-\frac{\alpha}{2}}(24,\ 35)=0.4601$。因而 σ_1^2/σ_2^2 的置信下限和置信上限分别为：

$$\frac{s_1^2/s_2^2}{F_{\frac{\alpha}{2}}}=\frac{111/94}{2.0617}=0.573$$

$$\frac{s_1^2/s_2^2}{F_{1-\frac{\alpha}{2}}}=\frac{111/94}{0.4601}=2.567$$

即所求的 σ_1^2/σ_2^2 置信水平为95%的置信区间为（0.573，2.567）。

15. 解：由题意知，$\sigma_1^2=15$，$\sigma_2^2=20$，$\Delta=3$。由 $1-\alpha=95\%$ 查表知 $Z_{\frac{\alpha}{2}}=1.96$。故所需样本容量为：

$$n_1=n_2=\frac{(z_{\frac{\alpha}{2}})^2\cdot(\sigma_1^2+\sigma_2^2)}{\Delta^2}=\frac{1.96^2\times(15+20)}{3^2}=14.94\approx 15$$

即两种方法应分别安排15人参与实验。

第六章 假设检验

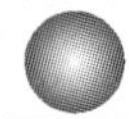

一、统计知识

假设检验是一种非常有用的统计推断方法，它是先对总体参数或分布提出一个假设，然后利用样本信息去检验这个假设是否成立，或者说判断总体的真实情况是否与提出的假设存在显著的系统性差异的方法。

（一）假设检验的基本问题

1. 假设检验的基本原理

假设检验的基本原理是小概率事件原理，即认为小概率事件在一次试验中实际不会发生。检验中的判断类似于数学中的“反证法”，如果依据样本信息发现小概率事件发生了，就否定原假设；如果小概率事件没有发生，就不否定原假设。

2. 假设检验中的两类错误

假设检验可能犯两类错误，具体情况见表 6-1。

表 6-1 假设检验中的两类错误

类别	原假设为真	原假设为假
否定原假设	“弃真”，第一类错误，概率 α	判断正确，概率 $1-\beta$
不否定原假设	判断正确，概率 $1-\alpha$	“存伪”，第二类错误，概率 β

显著性水平 α 在检验时事先给定，β 是未知的。在样本容量 n 一定时，减小（增大）犯第一类错误的概率 α，则犯第二类错误的概率 β 将增大（减小），但二者并

不是互补的。只有增大样本容量，才可能使 α，β 都减小，或者在 α 不变的情况下，使 β 减小。

3. 原假设的提出

在实际应用中，一般把过去一直存在的、不轻易加以否定的观点作为原假设 H_0，把研究者关心的、希望能够得到验证的观点作为备择假设 H_1。通常，总希望否定原假设而接受备择假设（这样得出的结论，犯错的概率不超过 α，是比较可靠的），假设检验的实质就是样本信息是否提供了充足的理由来否定原假设，所以，当不否定原假设时，不是认为它必然正确，而只是认为否定的理由还不充分。

4. 假设检验的基本步骤

（1）针对总体参数（参数检验）提出原假设 H_0 和备择假设 H_1。

（2）确定检验方法，并根据样本观测数据计算出检验统计量的值。

（3）对于给定的显著性水平 α，确定出检验的否定域（如果用 P 值规则，则计算检验统计量值对应的 P 值）。

（4）得出结论：如果检验统计量的值落入否定域（或者 P 值 $< \alpha$），则否定原假设，否则就不否定原假设。

（二）单总体参数的假设检验

对单总体参数在不同情况下的假设检验，具体检验方法见表 6-2。

表 6-2　　单总体参数的假设检验方法

条件	待检验的假设	检验统计量	否定 H_0
正态总体，方差已知	H_0: $\mu = \mu_0$，H_1: $\mu \neq \mu_0$ H_0: $\mu \geq \mu_0$，H_1: $\mu < \mu_0$ H_0: $\mu \leq \mu_0$，H_1: $\mu > \mu_0$	Z 检验，$z = \frac{\bar{x} \quad \mu_0}{\sigma/\sqrt{n}}$	$\lvert z \rvert > z_{\alpha/2}$ $z < -z_\alpha$ $z > z_\alpha$
正态总体，方差未知	H_0: $\mu = \mu_0$，H_1: $\mu \neq \mu_0$ H_0: $\mu \geq \mu_0$，H_1: $\mu < \mu_0$ H_0: $\mu \leq \mu_0$，H_1: $\mu > \mu_0$	t 检验，$t = \frac{\bar{x} - \mu_0}{s/\sqrt{n}}$	$\lvert t \rvert > t_{\alpha/2}(n-1)$ $t < -t_\alpha(n-1)$ $t > t_\alpha(n-1)$
非正态总体，大样本	H_0: $\mu = \mu_0$，H_1: $\mu \neq \mu_0$ H_0: $\mu \geq \mu_0$，H_1: $\mu < \mu_0$ H_0: $\mu \leq \mu_0$，H_1: $\mu > \mu_0$	Z 检验，$z = \frac{\bar{x} - \mu_0}{s/\sqrt{n}}$	$\lvert z \rvert > z_{\alpha/2}$ $z < -z_\alpha$ $z > z_\alpha$
$n \geq 30np \geq 5$ $n(1-p) \geq 5$	H_0: $\pi = \pi_0$，H_1: $\pi \neq \pi_0$ H_0: $\pi \geq \pi_0$，H_1: $\pi < \pi_0$ H_0: $\pi \leq \pi_0$，H_1: $\pi > \pi_0$	Z 检验， $z = \frac{p - \pi_0}{\sqrt{\pi_0(1-\pi_0)/n}}$	$\lvert z \rvert > z_{\alpha/2}$ $z < -z_\alpha$ $z > z_\alpha$

表6-2(续)

条件	待检验的假设	检验统计量	否定 H_0
正态总体	$H_0: \sigma^2 = \sigma_0^2$, $H_1: \sigma^2 \neq \sigma_0^2$ $H_0: \sigma^2 \geqslant \sigma_0^2$, $H_1: \sigma^2 < \sigma_0^2$ $H_0: \sigma^2 \leqslant \sigma_0^2$, $H_1: \sigma^2 > \sigma_0^2$	χ^2 检验， $\chi^2 = \frac{(n-1)s^2}{\sigma_0^2}$	$\chi^2 < \chi^2_{1-\frac{\alpha}{2}}$ 或 $\chi^2 > \chi^2_{\frac{\alpha}{2}}$ $\chi^2 < \chi^2_{1-\alpha}$ $\chi^2 > \chi^2_{\alpha}$

(三) 双总体参数的假设检验

对双总体参数在不同情况下的假设检验，具体检验方法见表 6-3。

表 6-3　　双总体参数的假设检验方法

条件	待检验的假设	检验统计量	否定 H_0
两正态总体，配对样本	$H_0: \mu_1 - \mu_2 = 0$, $H_1: \mu_1 - \mu_2 \neq 0$ $H_0: \mu_1 - \mu_2 \geqslant 0$, $H_1: \mu_1 - \mu_2 < 0$ $H_0: \mu_1 - \mu_2 \leqslant 0$, $H_1: \mu_1 - \mu_2 > 0$	t 检验，$t = \frac{\bar{d} - \mu_{d0}}{s/\sqrt{n}}$	$\|t\| > t_{\alpha/2}(n-1)$ $t < -t_{\alpha}(n-1)$ $t > t_{\alpha}(n-1)$
两独立正态总体，方差已知	$H_0: \mu_1 - \mu_2 = 0$, $H_1: \mu_1 - \mu_2 \neq 0$ $H_0: \mu_1 - \mu_2 \geqslant 0$, $H_1: \mu_1 - \mu_2 < 0$ $H_0: \mu_1 - \mu_2 \leqslant 0$, $H_1: \mu_1 - \mu_2 > 0$	Z 检验， $z = \frac{(\bar{x}_1 - \bar{x}_2) - (\mu_1 - \mu_2)}{\sqrt{\frac{\sigma_1^2}{n_1} + \frac{\sigma_2^2}{n_2}}}$	$\|z\| > z_{\alpha/2}$ $z < -z_{\alpha}$ $z > z_{\alpha}$
两独立正态总体，方差未知但相等	$H_0: \mu_1 - \mu_2 = 0$, $H_1: \mu_1 - \mu_2 \neq 0$ $H_0: \mu_1 - \mu_2 \geqslant 0$, $H_1: \mu_1 - \mu_2 < 0$ $H_0: \mu_1 - \mu_2 \leqslant 0$, $H_1: \mu_1 - \mu_2 > 0$	t 检验， $t = \frac{(\bar{x}_1 - \bar{x}_2) - (\mu_1 - \mu_2)}{\sqrt{\frac{s_p^2}{n_1} + \frac{s_p^2}{n_2}}}$	$\|t\| > t_{\alpha/2}(df_1)$ $t < -t_{\alpha}(df_1)$ $t > t_{\alpha}(df_1)$
两独立正态总体，方差未知且不等	$H_0: \mu_1 - \mu_2 = 0$, $H_1: \mu_1 - \mu_2 \neq 0$ $H_0: \mu_1 - \mu_2 \geqslant 0$, $H_1: \mu_1 - \mu_2 < 0$ $H_0: \mu_1 - \mu_2 \leqslant 0$, $H_1: \mu_1 - \mu_2 > 0$	t 检验， $t = \frac{(\bar{x}_1 - \bar{x}_2) - (\mu_1 - \mu_2)}{\sqrt{\frac{s_1^2}{n_1} + \frac{s_2^2}{n_2}}}$	$\|t\| > t_{\alpha/2}(df_2)$ $t < -t_{\alpha}(df_2)$ $t > t_{\alpha}(df_2)$
两独立的非正态总体，两大样本	$H_0: \mu_1 - \mu_2 = 0$, $H_1: \mu_1 - \mu_2 \neq 0$ $H_0: \mu_1 - \mu_2 \geqslant 0$, $H_1: \mu_1 - \mu_2 < 0$ $H_0: \mu_1 - \mu_2 \leqslant 0$, $H_1: \mu_1 - \mu_2 > 0$	Z 检验， $z = \frac{(\bar{x}_1 - \bar{x}_2) - (\mu_1 - \mu_2)}{\sqrt{\frac{s_1^2}{n_1} + \frac{s_2^2}{n_2}}}$	$\|z\| > z_{\alpha/2}$ $z < -z_{\alpha}$ $z > z_{\alpha}$
两样本都为大样本	$H_0: \pi_1 - \pi_2 = 0$, $H_1: \pi_1 - \pi_2 \neq 0$ $H_0: \pi_1 - \pi_2 \geqslant 0$, $H_1: \pi_1 - \pi_2 < 0$ $H_0: \pi_1 - \pi_2 \leqslant 0$, $H_1: \pi_1 - \pi_2 > 0$	Z 检验， $z = \frac{p_1 - p_2}{\sqrt{\frac{p(1-p)}{n_1} + \frac{p(1-p)}{n_2}}}$	$\|z\| > z_{\alpha/2}$ $z < -z_{\alpha}$ $z > z_{\alpha}$

表6-3(续)

条件	待检验的假设	检验统计量	否定 H_0
两样本都为大样本, $d\neq 0$	$H_0: \pi_1-\pi_2=d,\ H_1: \pi_1-\pi_2\neq d$ $H_0: \pi_1-\pi_2\geq d,\ H_1: \pi_1-\pi_2<d$ $H_0: \pi_1-\pi_2\leq d,\ H_1: \pi_1-\pi_2>d$	Z 检验, $z=\dfrac{(p_1-p_2)-d}{\sqrt{\dfrac{p_1(1-p_1)}{n_1}+\dfrac{p_2(1-p_2)}{n_2}}}$	$\lvert z\rvert>z_{\alpha/2}$ $z<-z_\alpha$ $z>z_\alpha$
两正态总体	$H_0: \sigma_1^2=\sigma_2^2,\ H_1: \sigma_1^2\neq\sigma_2^2$ $H_0: \sigma_1^2\geq\sigma_2^2,\ H_1: \sigma_1^2<\sigma_2^2$ $H_0: \sigma_1^2\leq\sigma_2^2,\ H_1: \sigma_1^2>\sigma_2^2$	F 检验, $F=\dfrac{s_1^2}{s_2^2}$	$F<F_{1-\frac{\alpha}{2}}$ 或 $F>F_{\frac{\alpha}{2}}$ $F<F_{1-\alpha}$ $F>F_\alpha$

在表 6-3 中, $s_p^2=\dfrac{(n_1-1)s_1^2+(n_2-1)s_2^2}{n_1+n_2-2}$, $df_1=n_1+n_2-2$, $df_2=\dfrac{\left(\dfrac{s_1^2}{n_1}+\dfrac{s_2^2}{n_2}\right)^2}{\dfrac{(s_1^2/n_1)^2}{n_1-1}+\dfrac{(s_2^2/n_2)^2}{n_2-1}}$, $p=\dfrac{p_1n_1+p_2n_2}{n_1+n_2}$。

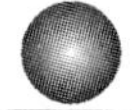

二、统计实验

(一) 实验目的

掌握借助 Excel 完成对总体参数进行假设检验的方法。能够根据软件返回的计算结果做出正确的结论。

(二) 实验内容

1. 使用 Excel 函数完成检验统计量和否定域临界值（或 P 值）的有关计算，得出假设检验的结论。

2. 使用假设检验宏工具实现对双总体参数的假设检验。

(三) 实验操作

1. 借助 Excel 计算检验统计量的值

按照临界值规则进行假设检验，可以借助 Excel 函数计算检验统计量的值，然后与否定域的临界值比较做出结论。

【例 6.1】某地砖厂生产的砖的抗断强度X在过去服从正态分布N（32.5，1.21）。某天从该厂生产的砖中随机抽取12块，测得抗断强度如下（单位：kg/cm^2）：

32.53	29.64	31.61	30.05	31.86	31.03
32.14	32.55	30.06	29.98	31.44	32.09

检验这天该厂生产的砖的平均抗断强度是否仍为32.5?（$\alpha=0.01$）

【分析】提出原假设 H_0：$\mu=32.5$，H_1：$\mu\neq 32.5$。然后借助Excel计算检验统计量的值和否定域的临界值。

【操作步骤】把样本数据录入A1:F2，然后在Excel中参照 $z_0=\dfrac{\bar{x}-\mu_0}{\sigma/\sqrt{n}}$ 编写算式计算检验统计量的值：

=(AVERAGE(A1:F2)-32.5)/SQRT(1.21)*SQRT(12)

Excel返回的计算结果为-3.941 7，即得到 $z_0=-3.941\ 7$。然后由"=NORM.S.INV(1-0.01/2)"可以计算出双尾Z检验的临界值为2.575 8，故否定域为 $D=(-\infty, -2.575\ 8)\cup(2.575\ 8, +\infty)$。由于 $z_0\in D$，所以否定原假设，即认为这天该厂生产的砖的平均抗断强度已经发生了显著改变。

2. 使用Excel检验函数

按P值规则进行假设检验的方法是：若P值<α，则否定原假设，否则不能否定原假设。Excel提供了一些计算假设检验P值的函数，因而借助这些函数的计算结果，只需把得出的P值与显著性水平α比较，即可得出结论。

常用于P值计算的Excel函数有：

Z. TEST：用于Z检验对应P值的计算；

T. TEST：用于t检验对应P值的计算；

F. TEST：用于F检验对应P值的计算；

CHISQ. TEST：用于 χ^2 检验对应P值的计算。

以Z检验为例，如果检验统计量的值为 z_0，则Excel函数"Z. TEST"返回的值对应于概率P（$Z>z_0$）。由于 z_0 可能为负值，因而，下面的Excel公式可直接返回单尾P值：

=MIN(Z.TEST(array,μ0,sigma),1-Z.TEST(array,μ0,sigma))

其中，在"array"位置输入原始数据所在区域；在"μ_0"位置输入待检验的参数值；在"Sigma"位置输入已知的总体标准差（若总体标准差未知，则可忽略不填，系统将自动使用样本标准差s代替）。如果是双尾检验，只需将单尾P值乘以2即可。

【例 6.2】一种机床加工的零件尺寸绝对平均误差为1.30mm。企业现采用一种新的机床进行加工以期进一步降低误差。为检验新机床加工的零件平均误差与旧机床相比是否有显著降低，从某天生产的零件中随机抽取50个进行检测，结果如下：

1.21　1.14　1.26　0.92　1.76　0.94　1.40　1.19　0.96　1.98

1.08　0.91　1.01　0.95　0.89　1.93　1.92　0.86　1.17　1.01

0.93　1.05　1.07　0.98　1.11　1.06　1.49　1.03　1.05　1.59

1.07　1.07　0.90　0.97　1.08　1.65　2.32　1.33　1.55　1.21

1.18　0.69　1.45　0.45　0.54　1.12　1.07　1.18　0.77　0.81

利用这些样本数据，检验新机床加工的零件尺寸的平均误差与旧机床相比是否有显著降低？（$\alpha=0.01$）

【分析】提出原假设 H_0：$\mu \geqslant 1.30$，H_1：$\mu<1.30$。本例属于非正态总体、大样本问题，应当使用单尾 Z 检验。

【操作步骤】假设样本数据录入在 A1:J5 单元格，在空白单元格输入

=MIN(Z.TEST(A1:J5,1.30),1-Z.TEST(A1:J5,1.30))

Excel 返回 P 值 = 0.004 58。由于 P 值 $<\alpha=0.01$，故否定 H_0，即可以认为新机床加工的零件尺寸的平均误差与旧机床相比有显著降低。

3. 假设检验工具的使用

在 Excel 中，假设检验工具主要是针对双总体参数进行假设检验的（如图 6-1 所示）。

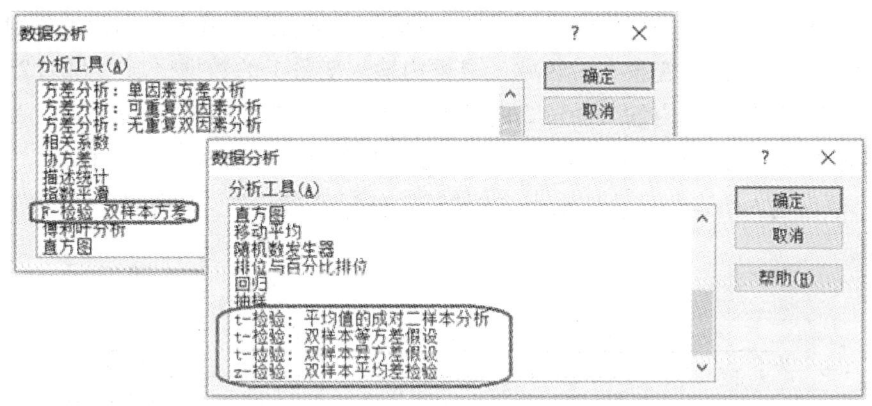

图 6-1　Excel 中的假设检验工具

在图 6-1 列示的检验类型中：

“F-检验 双样本方差”是比较两正态总体方差所进行的 F 检验；

“t-检验：平均值的成对二样本分析”指的是针对配对样本检验总体均值差所进行的 t 检验；

“t-检验：双样本等方差检验”是针对两独立总体方差未知、但相等条件下检验总体均值差所进行的 t 检验；

“t-检验：双样本异方差检验”是针对两独立总体方差未知且不等条件下检验总体均值差所进行的 t 检验；

“Z-检验：双样本平均差检验”是针对两独立总体方差已知条件下检验总体均值差所进行的 Z 检验。

【例 6.3】某饮料公司开发研制出一新产品，为比较消费者对新老产品口感的满意程度，该公司随机调查了 10 名消费者，每个消费者品尝两种饮料的顺序是随机的，品尝后的评分结果如表 6-4。取显著性水平 $\alpha=0.05$，该公司是否能认为消费者对两种饮料的评分存在显著差异？

表 6-4　　10 名消费者的评分情况

消费者		1	2	3	4	5	6	7	8	9	10
评分	旧饮料	5	4	7	3	5	6	7	8	5	6
	新饮料	6	6	7	4	3	7	8	9	7	6

【分析】由于是每一位消费者同时对两种饮料进行评分，所以两种饮料的得分并不独立，应当采用配对比较检验。提出的假设是：

$$H_0: \mu_1-\mu_2=0 \qquad H_1: \mu_1-\mu_2\neq 0$$

【操作步骤】

（1）录入样本数据。把样本数据录入到单元格 C2:L3。

（2）调用假设检验工具。点击“数据”菜单中的“数据分析”，在弹出的分析工具中选择“t 检验：平均值的成对二样本分析”。在点击“确定”后出现的对话框中（如图 6-2），在“变量 1 的区域”方框内输入变量 1 的数据区域“B2:L2”；在“变量 2 的区域”方框内输入变量 2 的数据区域“B3:L3”；在“假设平均差”方框内输入原假设中的差值“0”；由于第一列是数据标志，所以注意将“标志”勾上；在“α”框内输入给定的显著性水平“0.05”，然后“确定”。可得图 6-2 右下角所示结果。

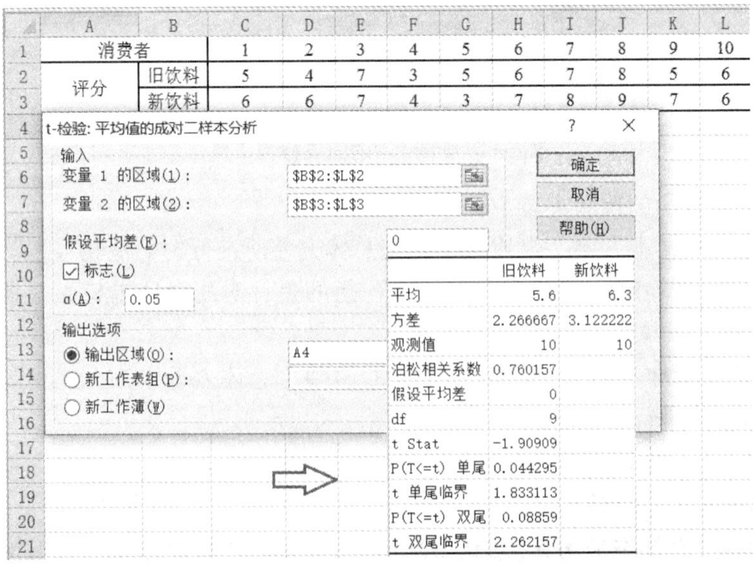
t-检验：平均值的成对二样本分析
输入
变量 1 的区域(1)：
$B$2:$L$2
变量 2 的区域(2)：
$B$3:$L$3
假设平均差(E)：
0
标志(L)
α(A)：
0.05
输出选项
输出区域(O)：
A4
新工作表组(P)：
新工作薄(W)
确定
取消
帮助(H)
旧饮料
新饮料
平均 5.6 6.3
方差 2.266667 3.122222
观测值 10 10
泊松相关系数 0.760157
假设平均差 0
df 9
t Stat -1.90909
P(T<=t) 单尾 0.044295
t 单尾临界 1.833113
P(T<=t) 双尾 0.08859
t 双尾临界 2.262157

图 6-2　检验配对样本均值的差异

根据图 6-2 所示的结果，既可以按 P 值规则进行检验判断，也可以根据临界值规则进行判断。如果按 P 值规则，本例是双尾检验，P 值为 0.088 59，大于给定的显著性水平 0.05，所以不能否定原假设，即不能认为消费者对两种饮料的评分存在显著差异。若用临界值规则判断，本例检验函数 t 统计量的值为-1.909 09，有 $|t|=1.90909<2.262157$（双尾临界值），所以也是不能否定原假设，即不能认为消费者对两种饮料的评分存在显著差异。

（四）实验实践

1. 把 9 对护理人员按照他们的年龄、工作年限、工作态度等特征的相似性匹配起来，然后在每一对护理人员中随机指派一人接受方法 A 的训练，另一人则接受方法 B 的同类训练。当训练课程结束时，对每一个护理人员进行考核，成绩结果见下表。假定考核成绩服从正态分布，请判断方法 A 是否比方法 B 更好（$\alpha=0.05$）？

方法 A	90	95	87	85	90	94	85	88	92
方法 B	85	88	87	86	82	82	70	72	80

2. 比较两种配方所生产的某种产品的性能，经抽样测定得到抗拉强度数据如下表所示（单位：kg）：

配方Ⅰ	78.4	83.7	82.9	68.7	77.5	77.9	72.7	83.6	71.9	78.4	81.1	
配方Ⅱ	69.9	70.5	59.7	59.6	74.7	65.4	70.9	73.2	73.2	61.8	72.6	65.9

假定抗拉强度服从正态分布。问能不能说配方Ⅰ的产品抗拉强度比配方Ⅱ更强（$\alpha=0.05$）？

（1）假定两个总体方差相等。

（2）假定两个总体方差不相等。

（3）你认为用上面哪种形式来解决本问题更恰当？为什么？

3.（计算机模拟问题）用计算机模拟从一个总体中随机抽取一定数量的样本进行调查，并依据所得样本数据对总体参数进行推断，验证统计推断方法的有效性。

提示：可以执行以下操作：

（1）获得样本数据。借助 Excel 的“随机数发生器”产生 30 个服从正态分布的数据，不妨设想为一个人群的身高（单位：cm），设定均值为 168，标准差为 5。

（2）以样本数据为依据，对总体参数（均值、方差、比例）做双尾检验，看看结论是否犯了第一类错误？

（3）改变总体标准差和样本容量的大小，再对总体参数做推断，看看结论是否有差异？并注意分析出现这种结果的原因。

（4）产生两组样本数据，再尝试对两总体参数进行假设检验。

三、统计实训

（一）单项选择题

1. 在假设检验中，第一类错误是指（　　）。

A. 否定不真实的零假设　　B. 否定真实的零假设

C. 不否定真实的零假设　　D. 不否定不真实的零假设

2. 假设检验中，犯第二类错误的概率 β 表示（　　）。

A. 原假设为真时否定原假设的概率

B. 原假设为真时不否定原假设的概率

C. 原假设不真时否定原假设的概率

D. 原假设不真时不否定原假设的概率

3. 在样本容量一定的情况下，假设检验中犯第一类错误 α 与犯第二类错误 β 之间的关系是（　　）。

A. α 增大，β 也增大　　B. α 增大，β 减少

C. α 减小，β 也减小　　D. α 减小，β 可能减小也可能增大

4. 对正态总体均值的假设检验，在给定显著性水平 α 的条件下，双尾检验否定域的临界值与单尾检验否定域的临界值之间的关系为（　　）。

A. 双边检验的临界值大于单边检验的临界值

B. 双边检验的临界值小于单边检验的临界值

C. 双边检验的临界值等于单边检验的临界值

D. 双边检验的临界值可能小于单边检验的临界值

5. 某种药物的平均有效治疗期限按规定至少应达到 36 小时，从一批这种药物中抽取 50 件进行检验，以该简单随机样本为依据，确定应接收还是应拒收这批药物的假设形式为（　　）。

A. H_0: $\mu=36$　H_1: $\mu\neq36$　　B. H_0: $\mu\geqslant36$　H_1: $\mu<36$

C. H_0: $\mu<36$　H_1: $\mu\geqslant36$　　D. H_0: $\mu\leqslant36$　H_1: $\mu>36$

6. 某青年工人以往加工零件的一等品率为 60%。现在为了考核他，在他加工的零件中随机抽取 100 件，发现有 70 件是一等品，这个成绩是否说明该青年工人的技术水平有了显著提高？对此进行假设检验的原假设与备择假设应设为（　　）。

A. H_0: $\pi\geqslant60\%$，H_1: $\pi<60\%$　　B. H_0: $\pi\leqslant60\%$，H_1: $\pi>60\%$

C. H_0: $\pi=60\%$，H_1: $\pi\neq60\%$　　D. H_0: $\pi<60\%$，H_1: $\pi\geqslant60\%$

7. 已知总体服从正态分布，方差已知，样本容量为 22，此时进行均值检验，应采用的检验方法是（　　）。

A. t　　　B. 卡方　　　C. F　　　D. Z

8. 某小区估计家庭户主的平均年龄为 42 岁，为了检验这一估计是否合理，随机抽取了 12 户家庭调查发现，户主的年龄分别是：31、24、65、56、28、45、56、53、61、23、43、47 岁。假设居民年龄服从正态分布，则用于该检验的检验统计量为（　　）。

A. $z = \dfrac{\bar{x} - \mu_0}{\sigma/\sqrt{n}}$　　　B. $z = \dfrac{\bar{x} - \mu_0}{s/\sqrt{n}}$

C. $t = \dfrac{\bar{x} - \mu_0}{s/\sqrt{n}}$　　　D. $\chi^2 = \dfrac{(n-1)s^2}{\sigma_0^2}$

9. 对一个正态总体的方差进行假设检验时，所用的方法是（　　）。

A. Z 检验　　　B. t 检验　　　C. F 检验　　　D. χ^2 检验

10. 对总体参数进行假设检验，如果在显著性水平 0.01 下不能否定原假设，那么在显著性水平 0.05 下，下列说法中正确的是（　　）。

A. 必不否定原假设

B. 可能不否定原假设，也可能否定原假设

C. 必否定原假设

D. 既不否定原假设，也不否定备择假设

11. 假设检验中，原假设和备择假设（　　）。

A. 都有可能成立

B. 都有可能不成立

C. 有且仅有一个成立

D. 原假设可能成立，备择假设不可能成立

12. 下列属于右单尾检验的是（　　）。

A. H_0：$\mu \geqslant \mu_0$，H_1：$\mu < \mu_0$　　　B. H_0：$\mu \leqslant \mu_0$，H_1：$\mu > \mu_0$

C. H_0：$\mu = \mu_0$，H_1：$\mu \neq \mu_0$　　　D. H_0：$\mu < \mu_0$，H_1：$\mu \geqslant \mu_0$

13. 对于给定的显著性水平 α，根据 P 值否定原假设的规则是（　　）。

A. P 值<α　　　B. P 值>α

C. P 值>1-α　　　D. P 值<1-α

14. 设 Z_0 为检验统计量的计算值，检验的假设为 H_0：$\mu \leqslant \mu_0$，H_1：$\mu > \mu_0$。当 $Z_0 = 1.96$ 时，计算出的 P 值应该是（　　）。

A. 0.05　　　B. 0.1　　　C. 0.01　　　D. 0.025

15. 在对某项产品的喜好调查中，被调查的 200 名女性中有 63%喜欢该产品，而被调查的 180 名男性中有 55%喜欢该产品。要检验是否女性比男性更喜欢该产品（设女性、男性总体中喜欢该产品的比例分别为 π_1、π_2），则提出的原假设和备择假设是（　　）。

A. H_0：$\pi_1 - \pi_2 \geqslant 0$，$H_1$：$\pi_1 - \pi_2 < 0$

B. H_0：$\pi_1 - \pi_2 \leqslant 0$，$H_1$：$\pi_1 - \pi_2 > 0$

C. H_0：$\pi_1 - \pi_2 = 0$，H_1：$\pi_1 - \pi_2 \neq 0$

D. H_0：$\pi_1 - \pi_2 > 0$，H_1：$\pi_1 - \pi_2 \leqslant 0$

（二）多项选择题

1. 对总体均值的假设检验，假设的可能形式有（　　）。

A. H_0：$\mu = \mu_0$，　H_1：$\mu \neq \mu_0$　　B. H_0：$\mu \geqslant \mu_0$，　H_1：$\mu < \mu_0$

C. H_0：$\mu > \mu_0$，　H_1：$\mu \leqslant \mu_0$　　D. H_0：$\mu \leqslant \mu_0$，　H_1：$\mu > \mu_0$

E. H_0：$\mu \neq \mu_0$，　H_1：$\mu = \mu_0$

2. 显著性水平是指（　　）。

A. 零假设为真时否定零假设的概率　　B. 假设检验的把握度

C. 犯第Ⅰ类错误的概率　　D. 零假设为假时不否定零假设的概率

E. 犯第Ⅱ类错误的概率

3. 根据样本资料对零假设做出否定或不否定的决定时，可能出现的情况有（　　）。

A. 当零假设为真时不否定它，判断正确

B. 当零假设为假时不否定它，犯了第一类错误

C. 当零假设为真时否定它，犯了第一类错误

D. 当零假设为假时否定它，判断正确

E. 当零假设为假时不否定它，犯了第二类错误

4. 进行假设检验时，选取的检验函数（　　）。

A. 是样本的函数　　B. 不能包含总体的未知参数

C. 可以包含总体的已知参数　　D. 其值可以由样本观测值计算出来

E. 其值可以通过查表确定出来

5. 参数检验和区间估计的联系与区别，下述正确的有（　　）。

A. 都是对总体某一数量特征的推断，都是在一定的概率下得出的结论

B. 参数检验需要事先对总体参数做出某种假设，然后根据样本资料检验总体参数的先验假设是否成立

C. 区间估计无须事先对总体数量特征做出假设。它是根据样本资料构造一个置信区间，并给出这一区间包含总体参数的概率

D. 参数检验中的第一类错误就是区间估计中置信区间没有包含总体参数

E. 参数检验中的 P 值就是区间估计中置信区间不包含总体参数的概率

6. 假设检验的结论是否定原假设，说明（　　）。

A. 原假设有逻辑上的错误　　B. 原假设根本不存在

C. 原假设成立的可能性很小　　　　D. 备择假设成立的可能性很大

E. 应该接受备择假设，但存在犯第二类错误的可能

7. 在假设检验中，犯第一类错误的概率 α 与犯第二类错误的概率 β 的关系是（　　）。

A. $\alpha \leqslant \beta$　　　　C. α 与 β 成反比例关系变化

B. $\alpha + \beta = 1$　　　　D. 当 α 值给定后，β 值随之确定

E. 当 α 值减小后，β 值会随之增大

8. 假设检验中，当原假设为假时（　　）。

A. 不否定原假设的概率就是备择假设为假的概率

B. 不否定原假设的概率就是备择假设为真时否定它的概率

C. 不否定原假设的概率就是备择假设为假时否定它的概率

D. 否定原假设的概率就是备择假设为假时否定它的概率

E. 否定原假设的概率就是备择假设为真时不否定它的概率

9. 假设检验的否定域与下述哪些因素有关（　　）。

A. 显著性水平　　　　B. 检验统计量服从的分布类型

C. 原假设　　　　D. 备择假设

E. 样本容量

10. 在假设检验中，不能否定原假设意味着（　　）。

A. 原假设肯定是正确的　　　　B. 备择假设肯定是错误的

C. 没有证据证明原假设是正确的　　　　D. 没有证据证明原假设是错误的

E. 没有证据证明备择假设是正确的

（三）判断题

1. 假设检验中否定域的大小与显著性水平有关。（　　）

2. 假设检验的结果能证明原假设成立。（　　）

3. 假设检验的结论是否定原假设，则说明原假设是错的，备择假设才是对的。（　　）

4. 假设检验的结论是不否定原假设，则说明原假设是对的，备择假设是错的。（　　）

5. 对于假设检验中犯两类错误的概率，由于 α+β=1，所以减小 α，β 就会增大。（　　）

6. 在假设检验中，只有增加样本容量，才能同时降低犯两类错误的概率。（　　）

7. 某类型手机说明书表明，其电池能待机超过 26 天。为了检验这一说法是否成立，应该提出假设 H_0：$\mu > 26$，H_1：$\mu \leqslant 26$。（　　）

8. 某企业产品合格率一直保持在95%以上。现欲对其最近一批产品合格率进行抽样检验，则应该提出的原假设和备择假设是 H_0：$\pi \geq 95\%$，H_1：$\pi < 95\%$。 （　）

9. 假设检验按临界值规则与按P值规则有可能得出不同的检验结论。 （　）

10. 对总体均值的假设检验，当已知总体服从正态分布、总体方差未知时：如果是小样本，就一定要用t检验；如果是大样本，则既可以用t检验，也可以用Z检验。 （　）

(四) 综合应用题

1. 某切割机在正常工作时，切割每段金属棒的平均长度为10.5cm，标准差是0.15cm。今从一批产品中随机抽取16段进行测量，其结果如下：

10.4	10.1	10.6	10.4	10.5	10.3	10.3	10.2
10.9	10.6	10.8	10.5	10.7	10.2	10.7	10.5

假定切割的长度符合正态分布，且标准差没有变化，试问该机器工作是否正常（$\alpha=0.05$）？

2. 一家快餐厅生产的面包重量可以认为服从正态分布，经理随机抽检了餐厅生产的25个面包，从样本得出面包的平均重量为9.5克，标准差为2克。在0.05的显著性水平下，这些数据是否支持总体平均值等于10克的标准？

3. 某种内服药有使病人血压增高的副作用，其增高值服从均值为20的正态分布。现研制出一种新药，在10名服用新药的病人中测试血压的增高情况，所得数据如下：

13	24	21	14	16	15	16	18	17	10

问这组数据能否支持"新药副作用更小"的结论（$\alpha=0.05$）？

4. 某企业需要进口一种抗高温的工具钢，规格是平均抗高温不低于600℃。现在准备进口一批新货，抽取100件作为样本，测定得出平均抗高温为580℃，标准差为80℃。要求错误地拒收货物的概率不大于0.05，问是否应该拒收这批货物？

5. 某企业认为自己的饮料产品市场占有率在70%以上，其理由是在随机调查的50名消费者中，有38人喜欢该企业的产品。问能否认可该企业的观点（$\alpha=0.05$）？

6. 已知某企业药丸的包装规定，药丸净重量的方差应该小于0.009 g^2。现从一批产品中随机抽取19颗药丸组成一个随机样本，得到样本方差为0.015 g^2。假定药丸的重量服从正态分布，问能否认为这批药丸包装不符合规定（$\alpha=0.05$）？

7. 方法A与方法B都可以用于生产同一类型某种产品，两种方法生产产品的使用寿命都可视为正态分布，标准差分别为20小时和15小时。现从用方法A生产的产品中抽取20件，检测后得到 $\bar{x}_1=300$，从用方法B生产的产品中抽取24件，检测后得到 $\bar{x}_2=290$。请判断两种方法的产品平均使用寿命是否相同（$\alpha=0.05$）？

8. 市场有 A、B 两款比较主流的钓鱼线，现在分别从 A、B 中随机抽取 10 根与 12 根检测其强度，测得数据如下表（单位：kg）：

A 款	8.84	9.37	9.29	7.87	8.75	8.79	8.27	9.36	8.19	8.84		
B 款	7.99	8.05	6.97	6.96	8.47	7.54	8.09	8.32	8.32	7.18	8.26	7.59

假定钓鱼线的强度服从正态分布。问能不能说 A 款的强度比 B 款更强（$\alpha=0.01$）？

（1）假定两个总体方差相等。

（2）假定两个总体方差不相等。

（3）你认为用上面哪种形式来做本题更恰当？为什么？

9. 甲、乙两台车床生产同种滚珠，加工出的产品直径都可以认为服从正态分布，为比较它们的加工精度，从它们加工出的产品中分别随机抽取了 11 个与 10 个作为样本，测得直径如下表（单位：mm）：

甲车床	9.10	8.92	8.94	9.06	8.88	8.99	9.06	8.96	8.87	9.06	8.76
乙车床	9.40	8.53	9.32	8.61	9.22	9.42	8.61	9.44	9.00	9.15	

问甲车床的精度是否高于乙车床（$\alpha=0.05$）？

10. 一位研究者认为，A 大学的毕业生在当年 9 月底以前已就业的人数所占比例比 B 大学至少高 8 个百分点。现在分别在 A 大学和 B 大学随机调查了 300 名和 280 名应届毕业生，发现分别有 285 人和 238 人在当年 9 月底以前已就业。问调查结果是否支持该研究者的看法（$\alpha=0.05$）？

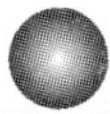

四、实训题解

（一）单项选择题

1. 答案：B。在假设检验中，当零假设为真，但根据样本信息却否定了零假设，则犯了“弃真”错误，也称为第一类错误。

2. 答案：D。在假设检验中，当原假设为假，但根据样本信息却不否定原假设，则犯了“纳伪”错误，也称为第二类错误，犯第二类错误的概率记为 β。

3. 答案：B。在假设检验中，当样本容量一定时：α 增大，β 会减小；α 减小，β 会增大。

4. 答案：A。在同样的显著性水平 α 下，双尾检验中一个尾部的面积只是单尾检验尾部面积的一半，因而双尾检验的临界值会更偏向两边，即会比单尾检验的临界值更大（绝对值比较）。

5. 答案：D。“有效治疗期限至少达到 36 小时”是想要证明的结论，所以用“μ>36”作为备择假设。

6. 答案：B。“该青年工人的技术水平有显著提高”是想要证明的结论，所以“π>60%”作为备择假设。

7. 答案：D。满足“总体服从正态分布，方差已知”条件，不管样本容量大小，对均值的检验都应该用 Z 检验。

8. 答案：C。本题满足“总体服从正态分布，总体方差未知”条件，样本容量为 12（n<30，为小样本），此条件下对均值的检验应该用 t 检验。当然，如果为大样本，是可以用 Z 检验的。

9. 答案：D。对一个正态总体方差进行假设检验，所用的方法是χ^2 检验。

10. 答案：B。显著性水平 0.05 对应的临界值小于 0.01 水平下的临界值，所以如果检验统计量的值大于了 0.05 水平下的临界值，则会否定原假设；但如果检验统计量的值比 0.05 水平下的临界值还小，则仍然不会否定原假设。

11. 答案：C。假设检验中，原假设和备择假设是对立、互补的，研究对象的实际情况是客观存在的，将使其“有且仅有一个成立”。

12. 答案：B。否定域在右边称为右单尾检验。A 是左单尾检验，C 是双尾检验。D 中“等号”没有包含在原假设，形式都错了。

13. 答案：A。按 P 值规则，P 值<α 时否定原假设，否则不否定原假设。

14. 答案：D。检验的假设为 H_0：$\mu \leqslant \mu_0$，H_1：$\mu > \mu_0$ 时，是右单尾检验，此时 P 值 = P $\{Z > Z_0\}$ = P $\{Z>1.96\}$ = 0.025。

15. 答案：B。要检验是否“女性比男性更喜欢该产品（$\pi_1 > \pi_2$）”，因而“$\pi_1 - \pi_2 > 0$”是想要验证的结论，应将其作为备择假设。

（二）多项选择题

1. 答案：ABD。原假设与备择假设是对立的，“等号”应包含在原假设。

2. 答案：AC。零假设为真时否定零假设，称为犯了第一类错误，犯该错误的概率为 α，该概率等于显著性水平 α。

3. 答案：ACDE。当零假设为假时不否定它，则犯了“纳伪”错误，也称为第二类错误，因而 E 对 B 不对。A、C、D 叙述也正确。

4. 答案：ABCD。检验函数是样本统计量，统计量是样本的不含未知参数的函数，因而 ABCD 入选。否定域的临界值一般是按 E 项所述的“通过查表确定出来”。

5. 答案：ABC。当使用同一样本，α 取相同值时，参数检验的双尾检验与区间估计会用到相同的临界值，置信区间对应于假设检验中的不否定区域：待检验的参数值如果落在置信区间中，则双尾检验也会不否定原假设。当双尾检验犯第一类错误时，构造的置信区间也会不包含总体参数，但如果是单尾检验，这一说法就不成立了，因此 D 项说法不对。对于 E 项的说法，因为由某一样本构造出的置信区间不包含总体参数的概率为 α，而参数检验的 P 值一般都不恰好等于 α，所以不对。

6. 答案：CD。否定原假设，说明小概率事件发生了。而如果原假设成立，小概率事件发生的概率只有 α，这意味着原假设成立的可能性很小，与之相对的备择假设成立的可能性很大。说原假设“有逻辑上的错误”“根本不存在”都是不对的。否定原假设（从而接受备择假设）可能犯第一类错误（“弃真”错误）。

7. 答案：DE。在假设检验中，犯第二类错误的概率 β 是未知的，但当 α 值给定后，β 值随之确定（只是不知 β 具体是多少），并且如果减小 α 值，β 值会随之增大（但也不知 β 具体会增大多少，只知道随着 α 不断减小，β 增加的速度会越来越快）。既然 β 是未知的，A、B、C 项的说法自然不成立了。

8. 答案：BE。原假设与备择假设是对立的，原假设为假对应备择假设为真，不否定原假设对应否定备择假设，因而 B 对；否定原假设对应不否定备择假设，因而 E 对。

9. 答案：ABCD。否定域由临界值界定，临界值受 A、B 项影响；原假设与备择假设的形式将影响否定域是单尾（再分为左单尾和右单尾）还是双尾形式。否定域不受具体样本（也包括样本容量）影响。

10. 答案：DE。不能否定原假设是因为小概率事件没有发生，即没有证据证明原假设是错误的（对应地来看，即没有证据证明备择假设是正确的），但这并不意味着原假设肯定是正确的（也并不意味着备择假设肯定是错误的），因为由于抽样的随机性，不否定原假设存在犯第二类错误的可能。

（三）判断题

1. 答案：√。假设检验中的否定域由临界值界定，而临界值与显著性水平有关，因而否定域的大小与显著性水平有关。

2. 答案：×。假设检验的结论即使是不否定原假设，也不是说原假设一定成立，而应理解为否定原假设的证据不足。

3. 答案：×。假设检验的结论如果是否定原假设，接受备择假设，此时得出的结论是比较可靠的，但也不是“说明原假设是错的，备择假设才是对的”，因为由于样本的随机性，得出这种结论还存在犯第一类错误的可能，概率为 α。

4. 答案：×。由于存在犯两类错误的可能，假设检验的结论不管是“不否定”或“否定”原假设，都不能绝对地说明原假设的“对”或“错”，备择假设亦然。

5. 答案：×。对于假设检验中犯两类错误的概率，当样本容量一定时，减小 α，β 确实就会增大。但两者并不存在 $\alpha+\beta=1$ 关系，β 在假设检验中是未知的。

6. 答案：√。在假设检验中，只有增加样本容量，才能同时降低犯两类错误的概率（或者在 α 不变的情况下使 β 减小）。

7. 答案：×。“等号”应该包含在原假设，想要验证的结论一般放在备择假设，因而正确的假设应该是：H_0：$\mu \leqslant 26$，H_1：$\mu > 26$。

8. 答案：✓。假设检验中，原假设是受保护的假设，过去一直保持的状况应该放在原假设。

9. 答案：×。假设检验中，临界值规则与 P 值规则本质上是一致的，对同一个问题，得出的检验结论也一定是一致的。

10. 答案：✓。当已知总体服从正态分布、总体方差未知时，对总体均值的假设检验应当使用 t 检验。但如果是大样本，由于大样本下 t 分布接近标准正态分布，因而可以认为检验统计量近似服从标准正态分布，因而也可以用 Z 检验。

(四) 综合应用题

1. 解：提出假设 H_0：$\mu = 10.5$，H_1：$\mu \neq 10.5$。

由于总体服从正态分布，标准差已知，故用 Z 检验。

由题意知，$\sigma=0.15$，n=16。由样本数据可以计算得：

$$\bar{x} = \frac{1}{n}\sum_{i=1}^{n} x_i = \frac{167.7}{16} = 10.48$$

$$Z_0 = \frac{\bar{x} - \mu_0}{\sigma/\sqrt{n}} = \frac{10.48 - 10.5}{0.15/\sqrt{16}} = -0.53$$

由 $\alpha=0.05$ 查表知，$Z_{\frac{\alpha}{2}}=1.96$，否定域为 $(-\infty, -1.96) \cup (1.96, +\infty)$。

因为 $|Z_0| = 0.53 < 1.96$，即检验统计量的值没有落入否定域，所以不能否定原假设。因而不否认该机器工作正常。

2. 解：提出假设 H_0：$\mu = 10$，H_1：$\mu \neq 10$。

由于总体服从正态分布，标准差未知，故用 t 检验。

由题意知，n=25，$\bar{x}=9.5$，s=2。由此可以计算得：

$$t_0 = \frac{\bar{x} - \mu_0}{s/\sqrt{n}} = \frac{9.5 - 10}{2/\sqrt{25}} = -1.25$$

由 $\alpha=0.05$ 查表知，$t_{\frac{\alpha}{2}}(24) = 2.064$，否定域为 $(-\infty, -2.064) \cup (2.064, +\infty)$。

因为 $|t_0| = 1.25 < 2.064$，即检验统计量的值没有落入否定域，所以不能否定原假设。因而不否认总体平均值等于 10 克。

3. 解：想要验证“新药副作用更小”（$\mu<20$）的结论，应作为备择假设，因而提出假设 H_0：$\mu \geqslant 20$，H_1：$\mu < 20$。

由于总体服从正态分布，标准差未知，故用 t 检验。

由题意知，n=10。由样本数据可以计算得：

$$\bar{x} = \frac{1}{n}\sum_{i=1}^{n} x_i = \frac{164}{10} = 16.4$$

$$s = \sqrt{\frac{1}{n-1}\sum_{i=1}^{n}(x_i - \bar{x})^2} = \sqrt{\frac{1}{9} \times 142.4} = 3.978$$

$$t_0 = \frac{\bar{x} - \mu_0}{s/\sqrt{n}} = \frac{16.4 - 20}{3.978/\sqrt{10}} = -2.86$$

由 α=0.05 查表知，$t_\alpha(9) = 1.833$，否定域为（$-\infty$，-1.833）。

因为 $t_0 = -2.86 < -1.833$，即检验统计量的值落入否定域，所以否定原假设，接受备择假设。因而可以认为"新药副作用更小"。

4. 解：想要确认是否应该"拒收这批货物"（μ<600），应作为备择假设，因而提出假设 H_0：$\mu \geqslant 600$，H_1：$\mu < 600$。

由于总体分布未知，但 n=100 为大样本，故用 Z 检验。

由题意知，$\bar{x}$ =580，s=80。由此可以计算得：

$$Z_0 = \frac{\bar{x} - \mu_0}{s/\sqrt{n}} = \frac{580 - 600}{80/\sqrt{100}} = -2.5$$

由 α=0.05 查表知，$Z_\alpha = 1.645$，否定域为（$-\infty$，-1.645）。

因为 $Z_0 = -2.5 < -1.645$，即检验统计量的值落入否定域，所以否定原假设，接受备择假设。因而应该拒收这批货物。

5. 解：想要验证该企业的观点"市场占有率在 70%以上"（π>70%），应作为备择假设，因而提出假设 H_0：$\pi \leqslant 70\%$，H_1：$\pi > 70\%$

由题知，p=38/50=76%，样本满足 $n \geqslant 30$，$np \geqslant 5$，$n(1-p) \geqslant 5$，所以用 Z 检验。

检验统计量的值为：

$$Z_0 = \frac{p - \pi_0}{\sqrt{\frac{\pi_0(1-\pi_0)}{n}}} = \frac{76\% - 70\%}{\sqrt{\frac{70\% \times (1 - 70\%)}{50}}} = 0.926$$

当 α=0.05 时，$Z_\alpha = 1.645$，否定域为（1.645，+∞）。

因为 $Z_0 = 0.926 < 1.645$，即检验统计量的值没有落入否定域，所以不否定原假设，即不能认可该企业的观点。

6. 解：想要验证是否"这批药丸包装不符合规定"（$\sigma^2 > 0.009$），应作为备择假设，因而提出假设 H_0：$\sigma^2 \leqslant 0.009$，H_1：$\sigma^2 > 0.009$。

由于总体服从正态分布，故对方差的检验用 χ^2 检验。

由题意知，n=19，$s^2 = 0.015$。由此可以计算得：

$$\chi_0^2 = \frac{(n-1)s^2}{\sigma_0^2} = \frac{18 \times 0.015}{0.009} = 30$$

由 α=0.05 查表知，$\chi_\alpha^2(18) = 28.869$，可以用 Excel 函数计算"=CHISQ.INV.RT(0.05,18)"，否定域为（28.869，+∞）。

因为$\chi_0^2 = 30 > 28.869$，即检验统计量的值落入否定域，所以否定原假设。因而可以认为这批药丸包装不符合规定。

7. 解：提出假设 H_0：$\mu_1 = \mu_2$，H_1：$\mu_1 \neq \mu_2$。

由于两总体相互独立，都服从正态分布，标准差都已知，故用 Z 检验。

由题意知，$\sigma_1 = 20$，$n_1 = 20$，$\bar{x}_1 = 300$；$\sigma_2 = 15$，$n_2 = 24$，$\bar{x}_2 = 290$。由此可以计算得：

$$Z_0 = \frac{(\bar{x}_1 - \bar{x}_2) - (\mu_1 - \mu_2)}{\sqrt{\dfrac{\sigma_1^2}{n_1} + \dfrac{\sigma_2^2}{n_2}}} = \frac{300 - 290 - 0}{\sqrt{\dfrac{20^2}{20} + \dfrac{15^2}{24}}} = 1.845$$

由 $\alpha = 0.05$ 查表知，$Z_{\frac{\alpha}{2}} = 1.96$，否定域为 $(-\infty, -1.96) \cup (1.96, +\infty)$。

因为 $|Z_0| = 1.845 < 1.96$，即检验统计量的值没有落入否定域，所以不能否定原假设。因而不否认两种方法的产品平均使用寿命相同。

8. 想要验证是否“A 款的强度比 B 款更强”($\mu_A > \mu_B$)，应作为备择假设，因而提出假设 H_0：$\mu_A \leqslant \mu_B$，H_1：$\mu_A > \mu_B$。

由于两总体相互独立，都服从正态分布，标准差未知，故用 t 检验。

由样本数据可以计算得：

$$\bar{x}_1 = \frac{1}{n_1}\sum_{i=1}^{n_1} x_i = 8.757,\quad \bar{x}_2 = \frac{1}{n_2}\sum_{i=1}^{n_2} x_i = 7.812$$

$$s_1^2 = \frac{1}{n_1 - 1}\sum_{i=1}^{n_1} (x_i - \bar{x}_1)^2 = 0.265,\quad s_2^2 = \frac{1}{n_2 - 1}\sum_{i=1}^{n_2} (x_i - \bar{x}_2)^2 = 0.298$$

(1) 当两个总体方差相等时：

$$s_p^2 = \frac{(n_1 - 1)s_1^2 + (n_2 - 1)s_2^2}{n_1 + n_2 - 2} = 0.283$$

$$t_0 = \frac{(\bar{x}_1 - \bar{x}_2) - (\mu_1 - \mu_2)}{\sqrt{\dfrac{s_p^2}{n_1} + \dfrac{s_p^2}{n_2}}} = \frac{8.757 - 7.812 - 0}{\sqrt{\dfrac{0.283}{10} + \dfrac{0.283}{12}}} = 4.149$$

由 $\alpha = 0.01$ 查表知，$t_\alpha(20) = 2.528$，否定域为 $(2.528, +\infty)$。

因为 $|t_0| = 4.149 > 2.528$，即检验统计量的值落入否定域，所以否定原假设。因而可以认为 A 款的强度比 B 款更强。

注：在实际应用中，类似的问题最好是借助 Excel 数据分析工具中的“t-检验：双样本等方差假设”来完成（具体操作参见本章“实验指导”部分），避免烦琐的计算。

(2) 当两个总体方差不相等时：

$$t_0 = \frac{(\bar{x}_1 - \bar{x}_2) - (\mu_1 - \mu_2)}{\sqrt{\dfrac{s_1^2}{n_1} + \dfrac{s_2^2}{n_2}}} = \frac{8.757 - 7.812 - 0}{\sqrt{\dfrac{0.265}{10} + \dfrac{0.298}{12}}} = 4.171$$

$$df=\frac{\left(\frac{s_1^2}{n_1}+\frac{s_2^2}{n_2}\right)^2}{\frac{(s_1^2/n_1)^2}{n_1-1}+\frac{(s_2^2/n_2)^2}{n_2-1}}=19.65\approx20$$

由 $\alpha=0.01$ 查表知，$t_\alpha(20)=2.528$，否定域为 $(2.528,\ +\infty)$。

因为 $|t_0|=4.171>2.528$，即检验统计量的值落入否定域，所以否定原假设。因而可以认为 A 款的强度比 B 款更强。

注：在实际应用中，类似的问题最好是借助 Excel 数据分析工具中的“t-检验：双样本异方差假设”来完成（具体操作参见本章“实验指导”部分），避免烦琐的计算。

（3）要确定（1）与（2）中哪种形式来做本题更恰当，即需要依据样本数据判断两总体方差是否相等，因而提出假设 H_0：$\sigma_A^2=\sigma_B^2$，H_1：$\sigma_A^2\neq\sigma_B^2$。

由于两总体相互独立，都服从正态分布，故用 F 检验。

检验统计量的值为：

$$F_0=\frac{s_1^2}{s_2^2}=\frac{0.265}{0.298}=0.889$$

由 $\alpha=0.01$ 查表知，$F_{1-\frac{\alpha}{2}}(9,\ 11)=0.158\ 4$，$F_{\frac{\alpha}{2}}(9,\ 11)=5.536\ 8$，最好是使用 Excel 函数计算 F 分布的临界值“=F.INV.RT(1-0.01/2,9,11)” “=F.INV.RT(0.01/2,9,11)”，否定域为 $(0,\ 0.158\ 4)\cup(5.536\ 8,\ +\infty)$。

因为 $0.158\ 4<F_0=1.25<5.536\ 8$，即检验统计量的值没有落入否定域，所以不能否定原假设。因而不否认两总体方差相等，采用第一种方法更恰当。

注：在实际应用中，类似的问题最好是借助 Excel 数据分析工具中的“F-检验 双样本方差分析”来完成（具体操作参见本章“实验指导”部分），避免烦琐的计算。

9. 解：方差越小精度越高，想要验证是否“甲车床的精度高于乙车床”（$\sigma_{甲}^2<\sigma_{乙}^2$），应作为备择假设，因而提出假设 H_0：$\sigma_{甲}^2\geq\sigma_{乙}^2$，$H_1$：$\sigma_{甲}^2<\sigma_{乙}^2$。

由于两总体相互独立，都服从正态分布，故用 F 检验。由样本数据可以计算得：

$$\bar{x}_{甲}=\frac{1}{n_1}\sum_{i=1}^{n_1}x_i=8.963\ 6\ ,\ \bar{x}_{乙}=\frac{1}{n_2}\sum_{i=1}^{n_2}x_i=9.070\ 0$$

$$s_{甲}^2=\frac{1}{n_1-1}\sum_{i=1}^{n_1}(x_i-\bar{x}_{甲})^2=0.010\ 7,\ s_{乙}^2=\frac{1}{n_2-1}\sum_{i=1}^{n_2}(x_i-\bar{x}_{乙})^2=0.131\ 0$$

检验统计量的值为：

$$F_0=\frac{s_1^2}{s_2^2}=\frac{0.010\ 7}{0.131\ 0}=0.081\ 6$$

由 $\alpha=0.05$ 查表知，$F_{1-\alpha}(10,\ 9)=0.331\ 1$，最好是使用 Excel 函数计算 F 分布的临界值“=F.INV.RT(1-0.05,10,9)”，否定域为 $(0,\ 0.331\ 1)$。

因为 $F_0 = 0.0816 < 0.3311$，即检验统计量的值落入否定域，所以否定原假设，接受备择假设。因而可以认为甲车床的精度高于乙车床。

注：在实际应用中，类似的问题最好是借助 Excel 数据分析工具中的“F-检验 双样本方差分析”来完成（具体操作参见本章“实验指导”部分），避免烦琐的计算。

10. 解：想要验证该研究者的观点“A 大学的就业率比 B 大学至少高 8 个百分点”（$\pi_A - \pi_B > 8\%$），应作为备择假设，因而提出假设 H_0：$\pi_A - \pi_B \leqslant 8\%$，$H_1$：$\pi_A - \pi_B > 8\%$

由题知，$n_A = 300$，$n_B = 280$，$p_A = \dfrac{285}{300} = 95\%$，$p_B = \dfrac{238}{280} = 85\%$，样本满足 $n_A \geqslant 30$，$n_A p_A \geqslant 5$，$n_A(1 - p_A) \geqslant 5$，$n_B \geqslant 30$，$n_B p_B \geqslant 5$，$n_B(1 - p_B) \geqslant 5$ 条件，所以用 Z 检验。

检验统计量的值为：

$$Z_0 = \frac{(p_A - p_B) - d}{\sqrt{\dfrac{p_A(1 - p_A)}{n_A} + \dfrac{p_B(1 - p_B)}{n_B}}} = \frac{95\% - 85\% - 8\%}{\sqrt{\dfrac{95\% \times 5\%}{300} + \dfrac{85\% \times 15\%}{280}}} = 0.807$$

当 $\alpha = 0.05$ 时，$Z_\alpha = 1.645$，否定域为（1.645，$+\infty$）。

因为 $Z_0 = 0.807 < 1.645$，即检验统计量的值没有落入否定域，所以不否定原假设，即样本数据不支持该研究者的观点，没有充分证据说明“A 大学的就业率比 B 大学至少高 8 个百分点”。

第七章　方差分析

一、统计知识

方差分析是将所有样本信息结合在一起，同时对多个总体的均值进行检验。从形式上看，方差分析是同时对多个总体均值的比较，但实质上它是研究分类型自变量对数值型因变量是否有显著影响的方法。

（一）单因素方差分析

方差分析中所要检验的对象，就是要研究的自变量，称为因素或因子。因素的不同表现，称为水平或处理。只涉及一个因素的方差分析，称为单因素方差分析。

假设因素 A 有 k 个水平，要检验因素 A 对试验结果有无影响，提出的假设为：

$H_0: \mu_1 = \cdots = \mu_k$（因素 A 对试验结果无影响）

$H_1: \mu_1, \mu_2, \cdots, \mu_k$ 不全相等（因素 A 对试验结果有影响）

方差分析的计算结果一般以方差分析表的形式报告出来（表 7-1）。

表 7-1　　单因素方差分析的一般报告形式

方差来源	平方和	自由度 df	均方 MS	F 统计量值	F 临界值
组间	SSA	$k-1$	MSA	$\frac{MSA}{MSE}$	F_{α}
组内	SSE	$n-k$	MSE		
总和	SST	$n-1$			

记 $\bar{x}=\dfrac{\sum_{i=1}^{k}\sum_{j=1}^{n_i}x_{ij}}{n}$，$\bar{x}_i=\dfrac{\sum_{j=1}^{n_i}x_{ij}}{n_i}$，($i=1$，2，…，$k$)。在表7-1中，组间平方和 $SSA=\sum_{i=1}^{k}\sum_{j=1}^{n_i}(\bar{x}_i-\bar{x})^2=\sum_{i=1}^{k}n_i(\bar{x}_i-\bar{x})^2$，除随机误差外，它主要反映了因素 A 的不同水平所引起的波动。组内平方和 $SSE=\sum_{i=1}^{k}\sum_{j=1}^{n_i}(x_{ij}-\bar{x}_i)^2$，是对随机因素产生的影响的度量。总平方和 $SST=\sum_{i=1}^{k}\sum_{j=1}^{n_i}(x_{ij}-\bar{x})^2$，反映了全部观测值的离散状况。它们满足 $SST=SSE+SSA$。检验统计量 $F=\dfrac{MSA}{MSE}=\dfrac{SSA/(k-1)}{SSE/(n-k)}\sim F(k-1,\ n-k)$。表7-1中有关量的计算一般借助统计软件来完成。

如果 $F>F_\alpha$，则在显著性水平 α 下否定原假设，认为因素 A 对试验结果有显著影响；如果 $F\leqslant F_\alpha$，则不否定原假设，认为因素 A 对试验结果无显著影响。

（二）无交互作用的双因素方差分析

如果两个因素（行因素 A 和列因素 B）对试验结果的影响是相互独立的，检验它们对试验结果的影响是否显著，就是要检验假设：

H_{0A}：$\mu_{A1}=\mu_{A2}=\cdots=\mu_{Ak}$，$H_{1A}$：$\mu_{A1}$，$\mu_{A2}$，…，$\mu_{Ak}$ 不全等

H_{0B}：$\mu_{B1}=\mu_{B2}=\cdots=\mu_{Br}$，$H_{1B}$：$\mu_{B1}$，$\mu_{B2}$，…，$\mu_{Br}$ 不全等

无交互作用的双因素方差分析的结果一般以表7-2的形式报告出来。

表7-2　　无交互作用双因素方差分析的一般报告形式

误差来源	平方和 SS	自由度 df	均方 MS	F 值	F 临界值
行因素 A	SSA	$k-1$	MSA	F_A	$F_{A\alpha}$
列因素 B	SSB	$r-1$	MSB	F_B	$F_{B\alpha}$
误差	SSE	$(k-1)(r-1)$	MSE		
总和	SST	$kr-1$			

表7-2中，$SSA=\sum_{i=1}^{k}\sum_{j=1}^{r}(\bar{x}_{i\cdot}-\bar{x})^2=r\sum_{i=1}^{k}(\bar{x}_{i\cdot}-\bar{x})^2$，$SSB=\sum_{i=1}^{k}\sum_{j=1}^{r}(\bar{x}_{\cdot j}-\bar{x})^2=k\sum_{j=1}^{r}(\bar{x}_{\cdot j}-\bar{x})^2$，$SSE=\sum_{i=1}^{k}\sum_{j=1}^{r}(x_{ij}-\bar{x}_{i\cdot}-\bar{x}_{\cdot j}+\bar{x})^2$，$SST=SSA+SSB+SSE$。检验统计量：

$$F_A=\frac{MSA}{MSE}=\frac{SSA/(k-1)}{SSE/[(k-1)(r-1)]}\sim F(k-1,\ (k-1)(r-1))$$

$$F_B=\frac{MSB}{MSE}=\frac{SSB/(r-1)}{SSE/[(k-1)(r-1)]}\sim F(r-1,\ (k-1)(r-1))$$

在显著性水平 α 下，查 F 分布表得到临界值 $F_{A\alpha}$，$F_{B\alpha}$。若 $F_A > F_{A\alpha}$，则否定原假设 H_{0A}，表明行因素 A 对试验结果有显著影响；否则，就认为行因素 A 对试验结果无显著影响。若 $F_B > F_{B\alpha}$，则否定原假设 H_{0B}，表明列因素 B 对试验结果有显著影响；否则，就认为列因素 B 对试验结果无显著影响。

（三）有交互作用的双因素方差分析

在考虑两个因素对因变量的影响时，如果两因素的搭配对因变量产生了新效应，则需要进行有交互作用的双因素方差分析。有交互作用的双因素方差分析要求两因素的每一种搭配都要重复试验 m 次（$m \geqslant 2$）。

有交互作用的双因素方差分析的计算结果一般以表 7-3 的形式报告出来。

表 7-3　　有交互作用双因素方差分析的一般报告形式

误差来源	平方和 SS	自由度 df	均方 MS	F 值	F 临界值
行因素 A	SSA	$k-1$	MSA	F_A	$F_{A\alpha}$
列因素 B	SSB	$r-1$	MSB	F_B	$F_{B\alpha}$
交互作用	$SSAB$	$(k-1)(r-1)$	$MSAB$	F_{AB}	$F_{AB\alpha}$
误差	SSE	$kr(m-1)$	MSE		
总和	SST	$n-1$			

记 x_{ijl} 为行因素 A 的第 i 个水平（$i=1, 2, \cdots, k$）和列因素 B 的第 j 个水平（$j=1, 2, \cdots, r$）的第 l 行（$l=1, 2, \cdots, m$）的观测值，$\bar{x}_{i.}$ 为行因素 A 第 i 个水平的样本均值，$\bar{x}_{.j}$ 为列因素 B 第 j 个水平的样本均值，$\bar{x}_{ij}$ 为行因素 A 第 i 个水平和列因素 B 第 j 个水平组合的样本均值，$\bar{x}$ 为全部 krm 个观测值的总均值。表 7-3 中，$SST = \sum_{i=1}^{k}\sum_{j=1}^{r}\sum_{l=1}^{m}(x_{ijl} - \bar{\bar{x}})^2$，$SSA = rm\sum_{i=1}^{k}(\bar{x}_{i.} - \bar{\bar{x}})^2$，$SSB = km\sum_{j=1}^{r}(\bar{x}_{.j} - \bar{\bar{x}})^2$，$SSAB = m\sum_{i=1}^{k}\sum_{j=1}^{r}(\bar{x}_{ij} - \bar{x}_{i.} - \bar{x}_{.j} + \bar{\bar{x}})^2$，$SSE = SST - SSA - SSB - SSAB$，检验统计量：

$$F_A = \frac{MSA}{MSE} = \frac{SSA/(k-1)}{SSE/[kr(m-1)]} \sim F(k-1, kr(m-1))$$

$$F_B = \frac{MSB}{MSE} = \frac{SSB/(r-1)}{SSE/[kr(m-1)]} \sim F(r-1, kr(m-1))$$

$$F_{AB} = \frac{MSAB}{MSE} = \frac{SSAB/[(k-1)(r-1)]}{SSE/[kr(m-1)]} \sim F((k-1)(r-1), kr(m-1))$$

在显著性水平 α 下，查 F 分布表得到临界值 $F_{A\alpha}$，$F_{B\alpha}$，$F_{AB\alpha}$。若 $F_A > F_{A\alpha}$，则否定“行因素 A 对试验结果无影响”的原假设。若 $F_B > F_{B\alpha}$，则否定“列因素 B 对试验结果无影响”的原假设。若 $F_{AB} > F_{AB\alpha}$，则否定“两因素的搭配对试验结果无新影响”的原假设。

二、统计实验

(一) 实验目的

掌握借助 Excel 进行单因素方差分析和双因素方差分析的方法。能应用方差分析解决实际问题。

(二) 实验内容

1. 借助 Excel 完成单因素方差分析，得出分析结论。
2. 借助 Excel 完成无交互作用的双因素方差分析，得出分析结论。
3. 借助 Excel 完成有交互作用的双因素方差分析，得出分析结论。

(三) 实验操作

1. 单因素方差分析

在 Excel 中，可以直接调用数据分析工具完成方差分析，操作比较简单。

【例 7.1】在养鸭饲料配方的研究中，技术人员提出了 A_1、A_2、A_3三种配方的饲料。为比较三种饲料的效果，将基本相同的雏鸭随机分为三组，各组分别选定一种饲料进行喂养，一段时间后测得它们的重量见表 7-4，问不同的饲料对养鸭的增肥作用是否相同？($\alpha=0.05$)

表 7-4　　分别饲喂三种饲料的鸭的重量　　单位：克

	1	2	3	4	5	6	7	8
A_1	513	509	494	482	498	527	511	
A_2	507	512	490	509	495	474	522	501
A_3	538	529	499	521	550	532	545	

【分析】该问题是要判断“饲料品种”对“重量”是否有显著影响，做出这种判断最终被归结为检验三个总体的均值是否相等，提出的假设是：

$H_0: \mu_1=\mu_2=\mu_3$　（三种饲料对养鸭的增肥作用无差异）

H_1：μ_1，μ_2，μ_3 不全等　（三种饲料对养鸭的增肥作用存在差异）

【操作步骤】

(1) 录入样本数据。将样本数据录入 B3:I5 区域。

(2) 调用方差分析工具。点击“数据”菜单中的“数据分析”工具，在弹出的窗口中选择分析工具“方差分析：单因素方差分析”，点击“确定”后弹出单因素方差分析对话框（如图 7-1 所示），在对话框“输入区域”键入数据所在单元格区域“A3:I3”，选择“分组方式”为“行”，由于这里样本数据引用包括了位于 A 列的名称，所以需要把“标志位于第一列”复选框勾上，在“α”方框内填入“0.05”（默认值就是 0.05），在“输出选项”中选择“输出区域”，输入起始位置“A6”，“确定”后可得图 7-1 右下角所示结果。

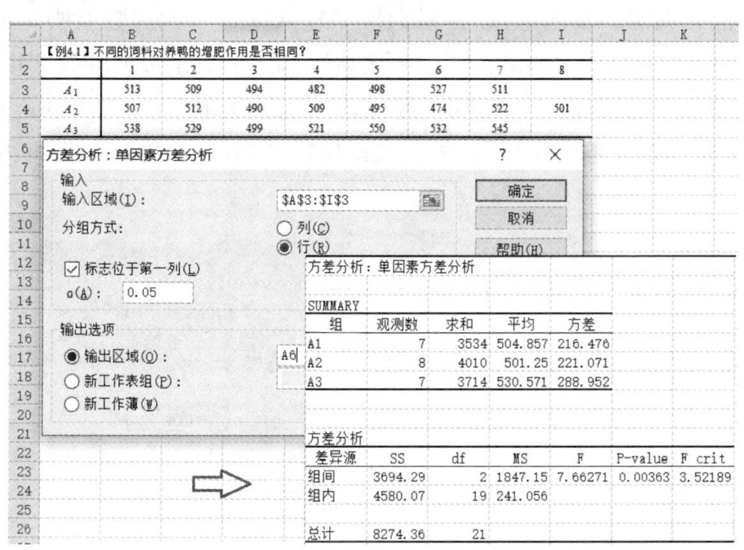

图 7-1　Excel 单因素方差分析

从图 7-1 所示结果可见，由于 $F=7.662\ 71>F_{\alpha}=3.521\ 89$，故否定 H_0，即认为三种饲料对养鸭的增肥作用存在显著差异。当然，这里也可以直接看检验的 P 值，由于 P 值 $=0.003\ 63<\alpha$，所以也是否定原假设。

2. 无交互作用的双因素方差分析

【例 7.2】为了研究不同地点、不同季节大气飘尘含量的差异性，对地点（A）取三个不同水平，对季节（B）取四个不同水平，在不同组合（A_i，B_j）下各测得一次大气飘尘含量（mg/m^2），结果见表 7-5，试研究地点间的差异及季节间的差异对大气飘尘含量有无显著影响（$\alpha=0.01$）？

表 7-5　不同地点、不同季节检测得到的大气飘尘含量　单位：mg/m^2

因素 B / 因素 A	冬季	春季	夏季	秋季
地点 1	1.150	0.614	0.475	0.667
地点 2	1.200	0.620	0.420	0.880
地点 3	0.940	0.379	0.200	0.540

【分析】该问题就是无交互作用的双因素方差分析问题，提出的原假设是

H_{0A}：$\mu_{A1}=\mu_{A2}=\mu_{A3}$　（不同地点对大气飘尘含量无影响）

H_{0B}：$\mu_{B1} = \mu_{B2} = \mu_{B3} = \mu_{B4}$　（不同季节对大气飘尘含量无影响）

【操作步骤】

（1）录入样本数据。将样本数据录入到 Excel 工作表的 B2:E4 单元格。

（2）调用方差分析工具。点击“数据”菜单中的“数据分析”工具，在弹出的窗口中选择分析工具“方差分析：无重复双因素分析”，点击“确定”后弹出方差分析对话框（如图 7-2 所示），在对话框“输入区域”键入数据所在单元格区域“A1:E4”，勾上“标志”（如果在“输入区域”输入的只是数据区域“B2:E4”，则不要勾上“标志”复选框），在“α”方框内填入“0.01”（默认值是 0.05），在“输出选项”中选择“输出区域”，输入起始位置“A6”，“确定”后可得图 7-2 右下角所示结果。

	冬季	春季	夏季	秋季
地点1	1.15	0.614	0.475	0.667
地点2	1.2	0.62	0.42	0.88
地点3	0.94	0.379	0.2	0.54

方差分析：无重复双因素分析

输入
输入区域(I)：$A$1:$E$4
☑ 标志(L)
α(A)：0.01
输出选项
◉ 输出区域(O)：A6
○ 新工作表组(P)：
○ 新工作薄(W)
确定

方差分析：无重复双因素分析

SUMMARY	观测数	求和	平均	方差
地点1	4	2.906	0.7265	0.0863
地点2	4	3.12	0.78	0.1139
地点3	4	2.059	0.5148	0.0997
冬季	3	3.29	1.0967	0.019
春季	3	1.613	0.5377	0.0189
夏季	3	1.095	0.365	0.0212
秋季	3	2.087	0.6957	0.0295

方差分析

差异源	SS	df	MS	F	P-value	F crit
行	0.1574	2	0.0787	23.827	0.0014	10.925
列	0.8796	3	0.2932	88.756	2E-05	9.7795
误差	0.0198	6	0.0033			
总计	1.0568	11				

图 7-2　Excel 无交互作用双因素方差分析

从图 7-2 所示结果可知，由于 $F_A = 23.827 > F_\alpha = 10.925$，$F_B = 88.756 > F_\alpha = 9.7795$，故分别拒绝原假设 H_{0A}、H_{0B}，即认为地点的不同、季节的不同分别都对大气飘尘含量有显著影响。

3. 有交互作用的双因素方差分析

【例 7.3】为分析 4 种化肥和 3 种小麦品种对小麦产量的影响。把一块试验田等分成 24 小块，对种子和化肥的每一组合种植 2 小块田，得到产量见表 7-6（单位：kg）。问品种、化肥及两者的交互作用对小麦产量有无显著影响（$\alpha = 0.05$）？

表 7-6　小麦产量试验数据　单位：kg

	化肥 1	化肥 2	化肥 3	化肥 4
品种 1	173	174	177	172
	172	176	179	173
品种 2	175	178	174	170
	173	177	175	171
品种 3	177	174	174	169
	175	174	173	169

【分析】考虑交互作用，每一组合至少要做 2 次试验，题目满足这种要求。提出的原假设是：

H_{0A}：品种对小麦产量无显著影响

H_{0B}：化肥对小麦产量无显著影响

H_{0AB}：品种和化肥的交互作用对小麦产量无显著影响

【操作步骤】

（1）录入样本数据。将样本数据录入到 Excel 工作表的“A1:E7”单元格。

（2）调用方差分析工具。点击“数据”菜单中的“数据分析”工具，在弹出的窗口中选择分析工具“方差分析：可重复双因素分析”，点击“确定”后弹出方差分析对话框（如图 7-3 所示），在对话框“输入区域”键入数据所在单元格区域“A1:E7”，在“每一样本的行数”框内键入重复试验次数“2”；在“α”方框内填入“0.05”（默认值就是 0.05），在“输出选项”中选择“输出区域”，输入起始位置“A9”，“确定”后可得图 7-3 右上角所示结果（略去了部分次要信息）。

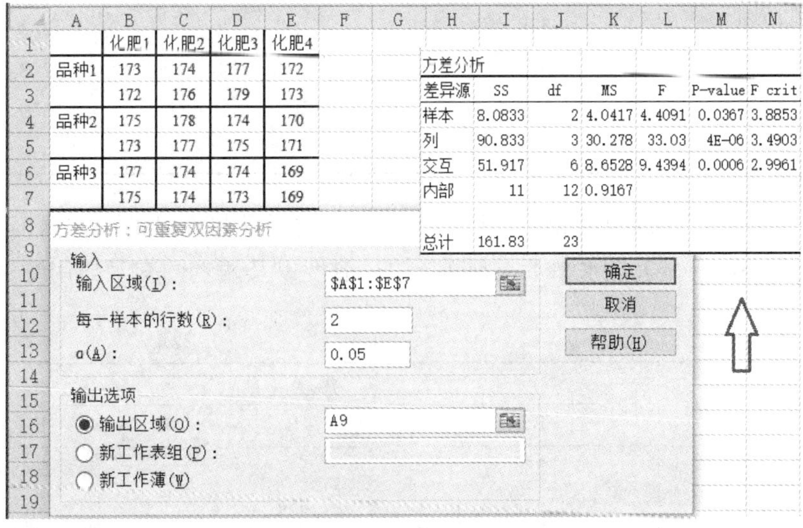

图 7-3　Excel 有交互作用双因素方差分析

从图 7-3 所示结果可见，小麦品种因素（行因素、样本）的检验统计量 F=4.409 1，对应 P 值=0.036 7，小于显著性水平 0.05，说明小麦品种对产量的影响是显著的；同理，可以判断出化肥因素（列因素）和交互因素对产量的影响也是显著的。因而，应注意化肥与品种的交互作用，从样本数据看，化肥 3 与品种 1 的搭配产量最高，所以可以考虑把它们搭配起来安排生产。

（四）实验实践

1. 某湖泊在不同季节的氯化物含量测定值见下表，问季节对该湖泊的氯化物含量是否存在显著影响（$\alpha=0.05$）？

季节	氯化物含量（mg/L）								
春	22.7	21.8	22.3	20.1	18.6	21.7	22.8	23.1	21.9
夏	24.2	20.9	20.8	18.3	16.4	20.4	19.8	21.3	19.2
秋	17.8	18.7	16.3	16.2	18.6	17.3	17.9	15.7	19.1
冬	19.3	18.4	16.2	14.9	17.3	18.4	15.8	18.0	16.5

2. 一家汽车制造商准备购进一批轮胎。为了对轮船耐磨能力进行测试，分别在低速（40km/h）、中速（80km/h）、高速（120km/h）行驶条件下对 4 家供应商的轮胎随机样本进行测试，在轮胎使用 1 000km 后磨损程度见下表。判断：（1）车速对轮胎磨损程度是否有影响？（2）不同供应商的轮胎的耐磨能力是否有差异（$\alpha=0.01$）？

供应商	车速（km/h）		
	低速	中速	高速
1	3.8	4.5	3.2
2	3.4	3.9	2.8
3	3.5	4.1	3.0
4	3.2	3.5	2.6

3. 下表给出了不同温度和不同压力下模制的若干塑料样品的拉伸强度（单位：兆帕），试在 0.05 显著性水平下，判断压力、温度以及两者的交互作用对塑料的拉伸强度有无影响。

压力	温度（℃）		
	B_1	B_2	B_3
A_1	25	27	28
	27	28	30
	25	27	28
	23	28	30

压力	温度（℃）		
	B_1	B_2	B_3
A_2	27	28	25
	27	27	27
	28	25	25
	30	27	25
A_3	27	32	25
	25	30	27
	25	30	27
	28	32	25

三、统计实训

（一）单项选择题

1. 在方差分析中，总平方和反映的是（　　）。

A. 全部观测值的离散状况　　B. 水平内部观测值的离散情况

C. 部分观测值的离散状况　　D. 同一因素在不同水平所引起的波动

2. 方差分析的主要目的是判断（　　）。

A. 各总体方差的差异是否显著

B. 分类型自变量对数值型因变量的影响是否显著

C. 样本数据之间的差异是否显著

D. 数值型自变量对分类型因变量的影响是否显著

3. 在方差分析中，反映同一水平下样本各观测值之间差异的是（　　）。

A. 总平方和　　B. 组间平方和

C. 离差平方和　　D. 组内平方和

4. 组间平方和除以相应的自由度，该结果称为（　　）。

A. 组间均方　　B. 平均误差　　C. 总均方　　D. 组内均方

5. 单因素方差分析中，F 统计量的计算式为（　　）。

A. $\frac{MSA}{MST}$　　B. $\frac{MSE}{MST}$　　C. $\frac{MSA}{MSE}$　　D. $\frac{MSE}{MSA}$

6. 如果要分析 3 种化肥施撒在三种类型（酸性、中性和碱性）的土地上对农作物的产量有无影响，则最恰当的分析方法是（　　）。

A. 单因素方差分析　　B. 无交互作用的双因素方差分析

C. 三因素方差分析　　D. 有交互作用的双因素方差分析

7. 在方差分析中，原假设是 H_0：$\mu_1=\mu_2=\cdots=\mu_k$，那么备择假设是（　　）。

A. H_1：$\mu_1\neq\mu_2\neq\cdots\neq\mu_k$　　B. H_1：$\mu_1>\mu_2>\cdots>\mu_k>0$

C. H_1：μ_1，μ_2，…，μ_k 不全为 0　　D. H_1：μ_1，μ_2，…，μ_k 不全相等

8. 在有 n 个观测值 k 个水平的单因素方差分析中，F 统计量的分子分母的自由度分别为（　　）。

A. k，n　　B. $k-1$，$n-k$

C. $n-1$，$k-1$　　D. $n-k$，$k-1$

9. 双因素方差分析涉及（　　）。

A. 两个分类型自变量　　B. 两个分类型因变量

C. 两个数值型自变量　　D. 两个数值型因变量

10. 有交互作用的双因素方差分析是指用于检验的两个因素（　　）。

A. 对因变量的影响有交互作用　　B. 对因变量的影响是相互独立的

C. 对自变量的影响有交互作用　　D. 对自变量和因变量产生了交叉影响

（二）多项选择题

1. 对于有 k 个水平的单因素方差分析的组内平方和，下面说法正确的是（　　）。

A. 其自由度为 $k-1$

B. 反映的是随机因素的影响

C. 反映的是随机因素和系统因素的影响

D. 组内误差一定小于组间误差

E. 其自由度为 $n-k$

2. 为研究溶液温度对液体植物生长的影响，将水温控制在 3 个水平上，则对此试验结果进行的方差分析称为（　　）。

A. 单因素方差分析　　B. 双因素方差分析

C. 三因素方差分析　　D. 单因素三水平方差分析

E. 双因素三水平方差分析

3. 应用方差分析的前提条件是（　　）。

A. 各个总体服从正态分布　　B. 各个总体均值相等

C. 各个总体具有相同的方差　　D. 各个总体均值不等

E. 各个总体相互独立

4. 方差分析中组间平方和是指（　　）。

A. 各水平下理论平均数之间的离差平方和

B. 在同一水平下数据误差的平方和

C. 由水平效应不同所引起的离差平方和

D. 各组平均值与总平均值的离差平方和

E. 全部观测值与总平均值的离差平方和

5. 方差分析中，若检验统计量 F 近似等于 1，说明（　　）。

A. 组间方差中不存在系统因素的显著影响

B. 组内方差中不存在系统因素的显著影响

C. 组间方差中存在系统因素的显著影响

D. 方差分析中应否定原假设

E. 方差分析中应不否定原假设

6. 在单因素三水平方差分析中，已知 $SST=40$，$SSE=30$，样本数据共有 30 个，则（　　）。

A. 组间自由度为 2　　B. 组内自由度为 27

C. 组间均方为 $MSA=5$　　D. 组内均方为 $MSE=1$

E. 检验统计量 F=5

7. 以下问题适宜用方差分析方法解决的有（　　）。

A. 研究不同所有制企业职工工资是否存在显著差别

B. 研究三种不同形式的包装对销售量是否存在显著影响

C. 研究不同季节、不同地点的空气质量（PM2.5 浓度）是否存在显著差别

D. 研究收入不同对出行交通工具选择是否存在显著影响

E. 研究研发投入对企业利润是否存在显著影响

8. 从下列方差分析表可以知道（　　）。

差异源	SS	df	MS	F	P-value	F crit
组间	7 725.9	3	2 575.3	15.887	0.000	2.866
组内	5 835.6	36	162.1			
总计	13 561.5	39				

A. 这是单因素方差分析　　B. 因素水平有 4 个

C. 样本观测值一共有 39 个　　D. 组间平方和是 7 725.9

E. 组内均方是 162.1

9. 从下列方差分析表可以知道（　　）。

差异源	SS	df	MS	F	P-value	F crit
行	26.133	2	13.067	8.809	0.010	4.459
列	36.933	4	9.233	6.225	0.014	3.838
误差	11.867	8	1.483			
总计	74.933	14				

A. 这是无交互作用的双因素方差分析

B. 行因素水平有 3 个

C. 样本观测值一共有 15 个

D. 在 5%显著性水平下，行因素的影响是显著的

E. 在 5%显著性水平下，列因素的影响是显著的

10. 从下列方差分析表可以知道（　　）。

差异源	SS	df	MS	F	P-value	F crit
行因素	32.056	2	16.028	8.014	0.002	3.403
列因素	2.083	3	0.694	0.347	0.791	3.009
交互作用	48.167	6	8.028	4.014	0.006	2.508
误差	48	24	2			
总计	130.306	35				

A. 这是有交互作用的双因素方差分析

B. 列因素水平有 4 个

C. 两因素的每一种搭配重复试验了 3 次

D. 在 5%显著性水平下，列因素的影响是显著的

E. 在 5%显著性水平下，两因素交互作用的影响是显著的

（三）判断题

1. 方差分析是同时对多个总体均值的比较，但实质上它是研究分类型自变量对数值型因变量是否有显著影响的方法。（　　）

2. 无交互的双因素方差分析假定两个因素对因变量的影响是独立的，但如果两因素的搭配对因变量产生了新效应，则需要进行有交互作用的双因素方差分析。（　　）

3. 如果单因素方差分析中因素有 5 个水平，组间平方和 $SSA=10$，则组间均方 $MSA=2.5$。（　　）

4. 组内平方和是在同一水平下数据误差的平方和，反映了水平内部观测值的离散情况。（　　）

5. 方差分析是对多个正态总体方差相等这一假设进行检验。（　　）

6. 有交互作用的双因素方差分析是指用于检验的两个因素产生了相互影响。（　　）

7. 在方差分析中，检验统计量 F 是用组间平方和除以组内平方和。（　　）

8. 组内平方和只包括随机误差。（　　）

9. 组间平方和既包括随机误差，也包括系统误差。（　　）

10. 双因素方差分析涉及两个数值型因变量。（　　）

(四) 综合应用题

1. 一家食品公司用机器灌装菜油，规定每桶的容量为5L。现分别从4台机器的产品中进行随机抽样检测，然后对4台机器的灌装量进行方差分析，得到下表结果：

方差来源	平方和	自由度 df	均方 MS	F 值	F 临界值
组间			0.003 2		3.159 9
组内	0.003 6			—	—
总和		21	—	—	—

(1) 完成上面的方差分析表。

(2) 取显著性水平 $\alpha=0.05$，检验4台机器的灌装量是否有显著差异？

2. 随机调查某地区100名工龄相同的职工，分析学历对收入的影响。对调查数据做方差分析得到：$SST=10\ 580$，$SSA=3\ 996$。问学历对收入是否存在显著影响 ($\alpha=0.05$)？

3. 某厂有3条生产线生产相同型号的电池，分别记为 A_1、A_2、A_3。下面是对各生产线生产电池电力（使用时长）的随机抽查测试结果，问生产线的不同对电池电力是否有影响（$\alpha=0.05$)？

生产线	电力（小时）									
A_1	341	357	338	330	348	353	335	351	346	325
A_2	347	364	357	329	336	338	342	318	321	336
A_3	362	385	361	339	353	374	357	343	381	353

4. 为了寻找适合本地种植的高产小麦品种，选取了4个品种分别在5块面积相同的试验地里试种，试验地耕作条件基本相同，试种所得产量如下（单位：kg）。问不同品种的产量是否存在显著差异（$\alpha=0.05$)？

品种	产量（kg）				
A_1	11	15	14	15	11
A_2	18	14	16	17	18
A_3	15	17	10	15	14
A_4	17	15	19	15	16

5. 从某地高考理科考生中随机抽取了45人进行调查，登记考生的成绩、家长的文化程度（按父母中文化程度较高者登记）。数据如下表所示：

家长的文化	考生成绩												
大专以上	606	497	520	508	508	530	550	570	534	540	616		
高中	509	420	445	390	440	406	410	480	530	590	560	551	559
初中	360	540	320	430	550	517	580	460	408	330	490	471	
小学以下	303	501	415	388	290	420	550	511	432				

问家长的文化程度是否对学生考试成绩存在显著影响（α =0.05）?

6. 下表是对因素 A 与因素 B 进行无交互作用的双因素方差分析得到的结果：

误差来源	平方和 SS	自由度 *df*	均方 *MS*	*F* 值	*F* 临界值
行因素 A	30			5	4.757
列因素 B	16				5.143
误差		6	2	-	-
总和			-	-	-

要求：

（1）请将空缺数字补充完整。

（2）判断行因素、列因素的影响是否显著?

7. 一家跨国公司为研究儿童食品的销售量是否受到包装和销售地区的影响，在一周内在 3 个地区同时用 3 种不同的包装进行销售试验，获得的销售量数据见下表（单位：箱）。问不同包装和不同销售地区对该食品的销售量是否存在影响（α = 0.05）?

	地区 B_1	地区 B_2	地区 B_3
包装 A_1	86	81	73
包装 A_2	65	71	62
包装 A_3	53	52	60

8. 某女排运动员在世界锦标赛、世界杯赛和奥运会比赛三种场合对阵美国队、古巴队、日本队和俄罗斯队的比赛中，扣球成功率如下表（单位:%）。试问不同比赛场合、不同的对战队对该运动员扣球成功率是否存在显著影响（α =0.05）?

	美国队 B_1	古巴队 B_2	日本队 B_3	俄罗斯队 B_4
世锦赛 A_1	72	86	73	89
世界杯 A_2	65	81	76	84
奥运会 A_3	66	77	68	79

9. 为了分析噪音因素 A、光照因素 B 以及二者的交互作用是否对工人生产的产品量存在影响，在噪音和光照两种因素的不同水平组合下做试验，结果如下表（单位：件）：

	B_1	B_2	B_3	B_4
A_1	25	28	25	28
	25	27	27	30
	27	27	26	30
A_2	29	25	28	25
	29	25	27	26
	26	25	26	27
A_3	26	29	28	27
	28	32	28	28
	31	32	28	27

请回答噪音、光照及二者的交互作用对工人生产产品有无显著影响（$\alpha=0.05$）?

10. 下表给出的是在不同温度和不同压力下，生产的某种模制塑料的抗拉强度（单位：兆帕）：

压力	温　度		
	B_1	B_2	B_3
A_1	11	12	13
	12	13	14
	11	12	13
	10	13	14
A_2	12	13	11
	12	12	12
	13	11	11
	14	12	11
A_3	12	15	11
	11	14	12
	11	14	12
	13	15	11

试依据上述资料，在 0.05 显著性水平下研究温度、压力及两者的交互作用对模制塑料抗拉强度有无显著影响。

四、实训题解

(一) 单项选择题

1. 答案：A。总平方和是全部观测值与总平均值的离差平方和，反映的是全部观测值的离散状况。

2. 答案：B。方差分析的实质就是研究分类型自变量对数值型因变量的影响是否显著。

3. 答案：D。组内平方和反映了同一水平下样本各观测值之间的差异，体现的是随机误差。

4. 答案：A。组间平方和（*SSA*）除以相应的自由度，称为组间均方（*MSA*）。

5. 答案：C。F 统计量的计算式是组间均方除以组内均方。

6. 答案：D。化肥品种和土地类型是分类型自变量，农作物产量是数值型因变量，化肥品种与土地类型的搭配可能对农作物产量产生新效应，因此最好采用有交互作用的双因素方差分析。

7. 答案：D。"全部相等"的对立面是"不全相等"，或者说"至少有两个不相等"。

8. 答案：B。F 统计量的分子自由度是因素水平数 k 减 1，分母自由度是总的观测值个数 n 与因素水平数 k 之差。

9. 答案：A。双因素方差分析涉及两个分类型自变量、一个数值型因变量。

10. 答案：A. 有交互作用的双因素方差分析是指用于检验的两个因素（分类型自变量）的搭配对因变量的影响有交互作用，产生了新效应。

(二) 多项选择题

1. 答案：BE。组内平方和的自由度为 n-k。组内平方和反映随机因素的影响。组内误差与组间误差的大小是不一定的。

2. 答案：AD。水温是分析的因素（单因素），控制在 3 个水平上，因素有 3 种类型，所以也就是单因素三水平方差分析。

3. 答案：ACE。各个总体均值相等是方差分析的原假设，方差分析的应用前提并不含有对均值的要求。

4. 答案：CD。组间平方和是各组平均值与总平均值的离差平方和，是由水平效应不同所引起的离差平方和。而同一水平下数据误差的平方和是组内平方和，全部观测值与总平均值的离差平方和是总平方和。

5. 答案：ABE。若检验统计量 F 近似等于 1，表明组间均方基本与组内均方相同，不能否定各总体均值相同（不存在系统因素的显著影响）的原假设，说明组间方差中不存在系统因素的显著影响。而组内方差中本身就不存在系统因素的影响。

6. 答案：ABC。组间自由度 $=k-1=2$，组内自由度 $=n-k=27$，组间均方 $MSA=SSA/(k-1)=(SST-SSE)/(k-1)=5$，组内均方 $MSE=SSE/(n-k)=30/27=1.111$，检验统计量 $F=MSA/MSE=4.5$。

7. 答案：ABC。方差分析实质上是研究分类型自变量对数值型因变量是否有显著影响的方法。因此，自变量是分类型变量，因变量是数值型变量。D 项是研究数值型自变量（收入）对分类型因变量（出行交通工具类型）的影响。E 项是研究数值型自变量（研发投入）对数值型因变量（企业利润）的影响。

8. 答案：ABDE。从行标题的内容可以看出，这是单因素方差分析。$n-1=39$，所以样本观测值一共有 $39+1=40$ 个。

9. 答案：ABCDE。行因素自由度 df=2，所以行因素水平有 2+1=3 个。检验行因素影响显著性的 F 统计量对应的 P 值=0.010，小于 5%的显著性水平，说明行因素影响是显著的。检验列因素影响显著性的 F 统计量对应的 P 值=0.014，也小于 5%的显著性水平，说明列因素影响也是显著的。

10. 答案：ABCE。从行标题的内容可以看出，这是有交互作用的双因素方差分析。列因素自由度 df=3，所以列因素水平有 3+1=4 个。两因素的每一种搭配重复试验了 n/kr=（35+1）/（3+1）（2+1）=3 次。检验行因素影响显著性的 F 统计量对应的 P 值=0.002，小于 5%的显著性水平，说明行因素影响是显著的。检验列因素影响显著性的 F 统计量对应的 P 值=0.791，大于 5%的显著性水平，说明列因素不存在显著影响。检验交互作用影响显著性的 F 统计量对应的 P 值=0.006，小于 5%的显著性水平，说明交互作用的影响是显著的。

（三）判断题

1. 答案：√。方差分析是分析因素（分类型自变量）对实验结果（数值型因变量）的影响。

2. 答案：√。无交互的双因素方差分析与有交互作用的双因素方差分析的区别，就是看两因素的搭配是否可能对因变量产生新效应。

3. 答案：√。单因素方差分析中因素有 5 个水平，则组间自由度为 4（即 $k-1$），因而组间均方 $MSA=SSA/(k-1)=2.5$。

4. 答案：√。注意理解和区分组内平方和与组间平方和的含义。

5. 答案：×。方差分析是对多个正态总体均值相等的原假设进行检验。

6. 答案：×。有交互作用的双因素方差分析是指用于检验的两个因素的搭配可能对因变量产生新效应。

7. 答案：×。在方差分析中，检验统计量 F 是用组间均方除以组内均方。

8. 答案：√。组内平方和反映了同一水平下样本各观测值之间的差异，体现的是随机误差。

9. 答案：✓。组间平方和是各组均值与总平均值的离差平方和，既包括随机误差，也包括系统误差。

10. 答案：×。双因素方差分析涉及两个因素，因素是分类型自变量。

(四) 综合应用题

1. 解：(1) 由于研究的是“4 台机器的产品”，所以组间自由度 $=k-1=4-1=3$；组间平方和 $SSA=MSA\times df=0.0032\times3=0.0096$；组内自由度=综合自由度-组间自由度 $=21-3=18$；组内均方 $MSE=SSE/df=0.0036/18=0.0002$；总平方和 $SST=SSA+SSE=0.0096+0.0036=0.0132$；$F$ 值 $=MSA/MSE=0.0032/0.0002=16$。

(2) 由于 F 值 $=16>$F 临界值 $=3.1599$，所以否定“$\mu_1=\mu_2=\mu_3=\mu_4$（4 台机器灌装量相同）”的原假设，说明 4 台机器的灌装量有显著差异。

2. 解：学历分为 5 种（即有 5 种水平），所以组间自由度 $=k-1=5-1=4$。组间均方 $MSA=SSA/df=3996/4=999$。$MSE=SSE/df=(SST-SSA)/(n-k)=(10580-3996)/(100-5)=69.3$。因此，$F$ 统计量 $=MSA/MSE=999/69.31=14.41$。用 Excel 函数计算“F. INV. RT（0. 05，4，95）”可得 $F_\alpha=2.4675$（或者查 F 分布表得到该临界值）。由于 F 统计量 $=14.41>F_\alpha$，所以否定“$\mu_1=\mu_2=\mu_3=\mu_4=\mu_5$（各学历职工收入相等）”的原假设，说明学历对收入存在显著影响。

3. 解：借助 Excel 方差分析工具可得下表所示结果：

差异源	SS	df	MS	F	P-value	F crit
组间	2 785. 067	2	1 392. 533	7. 550 5	0. 002 5	3. 354 1
组内	4 979. 6	27	184. 429 6			
总计	7 764. 667	29				

由于 F 统计量对应 P 值 $=0.0025$，小于显著性水平（$\alpha=0.05$），所以否定“$\mu_1=\mu_2=\mu_3$（各生产线的电池电力相同）”的原假设，说明生产线的不同对电池电力影响显著。

4. 解：借助 Excel 方差分析工具可得下表所示结果：

差异源	SS	df	MS	F	P-value	F crit
组间	41. 8	3	13. 933 3	3. 377 8	0. 044 4	3. 238 9
组内	66	16	4. 125			
总计	107. 8	19				

由于 F 统计量对应 P 值 $=0.0444$，小于显著性水平（$\alpha=0.05$），所以否定“$\mu_1=\mu_2=\mu_3=\mu_4$（不同品种产量相同）”的原假设，说明不同品种的产量存在显著差异。

5. 解：借助 Excel 方差分析工具可得下表所示结果：

差异源	SS	df	MS	F	P-value	F crit
组间	81 118. 02	3	27 039. 34	5. 048 0	0. 004 6	2. 832 7
组内	219 615. 1	41	5 356. 466			
总计	300 733. 1	44				

由于 F 统计量对应 P 值 = 0. 004 6，小于显著性水平（$\alpha = 0.05$），所以否定"$\mu_1 = \mu_2 = \mu_3 = \mu_4$（不同的家长文化程度的学生考试成绩相同）"的原假设，说明家长的文化程度对学生考试成绩存在显著影响。

6. 解：(1) 由于误差均方 $MSE = 2$，$df_E = 6$，所以误差平方和 $SSE = MSE \times df_E = 2 \times 6 = 12$；总平方和 $SST = SSA + SSB + SSE = 30 + 16 + 12 = 58$；由于行因素检验统计量 $F_A = MSA/MSE$，所以 $MSA = F_A \times MSE = 5 \times 2 = 10$；$df_A = \frac{SSA}{MSA} = \frac{30}{10} = 3$；$df_B = df_E / df_A = \frac{6}{3} = 2$；$MSB = SSB / df_B = 16/2 = 8$；$F_B = MSB/MSE = 8/2 = 4$；$df_T = df_A + df_B + df_E = 3 + 2 + 6 = 11$。

(2) 由于 $F_A = 5 >$ F 临界值 = 4. 757，所以否定"行因素 A 对实验结果无显著影响"的原假设，说明行因素 A 对实验结果影响显著。

由于 $F_B = 4 <$ F 临界值 = 5. 143，所以不能否定"列因素 B 对实验结果无显著影响"的原假设，说明列因素 B 对实验结果影响不显著。

7. 解：借助 Excel 方差分析工具可得下表所示结果：

差异源	SS	df	MS	F	P-value	F crit
行	942	2	471	12. 729 7	0. 018 4	6. 944 3
列	18	2	9	0. 243 2	0. 794 9	6. 944 3
误差	148	4	37			
总计	1 108	8				

由于行因素 A 的 F_A 统计量对应 P 值 = 0. 018 4，小于显著性水平（$\alpha = 0.05$），所以否定"$\mu_1 = \mu_2 = \mu_3$（不同包装的产品销售量相同）"的原假设，说明不同包装对该食品的销售量存在显著影响。

由于列因素 B 的 F_B 统计量对应 P 值 = 0. 794 9，大于显著性水平（$\alpha = 0.05$），所以不能否定"$\mu_1 = \mu_2 = \mu_3$（不同地区的产品销售量相同）"的原假设，说明销售地区因素对该食品的销售量影响不显著。

8. 解：借助 Excel 方差分析工具可得下表所示结果：

差异源	SS	df	MS	F	P-value	F crit
行	112.667	2	56.333	8.593 2	0.017 3	5.143 3
列	524.667	3	174.89	26.678	0.000 7	4.757 1
误差	39.333 3	6	6.555 6			
总计	676.667	11				

由于行因素 A 的 F_A 统计量对应 P 值=0.017 3，小于显著性水平（$\alpha=0.05$），所以否定“$\mu_1=\mu_2=\mu_3$（不同比赛场合该运动员扣球成功率相同）”的原假设，说明不同比赛场合对该运动员扣球成功率存在显著影响。

由于列因素 B 的 F_B 统计量对应 P 值=0.000 7，小于显著性水平（$\alpha=0.05$），所以也否定“$\mu_1=\mu_2=\mu_3=\mu_4$（对于不同的对战队该运动员扣球成功率相同）”的原假设，说明不同的对战队对该运动员扣球成功率存在显著影响。

9. 解：借助 Excel 方差分析工具可得下表所示结果：

差异源	SS	df	MS	F	P-value	F crit
样本	30.167	2	15.083	9.696 4	0.000 8	3.402 8
列	2.972 2	3	0.990 7	0.636 9	0.598 6	3.008 8
交互	60.278	6	10.046	6.458 3	0.000 4	2.508 2
内部	37.333	24	1.555 6			
总计	130.75	35				

由于行因素 A 的 F_A 统计量对应 P 值=0.000 8，小于显著性水平（$\alpha=0.05$），所以否定“$\mu_1=\mu_2=\mu_3$（噪音对工人生产无显著影响）”的原假设，说明噪音对工人生产存在显著影响。

由于列因素 B 的 F_B 统计量对应 P 值=0.598 6，大于显著性水平（$\alpha=0.05$），所以不否定“$\mu_1=\mu_2=\mu_3=\mu_4$（光照对工人生产无显著影响）”的原假设，说明光照对工人生产不存在显著影响。

由于交互作用 A×B 的 F_{AB} 统计量对应 P 值=0.000 4，小于显著性水平（$\alpha=0.05$），所以否定“A、B 两因素的搭配对工人生产无新影响”的原假设，说明 A、B 两因素的搭配对工人生产产生了显著的新影响。

10. 解：借助 Excel 方差分析工具可得下表所示结果：

差异源	SS	df	MS	F	P-value	F crit
样本	2.055 6	2	1.027 8	1.947 4	0.162 2	3.354 1
列	9.055 6	2	4.527 8	8.578 9	0.001 3	3.354 1
交互	30.278	4	7.569 4	14.342	2.1E-06	2.727 8
内部	14.250	27	0.527 8			
总计	55.639	35				

由于行因素 A 的 F_A 统计量对应 P 值＝0.162 2，大于显著性水平（$\alpha=0.05$），所以不否定“$\mu_1=\mu_2=\mu_3$（不同压力下模制塑料的抗拉强度相同）”的原假设，说明压力对模制塑料的抗拉强度无显著影响。

由于列因素 B 的 F_B 统计量对应 P 值＝0.001 3，小于显著性水平（$\alpha=0.05$），所以否定“$\mu_1=\mu_2=\mu_3$（不同温度下模制塑料的抗拉强度相同）”的原假设，说明温度对模制塑料的抗拉强度存在显著影响。

由于交互作用 A×B 的 F_{AB} 统计量对应 P 值＝ 2.1×10^{-6}，小于显著性水平（$\alpha=0.05$），所以否定“A、B 两因素的搭配对抗拉强度无新影响”的原假设，说明压力和温度两因素的搭配对模制塑料的抗拉强度产生了显著的新影响。

第八章　相关与回归分析

一、统计知识

客观现象之间的数量依存关系有两种类型：一种是函数关系，另一种是相关关系。相关分析是根据实际观测的数据资料，研究现象间相互依存关系的形式和密切程度的统计分析方法；回归分析则是对相关的变量进行测定，建立回归方程并进行估计或预测的统计分析方法。本章重点是相关关系的概念和种类；相关系数的理解、计算和应用；回归方程的建立、评价和应用。

（一）相关分析

1. 相关关系的概念

相关关系是指变量之间存在的一种非确定性的数量依存关系。

2. 相关关系的种类

变量之间的相关关系按不同的标准分类如图 8-1 所示，图中 r 为两变量的相关系数。

3. 相关系数的性质

（1）r 的取值范围为区间 $[-1, 1]$；

（2）r 具有对称性。即 x 与 y 的相关系数等于 y 与 x 的相关系数。

（3）r 数值的大小与 x 和 y 的原点及尺度无关。即 x 和 y 的量纲不会影响它们之间的相关系数，这也意味着，x 或 y 所有观测值都加（减）一个数或乘（除）一个非 0 的数，x 与 y 的相关系数都不会发生变化。

- 相关关系
  - 按相关的程度
    - 完全相关，$|r|=1$
    - 不完全相关
      - 高度相关，$|r|\geqslant 0.8$
      - 中度相关，$0.5\leqslant |r|<0.8$
      - 低度相关，$0.3\leqslant |r|<0.5$
      - 极弱相关，$0<|r|<0.3$
    - 不线性相关，$r=0$
  - 按（线性）相关的方向
    - 正相关，$r>0$
    - 负相关，$r<0$
  - 按相关的形式
    - 线性相关（可用 r 测度联系的紧密程度）
    - 非线性相关（不能用 r 来测度）
  - 按相关的变量个数
    - 单相关
    - 复相关

图 8-1　变量之间相关关系的分类

（4）r 不能用于描述非线性关系。$r=0$ 只意味着不存在线性相关关系，并不能肯定是否存在非线性相关关系。

（5）r 是两变量之间线性关系的一个度量，却不一定意味着 x 与 y 一定有因果关系。

4. 相关分析的基本思路

（1）定性分析。现象间内在的本质联系，决定它们的客观规律性，需要结合实际经验去分析，并要有有关理论去加以说明。对于如果本来没有内在联系的现象，仅凭数据进行相关分析和回归分析，有可能会是一种“伪相关”或“伪回归”，这样不仅没有实际的意义，而且会导致荒谬的结论。

（2）绘制散点图。依据散点图对变量之间相关的方向、形式和密切程度做出直观的判断。

（3）计算相关系数。相关系数是定量研究线性相关关系的工具，根据相关系数的符号和大小，可以判定现象之间线性相关的方向和密切程度。计算公式为：

$$r=\frac{n\sum_{i=1}^{n}x_iy_i-\sum_{i=1}^{n}x_i\sum_{i=1}^{n}y_i}{\sqrt{n\sum_{i=1}^{n}x_i{}^2-(\sum_{i=1}^{n}x_i)^2}\sqrt{n\sum_{i=1}^{n}y_i^2-(\sum_{i=1}^{n}y_i)^2}}$$

（4）检验相关系数的显著性。原假设为 H_0：$\rho=0$（总体的两个变量不存在线性相关关系），H_1：$\rho\neq 0$。一般使用 t 检验法进行检验，检验统计量为：

$$t=\frac{r\sqrt{n-2}}{\sqrt{1-r^2}}$$

如果 $|t|>t_{\frac{\alpha}{2}}(n-2)$，则否定原假设，表明总体的两个变量之间存在显著的线性相关关系；如果 $|t|\leqslant t_{\frac{\alpha}{2}}(n-2)$，则不否定原假设，表明总体的两个变量之间不存在显著的线性相关关系。

(二) 回归分析

1. 回归分析的概念

回归分析是对相关的变量的数量变化进行测定，根据实际的观测值建立变量间的回归方程式，并据以进行估计预测的统计分析方法。

2. 回归分析的基本思路

(1) 建立回归模型。一元线性回归模型为：

$$Y = \beta_0 + \beta_1 X + \varepsilon$$

多元线性回归模型为（$p>1$ 为自变量个数）：

$$Y = \beta_0 + \sum_{i=1}^{p} \beta_i X_i + \varepsilon$$

其中，ε 一般称为随机扰动项。对建立的回归模型有两个方面的基本假定：一是对变量和模型的假定（包括：假定自变量非随机，或自变量虽然是随机的，但与随机扰动项也是不相关的；模型中的变量没有测量误差；模型对变量和函数形式的设定是正确的）。二是对随机扰动项 ε 统计分布的假定，即古典假定或称为高斯假定，具体包括：①零均值假定，即 $E(\varepsilon \mid X) = 0$。②同方差假定，即对于给定的每一个 X 的取值，随机扰动项的条件方差都相同。③无自相关假定，即随机扰动项 ε 的逐次值互不相关，或者说协方差 $Cov(\varepsilon_i, \varepsilon_j) = 0$，$(i \neq j)$。④随机扰动项与自变量不相关，这样才能分清楚自变量与随机扰动项分别对因变量的影响各为多少。⑤正态性假定，即假定随机扰动项服从正态分布，即有 $\varepsilon \sim N(0, \sigma^2)$。满足这些假定的线性回归模型称为古典线性回归模型。

(2) 根据样本观测值估计回归系数。一般使用最小二乘法估计，并借助软件完成计算。

在一元线性回归方程 $\hat{y} = \hat{\beta}_0 + \hat{\beta}_1 x$ 中，按最小二乘法所得回归系数的计算表达式为：

$$\begin{cases} \hat{\beta}_1 = \dfrac{n\sum_{i=1}^{n} x_i y_i - \sum_{i=1}^{n} x_i \sum_{i=1}^{n} y_i}{n\sum_{i=1}^{n} x_i^{\ 2} - (\sum_{i=1}^{n} x_i)^2} \\ \hat{\beta}_0 = \bar{y} - \hat{\beta}_1 \bar{x} \end{cases}$$

如果借助 Excel 软件进行回归分析，则 Excel 报告的主要结果的一般形式如图 8-2 所示，图中对各统计量的含义做了简要说明。

SUMMARY OUTPUT						
回归统计						
Multiple R	复相关系数					
R Square	可决系数					
Adjusted R Square	调整的可决系数					
标准误差	估计标准误差					
观测值	样本容量 n					
方差分析						
	df	SS	MS	F	Significance F	
回归分析	回归自由度	回归平方和	回归均方	F 统计量	对应于单尾 F 检验的 P 值	
残差	残差自由度	残差平方和	残差均方			
总计	n-1	总离差平方和				
	Coefficients	标准误差	t Stat	P-value	Lower 95%	Upper 95%
Intercept	截距（常数项）	系数估计值的标准误差	t 统计量	P 值	系数区间估计的下限	系数区间估计的上限
X Variable1	斜率（自变量系数）	系数估计值的标准误差	t 统计量	P 值	系数区间估计的下限	系数区间估计的上限

图 8-2　Excel 回归分析报告结果的含义

（3）回归模型的检验。对回归模型的检验一般包括如下 4 个方面：

①审查回归系数的符号与大小是否与实际问题相符。以消费 y 对收入 x 的回归方程 $\hat{y}=\hat{\beta}_0+\hat{\beta}_1 x$ 为例，根据消费理论可知，$\hat{\beta}_0$ 被称为自发消费，一般应该大于 0；$\hat{\beta}_1$ 被称为边际消费倾向，一般应该大于 0 小于 1。

②用可决系数 R^2 进行拟合优度评价。回归平方和 SSR 占总平方和 SST 的比例称为可决系数（或判定系数），记为 R^2，即有：

$$R^2=\frac{SSR}{SST}=1-\frac{SSE}{SST}$$

可决系数 R^2 的取值范围在［0，1］之间。R^2 越靠近于 1，说明回归方程拟合得越好；R^2 越靠近于 0，说明回归方程拟合得越差。可决系数在数值上等于两个变量相关系数的平方，即有 $R^2=r^2$。

如果是多元线性回归，则需要用调整的可决系数 $\bar{R}^2$ 进行拟合优度评价：

$$\bar{R}^2=1-(1-R^2)\times\frac{n-1}{n-p-1}$$

上式中，R^2 是可决系数，p 是自变量个数，n 是样本容量。

③用 F 检验对回归方程的显著性进行检验。目的是检验线性方程是否有意义，或者说检验所有的自变量联合起来是否对因变量存在显著影响（原假设是“自变量联合起来对因变量无显著影响”）。在一元线性回归方程中，对回归方程显著性的 F 检验与对自变量系数显著性的 t 检验是等价的，且有 $F=t^2$。

④用 t 检验对回归系数的显著性进行检验。在多元线性回归分析中，回归方程

显著并不意味着每一个系数都显著，因此，还需要用 t 检验逐个检验自变量是否对因变量存在显著影响（原假设是 H_0：$\beta_i=0$，即该系数为 0，“该自变量对因变量无显著影响”）。

（4）回归方程的应用。包括：①根据回归系数解释现象之间的数量依存特征；②根据回归方程进行预测与控制。

一元回归自变量系数的含义是：当自变量每增加一个单位时，因变量的平均增加值。

多元回归自变量系数的含义是：当其他自变量不变，该自变量每增加一个单位时，因变量的平均增加值。

利用回归系数也可以判断自变量与因变量相关的方向：当自变量系数大于 0 时，自变量与因变量正相关；当自变量系数小于 0 时，自变量与因变量负相关。

预测：以一元线性回归模型为例，当自变量 $X=x_0$ 时，因变量的预测值（估计值）$\hat{y}_0$ 为：

$$\hat{y}_0=\beta_0+\beta_1 x_0$$

控制：对于给定的因变量的取值，按照回归方程确定自变量的控制取值。

二、统计实验

（一）实验目的

掌握借助 Excel 完成相关分析与回归分析有关计算的方法。

（二）实验内容

1. 绘制散点图，观察两变量相关关系的特征。
2. 使用 Excel 函数或 Excel 宏工具计算相关系数，完成相关分析。
3. 借助 Excel 进行回归分析，得出回归方程，并进行拟合优度评价、对回归方程和系数进行显著性检验。

（三）实验操作

相关分析主要是通过绘制散点图和计算相关系数来展开相关变量的分析。散点图的绘制方法参见实验 1，这里主要谈谈相关系数的计算。样本相关系数的计算公式为：

$$r = \frac{n\sum_{i=1}^{n} x_i y_i - \sum_{i=1}^{n} x_i \sum_{i=1}^{n} y_i}{\sqrt{n\sum_{i=1}^{n} x_i^{\ 2} - (\sum_{i=1}^{n} x_i)^2}\sqrt{n\sum_{i=1}^{n} y_i^2 - (\sum_{i=1}^{n} y_i)^2}}$$

在 Excel 中有两种方法可以计算相关系数，一种是使用相关系数函数，另一种是利用相关分析工具。

1. 利用函数计算相关系数

在 Excel 中，函数 PEARSON 或 CORREL 都可以计算相关系数，调用格式为：

PEARSON(array1,array2)

CORREL(array1, array2)

array1 与 array2 分别为第一组、第二组数值单元格区域。

【例 8.1】为分析某种商品的销售量受其价格以及销售地区居民人均收入的影响情况，对以下 11 个地区进行了调查，所得资料见表 8-1。试做相关分析。

表 8-1　　某商品在 11 个地区的销售情况表

地区	销售量 y（件）	价格 x_1（元/件）	收入 x_2（元/月）
1	5 920	24	2 450
2	6 540	24	2 730
3	6 300	32	3 200
4	6 400	32	3 350
5	6 740	31	3 570
6	6 450	34	3 800
7	6 600	35	4 050
8	6 800	35	4 300
9	7 200	39	4 780
10	7 580	40	5 400
11	7 100	47	5 790

【分析】这里略去散点图的绘制，直接进行相关分析，包括相关系数的计算和显著性检验。

【操作步骤】

（1）录入样本数据。将表 8-1 所示数据录入 B2:D12 单元格。

（2）调用相关系数计算函数。在 A14、A15 单元格分别输入：

“=PEARSON(B2:B12,C2:C12)”

“=PEARSON(B2:B12,D2:D12)”

Excel 分别返回 0.761 与 0.882，即销售量 y 与价格 x_1 的相关系数 r=0.761，销售量 y 与收入 x_2 的相关系数 r=0.882。

（3）显著性检验。检验样本数据得到的相关系数是否显著，一般用 t 检验，检验函数是 $t=\frac{r\sqrt{n-2}}{\sqrt{1-r^2}}$。在 B14 单元格中输入：

“=A14 * SQRT(11-2)/SQRT(1-A14^2)”

Excel 返回检验统计量的值 t=3.519。

按临界值规则检验，在 C14 单元格计算出临界值（显著性水平 α=0.05）：

“=T.INV.2T(0.05,11-2)”

Excel 返回临界值 $t_{\alpha/2}(9)=2.262$。由于 t=3.519>2.262，所以否定“总体相关系数为零”的原假设，即认为销售量与价格之间确实存在着显著的线性相关关系。

如果按 P 值规则检验，则在 C14 单元格计算出 P 值：

“=T.DIST.2T(B14,11-2)”

Excel 返回 P 值为 0.006 5。该值小于 α，也说明销售量与价格之间的相关关系是显著的。

同理，可以对销售量 y 与收入 x_2 的相关系数显著性进行检验。

2. 利用相关系数工具计算相关系数

仍以【例 8.1】的数据为例。

【操作步骤】

（1）录入样本数据。将表 8-1 所示样本数据录入工作表 B2:D12 区域。

（2）调用分析工具。单击“数据”菜单中的“数据分析”工具，在弹出的分析工具对话框中选择“相关系数”，点“确定”后弹出“相关系数”对话框（如图 8-3），在“输入区域”输入数据所在区域“B1:D12”，选择“分组方式”为“逐列”，这里引用区域的第一行是数据名称，所以要勾选“标志位于第一行”，选择“输出区域”，输入“A14”，单击“确定”，Excel 返回这 3 个变量的相关系数矩阵，结果参见图 8-3 右上角。

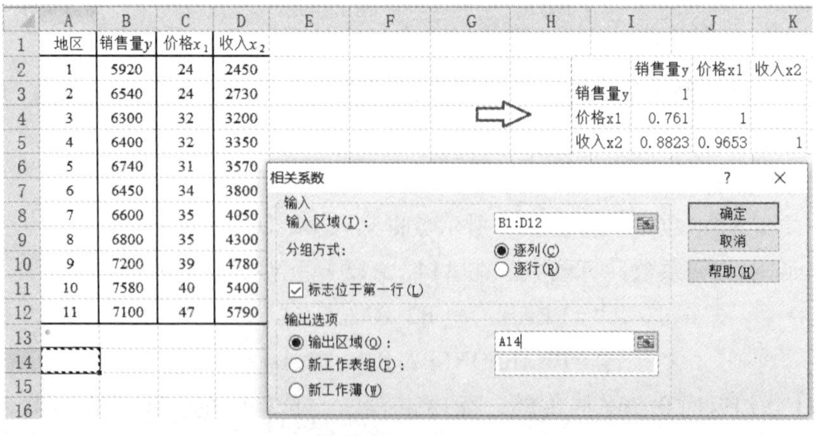

地区	销售量 y	价格 x_1	收入 x_2
1	5920	24	2450
2	6540	24	2730
3	6300	32	3200
4	6400	32	3350
5	6740	31	3570
6	6450	34	3800
7	6600	35	4050
8	6800	35	4300
9	7200	39	4780
10	7580	40	5400
11	7100	47	5790

	销售量y	价格x1	收入x2
销售量y	1		
价格x1	0.761	1	
收入x2	0.8823	0.9653	1

相关系数
输入
输入区域(I)：B1:D12
分组方式：◉ 逐列(C) ○ 逐行(R)
☑ 标志位于第一行(L)
输出选项
◉ 输出区域(O)：A14
○ 新工作表组(P)：
○ 新工作薄(W)
确定
取消
帮助(H)

图 8-3　Excel 相关系数工具

从 Excel 返回的相关系数矩阵可知，销售量 y 与价格 x_1 的相关系数 r=0.761，销售量 y 与收入 x_2 的相关系数 r=0.882 3，价格 x_1 与收入 x_2 的相关系数 r=0.965 3。如果需要进一步对这些相关系数做显著性检验，方法与前述一致。

3. 一元线性回归分析

仍以【例 8.1】数据为例，要求建立“销售量 y”对“价格 x”的一元线性回归方程。设方程为：

$$y = a + bx$$

【操作步骤】

（1）录入样本数据。将样本数据录入工作表 B2:D12 区域。

（2）调用回归分析工具。单击“数据”菜单中的“数据分析”工具，在弹出的分析工具对话框中选择“回归”，在“确定”后弹出“回归”对话框（如图 8-4），在“Y 值输入区域”输入因变量数据所在区域“B1:B12”，在“X 值输入区域”输入自变量数据所在区域“C1:C12”，因为数据引用时包含了变量名称，所以应勾选“标志”，点击“输出区域”，输入“A14”，可根据需要勾选“残差”部分相应的复选框，单击“确定”后，Excel 返回的结果参见图 8-4 左下部分。

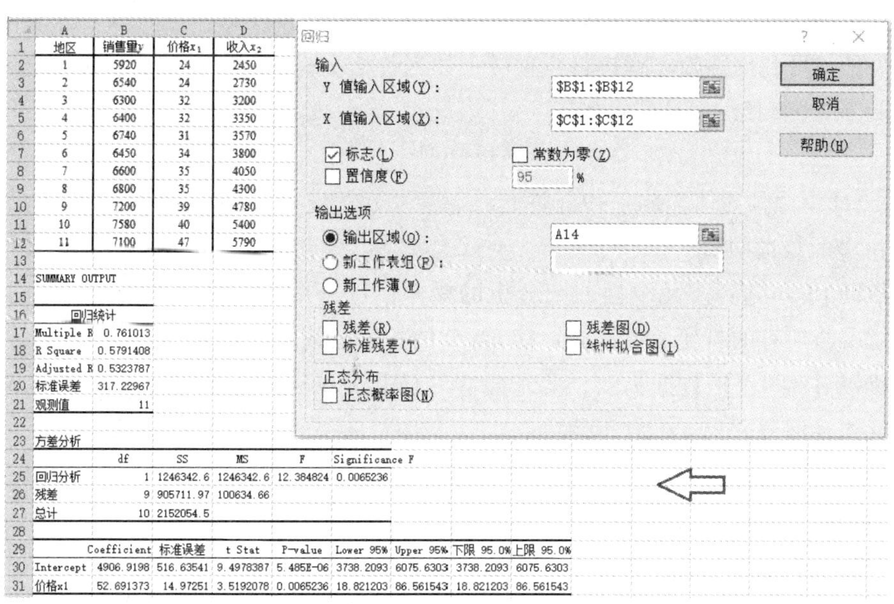

图 8-4　Excel 回归分析工具

在 Excel 回归分析报告结果中，第一部分为“回归统计”，而“Multiple R”指多重相关系数，“R Square”指可决系数（判定系数）R^2，“Adjusted R Square”指调整的可决系数 $\bar{R}^2$（主要用于多元线性回归方程拟合优度的评价），“标准误差”指估计的标准误差，“观测值”指样本容量 n。第二部分为“方差分析”，而“df”指自由度，“SS”指平方和，“SS”与“回归分析”交叉位置的数就是回归平方和

SSR，“SS”与“残差”交叉位置的数就是残差平方和 SSE，“SS”与“总计”交叉位置的数就是总平方和 SST，“MS”指均方，“F”指用于回归方程显著性检验的 F 统计量，“Significance F”是 F 统计量对应的 P 值。第三部分包括：“Intercept”指截距，“X Variable”为自变量（如果数据引用时包含了变量名称，则显示为变量名），“Coefficient”指系数，“t Stat”指用于系数显著性检验的 t 统计量，“P-value”指 t 统计量对应的 P 值。

由图 8-4 所示结果得到【例 8.1】的回归分析结果：

① 回归方程为：

$$\hat{y}=4\ 906.92+52.69x$$

② 可决系数 $R^2=0.579$，说明价格变动解释了销售量总变差的 57.9%。

③ 销售量与价格之间线性关系显著性的 F 检验：对应的 P 值 Significance F = 0.006 523 6<α=0.05（或根据 F=12.38> F_α=5.12 判断），否定“无显著线性关系”的原假设，说明销售量与价格之间存在显著的线性关系。

④ 自变量 x 系数显著性的 t 检验：对应的 P 值为 0.006 523 6，说明 x 对 y 的影响是显著的（对于一元回归来说，自变量系数显著性的 t 检验与方程显著性的 F 检验是等价的）。

另外，可利用回归方程进行点预测：如当价格 x 为 50 元/件时，预测销售量 y，可在 Excel 中直接编写算式：

“=B30+B31＊50”

Excel 返回预测值 7 541.49（件）。

4. 多元线性回归

借助 Excel 进行多元线性回归分析的操作，与一元线性回归分析基本相同，只是注意要将所有的自变量数据放置在 Excel 的相邻区域。

仍以【例 8.1】数据为例，要求建立“销售量 y”对“价格 x_1”和“收入 x_2”的多元线性回归方程。设方程为：

$$y=a+bx_1+c\,x_2。$$

【操作步骤】

（1）录入样本数据。将样本数据录入工作表 B2:D12 区域（注意多个自变量的值录入在相邻的区域）。

（2）调用回归分析工具。单击“数据”菜单中的“数据分析”工具，在弹出的分析工具对话框中选择“回归”，在“确定”后弹出“回归”对话框（如图 8-5），在“Y 值输入区域”输入因变量数据所在区域“B1:B12”，在“X 值输入区域”输入自变量数据所在区域“C1:D12”（注意多个自变量相邻，引用整个区域），选择“输出区域”，输入“A14”，可根据需要勾选“残差”部分相应的复选框，单击“确定”，Excel 返回的结果参见图 8-5 下部分。

地区	销售量 y	价格 x_1	收入 x_2
1	5920	24	2450
2	6540	24	2730
3	6300	32	3200
4	6400	32	3350
5	6740	31	3570
6	6450	34	3800
7	6600	35	4050
8	6800	35	4300
9	7200	39	4780
10	7580	40	5400
11	7100	47	5790

SUMMARY OUTPUT

回归统计	
Multiple R	0.9482096
R Square	0.8991015
Adjusted R	0.8738769
标准误差	164.74943
观测值	11

方差分析

	df	SS	MS	F	gnificance F
回归分析	2	1934915.5	967457.77	35.643813	0.0001036
残差	8	217139.01	27142.376		
总计	10	2152054.5			

	Coefficient	标准误差	t Stat	P-value	Lower 95%	Upper 95%	下限 95.0%	上限 95.0%
Intercept	6058.4354	352.50192	17.186957	1.336E-07	5245.5645	6871.3063	5245.5645	6871.3063
价格x1	-92.172	29.79382	-3.093662	0.0148072	-160.8767	-23.46733	-160.8767	-23.46733
收入x2	0.9527261	0.1891546	5.0367576	0.0010057	0.5165347	1.3889175	0.5165347	1.3889175

图 8-5　Excel 多元线性回归分析

由图 8-5 的结果，可以写出线性回归方程为：

$$\hat{y}=6\,058.435-92.172\,x_1+0.953\,x_2$$

模型评价：方程调整的可决系数 $\bar{R}^2=0.873\,9$，说明模型对数据的拟合程度较好。统计量 $F=35.643\,8$，其对应的概率为 0.000 1，小于显著性水平 α（取 $\alpha=0.05$），因而否定“系数全为 0”的原假设，判断出回归方程是有意义的。$t_{\beta_1}=-3.093\,7$（对应 P 值 $=0.014\,8$）；$t_{\beta_2}=5.036\,8$（对应 P 值 $=0.001\,0$），若取显著性水平 $\alpha=0.05$，自变量 x_1，x_2 系数的 t 检验都是否定“系数等于 0”的原假设，也就是说，回归系数 $\hat{\beta}_1$，$\hat{\beta}_2$ 都是显著不为 0、有意义的。回归系数 $\hat{\beta}_1$ 的含义是：如果其他因素不变，价格提高 1 元/件，销售量平均减少 92.172 件；$\hat{\beta}_2$ 的含义是：其他因素不变，地区居民收入高 1 元/月，销售量平均高 0.953 件。

模型应用：拟合出的回归方程可以应用于预测。比如，预测当 $x_1=45$，$x_2=5\,000$ 时，销售量是多少？在 Excel 中输入算式：

“=B30-B31 * 45+B32 * 5 000”

Excel 返回销售量的预测值 6 674.33（件）。

在 Excel 中，也可以直接使用趋势预测函数 TREND 获得预测值，在 C13 和 D13 分别输入用于预测的自变量值 45 和 5 000 之后，在 E13 输入函数（如图 8-6）：

“=TREND(B2:B12,C2:D12,C13:D13)”

Excel 即返回销售量的预测值 6 674.33（件）。

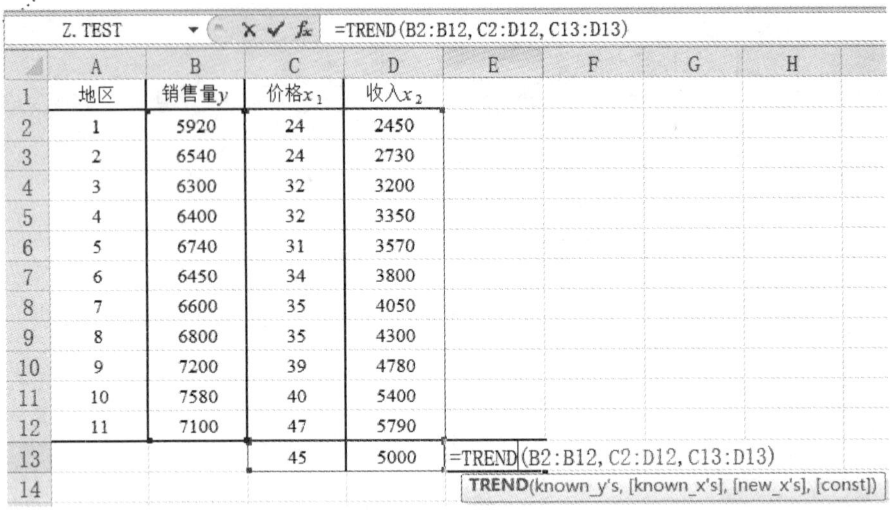

Z.TEST =TREND(B2:B12, C2:D12, C13:D13)

	A	B	C	D	E
1	地区	销售量y	价格x_1	收入x_2	
2	1	5920	24	2450	
3	2	6540	24	2730	
4	3	6300	32	3200	
5	4	6400	32	3350	
6	5	6740	31	3570	
7	6	6450	34	3800	
8	7	6600	35	4050	
9	8	6800	35	4300	
10	9	7200	39	4780	
11	10	7580	40	5400	
12	11	7100	47	5790	
13			45	5000	=TREND(B2:B12, C2:D12, C13:D13)
14					TREND(known_y's, [known_x's], [new_x's], [const])

图 8-6 Excel 趋势函数的应用

如果只是想获得回归分析模型的某些参数，除使用回归分析工具外，也可以利用 Excel 函数计算，常用于建立回归分析模型和预测的 Excel 函数如表 8-2 所示。

表 8-2 Excel 中主要的回归分析函数

函数名	函数功能
INTERCEPT	返回线性回归方程的截距
SLOPE	返回线性回归方程的斜率
RSQ	返回线性回归模型的判定系数
FORECAST	返回一元线性回归模型的预测值
STEYX	返回线性回归模型估计的标准误差
TREND	返回线性回归模型的趋势值
GROWTH	返回指数曲线的趋势值
LINEST	返回线性回归方程的参数
LOGEST	返回指数回归拟合曲线方程的参数

(四) 实验实践

（1）凯恩斯绝对收入假说认为，消费取决于收入。表 8-3 是 2015 年四川省各地区农村居民人均可支配收入和人均生活消费支出情况（单位：元），试做相关分析与回归分析。

表 8-3 2015 年四川省各地区农村居民人均收入和消费情况 单位：元

地区	收入	消费	地区	收入	消费
成都	17 514.3	12 710.9	眉山	12 755.6	10 870.4

表8-3(续)

地区	收入	消费	地区	收入	消费
自贡	12 088.3	9 331.3	宜宾	11 745.0	9 577.0
攀枝花	12 861.2	9 902.5	广安	11 371.4	9 390.8
泸州	11 359.1	9 375.2	达州	10 688.0	7 752.2
德阳	12 787.2	9 815.9	雅安	10 195.3	8 483.1
绵阳	11 349.0	9 786.9	巴中	9 084.1	7 720.9
广元	8 939.2	7 397.0	资阳	12 283.6	9 444.2
遂宁	11 379.0	9 137.2	阿坝	9 711.3	8 516.7
内江	11 427.6	8 961.3	甘孜	8 408.0	6 117.1
乐山	11 648.7	9 684.9	凉山	9 422.1	7 385.4
南充	10 291.8	8 519.4			

（2）有研究发现，家庭人均文教娱乐支出受家庭人均收入及户主受教育年限的影响，表 8-4 为对某地区家庭进行抽样调查得到样本数据。

表 8-4　某地区家庭人均文教娱乐支出、家庭人均收入及户主受教育年限情况

人均文教娱乐支出（元）	家庭人均收入（元）	户主受教育年限（年）	人均文教娱乐支出（元）	家庭人均收入（元）	户主受教育年限（年）
1 125	12 072	9	1 983	21 786	19
1 269	12 252	12	1 652	23 760	12
1 535	14 058	12	1 982	22 854	15
1 409	14 922	15	1 452	23 274	9
1 254	14 964	12	1 532	23 340	15
1 954	16 224	16	2 227	24 114	18
1 355	18 210	15	2 803	27 918	16
1 528	19 488	12	2 736	33 234	19
2 010	21 300	15	3 133	34 010	22
3 055	21 612	18	2 900	38 046	16

试建立模型对家庭人均文教娱乐支出进行统计分析，并分析家庭人均收入及户主受教育年限是否对家庭人均文教娱乐支出有显著影响。

（3）能源消费问题一直广受关注。一般认为，能源消费主要受到经济发展水平、产业结构、技术进步和城市化水平等因素的影响，请尝试查阅文献，搜集有关变量数据，建立回归分析模型进行研究。

三、统计实训

(一) 单项选择题

1. 现象之间存在着不确定的数量依存关系，这种关系称为（　　）。
   A. 函数关系　　B. 平衡关系
   C. 指数关系　　D. 相关关系
2. 下列现象属于正相关的是（　　）。
   A. 居民收入越多，消费支出也越多
   B. 样本容量越大，边际误差越小
   C. 产品单位成本越低，企业盈利越高
   D. 吸烟越多，寿命越短
3. 在相关分析中要求相关的两个变量（　　）。
   A. 都是随机变量　　B. 自变量是随机变量
   C. 都不是随机变量　　D. 因变量是随机变量
4. 相关系数能够测度（　　）。
   A. 曲线相关的程度和方向　　B. 直线相关的方向和曲线相关的程度
   C. 直线相关的程度和方向　　D. 直线相关的程度和曲线相关的方向
5. 相关系数 r 的取值范围是（　　）。
   A. [-1，1]　　B. [0，1]　　C. [0，+∞)　　D. [1，+∞)
6. 相关系数 r 值越接近于 -1，说明两个变量（　　）。
   A. 负相关程度越弱　　B. 负相关程度越强
   C. 无相关　　D. 正相关越弱
7. 相关系数为 0 时，表明两个变量之间（　　）。
   A. 无相关关系　　B. 无曲线相关关系
   C. 无直线相关关系　　D. 中度相关关系
8. 下列四个相关系数中反映变量之间关系最密切的数值是（　　）。
   A. 0.55　　B. 0.92
   C. -0.81　　D. -0.95
9. 下列各回归方程中，肯定错误的是（　　）。
   A. $y=500+0.01x$，$r=0.72$　　B. $y=-160+19x$，$r=-0.89$
   C. $y=-10+2x$，$r=0.56$　　D. $y=-18-3x$，$r=-0.95$
10. 已知某一元线性回归方程的可决系数为 0.64，则对应两变量的相关系数最可能是（　　）。
   A. 0.80　　B. 0.64　　C. 0.409 6　　D. 0.32

11. 在回归分析中，已知 $SSR=27$，$SSE=3$，则可决系数 R^2 为（　　）。

A. 9　　B. 1/9　　C. 0.1　　D. 0.9

12. 在一元线性回归分析中，已知 $n=20$，$SSR=27$，$SSE=3$，则线性关系检验的统计量 F 值是（　　）。

A. 9　　B. 36　　C. 162　　D. 171

13. 在有 3 个自变量的线性回归分析中，已知 $n=26$，则线性关系检验的统计量 F 服从的分布是（　　）。

A. $F(3, 22)$　　B. $F(3, 24)$　　C. $F(1, 23)$　　D. $F(1, 24)$

14. 利用最小二乘法估计回归系数，要求（　　）。

A. $\sum_{i=1}^{n}(y_i - \hat{y}_i)$ 达到最小　　B. $\sum_{i=1}^{n}(y_i - \hat{y}_i)^2$ 达到最小

C. $\sum_{i=1}^{n}(\hat{y}_i - \bar{y})$ 达到最小　　D. $\sum_{i=1}^{n}(y_i - \bar{y})^2$ 达到最小

15. 在回归模型 $Y=\beta_0+\beta_1X+\varepsilon$ 中，ε反映的是（　　）。

A. X 引起的 Y 的线性变化部分

B. Y 引起的 X 的线性变化部分

C. 除 X 引起的 Y 的线性变化之外的随机因素对 Y 的影响

D. X 和 Y 的线性关系对 Y 的随机影响

（该题干用于回答第 16-20 题）为预测我国居民家庭对电力的需求量，建立了我国居民家庭电力消耗量（Y，单位：千瓦时）与可支配收入（X_1，单位：百元）、居住面积（X_2，单位：平方米）的多元线性回归方程，如下所示：

$\hat{Y}=124.3068+0.5464X_1+0.2562X_2$

请根据上述结果，回答第 16-20 题。

16. 对于多元线性回归模型，以下假设中正确的有（　　）。

A. 由于有多个自变量，所以因变量与自变量之间的关系不是线性关系

B. 随机误差项的均值为 1

C. 随机误差项之间是不独立的

D. 随机误差项的方差是常数

17. 回归系数 $\hat{\beta}_2=0.2562$ 的经济意义为（　　）。

A. 我国居民家庭居住面积每增加 1 平方米，居民家庭电力消耗量平均增加 0.256 2 千瓦小时

B. 在可支配收入不变的情况下，我国居民家庭居住面积每增加 1 平方米，居民家庭电力消耗量平均增加 0.256 2 千瓦小时

C. 在可支配收入不变的情况下，我国居民家庭居住面积每减少 1 平方米，居民家庭电力消耗量平均增加 0.256 2 千瓦小时

D. 我国居民家庭居住面积每增加 1 平方米，居民家庭电力消耗量平均减少

0.256 2 千瓦小时

18. 根据计算，上述回归方程式的多重判定系数为 0.923 5，其正确的含义是（　　）。

A. 在 Y 的总变差中，有 92.35% 可以由解释变量 X_1 和 X_2 解释

B. 在 Y 的总变差中，有 92.35% 可以由解释变量 X_1 解释

C. 在 Y 的总变差中，有 92.35% 可以由解释变量 X_2 解释

D. 在 Y 的变化中，有 92.35% 是由解释变量 X_1 和 X_2 决定的

19. 根据样本观测值和估计值计算回归系数 $\hat{\beta}_2$ 的 t 统计量，其值为 $t=8.925$，根据显著性水平（$\alpha=0.05$）与自由度，由 t 分布表查得 t 分布的右侧临界值为 2.431，因此，可以得出的结论是（　　）。

A. 不否定原假设，拒绝备择假设

B. 在 5%的显著性水平下，可以认为 $\beta_2=0$

C. 在 5%的显著性水平下，可以认为 $\hat{\beta}_2$ 是由 $\beta_2=0$ 这样的总体产生的

D. 在 5%的显著性水平下，居住面积对居民家庭电力消耗量的影响是显著的

20. 检验回归方程是否显著，正确的假设是（　　）。

A. H_0：$\beta_1=\beta_2=0$，　H_1：$\beta_1\neq\beta_2\neq0$

B. H_0：$\beta_1=\beta_2\neq0$，　H_1：$\beta_1\neq\beta_2=0$

C. H_0：$\beta_1=\beta_2=0$，　H_1：$\beta_1=\beta_2\neq0$

D. H_0：$\beta_1=\beta_2=0$，　H_1：β_1，β_2 至少有一个不为 0

（二）多项选择题

1. 下列现象属于负相关的是（　　）。

A. 逃课越多，学习成绩越低

B. 广告投入越多，产品销售量越大

C. 产品单位成本越低，企业赢利越多

D. 家庭人均收入越高，恩格尔系数越小

E. 受教育年限越长，失业概率越低

2. 现象之间的依存关系，可以分为（　　）。

A. 函数关系　　B. 指数关系　　C. 相关关系　　D. 平衡关系

E. 回归关系

3. 相关关系按其变动方向的不同可分为（　　）。

A. 完全相关　　B. 负相关

C. 非线性相关　　D. 不完全相关

E. 正相关

4. 下列相关系数的取值，肯定错误的是（　　）。

A. 0.3　　B. 1.05　　C. 0　　D. -0.99

E. -2.1

5. 可用来判断现象之间相关方向的指标有（　　）。

A. 两个变量的均值　　B. 相关系数

C. 回归系数　　D. 估计标准误差

E. 两个变量的标准差

6. 相关系数 r =0 说明两个变量之间是（　　）。

A. 可能完全不相关　　B. 可能是曲线相关

C. 肯定不线性相关　　D. 肯定不曲线相关

E. 高度曲线相关

7. 确定直线回归方程必须满足的条件是（　　）。

A. 现象间确实存在数量上的相互依存关系

B. 相关系数 r 必须等于 1

C. y 与 x 必须同方向变化

D. 现象间存在着较密切的线性相关关系

E. 相关系数 r 必须大于 0

8. 回归分析的高斯假定包括（　　）。

A. 随机误差的数学期望为 0　　B. 因变量服从正态分布

C. 自变量与随机误差项不相关　　D. 随机误差的方差相同

E. 随机误差服从正态分布

9. 居民消费（元）随收入（元）变化的回归方程为 y=400+0.8x，则（　　）。

A. 收入为 3 000 元时，消费估计为 2 800 元

B. 收入为 1 元时，消费平均为 0.8 元

C. 收入增加 1 元时，消费平均增加 400.8 元

D. 收入增加 1 元时，消费平均增加 0.8 元

E. 收入增加 400 元时，消费平均增加 0.8 元

10. 在回归分析中，根据样本数据计算得到了下面的方差分析表，则（　　）。

变差来源	df	SS	MS	F	Significance F
回归分析	1	117 491	117 491	86.97	3.23E-05
残差	10	13 509	1 350.9		
总计	11	131 000			

A. 这是一元线性回归模型

B. 样本容量为 12

C. 可决系数 $R^2 = \dfrac{117\ 491}{131\ 000}$

D. 在5%显著性水平下，自变量对因变量的影响是显著的

E. 残差平方和 $SSE=1\ 350.9$

(三) 判断题

1. 若相关系数越接近-1，则表明两变量之间的相关程度越低。 ( )
2. 负相关是指两个变量之间的变动方向都是下降的。 ( )
3. 进行相关分析时，两变量都是随机变量，地位是对等的。 ( )
4. 进行相关分析时，必须明确自变量与因变量。 ( )
5. 相关关系是指现象之间存在着严格的依存关系。 ( )
6. 相关关系即为函数关系。 ( )
7. 相关系数是用来判断现象之间是否存在线性相关关系的指标。 ( )
8. 当相关系数 $r=0$ 时，说明变量之间不存在任何相关关系。 ( )
9. 相关系数的大小与数据的计量尺度无关。 ( )
10. 相关关系不是因果关系。 ( )
11. 样本的相关系数能否说明总体的相关程度，需要通过对相关系数进行显著性检验来回答。 ( )
12. 从回归直线方程 $\hat{Y}=560-12X$，可以看出变量 X 和 Y 之间存在正相关关系。 ( )
13. 回归系数 $\hat{\beta}_1$ 和相关系数 r 都可用来判断现象之间相关的密切程度。 ( )
14. 在一元线性回归分析中，对模型的 F 检验与对系数的 t 检验是等价的。 ( )
15. 在多元线性回归分析中，如果模型的 F 检验是显著的，则每一个自变量系数的 t 检验也将是显著的。 ( )

(四) 综合应用题

1. 下表是来自某类企业一个随机样本的观测值：

序号	1	2	3	4	5	6	7	8	9	10
产量 X（吨）	260	270	280	290	300	350	380	390	400	420
单位成本 Y（万元/吨）	3.6	3.5	3.4	3.3	3.3	3.1	2.9	2.9	2.8	2.6

依据上述资料：

（1）绘制产量与单位成本的散点图。

（2）计算产量与单位成本的相关系数。

（3）在0.05显著性水平下，检验两个变量之间是否显著线性相关。

（4）以产品产量为自变量做回归分析，写出回归方程。

（5）解释回归系数的经济意义。

（6）检验回归方程的显著性（$\alpha=0.05$）。

2. 已知某公司广告投入 x（万元）与销售量 y（万件）的 10 组观测值。经计算得：

$$\sum_{i=1}^{10} x_i y_i = 12\ 000,\ \sum_{i=1}^{10} x_i = 500,\ \sum_{i=1}^{10} y_i = 210,\ \sum_{i=1}^{10} x_i^2 = 30\ 000,\ \sum_{i=1}^{10} y_i^2 = 4\ 900$$

要求回答：

（1）该公司广告投入与销售量是否显著相关（$\alpha=0.05$）？

（2）拟合 y 对 x 的回归直线，并解释回归系数的实际意义。

（3）当广告投入为 90 万元时，预测销售量为多少？

3. 一家公司在 8 个时期的年均资金占用量与实际销售收入情况见下表：

时期	1	2	3	4	5	6	7	8
资金占用量（万元）	540	660	710	780	810	835	880	900
销售收入（万元）	4 030	4 500	5 120	5 800	5 860	5 950	6 100	6 320

（1）以资金占用量为因变量建立回归模型。

（2）对回归结果做出评价。

（3）该公司预计第 9 期的销售收入为 6 800 万元，试预测第 9 期的资金需求量。

4. 随机调查某地 10 名成年男子及其父亲的身高（单位：cm），对所得资料借助 Excel 做线性回归分析，得到下图所示结果：

	A	B	C	D	E	F	G	H
1	父亲身高x	男子身高y	SUMMARY OUTPUT					
2	166	167						
3	168	170	回归统计					
4	170	173	Multiple R	0.8703				
5	169	170	R Square	0.7574				
6	174	176	Adjusted R S	0.7271				
7	171	173	标准误差	1.5020				
8	168	167	观测值	10				
9	172	171						
10	169	171	方差分析					
11	165	168		df	SS	MS	F	Significance F
12			回归分析	1	56.3512	56.3512	24.9773	0.0011
13			残差	8	18.0488	2.2561		
14			总计	9	74.4			
15								
16				Coefficients	标准误差	t Stat	P-value	Lower 95%
17			Intercept	13.7805	31.3817	0.4391	0.6722	-58.5860
18			X Variable 1	0.9268	0.1855	4.9977	0.0011	0.4992

要求回答：

（1）回归模型的可决系数、回归估计标准误差分别是多少？

（2）写出男子身高 y 关于父亲身高 x 的线性回归方程。

（3）男子身高 y 与父亲身高 x 的线性关系是否显著（$\alpha=0.05$）？

（4）某位父亲的身高为 170cm，预计其儿子成年后的身高为多少？

5. 随机调查了 12 位同学考前复习统计学的时间（x 小时）和考试分数（y 分），通过回归分析研究复习时间 x 对考试分数 y 的影响，计算得到下面的有关结果：

方差分析表

变差来源	df	SS	MS	F	Significance F
回归					1.658E-07
残差		49.330		—	—
总计	11	850.250	—	—	—

参数估计表

	Coefficients	标准误差	t Stat	P-value
Intercept	40.301	3.316		2.589E-07
X Variable 1	1.545	0.121		1.658E-07

要求：

（1）完成上面的分析表。

（2）考试分数与复习时间之间的相关系数是多少？

（3）写出估计的回归方程并解释回归系数的实际意义。

（4）检验线性关系的显著性（$\alpha=0.05$）。

（5）在考试分数的总变差中，有多少是由于复习时间的不同引起的？

6. 在教育统计研究中，经常关注同一对象的两次考试成绩或两门学科成绩之间的关系。今在某校高三学生中随机抽取了 14 名学生，其数学成绩（X）与物理成绩（Y）如下：

X	89	74	90	86	90	86	85	77	89	87	86	92	79	86
Y	91	74	99	87	85	95	90	86	86	97	95	99	85	95

试问：

（1）数学成绩（X）与物理成绩（Y）是否存在显著的相关关系（$\alpha=0.05$）？

（2）建立回归模型，分析数学成绩（X）是否对物理成绩（Y）存在显著影响（$\alpha=0.05$）？

7. 现有某地早稻产量与生长期平均温度和施肥量的观测数据，见下表：

产量 y（kg/hm^2）	温度 x_1（℃）	施肥量 x_2（kg/hm^2）	产量 y（kg/hm^2）	温度 x_1（℃）	施肥量 x_2（kg/hm^2）
2 950	7	350	4 510	11	400
3 100	8	360	5 560	12	450
3 320	8	370	6 020	12	500
3 480	9	350	6 400	13	500
4 002	9	360	6 650	14	480
4 390	10	390	7 050	15	520

要求：

（1）试确定早稻产量对温度和施肥量的二元线性回归方程。

（2）检验回归方程和回归系数的显著性（$\alpha=0.05$）。

（3）解释回归系数的实际意义。

8. 将定性变量转化为数值型的人工变量引入回归模型，一般被称为虚拟变量。虚拟变量的取值一般为 0 或 1，比如当性别为男时，$x=1$，为女时，$x=0$。在某行业中的同一岗位随机抽取 15 名学历相同的职工进行调查，其月工资 y、工龄 x_1 与性别 x_2 见下表：

月工资 y（元）	工龄 x_1（年）	性别 x_2	月工资 y（元）	工龄 x_1（年）	性别 x_2
3 250	5.6	1	3 100	4.6	1
2 020	3.7	0	1 970	4.4	0
2 450	4.8	0	3 220	5.0	1
3 490	5.2	1	2 560	3.8	1
3 550	6.2	1	2 430	4.6	0
2 030	4.5	0	1 980	3.6	0
3 090	4.4	1	3 170	5.0	1
2 380	4.8	0			

试进行回归分析，分析该行业中的工资有无性别歧视？

9. 某企业 2006—2017 年总成本和产量数据如下：

年份	总成本 Y(万元)	产量 X(件)	年份	总成本 Y(万元)	产量 X(件)
2006	325	409	2 012	865	895
2007	521	610	2 013	1 360	1 230
2008	426	509	2 014	1 211	1 110
2009	620	719	2 015	1 764	1 360
2010	739	804	2 016	2 402	1 490
2011	998	987	2 017	2 796	1 518

（1）试建立 Y 对 X 的一元二次函数方程：

$\hat{Y}=\hat{\beta}_0+\hat{\beta}_1X+\hat{\beta}_2X^2$

（2）检验方程和系数的显著性（$\alpha=0.05$）。

（3）预测当产量达到 1 600 件时，总成本是多少？

10. 某公司最近 11 年的网络销售额（单位：万元）如下表所示，试拟合指数曲线 $\hat{Y}=\alpha\beta^X$，预测下一年的销售额。

时间 X	1	2	3	4	5	6	7	8	9	10	11
销售额 Y	3 997	3 933	4 172	4 168	4 263	4 505	5 044	5 285	5 113	5 156	5 623

四、实训题解

（一）单项选择题

1. 答案：D。“不确定的数量依存关系”是相关关系，注意与函数关系区别。

2. 答案：A。同向变动的相关现象属于正相关。

3. 答案：A。在相关分析中，相关的两个变量都视为随机变量。在回归分析中，一般把自变量视为非随机变量，而因变量是随机变量。

4. 答案：C。相关系数只能够测度直线相关的程度和方向，不能度量非线性相关。

5. 答案：A。注意结合相关系数 r 的取值范围，理解相关系数符号、绝对值大小的意义。

6. 答案：B。符号说明相关的方向，绝对值越大，说明联系越紧密，相关的程度越强。

7. 答案：C。由于相关系数只能够度量线性相关，所以相关系数为 0 时，只表明两个变量之间无线性相关关系。

8. 答案：D。绝对值越大，说明联系越紧密。

9. 答案：B。回归方程中自变量系数的符号如果与对应相关系数的符号不一致，则肯定错误。

10. 答案：A。两变量的相关系数 r，与这两个变量建立的线性回归方程的可决系数 R^2 之间，在数量上存在关系：$R^2=r^2$。

11. 答案：D。$R^2=\dfrac{SSR}{SST}=\dfrac{SSR}{SSR+SSE}=\dfrac{27}{27+3}=\dfrac{9}{10}$。

12. 答案：C。在一元线性回归分析中，回归平方和 SSR 的自由度为 1，残差平方和 SSE 的自由度为 n-2=18，所以，$F=\dfrac{SSR/1}{SSE/18}=\dfrac{27}{3/18}=162$。

13. 答案：A。如果自变量个数为 p，则线性关系显著性检验的统计量 F 的第一自由度为 p，第二自由度为 n-p-1。

14. 答案：B。最小二乘法估计回归系数，要求残差平方和达到最小。

15. 答案：B。$(\beta_0+\beta_1X)$ 是 X 引起的 Y 的线性变化部分，ε 反映的是除 X 引起的 Y 的线性变化之外的随机因素对 Y 的影响。

16. 答案：D。既然建立的是线性回归模型，当然因变量与自变量之间的关系应该是线性关系。多元线性回归模型对随机误差项的高斯假定，与一元线性回归模型是一样的，即“零均值、同方差、无自相关、与自变量不相关、正态分布”这样 5 条，因而选项 D 才是对的。

17. 答案：B。注意叙述中应体现“平均”意义。多元线性回归模型对某个回归系数的解释，还应是在“其他变量不变”的前提下。

18. 答案：A。多重判定系数即调整的可决系数、调整的判定系数。含义是：在因变量的总变差中，可以由所有解释变量联合解释的比例。

19. 答案：D。统计量 t=8.925，大于右侧临界值（显著性水平 5%），所以否定原假设 H_0：$\beta_2=0$，说明对应的自变量（居住面积）对因变量（居民家庭电力消耗量）的影响是显著的。

20. 答案：D。检验回归方程是否显著的原假设是所有的系数都为 0，备择假设是系数不全为 0（或至少有一个系数不为 0）.

（二）多项选择题

1. 答案：ACDE。相关的变量呈反向变动关系就属于负相关。

2. 答案：AC。现象之间的数量依存关系，确定型的一般是函数关系，不完全确定型的一般是相关关系。

3. 答案：BE。变动方向主要是针对线性相关关系而言的。

4. 答案：BE。从相关系数的取值范围来看，在区间［-1，1］之外的取值，肯定是错误的。

5. 答案：BC。判断现象之间相关的方向，可以从相关系数的符号以及回归系数的符号来判断。

6. 答案：ABC。相关系数只能用来测度线性相关的方向和程度，r =0 说明两个变量不是线性相关的，但可能是曲线相关的，也可能完全不相关。

7. 答案：AD。建立线性回归方程当然要求现象间确实存在数量上的相互依存关系（否则方程就是无意义的了），也意味着相关系数 r 必须大于 0。其余则不是必需的了。

8. 答案：ABCDE。回归分析的高斯假定是针对随机误差项 ε 提出来的，一般概括为：零均值、同方差、无自相关、与自变量不相关、正态分布这 5 条。由于因变

量视为 ε 的函数，所以它也服从正态分布。

9. 答案：AD。选项 A 是对 y 进行点估计（预测）的结果。选项 D 是回归方程斜率系数的意义。

10. 答案：ABCD。从回归分析的自由度为 1 知道，这是一元线性回归模型。从"总计"自由度为 11（=n−1）知道，样本容量为 n=11+1=12。由于 $SSR=117\ 491$，$SST=131\ 000$，所以可决系数 $R^2=\dfrac{SSR}{SSE}=\dfrac{117\ 491}{131\ 000}$。由于检验回归方程显著性的 F 统计量对应的 P 值= 3.23×10^{-5}，小于 5%，所以可以判定，在 5%显著性水平下，自变量对因变量的影响是显著的。另外，残差平方和 $SSE=13\ 509$，残差均方 $MSE=SSE/df=1\ 350.9$。

（三）判断题

1. 答案：×。相关系数 r 的负号反映线性相关的方向，绝对值大小反映相关的强度。r 越接近−1，表明两变量之间的负相关程度越强。

2. 答案：×。负相关是指线性相关的两个变量的变动方向是相反的。线性相关的两个变量是同向变动的（同增或同减），则属于正相关。

3. 答案：√。在相关分析中，两变量的地位是对等的，都视为随机变量。

4. 答案：×。在回归分析中才需要明确自变量与因变量，相关分析中的两变量地位是对等的。

5. 答案：×。相关关系通常是指现象之间存在的不严格的数量依存关系。现象之间存在的严格的数量依存关系是通常的函数关系。当然，函数关系可以视为相关关系的一种特殊情况（完全相关）。

6. 答案：×。相关关系所指的数量依存关系是不严格的，通常都不是函数关系。

7. 答案：√。注意相关系数只能用来判断现象之间是否存在线性相关关系，不能用来判断是否存在非线性相关关系。

8. 答案：×。相关系数 r=0，只能说明变量之间不存在线性相关关系，但可能存在非线性相关关系。

9. 答案：√。相关系数的大小不受数据计量单位的影响。

10. 答案：√。相关关系中相互联系的变量地位是对等的，与因果关系（区分"因""果"）是有区别的。有些相关关系能够进一步确定因果关系（如某种商品的价格与销售量），有些则很难确定（如人的身高与体重）。

11. 答案：√。由于抽样具有随机性，样本的相关系数需要通过显著性检验，才能从统计意义上说明总体的相关程度。

12. 答案：×。由于回归直线方程中变量 X 的系数为负，X 增加、Y 会减小，说明 X 和 Y 之间存在的是负相关关系。

13. 答案：×。回归系数的大小本身会受到自变量和因变量量纲的影响，也不能反映现象之间相关的密切程度，现象之间相关的密切程度只在拟合优度上体现出来。相关系数则可以用来判断现象之间相关的密切程度。

14. 答案：✓。在一元线性回归分析中，由于自变量只有一个，因而检验自变量系数显著性的 t 检验与检验回归方程显著性的 F 检验是等价的。

15. 答案：×。在多元线性回归分析中，回归模型的 F 检验是显著的，并不意味着每一个自变量系数的 t 检验也都是显著的，其中可能存在不显著的自变量系数。

(四) 综合应用题

1. 解：(1) 产量与单位成本的散点图为：

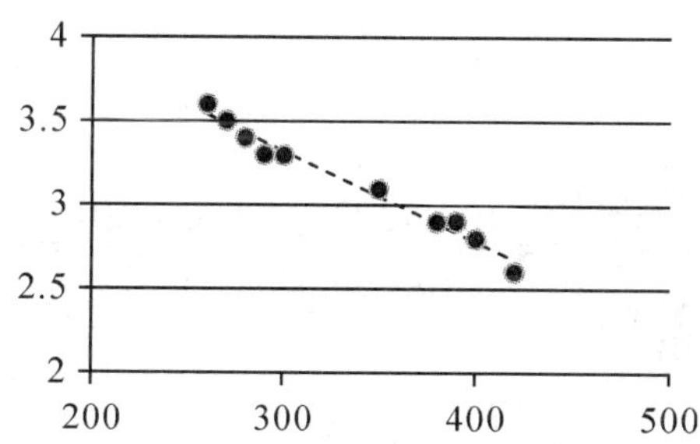

从散点图可以看出，两个变量呈负相关。

(2) 可以在 Excel 中直接用函数 PEARSON 计算出相关系数 r= -0.988 0。

(3) 由于 $t=\frac{r\sqrt{n-2}}{\sqrt{1-r^2}}=\frac{-0.988\times\sqrt{8}}{\sqrt{1-0.988^2}}=-18.07$，当 $\alpha=0.05$ 时，$t_{\frac{\alpha}{2}}(8)=2.306$，由于 $|t|=18.07>t_{\frac{\alpha}{2}}(8)$，所以两个变量之间是显著线性相关的。

(4) 借助 Excel 做回归分析，可以得到下表所示结果（部分）：

	Coefficients	标准误差	t Stat	P-value	Lower 95%
Intercept	4.946	0.101	48.769	3.46E-11	4.712
产量	-0.005	0.000	-18.070	9.03E-08	-0.006

所以，回归方程为：$\hat{y}=4.946-0.005x$。

(5) 回归系数的经济意义是：平均来说，产量增加 1 吨，单位成本将下降 0.005 万元/吨。

(6) 从 Excel 回归分析报告结果中可以看出，自变量系数显著性检验的 P 值 = 9.03E-08，小于显著性水平（$\alpha=0.05$），所以自变量系数是显著的，对于一元线性回归模型来说，回归方程也就是显著的（对系数的 t 检验与对方程的 F 检验等价）。

2. 解：(1) 根据题干已知量可得：

$$r=\frac{n\sum_{i=1}^{n}x_iy_i-\sum_{i=1}^{n}x_i\sum_{i=1}^{n}y_i}{\sqrt{n\sum_{i=1}^{n}x_i{}^2-(\sum_{i=1}^{n}x_i)^2}\sqrt{n\sum_{i=1}^{n}y_i^2-(\sum_{i=1}^{n}y_i)^2}}$$

$$=\frac{10\times12\ 000-500\times210}{\sqrt{10\times30\ 000-500^2}\cdot\sqrt{10\times4\ 900-210^2}}=0.958\ 3$$

$$t=\frac{r\sqrt{n-2}}{\sqrt{1-r^2}}=\frac{0.958\ 3\times\sqrt{8}}{\sqrt{1-0.958\ 3^2}}=9.485$$

当 $\alpha=0.05$ 时，$t_{\frac{\alpha}{2}}(8)=2.306$，由于 $|t|=9.485>t_{\frac{\alpha}{2}}(8)$，所以两个变量之间是显著线性相关的。

（2）由于

$$\begin{cases}\hat{\beta}_1=\dfrac{n\sum_{i=1}^{n}x_iy_i-\sum_{i=1}^{n}x_i\sum_{i=1}^{n}y_i}{n\sum_{i=1}^{n}x_i{}^2-(\sum_{i=1}^{n}x_i)^2}=\dfrac{10*12\ 000-500*210}{10*30\ 000-500^2}=0.3\\ \hat{\beta}_0=\bar{y}-\hat{\beta}_1\bar{x}=\dfrac{210}{10}-0.3*\dfrac{500}{10}=6\end{cases}$$

所以回归方程为 $\hat{y}=6+0.3x$。

自变量系数的意义是：广告投入增加 1 万元，销售量平均增加 0.3 万件。

（3）当广告投入 $x_0=90$ 万元时，y 的点预测值为：$\hat{y}=6+0.3\times90=33$（万件）。

3. 解：（1）借助 Excel 做回归分析，可以得到下表所示结果：

回归统计	
Multiple R	0.983 1
R Square	0.966 5
Adjusted R Square	0.961 0
标准误差	24.000 2
观测值	8

方差分析

	df	SS	MS	F	Significance F
回归分析	1	99 815.83	99 815.83	173.29	1.19E-05
残差	6	3 456.05	576.01		
总计	7	103 271.88			

	Coefficients	标准误差	t Stat	P-value	Lower 95%
Intercept	-27.365	60.740	-0.451	0.668 152	-175.991
销售收入(万元)	0.145	0.011	13.164	1.19E-05	0.118

根据 Excel 回归分析报告结果，可得回归方程为：

$\hat{y}=-27.365+0.145x$。

（2）根据 Excel 回归分析报告结果，可知 $R^2=0.9665$，R^2 很接近 1，说明直线对样本点拟合得很好；F 统计量=173.29，对应 P 值=1.19E-05，在 0.01 显著性水平下也是显著的，说明线性回归方程是显著的（也可以用对回归系数的 t 检验来说明）。

（3）当销售收入达到 $x_0=6\,800$ 万元时，预测资金需求量为：

$\hat{y}=-27.365+0.145\times 6\,800=958.64$（万元）。

4. 解：（1）根据 Excel 报告结果可知，可决系数 $R^2=0.7574$；回归估计标准误差是 1.502 0。

（2）根据 Excel 报告结果中的回归系数，可得回归方程为：$\hat{y}=13.7805+0.9268x$。

（3）根据 Excel 报告结果可知，F=24.977 3，对应 P 值=0.001 1，P 值小于 α，说明 y 与 x 的线性关系是显著的。

（4）某位父亲的身高为 $x_0=170$cm，预计其儿子成年后的身高为：

$\hat{y}=13.7805+0.9268\times 170=171$（cm）。

5. 解：（1）这是一元线性回归模型，所以回归自由度 $df=1$；残差自由度 $df=11-1=10$；回归平方和 $SSR=SST-SSE=850.25-49.33=800.92$；回归均方 $MSR=SSR/df=800.92/1=800.92$；残差均方 $MSE=SSE/df=49.33/10=4.933$；统计量 $F=MSR/MSE=800.92/4.933=162.36$；检验系数显著性的 t 统计量，$t_0=\frac{\hat{\beta}_0}{s_0}=\frac{40.301}{3.316}=12.153$，$t_1=\frac{\hat{\beta}_1}{s_1}=\frac{1.545}{0.121}=12.769$。

（2）由于 $R^2=\frac{SSR}{SST}=\frac{800.92}{850.25}=0.942$，根据相关系数与可决系数的关系，可得 $|r|=\sqrt{R^2}=\sqrt{0.942}=0.971$。又从斜率系数符号为正知道，两变量是正相关的，所以相关系数 r=0.971。

（3）根据 Excel 报告结果中的回归系数，可得回归方程为：$\hat{y}=40.301+1.545x$。

回归系数的实际意义：平均来说，复习时间增加 1 小时，考试成绩提高 1.545 分。

（4）F 统计量=162.360，从方差分析表中可知，对应 P 值$=1.658\times 10^{-7}$，P 值小于显著性水平 α，说明线性关系是显著的。

（5）根据第（2）问中的计算，可决系数 $R^2=0.942$。即考试分数 y 的总变差中，有 94.2%是由于复习时间的不同引起的。

6. 解：借助 Excel 做回归分析，可以得到下表所示结果：

回归统计	
Multiple R	0. 700 8
R Square	0. 491 1
Adjusted R Square	0. 448 7
标准误差	5. 180 8
观测值	14

方差分析

	df	SS	MS	F	Significance F
回归分析	1	310. 774	310. 774	11. 579	0. 005 2
残差	12	322. 084	26. 840		
总计	13	632. 857			

	Coefficients	标准误差	t Stat	P-value	Lower 95%
Intercept	10. 627 5	23. 451	0. 453 2	0. 658 5	-40. 468
X	0. 932 5	0. 274 0	3. 402 7	0. 005 2	0. 335 4

（1）根据 Excel 回归分析报告结果，可得数学成绩与物理成绩的相关系数为：$r=0.7008$。

$$t=\frac{r\sqrt{n-2}}{\sqrt{1-r^2}}=\frac{0.7008\times\sqrt{12}}{\sqrt{1-0.7008^2}}=3.4031$$

当 $\alpha=0.05$ 时，$t_{\frac{\alpha}{2}}(12)=2.1788$，由于 $|t|=3.4031>t_{\frac{\alpha}{2}}(12)$，所以否定“总体相关系数为 0”，说明数学成绩与物理成绩之间是显著线性相关的。

（2）根据 Excel 回归分析报告结果，可得回归方程为：

$\hat{Y}=10.6275+0.9325X$。

检验自变量系数显著性的统计量 t=3. 402 7，对应 P 值=0. 005 2，P 值小于 α，否定“系数 $\beta_1=0$”，说明数学成绩（X）对物理成绩（Y）存在显著影响。该结果表明，数学成绩高 1 分，物理成绩平均会高 0. 932 5 分。

7. 解：（1）借助 Excel 做回归分析，可以得到下表所示结果：

回归统计	
Multiple R	0. 993 9
R Square	0. 987 8
Adjusted R Square	0. 985 1
标准误差	181. 058
观测值	12

方差分析

	df	SS	MS	F	Significance F
回归分析	2	23 947 914	11 973 957	365. 26	2. 42E-09
残差	9	295 038	32 782		
总计	11	24 242 952			

	Coefficients	标准误差	t Stat	P-value	Lower 95%
Intercept	-2 773. 28	443. 03	-6. 260	0. 000 15	-3 775. 477
温度 x1	345. 89	59. 60	5. 803	0. 000 26	211. 062
施肥量 x2	9. 23	2. 32	3. 985	0. 003 18	3. 991

根据 Excel 回归分析报告结果，可得回归方程为：

$\hat{y}=-2\ 773.28+345.89x_1+9.23x_2$。

（2）统计量 F=365. 26，对应 P 值=2. 42E-09，P 值小于 α（=0. 05），所以线性关系显著，回归方程是有意义的。

变量 x_1，x_2 系数显著性检验的 t 统计量值分别为 5. 803、3. 985，对应 P 值分别为 0. 000 26、0. 003 18，P 值都小于 α，说明变量 x_1，x_2 的回归系数都是显著的。

（3）回归系数的实际意义：其他不变时，温度增加 1℃，产量平均提高 345. 89 kg/hm^2；温度一定时，施肥量增加 1 kg/hm^2，产量平均提高 9. 23 kg/hm^2。

8. 解：借助 Excel 做回归分析，可以得到下表所示结果：

回归统计	
Multiple R	0. 969 5
R Square	0. 939 9
Adjusted R Square	0. 929 8
标准误差	152. 986
观测值	15

方差分析

	df	SS	MS	F	Significance F
回归分析	2	4 389 236. 8	2 194 618	93. 768	4. 73E-08
残差	12	280 856. 56	23 404. 71		
总计	14	4 670 093. 3			

	Coefficients	标准误差	t Stat	P-value	Lower 95%
Intercept	637. 35	295. 078	2. 160	0. 051 7	-5. 57
工龄	355. 22	66. 628	5. 331	0. 000 2	210. 05
性别	774. 20	89. 683	8. 633	1. 71E-06	578. 80

根据 Excel 回归分析报告结果，可得工资对工龄和性别的回归方程为：

$\hat{y}=637.35+355.22x_1+774.20x_2$。

在 0.05 显著性水平下，统计量 F=93.768，对应 P 值=4.73E-08，小于 α（取 α=0.05），说明变量之间的线性关系显著，回归方程是有意义的。检验变量 x_2 系数显著性的 t 统计量=8.633，对应 P 值=1.71E-06，小于 α（取 α=0.05），表明该回归系数是显著的。这说明，同样的工龄，男职工的工资平均比女职工高 774.20 元，即该行业存在工资的性别歧视。

9. 解：（1）借助 Excel 做回归分析，可以得到下表所示结果：

回归统计	
Multiple R	0.987 3
R Square	0.974 8
Adjusted R Square	0.969 2
标准误差	138.554 5
观测值	12

方差分析

	df	SS	MS	F	Significance F
回归分析	2	6 679 158.7	3 339 579.4	173.960 4	6.42E-08
残差	9	172 776.2	19 197.356		
总计	11	6 851 934.9			

	Coefficients	标准误差	t Stat	P-value	Lower 95%
Intercept	817.980 9	318.543 7	2.567 9	0.030 3	97.384 9
X	-1.712 0	0.707 1	-2.421 0	0.038 5	-3.311 6
X^2	0.001 9	0.000 4	5.289 4	0.000 5	0.001 1

根据 Excel 回归分析报告结果，可得 Y 对 X 的一元二次函数方程为：

$\hat{Y}=817.9809-1.7120X+0.0019X^2$

（2）统计量 $F=173.9604$，对应 P 值=6.42E-08，P 值小于显著性水平 α，说明回归方程是显著的。

变量 X，X^2 系数显著性检验的 t 统计量值分别为-2.421 0、5.289 4，对应 P 值分别为 0.038 5、0.000 5，P 值都小于 α，说明变量 X，X^2 的回归系数都是显著的。

（3）当产量达到 $X_0=1600$ 件时，预计总成本为：

$\hat{Y}_0=817.9809-1.7120\times1600+0.0019\times1600^2=2942.781$(万元)

10. 解：对指数函数 $\hat{Y}=\alpha\beta^X$ 方程两边取自然对数，可得：

$ln\hat{Y}=ln\alpha+Xln\beta$

以 $\ln Y$ 为因变量对 X 做回归分析，借助 Excel 做回归分析，可以得到下表所示结果：

回归统计	
Multiple R	0. 958 6
R Square	0. 918 9
Adjusted R Square	0. 909 8
标准误差	0. 038 2
观测值	11

方差分析

	df	SS	MS	F	Significance F
回归分析	1	0. 148 6	0. 148 6	101. 912	3. 307E-06
残差	9	0. 013 1	0. 001 5		
总计	10	0. 161 7			

	Coefficients	标准误差	t Stat	P-value	Lower 95%
Intercept	8. 219	0. 025	332. 846	1. 02E-19	8. 163
时间 X	0. 037	0. 004	10. 095	3. 31E-06	0. 029

根据 Excel 回归分析报告结果，可得回归方程：

$ln\hat{Y} = 8.219 + 0.037X$

所以，$\alpha = e^{8.219} = 3\ 710.79$，$\beta = e^{0.037} = 1.038$，即拟合出的指数曲线方程为：

$\hat{Y} = 3\ 710.79 \times 1.038^{X}$

要预测下一年的销售额，按照时间变量 X 的取值递增规律，只需在回归方程中取 $X_0 = 12$，可以预测出：$\hat{Y} = 3\ 710.79 \times 1.038^{12} = 5\ 805.43$（万元）

第九章　时间数列分析

一、统计知识

（一）时间数列的概念和种类

1. 时间数列的概念

时间数列也叫动态数列、时间序列，是指将同类指标数值按时间先后顺序加以排列的结果。时间数列有两个构成要素：一是反映现象所处的不同时间，二是现象在不同时间下的指标数值。

2. 时间数列的种类

（1）绝对数时间数列。将同类绝对指标数值按时间先后顺序加以排列的结果。

绝对数时间数列又分为时期数列与时点数列两类。

将同类时期指标数值按时间先后顺序加以排列的结果，就形成时期数列。

将同类时点指标数值按时间先后顺序加以排列的结果，就形成时点数列。

时期数列与时点数列之间的区别：①时期数列中指标数值的原始资料必须连续登记，时点数列中指标数值的原始资料不需要连续登记；② 时期数列中指标数值的大小与时间间隔长短有直接关系，时点数列中指标数值的大小与时间间隔长短无直接关系；③ 时期数列中指标数值可以直接相加，时点数列中指标数值不能直接相加。

（2）相对数时间数列。将同类相对指标数值按时间先后顺序加以排列的结果。

（3）平均数时间数列。将同类平均指标数值按时间先后顺序加以排列的结果。

3. 编制时间数列的原则

可比性原则。指标内涵、总体范围、时间长短、计算方法以及计量单位五个方面保持口径一致。

（二）时间数列水平分析指标

1. 发展水平

构成动态数列的指标数值称为发展水平。发展水平可以是绝对数，也可以是相对数和平均数。

2. 平均发展水平

平均发展水平也叫序时平均数，是对动态数列在不同时间下的指标数值进行平均的结果，用来反映现象在一段时间内发展水平所达到的一般水平。

序时平均数与一般平均数的区别和联系。区别：①计算的对象不同：序时平均数是对总体现象在不同时间下的指标数值计算的平均数，而一般平均数是对总体各单位在同一时间下的变量值计算的平均数；②计算的依据不同：序时平均数是根据动态数列计算的，而一般平均数是依据变量数列计算的。联系：二者都说明现象的一般水平；两种平均数在计算方法（公式）上有一致的地方。

（1）绝对数时间数列计算序时平均数

① 时期数列计算序时平均数

$$\bar{a} = \frac{a_1 + a_2 + a_3 + \cdots + a_{n-1} + a_n}{n} = \frac{\sum a}{n}$$

其中，n 代表年数、季数、月数、日数、小时数等不同的时期数。

② 时点数列计算序时平均数

Ⅰ. 连续时点数列。相邻时点之间以“天数”作为间隔，通过数列能够掌握一段时间内每天的时点指标。

a. 连续变动的连续时点数列，采用简单算术平均的方法计算序时平均数：

$$\bar{a} = \frac{a_1 + a_2 + a_3 + \cdots + a_{n-1} + a_n}{n} = \frac{\sum a}{n}$$

其中，n 代表总天数，不能代表其他时间长度。

b. 非连续变动的连续时点数列，应采用加权算术平均的方法计算序时平均数：

$$\bar{a} = \frac{\sum af}{\sum f}$$

其中，f_i 代表时点水平 a_i 保持（非连续变动）的时间长度。

Ⅱ. 间断时点数列。相邻时点之间以“月”“季”“年”作为间隔，时点通常位于年初（末）、季初（末）、月初（末）。

a. 如果相邻时点之间间隔相等

$$\bar{a}=\frac{\frac{a_1}{2}+a_2+a_3+\cdots+a_{n-1}+\frac{a_n}{2}}{n-1}$$

其中，n 代表时点水平数。

b. 如果相邻时点之间间隔不等

$$\bar{a}=\frac{\frac{a_1+a_2}{2}f_1+\frac{a_2+a_3}{2}f_2+\cdots+\frac{a_{n-1}+a_n}{2}f_{n-1}}{f_1+f_2+\cdots+f_{n-1}}$$

其中，f_i 为对应于 a_i 与a_{i+1} 之间的时间间隔长度。

（2）相对数时间数列计算序时平均数

$$\bar{c}=\frac{\bar{a}}{\bar{b}}$$

该序时平均数计算的关键在于分别计算相对数子项指标和母项指标动态数列的序时平均数，具体有三种情况：$\bar{a}$ 和 $\bar{b}$ 都根据时期数列计算；$\bar{a}$ 和 $\bar{b}$ 都根据时点数列计算；$\bar{a}$ 和 $\bar{b}$ 中有一个根据时期数列计算，另一个根据时点数列计算。

（3）平均数时间数列计算序时平均数

① 静态平均数时间数列计算序时平均数

$$\bar{c}=\frac{\bar{a}}{\bar{b}}$$

② 动态平均数时间数列计算序时平均数

如果每个动态平均数所代表的时间长度相等：

$$\bar{a}=\frac{a_1+a_2+a_3+\cdots+a_{n-1}+a_n}{n}=\frac{\sum a}{n}$$

如果每个动态平均数所代表的时间长度不等：

$$\bar{a}=\frac{\sum af}{\sum f}$$

3. 增减量

增减量=报告期水平-基期水平

（1）逐期增减量=报告期水平 a_i -上一期水平 a_{i-1}

（2）累计增减量=报告期水平 a_i -固定基期水平 a_0

逐期增减量与累计增减量的关系是：逐期增减量之和等于相应的累计增减量。

4. 平均增减量

$$平均增减量=\frac{逐期增减量之和}{逐期增减量的项数}=\frac{最后一期累计增减量}{时间数列项数-1}$$

（三）时间数列的速度分析指标

1. 发展速度

$$发展速度=\frac{报告期发展水平}{基期发展水平}\times 100\%$$

（1）环比发展速度 $=\dfrac{报告期发展水平\ a_i}{上期发展水平\ a_{i-1}}\times 100\%$

（2）定基发展速度 $=\dfrac{报告期发展水平\ a_i}{固定基期发展水平\ a_0}\times 100\%$

环比发展速度与定基发展速度的关系是：环比发展速度的连乘积等于相应的定基发展速度。

2. 增减速度

增减速度也称增长速度、增长率、增长幅度、增长百分比等。

$$增减速度=\frac{增减量}{基期发展水平}\times 100\%=发展速度-100\%$$

（1）环比增减速度 $=\dfrac{逐期增减量（a_i-a_{i-1}）}{上期发展水平\ a_{i-1}}\times 100\%=$ 环比发展速度 $\dfrac{a_i}{a_{i-1}}-100\%$

（2）定基增减速度 $=\dfrac{累计增减量（a_i-a_0）}{固定基期发展水平\ a_0}\times 100\%=$ 定基发展速度 $\dfrac{a_i}{a_0}-100\%$

环比增减速度与定基增减速度之间没有直接的数量关系，但有间接的数量关系：环比增减速度加 1 的连乘积等于相应的定基增减速度加 1。

3. 平均发展速度与平均增减速度

平均发展速度一般采用水平法计算，有三种表现形式的计算公式：

$$\bar{x}=\sqrt[n]{\frac{a_n}{a_0}}$$

$$\bar{x}=\sqrt[n]{R}\ （R\ 为定基发展速度）$$

$$\bar{x}=\sqrt[n]{\frac{a_1}{a_0}\cdot\frac{a_2}{a_1}\cdot\frac{a_3}{a_2}\cdot\dots\cdot\frac{a_n}{a_{n-1}}}$$

平均发展速度=平均增减速度+100%

因此，在计算平均增减速度时，通常是先计算平均发展速度，然后按照“平均增减速度=平均发展速度-100%”获得平均增减速度。

4. 环比增减 1%的绝对值

$$环比增减\ 1\%的绝对值=\frac{逐期增减量（a_i-a_{i-1}）}{环比增减速度（\frac{a_i}{a_{i-1}}-1）\times 100}=\frac{上期水平\ a_{i-1}}{100}$$

注意：在把握好每个水平分析指标、速度分析指标计算方法的基础上，还要弄清楚各种水平分析指标之间、速度分析指标以及水平分析指标与速度分析指标之间的相互关系。

5. 计算和使用速度分析指标应注意的问题

（四）现象发展的趋势分析

1. 现象发展的影响因素

（1）长期趋势因素（T）；

（2）季节变动因素（S）；

（3）循环变动因素（C）；

（4）不规则变动因素（I）。

2. 时间数列的分析模型

加法模型：$Y=T+S+C+I$

乘法模型：$Y=T\times S\times C\times I$

3. 长期趋势的测定

（1）时距扩大法；

（2）移动平均法；

（3）数学模型法。

①直线趋势模型

$$\hat{y}_t = \hat{a} + \hat{b}t$$

利用最小平方法可以得到如下正规方程组：

$$\begin{cases} \sum y = n\hat{a} + \hat{b}\sum t \\ \sum ty = n\sum t + \hat{b}\sum t^2 \end{cases}$$

解上述方程组，即可得出参数 a、b 的计算公式：

$$\begin{cases} \hat{b} = \dfrac{n\sum ty - \sum t\sum y}{n\sum t^2 - (\sum t)^2} \\ \hat{a} = \bar{y} - \hat{b}\bar{t} = \dfrac{\sum y}{n} - \dfrac{\hat{b}\sum t}{n} \end{cases}$$

通过对 t 适当取值，使得在 $\sum t = 0$ 的情况下，此时关于 a、b 参数的方程组可作如下简化：

$$\begin{cases} \hat{b} = \dfrac{\sum ty}{\sum t^2} \\ \hat{a} = \bar{y} = \dfrac{\sum y}{n} \end{cases}$$

使用该公式进行手工计算能够带来简便，但如果采用统计软件（参见第 8 章回归分析部分内容），则不必刻意让 t 取值使得 $\sum t = 0$，而通常取 t=1，2，3，…。

②二次抛物线模型

$$\hat{y}_t = a + bt + ct^2$$

关于参数 a、b、c 的计算，一般采用最小二乘法并借助于统计软件完成（参见第 8 章可线性化的非线性回归方程）。

③指数曲线模型

$$\hat{y}_t = ab^t$$

计算指数曲线趋势的参数 a、b，通常需要将指数曲线转化为相对简单的直线方程。对指数曲线两边取常用对数，可得：

$$\lg\hat{y}_t = \lg a + t\lg b$$

令 $Y' = \lg\hat{y}_t$，$A = \lg a$，$B = \lg b$，则公式可表示为：

$$Y' = A + Bt$$

4. 季节变动的测定

（1）按月（季）平均法

$$\text{月（季）季节指数 S} = \frac{\text{各年同月（季）平均数}}{\text{所有月（季）观测值总平均数}} \times 100\%$$

（2）趋势剔除法

第一步，计算时间数列的趋势值（移动平均法或数学模型法）。

第二步，计算时间数列观察值与其对应趋势值的比值（剔除趋势）。

$$\frac{Y}{T} = \frac{T \times S \times C \times I}{T} = S \times C \times I$$

第三步，用平均的方法消除循环变动和不规则变动，计算出各比值的季度（或月份）平均值。

第四步，计算季节指数。

$$\text{月(季)季节指数} = \frac{\text{各年同月(季)平均数}}{\text{所有比值的总平均数}}$$

可应用季节指数对时间序列进行外推预测。

二、统计实验

（一）实验目的

掌握借助 Excel 进行时间数列水平分析、速度分析和趋势分析的方法。

（二）实验内容

1. 对时期数列或时点数列进行水平分析、速度分析。
2. 用移动平均法测定时间数列的长期趋势。
3. 用数学模型法测定时间数列的长期趋势。
4. 对时间数列的季节变动进行测定。

（三）实验操作

1. 时间数列的水平分析与速度分析

时间数列的水平分析与速度分析主要由自己在 Excel 中编写对应的算式完成。

【例 9.1】某公司去年商品库存额数据见表 9-1 所示，计算全年平均库存额。

表 9-1　　某公司去年商品库存额情况　　单位：万元

日期	一季初	二季初	三季初	四季初	四季末
库存额	100	86	104	114	132

【分析】该例数据为间隔时间相等的间断时点数列，应该用首尾折半法计算序时平均数。假定数据录入在工作表 B2:F2，输入下列算式即可得出平均数：

“=SUM(B2/2,C2:E2,F2/2)/4”

【例 9.2】2 006—2015 年四川省第三产业地区生产总值见表 9-2。试计算水平分析指标和速度分析指标。

表 9-2　　四川省 2006—2015 年第三产业地区生产总值　　单位：亿元

年份	2006	2007	2008	2009	2010	2011	2012	2013	2014	2015
产值	3 320	3 882	4 562	5 821	6 840	8 043	9 387	10 645	12 166	13 128

【分析】该例数据为时期数列，对它的水平分析和速度分析主要涉及逐期增长量、累计增长量、环比发展速度、定基发展速度、环比增长速度、定基增长速度、增长 1%的绝对额、平均发展速度以及平均增长速度等指标的计算。

【操作】将数据录入 Excel 工作表的 B2:K2 区域（如图 9-1）。

	A	B	C	D	E	F	G	H	I	J	K
1	时间	2006	2007	2008	2009	2010	2011	2012	2013	2014	2015
2	第三产业的GDP	3320	3882	4562	5821	6840	8043	9387	10645	12166	13128
3	逐期增减量	-	=C2-B2		1259	1019	1203	1344	1258	1521	962
4	累计增减量	-	=C2-$B2		2501	3520	4723	6067	7325	8846	9808
5	环比发展速度%	-	=C2/B2*100		127.60	117.51	117.59	116.71	113.40	114.29	107.91
6	定基发展速度%	-	=C2/$B2*100		175.33	206.02	242.26	282.74	320.63	366.45	395.42
7	环比增减速度%	-	=(C2-B2)/B2*100		27.60	17.51	17.59	16.71	13.40	14.29	7.91
8	定基增减速度%	-	=(C2-$B2)/$B2*100		75.33	106.02	142.26	182.74	220.63	266.45	295.42
9	增长1%的绝对额	-	= B2/100		45.62	58.21	68.4	80.43	93.87	106.45	121.66
10	平均增减量		=AVERAGE(C3:K3)								
11	平均发展速度		=GEOMEAN(C5:K5)								
12	平均增长速度		=C11-100								

图 9-1　动态水平分析与速度分析指标

（1）计算各年逐期增长量：在 C3 中输入公式“=C2-B2”，并向右填充。

（2）计算累计增长量：在 C4 中输入公式“=C2-$B2”，注意公式中对 B 列的绝对引用，然后向右填充。

（3）计算环比发展速度：在 C5 中输入公式“=C2/B2*100”，并向右填充。

（4）计算定基发展速度：在 C6 中输入公式“=C2/$B2*100”，这里对 B 列也是绝对引用的，然后向右填充。

（5）计算环比增长速度：在 C7 中输入公式“=(C2-B2)/B2*100”或“=C3/B2*100”或“=C5-100”，并向右填充。

（6）计算定基增长速度：在 C8 中输入公式“=(C2-$B2)/$B2*100”或“=C4/$B2*100”或“=C6-100”，并向右填充。

（7）计算增长 1%的绝对额：在 C9 中输入公式“= B2/100”，并向右填充。

（8）计算平均增减量：输入“=AVERAGE(C3:K3)”或“=(K2-B2)/9”。

（9）计算平均发展速度：

① 通过计算环比发展速度的几何平均数获得平均发展速度：“=GEOMEAN(C5:K5)”；

② 通过初期水平与末期水平之比开方获得平均发展速度：“=(K2/B2)^(1/9)*100%”。

（10）计算平均增长速度：平均增长速度=平均发展速度-1，输入“=C10-100”。

2. 现象发展的趋势分析

（1）移动平均法测定长期趋势

【例 9.3】某村 2007—2016 年粮食产量见表 9-3，试分别采用 3 期、4 期移动平均计算粮食产量的长期趋势值。

表 9-3　　某村 2007—2016 年粮食产量　　单位：吨

年份	2007	2008	2009	2010	2011	2012	2013	2014	2015	2016
粮食产量	286	283	305	332	321	325	354	387	407	379

【分析】移动平均数的计算既可以自己编写算式，然后“填充”完成，也可以使用“数据分析”工具中的“移动平均”工具来完成。

方式一：自己编写算式。

【操作步骤】

① 录入原始数据。在 A2:A11 录入年份，在 B2:B11 录入粮食产量（如图 9-2）。

	A	B	C	D	E
1	年份	粮食产量	3期移动平均	4期移动平均	2项移正平均
2	2007	286			
3	2008	283	=AVERAGE(B2:B4)	=AVERAGE(B2:B5)	
4	2009	305	=AVERAGE(B3:B5)	=AVERAGE(B3:B6)	=AVERAGE(D3:D4)
5	2010	332	=AVERAGE(B4:B6)	=AVERAGE(B4:B7)	=AVERAGE(D4:D5)
6	2011	321	=AVERAGE(B5:B7)	=AVERAGE(B5:B8)	=AVERAGE(D5:D6)
7	2012	325	=AVERAGE(B6:B8)	=AVERAGE(B6:B9)	=AVERAGE(D6:D7)
8	2013	354	=AVERAGE(B7:B9)	=AVERAGE(B7:B10)	=AVERAGE(D7:D8)
9	2014	387	=AVERAGE(B8:B10)	=AVERAGE(B8:B11)	=AVERAGE(D8:D9)
10	2015	407	=AVERAGE(B9:B11)		
11	2016	379			

图 9-2　移动平均趋势分析

② 计算三期移动平均。在 C3 单元格输入："=AVERAGE(B2:B4)"，然后向下填充至 C10 单元格，就得到了所有按三期移动平均值法计算的趋势值（注意前后各有一期没有移动平均值）。

③ 计算四期移动平均。计算四期移动平均的长期趋势值方法与计算三期移动平均相似，在 D3 单元格输入："=AVERAGE(B2:B5)"，然后向下填充至 C9 单元格（注意，在图 9-2 中，按照移动平均法测定长期趋势的思路，D 列数据实际都应下沉半格对齐），由于位置还没有对齐时间点，所以还需再计算一次二项移正平均，在 E4 单元格输入："=AVERAGE(D3:D4)"，然后向下填充至 E9 单元格，就得到了所有按四期移动平均值法计算的趋势值（注意前后各有两期没有移动平均值）。

方式二：使用"移动平均"工具。

【操作步骤】

① 录入原始数据。在 B2:B11 录入粮食产量数据。

② 调用计算工具。点击"数据"菜单中的"数据分析"工具，选择"移动平均"，然后在对话框中"输入区域"填"B2:B11""间隔"填"3"（如果要计算四期移动平均，这里就填"4"）、"输出区域"填"C1"（从 C1 位置开始输出的原因参见提示 9.1），点击"确定"即可（参见图 9-3，C 列为输出结果，"#N/A"表示没有对应的移动平均值）。

> 提示 9.1：
>
> Excel 的"移动平均"工具是基于移动平均值作为移动期末期的预测值来设计的，所以它会将移动平均值对应于移动末期放置。这与我们将移动平均值作为移动期中期的趋势值有所不同。并且，如果移动平均的时期数为偶数，使用"移动平均"工具得出的结果也是没有进行"移正"的。

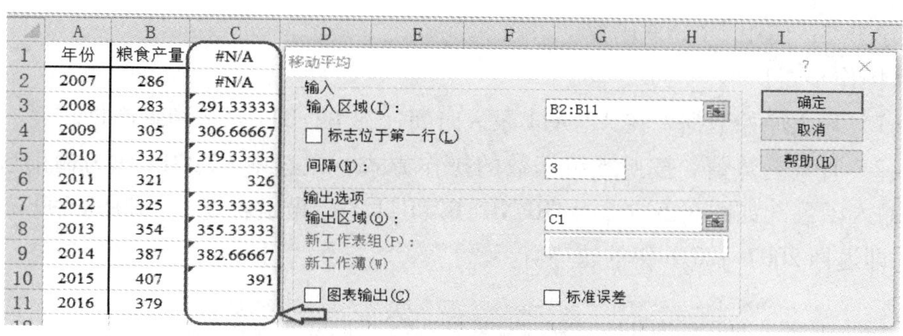

图 9-3 “移动平均”工具测定长期趋势

（2）数学模型法测定长期趋势

以【例 9.3】资料为例，分析该村粮食产量的长期趋势。

【分析】首先绘制出粮食产量的时间序列折线图（绘图方法参见第二章实验）。从时间序列图可以发现，产量 Y 随时间 t 基本呈线性增长趋势，因而建立线性方程 Y=a+b＊t 来获得趋势值。

方法一：使用“数据分析”工具。

【操作步骤】

① 录入原始数据。在 A2:A11 录入时间，在 B2:B11 录入粮食产量。

② 点击“数据”菜单中的“数据分析”工具，选择“回归”，在“确定”后将弹出回归分析对话框（参见图 9-4），在“Y 值输入区域”输入产量所在区域“B1:B11”，在“X 值输入区域”输入时间所在区域“A1:A11”，这里输入的区域包含了第一行的名称，所以注意勾选“标志”，点击“输出区域”，输入起始位置“A13”，注意勾选“残差”，点击“确定”后，Excel 在报告回归方程结果的下方，报告的“预测粮食产量”就是各年的趋势值（如图 9-4 右下角所示）。

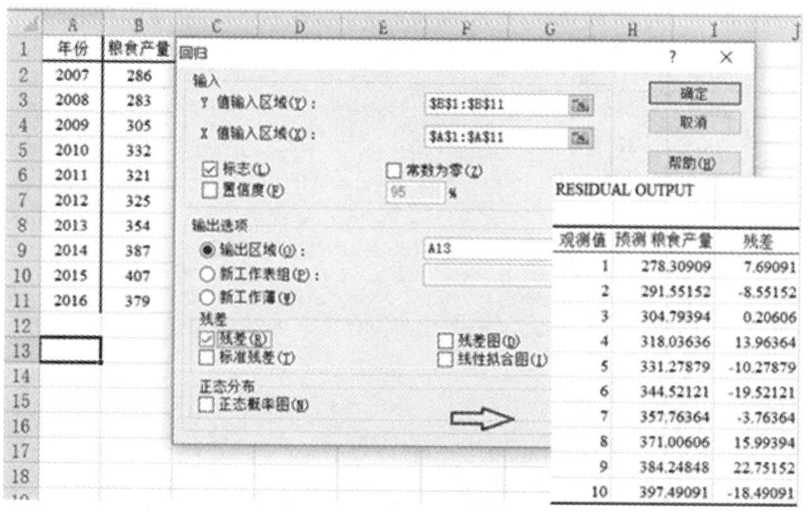

图 9-4 “数据分析”工具测定长期趋势

方法二：使用 TREND 函数。

【操作步骤】

（1）录入原始数据。在 A2:A11 录入时间，在 B2:B11 录入粮食产量。

（2）计算趋势值。按照数组函数的操作方式，先选中 C2:C11 作为输出区域，然后输入函数（如图 9-5）：“=TREND(B2:B11)”，敲组合键“Ctrl+Shift+Enter”，Excel 即返回 2007—2016 年的趋势值。

	A	B	C	D	E	F	G
1	年份	粮食产量	趋势值				
2	2007	286	=TREND(B2:B11)				
3	2008	283	TREND(**known_y's**, [known_x's], [new_x's], [const])				
4	2009	305					
5	2010	332					
6	2011	321					
7	2012	325					
8	2013	354					
9	2014	387					
10	2015	407					
11	2016	379					

图 9-5 TREND 函数测定长期趋势

③ 预测 2017—2018 年的产量。使用 TREND 函数还可以直接进行外推预测。在 A12 与 A13 单元格输入代表这两个年份的数字，这里输入“2017”与“2018”。然后选中 C12:C13 单元格作为输出区域（参见图 9-6），输入：“=TREND(B2:B11, A2:A11,A12:A13)”，

接下来敲组合键“Ctrl + Shift + Enter”，Excel 即返回这两年的产量预测值“410.733、423.976”。

	A	B	C	D	E	F	G
1	年份	粮食产量	趋势值				
2	2007	286					
3	2008	283					
4	2009	305					
5	2010	332					
6	2011	321					
7	2012	325					
8	2013	354					
9	2014	387					
10	2015	407					
11	2016	379					
12	2017		=TREND(B2:B11, A2:A11, A12:A13)				
13	2018		TREND(known_y's, [known_x's], **[new_x's]**, [const])				

图 9-6 TREND 函数做外推预测

3. 季节变动的测定

这里用一个具体的例子来说明如何借助 Excel 按趋势剔除法计算季节指数。

【例 9.4】某企业 2009—2016 年各季度的啤酒销量情况见表 9-4。试计算季节指数。

表 9-4　　某企业 2009—2016 年啤酒销量情况　　单位：吨

年份	2009	2010	2011	2012	2013	2014	2015	2016
一季度	11	13	16	17	19	21	23	25
二季度	15	17	18	20	21	23	26	29
三季度	18	20	23	25	27	30	35	40
四季度	12	14	15	18	21	24	26	30

【分析】不妨先通过时间数列折线图看看该企业啤酒销量的趋势特征，如果时间数列没有长期趋势，则可以直接使用按季平均法计算季节指数，否则应当先剔除趋势因素。

【操作步骤】

① 录入观测数据。在 A 列输入年份，在 B 列输入季度（把年份和季度分为两列录入，以便后续分析），在 C 列录入时间点的连续取值（便于作图），在 D 列对应各时间录入销售量观察值（如图 9-7）。

② 绘制时间数列折线图。选中 C1：D33 区域，点击“插入”菜单中的“散点图”，子图选“带折线和数据标记的散点图”，在自动生成的图形中，用鼠标右键单击图中任一点，在弹出的快捷菜单中选择“添加趋势线”，在弹出的对话框中使用默认值就可以了，点“关闭”后就添加了线性趋势线（如图 9-7）。从图 9-7 可以看出，该企业销量具有明显的增长趋势和季节变动特征。因此，应当先分离趋势因素，然后再进行季节变动的测定（计算季节指数）。这里，我们采用乘法模型分离各因素，即认为 Y=T×S×C×I。

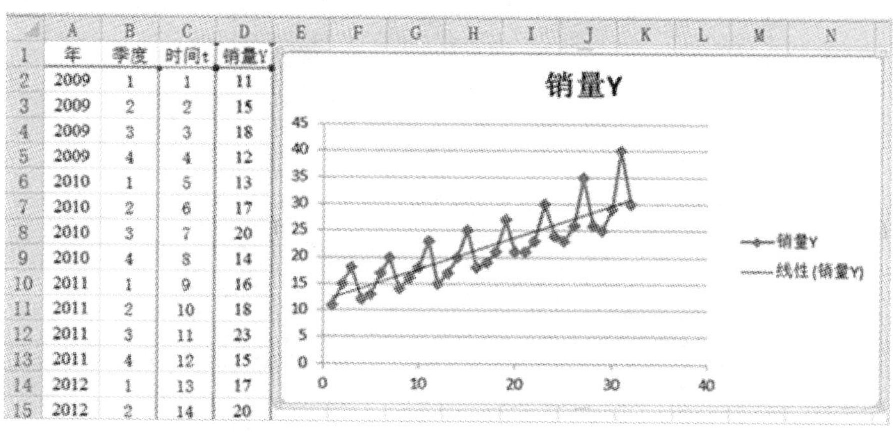

	A	B	C	D
1	年	季度	时间t	销量Y
2	2009	1	1	11
3	2009	2	2	15
4	2009	3	3	18
5	2009	4	4	12
6	2010	1	5	13
7	2010	2	6	17
8	2010	3	7	20
9	2010	4	8	14
10	2011	1	9	16
11	2011	2	10	18
12	2011	3	11	23
13	2011	4	12	15
14	2012	1	13	17
15	2012	2	14	20

图 9-7　时间数列折线图

③ 计算趋势值。计算趋势值可以使用移动平均法或者数学模型法，移动平均法对时间数列的长期趋势特征没有要求，而数学模型法要求能够用一定的数学函数刻画长期趋势，以便进行回归拟合，再得出相应的趋势值。

① 移动平均法。在 E3 单元格输入计算 4 项移动平均的公式（采用移动平均法计算趋势值，时期数为 4 的原因是，该例为季度数据，4 个季度就是 1 年）：

"=AVERAGE(D2:D5)"，

然后向下填充至 E31，在 F4 单元格输入计算 2 期移动平均的公式：

"=AVERAGE(E3:E4)"，

然后向下填充至 F31，就得到趋势值 T 了（参见图 9-8）。

②数学模型法。先选中 E2:E33 区域，输入计算函数："=TREND(D2:D33)"敲组合键"Ctrl+Shift+Enter"，Excel 即返回 2009—2016 年各季度的趋势值。由于方法不同，数学模型法与移动平均法测定的趋势值会略有不同。下文介绍以移动平均法测定的趋势值来进一步计算季节指数。

④ 剔除长期趋势。

在 G4 单元格计算季节比值（剔除趋势值），输入："=D4/F4"，

然后向下填充至 G31。

	A	B	C	D	E	F	G
1	年	季度	时间t	销量Y	4项移动平均	移正（T）	比值Y/T
2	2009	1	1	11			
3	2009	2	2	15	=AVERAGE(D2:D5)		
4	2009	3	3	18	=AVERAGE(D3:D6)	=AVERAGE(E3:E4)	=D4/F4
5	2009	4	4	12	=AVERAGE(D4:D7)	=AVERAGE(E4:E5)	=D5/F5
6	2010	1	5	13	=AVERAGE(D5:D8)	=AVERAGE(E5:E6)	=D6/F6
7	2010	2	6	17	=AVERAGE(D6:D9)	=AVERAGE(E6:E7)	=D7/F7
8	2010	3	7	20	=AVERAGE(D7:D10)	=AVERAGE(E7:E8)	=D8/F8
9	2010	4	8	14	=AVERAGE(D8:D11)	=AVERAGE(E8:E9)	=D9/F9
10	2011	1	9	16	=AVERAGE(D9:D12)	=AVERAGE(E9:E10)	=D10/F10
11	2011	2	10	18	=AVERAGE(D10:D13)	=AVERAGE(E10:E11)	=D11/F11
12	2011	3	11	23	=AVERAGE(D11:D14)	=AVERAGE(E11:E12)	=D12/F12
13	2011	4	12	15	=AVERAGE(D12:D15)	=AVERAGE(E12:E13)	=D13/F13
14	2012	1	13	17	=AVERAGE(D13:D16)	=AVERAGE(E13:E14)	=D14/F14
15	2012	2	14	20	=AVERAGE(D14:D17)	=AVERAGE(E14:E15)	=D15/F15
16	2012	3	15	25	=AVERAGE(D15:D18)	=AVERAGE(E15:E16)	=D16/F16
17	2012	4	16	18	=AVERAGE(D16:D19)	=AVERAGE(E16:E17)	=D17/F17
18	2013	1	17	19	=AVERAGE(D17:D20)	=AVERAGE(E17:E18)	=D18/F18
19	2013	2	18	21	=AVERAGE(D18:D21)	=AVERAGE(E18:E19)	=D19/F19
20	2013	3	19	27	=AVERAGE(D19:D22)	=AVERAGE(E19:E20)	=D20/F20
21	2013	4	20	21	=AVERAGE(D20:D23)	=AVERAGE(E20:E21)	=D21/F21
22	2014	1	21	21	=AVERAGE(D21:D24)	=AVERAGE(E21:E22)	=D22/F22
23	2014	2	22	23	=AVERAGE(D22:D25)	=AVERAGE(E22:E23)	=D23/F23
24	2014	3	23	30	=AVERAGE(D23:D26)	=AVERAGE(E23:E24)	=D24/F24
25	2014	4	24	24	=AVERAGE(D24:D27)	=AVERAGE(E24:E25)	=D25/F25
26	2015	1	25	23	=AVERAGE(D25:D28)	=AVERAGE(E25:E26)	=D26/F26
27	2015	2	26	26	=AVERAGE(D26:D29)	=AVERAGE(E26:E27)	=D27/F27
28	2015	3	27	35	=AVERAGE(D27:D30)	=AVERAGE(E27:E28)	=D28/F28
29	2015	4	28	26	=AVERAGE(D28:D31)	=AVERAGE(E28:E29)	=D29/F29
30	2016	1	29	25	=AVERAGE(D29:D32)	=AVERAGE(E29:E30)	=D30/F30
31	2016	2	30	29	=AVERAGE(D30:D33)	=AVERAGE(E30:E31)	=D31/F31
32	2016	3	31	40			
33	2016	4	32	30			

图 9-8 移动平均法测定趋势值

⑤ 按年度和季度整理季节比值。可以通过建立数据透视表实现。点击“插入”菜单中的“数据透视表”工具，选择“数据透视表”，在弹出的向导对话框中（如图 9-9）的“选择一个表或区域”输入“A1:G33”，将“选择放置数据透视表的位置”设置为“现有工作表”位置“H1”，点击“确定”后得到图 9-10 所示界面。

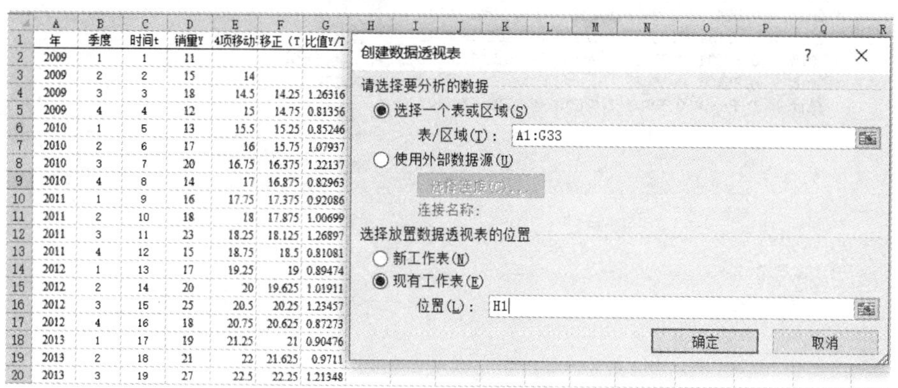

图 9-9　建立数据透视表

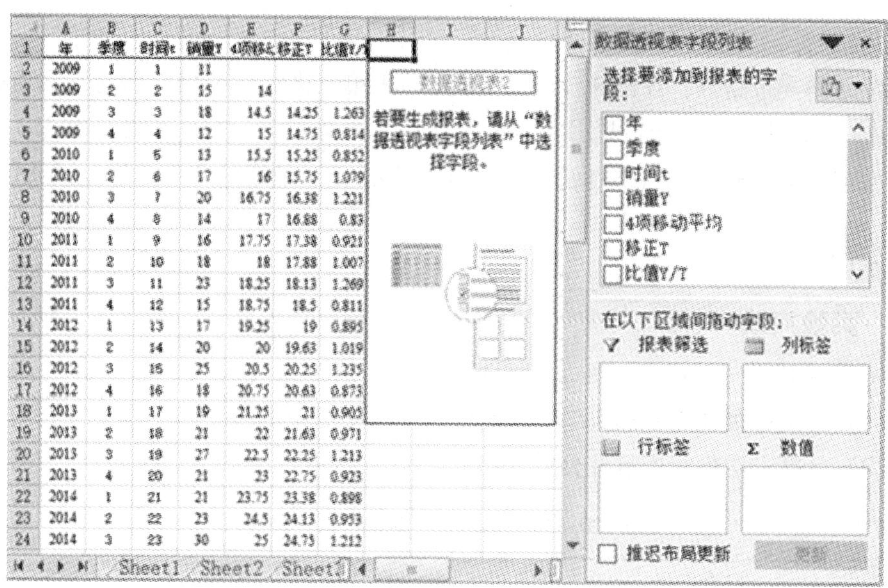

图 9-10　数据透视表对话框

接下来，在工作表右侧出现的字段列表中，勾选“年”“季度”和“比值 Y/T”，在右下角区域之间拖动这些字段，把“年”作为“行标签”，将“季度”作为“列标签”，将“比值 Y/T”作为“数值”。“数值”区域默认是“计数”，点击旁边的小三角，在弹出的列表中选择“值字段设置”，在接下来弹出的对话框中选择计算类型为“平均值”，点击“确定”后就得到了图 9-11 所示的结果。

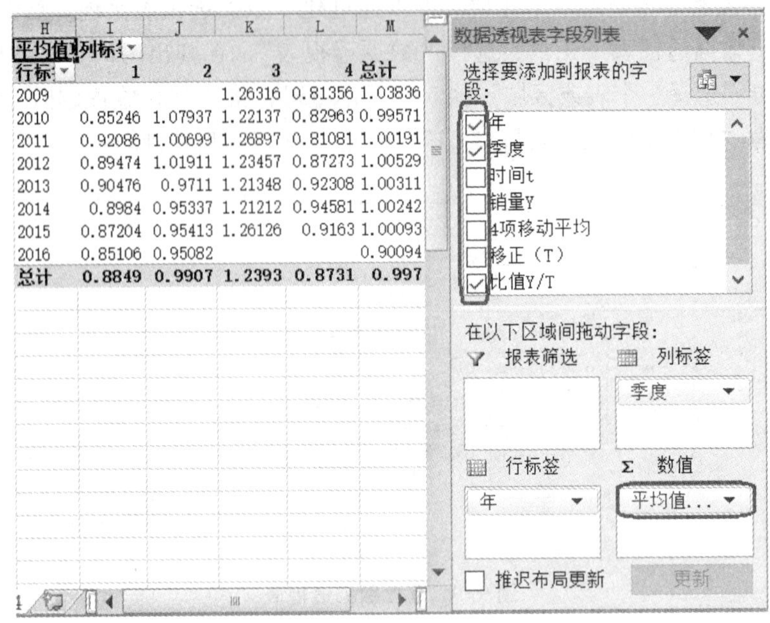

图 9-11　数据透视表字段设置

⑥ 计算季节指数。在图 9-11 中，由于 M11 单元格的总平均（所有观测值的总平均数）不是 1，所以还需要用各季平均数除以所有观测值总平均数，在 I12 单元格输入："=I11/ $M11"，然后向右填充至 L12 就得出了最终的季节指数："0. 887 56、0. 993 68、1. 243 00、0. 875 76"。

(四) 实验实践

1. 中国 1990—2015 年的粮食产量和年末人口情况见表 9-5。

（1）分别对粮食产量和人口数做水平分析、速度分析；

（2）计算人均粮食产量并分析其特征。

表 9-5　　1990—2015 年中国粮食产量及年末人口数据

年份	粮食产量（百万吨）	年末人口（百万人）	年份	粮食产量（百万吨）	年末人口（百万人）
1990	446. 2	1 143. 3	2003	430. 7	1 292. 3
1991	435. 3	1 158. 2	2004	469. 5	1 299. 9
1992	442. 7	1 171. 7	2005	484. 0	1 307. 6
1993	456. 5	1 185. 2	2006	498. 0	1 314. 5
1994	445. 1	1 198. 5	2007	501. 6	1 321. 3
1995	466. 6	1 211. 2	2008	528. 7	1 328. 0
1996	504. 5	1 223. 9	2009	530. 8	1 334. 5
1997	494. 2	1 236. 3	2010	546. 5	1 340. 9

表9-5(续)

年份	粮食产量（百万吨）	年末人口（百万人）	年份	粮食产量（百万吨）	年末人口（百万人）
1998	512.3	1 247.6	2011	571.2	1 347.4
1999	508.4	1 257.9	2012	589.6	1 354.0
2000	462.2	1 267.4	2013	601.9	1 360.7
2001	452.6	1 276.3	2014	607.0	1 367.8
2002	457.1	1 284.5	2015	621.4	1 374.6

2. 某企业 2008—2016 年生产 A 产品的产量见表 9-6。

（1）试建立线性趋势方程，并计算出 2008—2016 年各年的趋势值；

（2）预测 2017 和 2018 年的产品产量。

表 9-6　　某企业 2008—2016 年 A 产品产量数据

年 份	2008	2009	2010	2011	2012	2013	2014	2015	2016
产量（台）	510	541	576	613	613	678	727	752	801

3. 2009—2016 年各季度我国社会消费品零售总额见表 9-7。试分析该时间数列的季节变动特征，并对 2017 年各季度的社会消费品零售总额做出预测［提示：如果趋势方程为 $\hat{y}=\hat{\beta}_0+\hat{\beta}_1 t$，则 t_0 期（按乘法模型，对应季节指数为 S_0）的预测值为：$\hat{y}_0=(\hat{\beta}_0+\hat{\beta}_1 t_0)\times S_0$］。

表 9-7　　2009—2016 年我国各季度社会消费品零售总额　　单位：亿元

季＼年	2009	2010	2011	2012	2013	2014	2015	2016
1	29 399	36 374	43 458	49 319	55 451	62 081	70 715	78 024
2	29 312	36 295	42 911	48 903	55 313	62 118	70 862	78 114
3	30 966	38 360	44 978	51 201	58 053	64 952	74 503	82 344
4	35 667	43 526	50 415	57 745	65 563	73 243	84 851	93 834

三、统计实训

（一）单项选择题

1. 动态数列中的指标数值应该是（　　）。

A. 相对指标　B. 平均指标　C. 总量指标　D. 三者均可

2. 平均增减速度等于（　　）。

A. 总增减速度开 n 次方　B. 环比增减速度的简单算术平均数

C. 平均发展速度-1

D. 环比增减速度的几何平均数

3. 下面哪一种动态数列中的指标数值直接相加具有现实意义（　　）。

A. 相对数动态数列

B. 平均数动态数列

C. 时期数列

D. 时点数列

4. 连续 3 年的环比增减速度分别为 5%、6%、7%，则总增减速度为（　　）。

A. 105%×106%×107%-1

B. 5%×6%×7%

C. 5%+6%+7%

D. $\sqrt[3]{105\% \times 106\% \times 107\%} - 1$

5. 时间数列的构成要素是（　　）。

A. 时间和指标数值

B. 频数和频率

C. 变量值和频数

D. 时间和标志值

6. 已知各环比发展速度分别为 110%、120%、98%，则平均增减速度为（　　）。

A. 110%×120%×98%-1

B. $\dfrac{110\% + 102\% + 98\%}{3} - 1$

C. $\sqrt[12]{(116\%)^5 \times (127\%)^7} - 1$

D. $\sqrt[11]{(116\%)^4 \times (127\%)^7} - 1$

7. 将某地区 2010—2016 年新生婴儿数量按年份排列而成的动态数列属于（　　）。

A. 相对数动态数列

B. 时期数列

C. 平均数动态数列

D. 时点数列

8. 最基本的动态数列是（　　）。

A. 绝对数动态数列

B. 相对数动态数列

C. 时期数列

D. 时点数列

9. 某乡粮食产量 2012 年为 8.3 万吨，2013 年比 2012 年增产 0.6 万吨，2014 年比 2013 年增产 0.5 万吨，2015 年产量为 9.8 万吨，2016 年比 2015 年增产 0.7 万吨，则 2012—2016 年该乡粮食产量的平均增减量为（　　）。

A. 0.44 万吨　　B. 0.55 万吨　　C. 0.6 万吨　　D. 0.75 万吨

10. 某企业 2004 年至 2009 年净利润的年平均增长率为 16%，2009 年至 2016 年净利润的年平均增减速度为 27%，则该企业 2004 年至 2016 年净利润的年平均增减速度为（　　）。

A. $\dfrac{16\% \times 5 + 27\% \times 7}{5 + 7}$

B. $\dfrac{16\% \times 4 + 27\% \times 7}{4 + 7}$

C. $\sqrt[12]{(116\%)^5 \times (127\%)^7} - 1$

D. $\sqrt[11]{(116\%)^4 \times (127\%)^7} - 1$

11. 计算平均发展速度采用几何平均法的理由是（　　）。

A. 总发展速度等于各环比发展速度之和

B. 总发展速度等于各环比发展速度之积

C. 总增减速度等于各环比增减速度之积

D. 总增减速度等于各环比增减速度之和

12. 某公司连续五年净利润均环比增长15%，则各年的净利润增减量（　　）。

A. 每年相等　　B. 一年比一年多

C. 一年比一年少　　D. 不能确定

13. 某地区工业增加值2016年是2010年的1.95倍，则该地区工业增加值年均增减速度为（　　）。

A. $\sqrt[6]{1.95}$　　B. $\sqrt[6]{1.95}-1$　　C. $\sqrt[7]{1.95}$　　D. $\sqrt[7]{1.95}-1$

14. 某企业单位产品成本连年下降，2016年较2010年降低了36%，则平均每年的降低率为（　　）。

A. 36%/6　　B. 36%/7　　C. $1-\sqrt[6]{1-36\%}$　　D. $\sqrt[7]{36\%}$

15. 序时平均数和一般平均数的共同点是（　　）。

A. 都是反映同质总体各单位标志值的一般水平

B. 都是反映现象的一般水平

C. 都是反映现象在不同时间上的一般水平

D. 都反映现象的离中趋势

16. 逐期增减量（　　）。

A. 与累积增减量没有关系　　B. 又叫总增减量

C. 只能依据时期数列计算　　D. 等于报告期水平减去前期水平

17. 环比发展速度（　　）。

A. 等于报告期水平除以前期水平　　B. 不能根据定基发展速度推算

C. 等于报告期水平除以固定基期水平　D. 等于定基增减速度-1

18. 将某地区的人均地区生产总值按时间先后顺序排列形成的时间数列属于（　　）。

A. 绝对数动态数列　　B. 相对数动态数列

C. 时期数列　　D. 时点数列

19. 定基增减速度（　　）。

A. 等于定基发展速度之和　　B. 等于累积增减量除以固定基期水平

C. 不可以用来构成动态数列　　D. 等于逐期增减量除以上期水平

20. 某市居民实际收入水平在2015年、2016年分别环比增长8%、11%，则两年间居民实际收入总增长率为（　　）。

A. 8%+11%　　B. 8%×11%

C. 108%×111%-1　　D. $\sqrt{108\%\times111\%}-1$

21. 某企业2016年9月~12月职工人数资料如下：

日　期	9月30日	10月31日	11月30日	12月31日
职工人数（人）	1 400	1 510	1 460	1 420

该企业第四季度的平均职工人数为（　　）。

A. 1 447.5 人　　B. 1 500 人　　C. 1 480 人　　D. 1 460 人

22. 某企业产品库存量的统计资料：元月 1 日为 200 吨，4 月 1 日为 240 吨，8 月 1 日为 220 吨，12 月 31 日为 250 吨，则该企业全年平均库存量应依下列公式计算（　　）。

A. $\bar{a}=\dfrac{200+240+220+250}{4}$

B. $\bar{a}=\dfrac{200\times3+240\times4+220\times4+250}{3+4+4+1}$

C. $\bar{a}=\dfrac{\frac{200}{2}+240+220+\frac{250}{2}}{4-1}$

D. $\bar{a}=\dfrac{\frac{200+240}{2}\times3+\frac{240+220}{2}\times4+\frac{220+25}{2}\times5}{3+4+5}$

23. 定基增减速度与环比增减速度之间的关系是（　　）。

A. 定基增减速度等于相应各环比增减速度的连乘积

B. 定基增减速度等于相应各环比增减速度之和

C. 各环比增减速度加 1 后的连乘积等于相应定基增减速度加 1

D. 各环比增减速度加 1 后的连乘积等于相应定基增减速度

24. 某公司 1 月份平均人数 200 人，2 月份平均人数 250 人，3 月份平均人数 220 人，4 月份平均人数 230 人，则该单位第一季度的平均职工人数的计算公式应为（　　）。

A. $\dfrac{200+250+220}{3}$

B. $\dfrac{200+250+220+230}{4}$

C. $\dfrac{\frac{200}{2}+250+220+\frac{230}{2}}{4-1}$

D. $\dfrac{\frac{200+250}{2}\times1+\frac{250+220}{2}\times2+\frac{220+230}{2}\times3}{1+2+3}$

25. 已知某地区 2016 年粮食产量比 2009 年增长了 1 倍，比 2004 年增长了 2.5 倍，那么 2009 年粮食产量比 2004 年增长了（　　）。

A. 0.33 倍　　B. 0.5 倍　　C. 0.75 倍　　D. 1.5 倍

26. 由间断时点数列计算序时平均数需假定（　　）。

A. 相邻两个时点间之间的指标数值是均匀变动的

B. 相邻两个时点间的指标数值呈增长趋势的

C. 相邻两个时点间的指标数值呈递减趋势的

D. 相邻两个时点间的指标数值是季节性变化的

27. 某企业 2012 年的销售收入为 2008 年的 280%，2016 年为 2013 年的 230%，则该企业 2008—2016 年销售收入的年平均发展速度的计算式为（　　）。

A. $\sqrt[9]{2.8 \times 2.3}$　B. $\sqrt[7]{2.8 \times 2.3}$　C. $\sqrt[7]{2.8^4 \times 2.3^3}$　D. $\sqrt[9]{2.8^5 \times 2.3^4}$

28. 按水平法计算平均发展速度，要求以平均发展速度推算的（　　）。

A. 各期水平之和等于各期实际水平之和

B. 最后一期的水平等于最后一期实际水平

C. 各期增减量之和等于各期实际逐期增减量之和

D. 各期定基发展速度之和等于各期实际定基发展速度

29. 某企业全年各季初、季末资产总额分别用 a_1、a_2、a_3、a_4、a_5 表示，那么全年平均资产总额的计算式为（　　）。

A. $\dfrac{a_1 + a_2 + a_3 + a_4 + a_5}{5}$

B. $\dfrac{a_1 + a_2 \times 2 + a_3 \times 3 + a_4 \times 4 + a_5 \times 5}{1 + 2 + 3 + 4 + 5}$

C. $\dfrac{\frac{a_1}{2} + a_2 + a_3 + a_4 + \frac{a_5}{2}}{5 - 1}$

D. $\dfrac{\frac{a_1}{2} + a_2 + a_3 + \frac{a_4}{2}}{4 - 1}$

30. 某地区国内生产总值 2016 年比 2009 年增长 127%，则该地区在这一时期国内生产总值的年平均发展速度的计算式为（　　）。

A. $\sqrt[7]{127\%}$　B. $\sqrt[8]{127\%}$　C. $\sqrt[7]{227\%}$　D. $\sqrt[8]{227\%}$

（二）多项选择题

1. 以下各指标构成的时间数列中，属于时期数列的是（　　）。

A. 职工人数　B. 商品库存量

C. 商品销售额　D. 工资总额

E. 出生人口数

2. 增减速度（　　）。

A. 等于发展速度减去 100%

B. 可分为定基增减速度与环比增减速度

C. 等于增减量与基期水平之比

D. 等于平均发展速度减去100%

E. 等于发展速度的连乘积

3. 动态数列的发展水平可以是（　　）。

A. 绝对指标数值　　B. 相对指标数值

C. 统计分组　　D. 变量数列

E. 平均指标数值

4. 平均增减量等于（　　）。

A. 逐期增减量之和除以逐期增减量项数

B. 累计增减量除以动态数列项数

C. 最后一期总增减量/（动态数列项数-1）

D. 累积增减量之和/（动态数列项数-1）

E. 逐期增减量之和除以动态数列项数

5. 定基增减速度等于（　　）。

A. 环比增减速度之和

B. 相应环比发展速度的连乘积减去100%

C. 累计增减量除以固定基期水平

D. 定基发展速度减去100%

E. 环比增减速度之和

6. 下列等式中正确的有（　　）。

A. 增减速度=发展速度-1

B. 环比发展速度=环比增减速度+1

C. 定基发展速度=定基增减速度+1

D. 平均发展速度=平均增减速度+1

E. 平均增减速度=平均发展速度-1

7. 下列数列中属于时点数列的有（　　）。

A. 某银行每天的储蓄存款余额　　B. 我国历年的货币发行总额

C. 某企业每年末的在册工人数　　D. 某农场每年耕地面积

E. 某地区每年癌病死亡人数

8. 环比发展速度与定基发展速度之间的数量关系是（　　）。

A. 观察期内各环比发展速度之和等于最后一期的定基发展速度

B. 观察期内各环比发展速度的连乘积等于最后一期的定基发展速度

C. 本期定基发展速度除以上期定基发展速度等于本期的环比发展速度

D. 环比发展速度的连乘积等于相应的定基发展速度

E. 上期定基发展速度乘以本期环比发展速度等于本期定基发展速度

9. 设某企业1~5月初商品库存资料如下表：

月　份	1月	2月	3月	4月	5月
月初库存量（吨）	10	11	13	12	10

则该动态数列有如下特点（　　）。

A. 数列中各项指标数值可以相加

B. 数列中各项指标数值不能相加

C. 数列中每一指标数值大小与时间间隔长短存在着直接关系

D. 数列中每一指标数值大小与时间间隔长短不存在直接关系

E. 数列中每一指标数值是采用一次性调查而取得的

10. 在直线趋势方程 $\hat{y}_t = a + bt$ 中，b 表示（　　）。

A. 趋势线在 Y 轴上的截距

B. 当 $t=0$ 时的趋势值

C. 趋势线的斜率

D. 时间变动一个单位时观察值的平均变动量

E. 观察值变动一个单位时 t 的平均变动量

11. 测定长期趋势的基本方法有（　　）。

A. 时距扩大法　　B. 移动平均法

C. 简捷法　　D. 数学模型法

E. 最小平方法

12. 以下属于两个时期数列对比构成的相对数动态数列有（　　）。

A. 工业企业全员劳动生产率动态数列

B. 产品合格率动态数列

C. 某产品产量计划完成程度动态数列

D. 营业收入发展速度动态数列

E. 资金利税率动态数列

13. 动态数列水平分析指标有（　　）。

A. 发展水平指标　　B. 增减量指标

C. 平均增减量　　D. 平均发展水平

E. 环比增减1%的绝对值

14. 动态数列的构成要素包括（　　）。

A. 变量值　　B. 频数　　C. 时间　　D. 指标数值

E. 频率

15. 动态数列按统计指标的表现形式不同，可分为（　　）。

A. 绝对数动态数列　　B. 变量数列

C. 相对数动态数列　　D. 分布数列

E. 平均数动态数列

16. 某公司 2013 年、2016 年净利润分别为 3 800 万元、5 600 万元。下列说法正确的有（　　）。

A. 2013 年至 2016 年，公司净利润由 3 800 万元发展到 5 600 万元

B. 2013 年至 2016 年，公司净利润增加了 1 800 万元

C. 2013 年至 2016 年，公司净利润由 3 800 万元增加到 5 600 万元

D. 2013 年至 2016 年，公司净利润由 3 800 万元增加了 5 600 万元

E. 公司 2013 年净利润较 2016 年减少 1 800 万元

17. 计算平均发展速度的公式可采用（　　）。

A. $\bar{x}=\sqrt[n]{\Pi\frac{a_i}{a_{i-1}}}$　B. $\bar{x}=\sqrt[n]{\frac{a_n}{a_0}}$　C. $\bar{x}=\sqrt[n]{\Pi\frac{a_n}{a_o}}$　D. $\bar{x}=\sqrt[n]{\sum\frac{a_n}{a_0}}$

E. $\bar{x}=\sqrt[n]{\sum\frac{a_i}{a_{i-1}}}$

18. 影响时间数列变化的因素有（　　）。

A. 长期趋势因素　　B. 不规则变动因素

C. 主观判断因素　　D. 循环变动因素

E. 季节变动因素

（三）判断题

1. 发展水平就是动态数列中的每一项具体指标数值，它只能表现为绝对数。（　　）

2. 相对数动态数列中，各项指标数值相加具有实际意义。（　　）

3. 时点数列中各项指标数值的大小与其时间间隔长短无直接关系。（　　）

4. 在一定期间内，定基增减速度等于相应各个环比增减速度的连乘积。（　　）

5. 在各种动态数列中，指标数值的大小都受到时间间隔长短的制约。（　　）

6. 增减速度等于增减量与基期水平之比。（　　）

7. 发展速度是以相对数形式表示的速度分析指标，增减量是以绝对数形式表示的速度分析指标。（　　）

8. 平均增减量是对时间数列中各逐期增减量计算的序时平均数。（　　）

9. 定基发展速度等于相应各个环比增减速度的连乘积。（　　）

10. 如果某工企业增加值的逐期增减量年年相等，那么各年的环比增减速度也必然相等。（　　）

11. 累积增减量与逐期增减量之间的关系是：累积增减量等于相应各个逐期增减量之和。（　　）

12. 平均增减量等于各逐期增减量之和除以逐期增减量的项数。（　）

13. 移动平均法能够对现象的波动加以“修匀”，测定现象长期趋势。（　）

14. 在直线趋势方程 $\hat{y}_t = a + bt$ 中，a 表示时间值为 0 那一期的趋势值。（　）

15. 平均发展速度的水平法就是运用几何平均法计算平均发展速度。（　）

16. 在时点都处在期初或期末，且相邻时点之间间隔不等的情况下，应采用对分层平均数进行加权算术平均的方法计算序时平均数。（　）

17. 累积增减量等于报告期水平与前期水平之差。（　）

18. 环比增减 1%的绝对值=上期水平/100。（　）

（四）简答题

1. 时期数列与时点数列有哪些区别？

2. 序时平均数与一般平均数有何区别和联系？

3. 计算和使用速度分析指标应注意哪些问题？

（五）计算题

1. 某市财政收入以 2000 年为基础，到 2016 年翻了 3 番，问在此期间该市财政收入年平均增长率是多少？

2. 某商店 2016 年各月商品流通费用率见下表所示：

月　份	1月	2月	3月	4月	5月	6月	7月	8月	9月	10月	11月	12月
商品流通费用率(%)	3.50	2.99	2.95	2.98	4.58	3.81	3.02	4.00	3.75	3.27	3.95	4.58
商品流通费用额(万元)	98.6	87.8	85	99.1	110	120	98.4	109	116	78.6	80.5	103

计算全年平均商品流通费用率（商品流通费用率=商品流通费用总额/商品销售净额）。

3. 甲、乙两市 2006—2010 年财政收入资料如下表：

年　份	2006 年	2007 年	2008 年	2009 年	2010 年
甲市财政收入（亿元）	65.7	76.5	84.1	91.8	102.9
乙市财政收入（亿元）	98.3	104.9	112.5	123.2	128.4

问：（1）按照 2006—2010 年两市现有的平均发展速度，甲市要超过乙市还需要几年时间？（2）如果乙市仍按现有的平均发展速度发展，甲市打算从 2011 年开始用八年时间即到 2018 年的财政收入达到乙市同期的 1.5 倍，那么，甲市在 2011 年后平均每年的递增速度需要达到多少？

4. 某地区 2011—2016 年间定期储蓄存款占全部储蓄存款总额的比重资料如下表：

年　份	2011 年	2012 年	2013 年	2014 年	2015 年	2016 年
年末定期储蓄存款占储蓄存款总额的%	74. 25	72. 16	70. 15	67. 28	65. 25	64. 40
年末定期储蓄存款（亿元）	6 838. 7	7 778. 2	8 973. 4	11 226. 7	14 791. 6	18 955. 1

计算该期间定期储蓄存款占全部储蓄存款总额的平均比重。

5. 某公司 2008—2016 年产品净利润数据如下：

年　份	2008	2009	2010	2011	2012	2013	2014	2015	2016
净利润（万元）	841	862	899	925	952	990	1 020	1 048	1 077

要求：用最小二乘法配合线性趋势方程，并预测 2017 年、2018 年的净利润。

6. 根据动态分析指标之间的相互关系，计算下表空缺指标。

年　份	2011 年	2012 年	2013 年	2014 年	2015 年	2016 年
净利润（万元）						
逐期增减量（万元）			300			
累计增减量（万元）		200				
环比发展速度（%）					120	
定基发展速度（%）				200		
环比增减速度（%）						25
定基增减速度（%）		20				
环比增减 1%的绝对值(万元)						

7. 某商场 2013—2016 年某季节性商品各季度销售数据如下表：（单位：万元）

季 年	一季度	二季度	三季度	四季度
2013 年	270	210	70	300
2014 年	350	240	100	400
2015 年	430	290	120	520
2016 年	500	350	170	660

要求：(1) 采用趋势剔除法计算该季节性商品各季度的季节比率。(2) 假定 2017 年第一季度的销售额为 550 万元，预测 2017 年第二、三、四季度的销售额。

8. 某企业连续五年产量资料如下表：

年份	第 1 年	第 2 年	第 3 年	第 4 年	第 5 年	第 6 年
产量（万吨）	200	240	300	450	520	620

要求：（1）计算各年的逐期增减量、累积增减量以及平均增减量；（2）计算各年的环比发展速度、定基发展速度与平均发展速度；（3）计算各年的环比增减速度、定基增减速度与平均增减速度；（4）计算环比增减1%的绝对值。

9. 某企业2016年一季度库存A产品的数量变动情况如下表：

日 期	1月1日	1月13日	2月5日	2月19日	3月13日	3月25日
库存量（吨）	210	60	250	120	30	170
增加数量（吨）			190	70		140
减少数量（吨）		150		200	90	

根据上表数据计算一季度A产品平均库存量。

10. 某公司2016年各季度银行存款余额变动情况如下表：

时　点	一季度初	二季度初	三季度初	四季度初	四季度末
银行存款（万元）	218	146	352	226	184

计算2016年上半年、下半年以及全年银行存款平均余额。

11. 某公司12月份职工人数增减变动情况如下：

1日职工总数560人，其中管理人员48人；15日职工15人离职，其中3人为管理人员；22日新招聘20名工人报到。

要求：计算本月管理人员平均数、全部职工平均人数及管理人员占全部职工的比重。

12. 某公司2016年A材料库存量变动情况如下表：

时　点	1月初	3月初	7月初	10月初	12月末
库存量（吨）	168	216	250	166	234

计算A材料全年平均库存量。

13. 某公司2016年各季度营业收入计划完成程度如下表：

季　　别	一季度	二季度	三季度	四季度
实际营业收入（万元）	2 350	3 140	4 070	5 230
营业收入计划完成程度（%）	108	124	135	143

要求：计算全年营业收入平均计划完成程度。

14. 某公司2016年各季度净利润及净资产数据见下表：

季度	一季度	二季度	四季度	四季度
净利润（万元）	8 750	7 680	9 940	11 290
季初净资产（万元）	25 700	22 400	27 500	29 300

另：四季度末净资产额为 28 100 万元。要求计算 2012 年全年平均净资产收益率。

15. 某公司 2016 年各月产品库存量数据见下表：

月 份	1 月初	4 月初	7 月初	8 月初	12 月初	12 月末
库存量（台）	206	124	26	280	126	130

要求：计算全年平均库存量。

16. 某工企业 2011—2017 年各年初职工总数及生产工人数如下：

年 份	2011	2012	2013	2014	2015	2016	2017
全部职工总数（人）	1 500	1 550	1 600	1 580	1 560	1 620	1 680
生产工人数（人）	1 200	1 320	1 350	1 400	1 410	1 420	1 440

要求：计算 2011 年初至 2017 年初生产工人占职工总数的平均比重。

17. 某企业 2004—2010 年净利润的平均增长率为 32%，2011—2016 年的平均增长率为 45%，试计算该企业 2004—2016 年间净利润的年平均增长率。

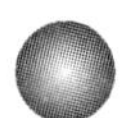

四、实训题解

（一）单项选择题

1. 答案：D。动态数列中的指标数值可以是绝对指标，也可以是相对指标和平均指标，分别表示总水平、相对水平和平均水平。

2. 答案：C。平均增长速度=平均发展速度-1。

3. 答案：C。时期数列中的指标数值可以直接相加。

4. 答案：A。总增长速度=总发展速度-1，总发展速度等于环比发展速度的连乘积。

5. 答案：A。时间数列的构成要素是若干个不同时间及其对应的指标数值，即时间和指标数值。

6. 答案：C。平均增长速度=平均发展速度-1。

7. 答案：B。新生婴儿数量为时期指标。

8. 答案：A。

9. 答案：B。平均增长量=（0.6+0.5+0.4+0.7）/4=0.55。

10. 答案：D。很明显，前一段时间的固定基期是 2005 年，间隔期 4 年，后一段时间的固定基期是 2009 年，间隔期 7 年。

11. 答案：B。若干个连续比率的连乘积等于一个总比率，求平均比率应该采用几何平均方法。

12. 答案：B。基数越来越大，在增长率相等的情况下，增长量也越来越大。

13. 答案：B。固定基期是 2010 年，间隔期 6 年。

14. 答案：C。固定基期是 2010 年，间隔期 6 年，定基发展速度为 1 - 36%。

15. 答案：B。

16. 答案：D。

17. 答案：A。

18. 答案：B。人均地区生产总值为强度相对指标。

19. 答案：B。

20. 答案：C。

21. 答案：D。时点之间间隔相等，采用首尾折半平均法。

22. 答案：D。时点之间间隔不等，采用对分层平均数进行加权平均的方法。

23. 答案：C。把两种增长速度转换为相应的发展速度后，存在间接数量关系。

24. 答案：A。各序时平均数代表的时间长度均为 1 个月，应对序时平均数进行简单算术平均。

25. 答案：C。计算过程：3.5/2-1。

26. 答案：A。只有在均匀变动情况下，才可以用期初数加期末数除以 2 的方法计算期间的分层平均数。

27. 答案：D。很明显，前一段时间的固定基期是 2007 年，到 2012 年间隔 5 年，后一段时间的固定基期是 2012 年，到 2016 年间隔 4 年，到 2016 年的定基发展速度为 2.8×2.3。

28. 答案：B。水平法计算的平均发展速度要求以平均发展速度推算的最后一期水平应等于最后一期实际发展水平；累计法计算的平均发展速度要求以平均发展速度推算的各期发展水平之和应等于各期实际发展水平之和。

29. 答案：C。

30. 答案：C。固定基期 2009 年，间隔期 7 年，定基发展速度 227%。

（二）多项选择题

1. 答案：CDE。职工人数、商品库存量都属于时点指标。

2. 答案：ABC。

3. 答案：ABE。

4. 答案：AC。

5. 答案：BCD。

6. 答案：ABCDE。

7. 答案：ACD。货币发行总额、癌病死亡人数均为时期指标。

8. 答案：BCDE。

9. 答案：BDE。需要弄清楚时期数列与时点数列的特点。

10. 答案：CD。

11. 答案：ABD。

12. 答案：BCD。

13. 答案：BCD。

14. 答案：CD。

15. 答案：ACE。

16. 答案：ABC。

17. 答案：AB。

18. 答案：ABDE。

（三）判断题

1. 答案：×。动态数列中指标数值称为发展水平，它既可以是绝对数，也可以相对数或平均数。

2. 答案：×。通常情况下，只有时期数列中的指标数值可以直接相加。

3. 答案：√。注意时期数列与时点数列各自的特征。

4. 答案：×。定基增减速度与环比增减速度之间没有直接关系，只有间接关系。

5. 答案：×。时期指标、平均指标数值大小与时间间隔长短有直接关系，时点指标和绝大多数相对指标数值大小与时间间隔长短无直接关系。

6. 答案：√。

7. 答案：×。增减量属于水平分析指标而非速度分析指标。

8. 答案：√。

9. 答案：×。定基发展速度等于相应各个环比发展速度的连乘积。

10. 答案：×。基数越来越大，环比增减速度越来越小。

11. 答案：√。

12. 答案：√。

13. 答案：√。

14. 答案：√。

15. 答案：√。累计法呢?

16. 答案：√。

17. 答案：×。累积增减量等于报告期水平与固定基期水平之差，逐期增减量等于报告期水平与前期水平之差。

18. 答案：√。

（四）简答题

略。

（五）计算题

1. 年平均增长率 $\sqrt[16]{2^3}-100\%=13.88\%$。

2. c 代表商品流通费用率，a 代表商品流通费用总额，b 代表商品销售净额，显然 a 和 b 都为时期指标，全年平均商品流通费用率 $\bar{c}=\frac{\bar{a}}{\bar{b}}=\frac{\sum a/n}{\sum b/n}=\frac{\sum a}{\sum b}=\frac{\sum a}{\sum (a/c)}=3.56\%$。

3. （1）2006—2010 年甲、乙两市的平均发展速度分别为 111.87%、106.91%，两市以 2010 年为起点，按现有的平均发展速度发展再经历 5 年时间，甲市的财政收入超过乙市。（2）每年平均递增速度 15.62%。

4. 年末定期储蓄存款额 a、年末储蓄存款总额 b 都属于时点指标，$\bar{a}$ 和 $\bar{b}$ 均采用首尾折半平均法，平均比重 67.68%。

5. 简捷法下直线趋势方程 $\hat{y}_t=957.11+30.15t$（$t=-4,-3,-2,-1,0,1,2,3,4$），2017 年预测值为 1 107.86 万元，2018 年预测值 1 138.01 万元。直接法下直线趋势方程 $\hat{y}_t=836.51+30.15t$（$t=0,1,2,3,4,5,6,7,8$），2017 年预测值为 1 107.86 万元，2018 年预测值为 1 138.01 万元。

6. 计算思路：想办法找出 2011—2016 年的净利润，也就是第一行的发展水平指标，然后再推算其余指标。首先要根据 2011 年已知的累积增减量和定基增减速度推算出 2011 年、2012 年的净利润分别为 1 000 万元、1 200 万元。再结合动态分析指标之间的相互关系推算其余空缺指标。

7. （1）一、二、三、四季度的季节比率分别为 139.82%、90.36%、34.08%、135.74%；（2）第二、第三、第四季度销售额的预测值分别为 355 万元，134 万元，534 万元。

8. （1）平均增减量为 84 万吨；（2）平均发展速度为 125.39%；（3）平均增减速度为 25.39%；其他指标：逐期增减量、累积增减量、环比发展速度、定基发展速度、环比增减速度、定基增减速度、环比增减 1%的绝对值参见第 6 题列表计算方法。

9. 平均库存量为 128.68 吨（6 个时间段的天数分别为 12、23、14、23、12、7）。

10. 上半年、下半年以及全年平均存款余额分别为 215.5、247、231.25 万元。

11. 管理人员平均数为 46.35 人；全部职工平均数为 558.23 人，管理人员占全员比重为 8.3%。

12. 平均库存量为 211.67 吨。

13. 营业收入计划完成程度 c = 实际完成数 a / 计划完成数 b，其中 a 和 b 均为时期指标。$\bar{a}$ 和 $\bar{b}$ 均采用简单算术平均法，平均计划完成程度 129.96%。

14. 净资产收益率 c = 净利润 a / 平均净资产额 b，其中 a 为时期指标，净资产额为时点指标。全年平均净资产收益率为 35.49%。

15. 时点之间间隔不等，采用对分层平均数进行加权平均法。全年平均库存量为 151.08 台。

16. 生产工人占职工总数的比重 c = 生产工人数 a / 职工总人数 b，其中 a 和 b 均为时点指标。$\bar{a}$ 和 $\bar{b}$ 均采用首尾折半平均法，平均比重为 86.53%。

17. 显然，前一段时间的固定基期是 2003 年，间隔期 7 年；后一段时间的固定基期是 2010 年，间隔期 6 年。年平均增长率 $= \sqrt[13]{1.32^7 \times 1.45^6} - 100\% = 37.85\%$。注意对照单选题第 10 题。

第十章 统计指数

一、统计知识

（一）统计指数的概念及分类

1. 统计指数的概念

有狭义指数与广义指数之分，广义的统计指数是指两个同类指标数值对比形成的相对数，如计划完成程度相对数、比较相对数以及动态相对数就是典型的广义指数；狭义的统计指数是用来综合说明复杂现象总体在数量上总变动程度的一种特殊相对数，它是一种特殊的动态相对数。本章主要研究狭义的统计指数。

2. 统计指数的作用

3. 统计指数的分类

（1）统计指数按其所反映现象的范围不同分为个体指数与总指数

个体指数是反映单个个事物数量变动程度的一种普通相对数，属于广义的统计指数。如个体价格指数、个体销售量指数等。

综合反映复杂现象总体综合变动程度的特殊相对数成为总指数，如股票价格指数、工业生产指数等。

（2）总指数按编制方法不同分为综合指数与平均指数

综合指数是指将两个时期不能直接加总的复杂现象总体，通过同度量因素转换为可以加总的价值量指标后，再进行不同时期对比所形成的特殊相对数。

平均指数是以基期或报告期的价值量为权数，对个体指数进行加权算术平均或加权调和平均所形成的总指数。

(3) 统计指数按指数化指标的性质不同分为数量指标指数与质量指标指数

以数量指标为指数化因素编制而成的统计指数称为数量指标指数，如产品产量指数、商品销售量指数等。

以质量指标为指数化因素编制而成的统计指数称为质量指标指数，如居民消费价格指数（CPI）、股票价格指数等。

(4) 指数数列中，按指数选用的基期不同分为定基指数与环比指数

在指数数列中，采用固定基期编制而成的统计指数称为定基指数。股票价格指数即是典型的定基指数。

以报告期的上一期为基期编制而成的统计指数称为环比指数。

(二) 综合指数

1. 综合指数的意义

编制综合指数必须使用同度量因素，同度量因素是指把不能直接相加的现象转化为可以相加，在指数编制过程中起着媒介作用的因素。同度量因素在综合指数编制中具有两大功能：一是同度量功能，二是权重功能。

2. 数量指标综合指数的编制

(1) 拉氏公式

选择与数量指标关联的基期质量指标作为同度量因素。拉氏数量指标指数公式为：

$$\bar{k}_q = \frac{\sum_{i=1}^{n} q_{i1} p_{i0}}{\sum_{i=1}^{n} q_{i0} p_{i0}}$$

其中，n 为用于指数计算的个体数，q_{i1}，q_{i0} 分别为第 i 个个体在报告期、基期的数量指标数值，p_{i0} 为第 i 个个体在基期的质量指标数值。拉氏数量指标指数公式通常简记为（下面类似公式均采用一般的简记形式，不再单独说明）：

$$\bar{k}_q = \frac{\sum q_1 p_0}{\sum q_0 p_0}$$

差额 $\sum q_1 p_0 - \sum q_0 p_0$ 中只单纯反映了数量指标变动引起的总量指标变动的绝对额。

(2) 派氏公式

选择与数量指标关联的报告期质量指标作为同度量因素，$\bar{k}_q = \frac{\sum q_1 p_1}{\sum q_0 p_1}$。

差额 $\sum q_1 p_1 - \sum q_0 p_1$ 中不仅反映了数量指标变动引起的变动，还反映了数量指标与质量指标共同变动引起的总量变动结果。

结论：实际应用中，一般选择拉氏公式编制数量指标指数。

3. 质量指标综合指数的编制

（1）拉氏公式

选择与质量指标关联的基期数量指标作为同度量因素，$\bar{k}_p = \dfrac{\sum p_1 q_0}{\sum p_0 q_0}$。

差额 $\sum p_1 q_0 - \sum p_0 q_0$ 中只单纯反映了质量指标变动引起的总量指标变动的绝对额。

（2）派氏公式

选择与质量指标关联的报告期数量指标作为同度量因素，$\bar{k}_p = \dfrac{\sum p_1 q_1}{\sum p_0 q_1}$。

差额 $\sum p_1 q_1 - \sum p_0 q_1$ 中不仅反映了质量指标变动引起的变动，还反映了数量指标与质量指标共同变动引起的总量变动结果。

结论：实际应用中，一般选择派氏公式编制数量指标指数。只有选择派氏公式编制的质量指标指数才具有现实意义。

4. 编制综合指数应该明确的几个问题

（1）确定指数化因素和同度量因素。每编制一个综合指数都需要选择相应的指数化因素及其对应的同度量因素。

（2）指数的分子、分母都表示价值量指标。其中分子是报告期的指数化因素与同度量因素之积；分母是基期的指数化因素与同度量因素之积。

（3）同度量因素选择的一般原则：编制数量指标指数，应选择基期的质量指标作为同度量因素；编制质量指标指数，应选择报告期的数量指标作为同度量因素。

（三）平均指数

1. 加权算术平均指数

（1）加权算术平均数量指标指数：$\bar{k}_q = \dfrac{\sum k_q \cdot p_0 q_0}{\sum p_0 q_0}$

（2）加权算术平均质量指标指数：$\bar{k}_p = \dfrac{\sum k_p \cdot p_0 q_0}{\sum p_0 q_0}$

加权算术平均指数变形后与拉氏公式一致。

2. 加权调和平均指数

（1）加权调和平均数量指标指数：$\bar{k}_q = \dfrac{\sum p_1 q_1}{\sum \dfrac{p_1 q_1}{k_q}}$

（2）加权调和平均质量指标指数：$\bar{k}_p = \dfrac{\sum p_1 q_1}{\sum \dfrac{p_1 q_1}{k_p}}$

加权调和平均指数变形后与派氏公式一致。

3. 平均数指数与综合指数的比较

（四）指数体系与因素分析

1. 指数体系的意义

指数体系的作用表现在以下两个方面：一是利用指数体系可以进行因素分析，二是利用指数体系还可以进行指数间的相互推算。

2. 总量指标变动的因素分析

$$\frac{\sum p_1 q_1}{\sum p_0 q_0} = \frac{\sum q_1 p_0}{\sum q_0 p_0} \times \frac{\sum p_1 q_1}{\sum p_0 q_1}$$

$$\sum p_1 q_1 - \sum p_0 q_0 = (\sum q_1 p_0 - \sum q_0 p_0) + (\sum p_1 q_1 - \sum p_0 q_1)$$

利用指数体系进行因素分析的一般步骤：

第一步，计算现象总量的变动：

总量指标指数：$\bar{k}_{pq} = \dfrac{\sum p_1 q_1}{\sum p_0 q_0}$

总量指标变动的绝对额：$\sum p_1 q_1 - \sum p_0 q_0$

第二步，计算数量指标因素变动对现象总量的影响：

数量指标指数：$\bar{k}_q = \dfrac{\sum q_1 p_0}{\sum q_0 p_0}$

由于数量指标因素变动对总量指标影响的绝对额：$\sum q_1 p_0 - \sum q_0 p_0$

第三步，计算质量指标因素变动对现象总量的影响：

质量指标指数：$\bar{k}_p = \dfrac{\sum p_1 q_1}{\sum p_0 q_1}$

由于质量指标因素变动对总量指标影响的绝对额：$\sum p_1 q_1 - \sum p_0 q_1$

第四步，将以上三个步骤计算的结果代入指数体系进行检验，并叙述说明现象总量变动的原因。

3. 复杂现象总量变动的多因素分析分析

相对数：$\dfrac{\sum q_1 m_1 p_1}{\sum q_0 m_0 p_0} = \dfrac{\sum q_1 m_0 p_0}{\sum q_0 m_0 p_0} \times \dfrac{\sum q_1 m_1 p_0}{\sum q_1 m_0 p_0} \times \dfrac{\sum q_1 m_1 p_1}{\sum q_1 m1 p_0}$

绝对数：$\sum q_1m_1p_1-\sum q_0m_0p_0=(\sum q_1m_0p_0-\sum q_0m_0p_0)+(\sum q_1m_1p_0-\sum q_1m_0p_0)+(\sum q_1m_1p_1-\sum q_1m_1p_0)$

参照两因素指数体系因素分析的步骤，三因素总量指标变动的因素分析有五个步骤。

（五）平均指标指数及其因素分析

1. 加权算术平均数的影响因素

加权算术平均数的影响因素就是各组变量值 x 和各组变量值的频率（或结构）

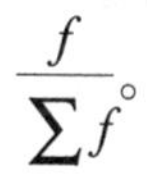

$\frac{f}{\sum f}$。

2. 平均指标指数及其体系

（1）反映平均指标本身变动程度的指数——平均指标可变构成指数：

$$I_{可变}=\frac{\bar{x}_1}{\bar{x}_0}=\frac{\sum x_1f_1}{\sum f_1}\div\frac{\sum x_0f_0}{\sum f_0}$$

平均水平变动的绝对值：

$$\bar{x}_1-\bar{x}_0=\frac{\sum x_1f_1}{\sum f_1}-\frac{\sum x_0f_0}{\sum f_0}$$

（2）反映变量值水平变动程度的指数——平均指标固定构成指数：

$$I_{固定}=\frac{\sum x_1f_1}{\sum f_1}\div\frac{\sum x_0f_1}{\sum f_1}$$

由于变量值水平变动引起平均指标变动的绝对值：

$$\frac{\sum x_1f_1}{\sum f_1}-\frac{\sum x_0f_1}{\sum f1}$$

（3）反映结构变动程度的指数——平均指标结构影响指数：

$$I_{结构}=\frac{\sum x_0f_1}{\sum f_1}\div\frac{\sum x_0f_0}{\sum f_0}$$

由于结构变动引起平均指标变动的绝对值：

$$\frac{\sum x_0f_1}{\sum f_1}-\frac{\sum x_0f_0}{\sum f_0}$$

（4）平均指标指数体系：

相对数：$\frac{\sum x_1f_1}{\sum f_1}\div\frac{\sum x_0f_0}{\sum f_0}=\left(\frac{\sum x_1f_1}{\sum f_1}\div\frac{\sum x_0f_1}{\sum f_1}\right)\times\left(\frac{\sum x_0f_1}{\sum f_1}\div\frac{\sum x_0f_0}{\sum f_0}\right)$

绝对数：$\frac{\sum x_1f_1}{\sum f_1}-\frac{\sum x_0f_0}{\sum f_0}=\left(\frac{\sum x_1f_1}{\sum f_1}-\frac{\sum x_0f_1}{\sum f_1}\right)+\left(\frac{\sum x_0f_1}{\sum f_1}-\frac{\sum x_0f_0}{\sum f_0}\right)$

（六）几种常用的经济指数

1. 工业生产指数的一般公式

$$\bar{k}_q=\frac{\sum k_q\cdot p_0q_0}{\sum p_0q_0}$$

简化后可运用“固定权数的加权算术平均指数”方法，连续地编制各个时期的工业生产指数：

$$\bar{k}_q=\frac{\sum k_q\cdot W}{\sum W}$$

2. 居民消费价格指数（CPI）

$$\bar{k}_p=\frac{\sum k_p\cdot W}{\sum W}$$

3. 股票价格指数

$$\bar{k}_p=\frac{\sum p_{i1}q_i}{\sum p_{i0}q_i}\times \text{基日股票价格指数}$$

二、统计实验

（一）实验目的

掌握借助 Excel 完成统计指数计算的方法，能够根据计算结果完成指数体系分析。能够应用统计指数缩减经济时间序列。

（二）实验内容

（1）使用 Excel 工作表完成综合指数计算。

（2）在 Excel 工作表中完成用统计指数缩减经济时间序列。

（三）实验操作

借助 Excel 计算统计指数的操作比较简单，下面举例说明。

1. 用 Excel 计算指数和进行因素分析

【例 10.1】某蛋品专营店 11 月份和 12 月份的蛋品销售量和平均销售价格情况

如表 10-1。试根据表中数据分析：该专营店 12 月份销售额比 11 月份增加多少？其中多少是由于销售量的变化引起的？多少是由于销售价格变化引起的？

表 10-1　　　　某专营店蛋品销售情况

种类	价格（元/kg）		销售量（kg）	
	11 月份	12 月份	11 月份	12 月份
鸡蛋	8. 10	8. 60	1 680	1 820
鸭蛋	11. 40	12. 10	850	910
鹅蛋	32. 50	34. 60	320	380
鹌鹑蛋	14. 80	15. 50	540	670

【操作提示】如图 10-1 录入数据。在 F3 单元格中输入公式“=B3 * D3”，并把公式填充到 F4:F6，在单元格 F7 中输入公式“=SUM(F3:F6)”（或直接点击“开始”菜单中的求和符号“Σ”），可以计算出 11 月份的总销售额 $\sum p_0 q_0$。同样，在单元格 G7 中计算 p0 * q1 的合计值 $\sum p_0 q_1$，在单元格 H7 中计算 12 月份的总销售额 $\sum p_1 q_1$。

	A	B	C	D	E	F	G	H
1		价格（元/kg）		销售量（kg）				
2		11月份	12月份	11月份	12月份	p0*q0	p0*q1	p1*q1
3	鸡蛋	8.1	8.6	1680	1820	=B3*D3	=B3*E3	=C3*E3
4	鸭蛋	11.4	12.1	850	910	=B4*D4	=B4*E4	=C4*E4
5	鹅蛋	32.5	34.6	320	380	=B5*D5	=B5*E5	=C5*E5
6	鹌鹑蛋	14.8	15.5	540	670	=B6*D6	=B6*E6	=C6*E6
7						=SUM(F3:F6)	=SUM(G3:G6)	=SUM(H3:H6)
8						销售额指数:	销售量指数:	价格指数:
9						=H7/F7	=G7/F7	=H7/G7
10						销售额增长:	销售量引起:	价格引起:
11						=H7-F7	=G7-F7	=H7-G7

图 10-1　借助 Excel 计算统计指数

在 F9 单元格中输入公式“=H7/F7”，在 F11 单元格中输入公式“=H7-F7”，可以得到 11 月份至 12 月份销售额变动的相对数和绝对数；在 G9 单元格中输入公式“=G7/F7”可以得到销售量指数（拉氏指数），在 G11 单元格中输入公式“=G7-F7”可以得到销售量变化引起的销售额变动绝对数；在 H9 单元格中输入公式“=H7/G7”可以得到价格指数（派氏指数），在 H11 单元格中输入公式“=H7-G7”，可以得到价格变化引起的销售额变动绝对数。

因素分析：该专营店销售额增长了 20. 40%，销售额增加了 8 506 元，其中，由于销售量增长 13. 65%引起销售额增加了 5 692 元，由于销售价格提高 5. 94%引起销售额增加了 2 814 元。有 120. 40% = 113. 65%×105. 94%；8 506 元 = 5 692 元+2 814 元。

2. 用 Excel 进行时间序列的价格调整

在多数情况下，直接得到的经济总量数据（如 GDP、销售总额、投资总额等）

都是以当年价格计算的，而在经济分析时需要首先剔除价格因素的影响，这时就需要用相应的价格指数来"缩减"现价指标。

【例 10.2】图 10-2 中 B 列所示为 2006—2015 年中国社会消费品零售总额（当年价），试以商品零售价格指数剔除社会消费品零售总额中的价格影响，得到以 2006 年价格衡量的各年社会消费品零售总额。

	A	B	C	D	E
1	指标	社会消费品零售总额(亿元)	商品零售价格指数(上年=100)	定基指数（2006年=100）	序列缩减（不变价）
2	2006年	79145.2	101	100	=B2/D2*100
3	2007年	93571.6	103.8	=D2*C3/100	=B3/D3*100
4	2008年	114830.1	105.9	=D3*C4/100	=B4/D4*100
5	2009年	133048.2	98.8	=D4*C5/100	=B5/D5*100
6	2010年	158008	103.1	=D5*C6/100	=B6/D6*100
7	2011年	187205.8	104.9	=D6*C7/100	=B7/D7*100
8	2012年	214432.7	102	=D7*C8/100	=B8/D8*100
9	2013年	242842.8	101.4	=D8*C9/100	=B9/D9*100
10	2014年	271896.1	101	=D9*C10/100	=B10/D10*100
11	2015年	300930.8	100.1	=D10*C11/100	=B11/D11*100

图 10-2　借助 Excel 缩减时间数列

【操作提示】图 10-2 中 C 列给出的是环比价格指数，所以需要先计算以 2006 年为基期的定基价格指数。

先在单元格 D2 中输入数值 100，然后在单元格 D3 中输入公式"=D2*C3/100"，再双击填充柄把公式复制到 D4:D11 区域，这样就得到了以 2006 年为基期的定基价格指数序列。在 E2 中输入公式"=B2/D2*100"，再把公式填充到 E3:E11 区域，就得到了以 2006 年价格计算的各年社会消费品零售总额（不变价）。

（四）实验实践

1. 某商店三种商品的销售资料如下表：

商品名称	计量单位	销售量		销售单价（元）	
		基期	报告期	基期	报告期
甲	米	1 000	2 000	10	9
乙	件	2 000	2 200	25	28
丙	台	3 000	3 150	20	25

借助 Excel 完成：

（1）根据这三种商品编制销售量总指数；

（2）根据这三种商品编制销售价格总指数；

（3）分别从相对数和绝对数两个方面分析销售量及销售价格变动对销售额的

影响。

2. 某地区2016—2017年三种商品的销售情况如下：

品名	2017年销售价格比上年增长（%）	销售额（亿元）	
		2016年	2017年
A	9	1 950	2 140
B	8	1 700	1 980
C	10	5 210	6 420

借助Excel完成：（1）计算三种商品销售量总指数。

（2）计算三种商品销售价格总指数。

（3）从绝对数和相对数两个方面分析销售量以及销售价格变动对销售额的影响。

3. 在实际中，一般通过价格指数的增长率来计算通货膨胀率。请查阅中国2000—2017年的居民消费价格指数（CPI），分析这期间的通货膨胀情况。

三、统计实训

（一）单项选择题

1. 狭义的统计指数是一种（　　）。

A. 绝对数　　B. 一般相对数

C. 平均数　　D. 特殊相对数

2. 平均指标固定构成指数（　　）。

A. 是反映各组变量值水平变动对总体平均水平变动影响程度的相对数

B. 是反映总体平均水平变动程度的相对数

C. 是反映各组结构变动对总体平均水平变动影响程度的相对数

D. 是平均指数的一种

3. 统计指数按编制对象的范围不同可分为（　　）。

A. 定基指数和环比指数　　B. 数量指标指数和质量指标指数

C. 个体指数和总指数　　D. 综合指数和平均数指数

4. 某工业企业工业总产值比上年增长56%，产量增长50%，则出厂价格提高（　　）。

A. 4%　　B. 6%　　C. 106　　D. 134%

5. 若商品销售量增长50%，商品销售价格下降4%，则销售总额增长（　　）。

A. 44%　　B. 45%　　C. 55%　　D. 57.5%

6. 对平均指标变动进行影响因素分析，当分析各组变量值水平变动对总体平均水平变动的影响程度时，另一个影响因素应该采用（　　）。

A. $\frac{f_0}{\sum f_0}$　　B. $\frac{f_0}{\sum f_1}$　　C. $\frac{f_1}{\sum f_0}$　　D. $\frac{f_1}{\sum f_1}$

7. 编制总指数的两种方法是（　　）。

A. 数量指标指数和质量指标指数　　B. 综合指数和平均数指数

C. 算术平均数指数和调和平均数指数　D. 定基指数和环比指数

8. 编制质量指标综合指数时，同度量因素一般选择（　　）。

A. 报告期的数量指标　　B. 基期的数量指标

C. 报告期的质量指标　　D. 基期的质量指标

9. 综合指数是（　　）。

A. 用非全面资料编制的指数　　B. 平均指标指数的变形

C. 总指数的基本形式　　D. 编制总指数的唯一方法

10. 加权算术平均数量指标指数采用特定权数时，其结果与综合指数相同。特定权数是（　　）。

A. q_1p_1　　B. q_0p_1　　C. q_1p_0　　D. q_0p_0

11. 平均指数（　　）。

A. 反映总体平均水平变动的相对数　　B. 是总指数的一种形式

C. 亦叫可变构成指数　　D. 是个体指数

12. 在编制综合指数时，把同度量因素固定在基期，称为（　　）。

A. 质量指标指数　　B. 数量指标指数

C. 拉式指数　　D. 派式指数

13. 某乡粮食亩产量水平比上年提高 8%，播种面积增加 5%，则粮食总产量增长（　　）。

A. 2.86%　　B. 3%　　C. 13%　　D. 13.4%

14. 某连锁超市 2013 年商品零售总额为 22 000 万元，2016 年增至 45 600 万元，如果这三年间物价上涨了 7%，则商品销售量指数为（　　）。

A. 207.27%　　B. 107.27%　　C. 100.27%　　D. 193.71%

15. 某发电厂 2016 年的发电量比 2015 年增长了 13.6%，总成本增长了 12.9%，则发电厂 2016 年单位发电成本比 2015 年（　　）。

A. 降低 0.62%　　B. 降低 5.15%　　C. 增加 12.9%　　D. 增加 1.75%

16. 在居民消费价格指数上涨 8%，则现在的 100 元钱相当于过去的（　　）。

A. 92 元　　B. 92.59 元　　C. 100 元　　D. 108 元

17. 如果单位产品成本报告期比基期下降 5%，产量增长 5%，则生产总成本（　　）。

A. 增加　　B. 减少　　C. 没有变化　　D. 无法判断

18. 某省统计公报显示“社会商品零售总额是上年的128.4%，扣除物价上涨因素实际上涨了9.8%”，则物价上升了（　　）。

A. 40.98%　　B. 18.6%　　C. 16.94%　　D. 38.2%

19. 设甲、乙、丙三种商品的单价分别比基期上涨了5%，6%，8%，三种商品在报告期的销售额分别是2 300元，4 600元，1 900元，则三种商品价格总指数应按下式编制（　　）。

A. $\bar{k}_p = \dfrac{105\% + 106\% + 108\%}{3}$

B. $\bar{k}_p = \dfrac{105\% \times 2\,300 + 106\% \times 4\,600 + 108\% \times 1\,900}{2\,300 + 4\,600 + 1\,900}$

C. $\bar{k}_p = \dfrac{3}{\dfrac{1}{105\%} + \dfrac{1}{106\%} + \dfrac{1}{108\%}}$

D. $\bar{k}_p = \dfrac{2\,300 + 4\,600 + 1\,900}{\dfrac{2\,300}{105\%} + \dfrac{4\,600}{106\%} + \dfrac{1\,900}{108\%}}$

20. 以下属于平均指标结构影响指数的是（　　）。

A. $\dfrac{\sum x_0 f_0}{\sum f_0} \div \dfrac{\sum x_1 f_1}{\sum f_1}$　　B. $\dfrac{\sum x_1 f_1}{\sum f_1} \div \dfrac{\sum x_0 f_0}{\sum f_0}$

C. $\dfrac{\sum x_1 f_1}{\sum f_1} \div \dfrac{\sum x_0 f_1}{\sum f_1}$　　D. $\dfrac{\sum x_0 f_1}{\sum f_1} \div \dfrac{\sum x_0 f_0}{\sum f_0}$

（二）多项选择题

1. 居民消费价格指数（CPI）属于（　　）。

A. 平均数指数　　B. 总指数

C. 质量指标指数　　D. 数量指标指数

E. 加权算术平均指数

2. 下列属于质量指标指数的有（　　）。

A. 商品销售量指数　　B. 商品销售额指数

C. 商品零售价格指数　　D. 股票价格指数

E. 房地产价格指数

3. 平均指标指数（　　）。

A. 受各组变量值水平变动的影响　　B. 受总体内部结构变动的影响

C. 是反映简单现象变动的指数　　D. 和平均指数实质上是相同的

E. 可以说明总体平均水平的变动情况

4. 下列属于数量指标指数的有（　　）。

A. 工业总产值指数
B. 股票价格指数
C. 职工人数指数
D. 产品产量指数
E. 商品销售量指数

5. 总量指标指数体系包括（　　）。

A. 总量指标指数
B. 数量指标综合指数
C. 平均指标指数
D. 平均数指数
E. 质量指标综合指数

6. 编制综合指数时，同度量因素选择的原则是（　　）。

A. 质量指标指数一般以报告期的数量指标作为同度量因素
B. 质量指标指数一般以基期的数量指标作为同度量因素
C. 数量指标指数一般以基期的数量指标作为同度量
D. 数量指标指数一般以基期质量指标作为同度因素
E. 数量指标指数一般以固定基期的质量指标作为同度量因素

7. 平均指标指数体系包括（　　）。

A. 平均数指数
B. 平均指标可变构成指数
C. 总量指标指数
D. 平均指标结构影响指数
E. 平均指标固定构成指数

8. 以下属于综合指数的有（　　）。

A. $\frac{\sum p_1q_1}{\sum p_0q_0}$
B. $\frac{\sum p_0q_1}{\sum p_0q_0}$
C. $\frac{\sum p_1q_1}{\sum p_0q_1}$
D. $\frac{\sum K_p.\ p_0q_0}{\sum p_0q_0}$

E. $\frac{\sum p_1q_1}{(\frac{\sum p_1q_1}{K_p})}$

9. 统计指数按其所反映对象的范围不同，可分为（　　）。

A. 平均指标指数
B. 个体指数
C. 数量指标指数
D. 总指数
E. 综合指数

10. 对某连锁超市报告期商品销售总额变动情况进行分析，其指数体系包括（　　）。

A. 销售量指数
B. 销售价格指数
C. 总平均价格指数
D. 销售总额指数
E. 个体指数

11. 加权算术平均指数（　　）。

A. 属于总指数

B. 在一定条件下可以是综合指数的变形

C. 可以编制质量指标指数

D. 也称为平均指标指数

E. 可以编制数量指标指数

12. 若 p 表示商品价格，q 表示商品销售量，则公式 $\sum p_0q_1 - \sum p_0q_0$ 表示的意义是（　　）。

A. 综合反映销售额变动的绝对额

B. 综合反映价格变动和销售量变动的绝对额

C. 综合反映多种商品销售量变动而增减的销售额

D. 综合反映由于销售量变动而使消费者多（或少）支付的金额

E. 综合反映多种商品销售价格变动的绝对额

13. 以下属于平均指标指数的是（　　）。

A. $\frac{\sum x_0f_0}{\sum f_0} \div \frac{\sum x_1f_1}{\sum f_1}$　　B. $\frac{\sum x_1f_1}{\sum f_1} \div \frac{\sum x_0f_0}{\sum f_0}$

C. $\frac{\sum x_1f_1}{\sum f_1} \div \frac{\sum x_0f_1}{\sum f_1}$　　D. $\frac{\sum x_0f_1}{\sum f_1} \div \frac{\sum x_1f_0}{\sum f_0}$

E. $\frac{\sum x_0f_1}{\sum f_1} \div \frac{\sum x_0f_0}{\sum f_0}$

14. 编制工业产品产量综合指数，可以选择的同度量因素有（　　）。

A. 基期产品出厂价格　　B. 报告期产品出厂价格

C. 基期产品单位成本　　D. 报告期产品单位成本

E. 报告期计划产量

15. 同度量因素的作用有（　　）。

A. 平衡作用　　B. 比较作用

C. 权数作用　　D. 稳定作用

E. 同度量作用

16. 加权算术平均数指数是一种（　　）。

A. 综合指数　　B. 总指数

C. 平均数指数　　D. 个体指数平均数

E. 平均指标指数

（三）判断题

1. 同度量因素在编制综合指数中只起着同度量的作用。　　（　　）

2. 同类指标数值直接对比形成的相对数属于广义的指数。（　　）

3. 加权算术平均指数可以变形为拉氏指数。（　　）

4. 用拉氏公式编制的综合指数，不包含指数化因素与同度量因素共同变动对现象产生的影响。（　　）

5. 在编制多因素构成的综合指数时，质量指标指数的同度量因素应全部固定在报告期。（　　）

6. 用派氏公式编制的综合指数，既包含指数化因素变动的结果，也包含指数化因素与同度量因素共同变动的结果。（　　）

7. 质量指标综合指数不仅反映了质量指标本身变动的结果，还反映了质量指标与同度量因素共同变动产生的影响。（　　）

8. 可变构成指数是反映各组变量值水平变动程度对平均指标的影响。（　　）

9. 编制多因素构成的综合指数时，排在前面的因素作同度量因素应固定在报告期，排在后面的因素作同度量因素应固定在基期。（　　）

10. 可变构成指数是反映权数结构变动以及变量值水平变动对总体平均指标影响程度的指数。（　　）

11. 居民消费价格指数是采用固定权数的加权算术平均数指数编制的。（　　）

12. 如果某地区商品零售物价指数为105%，那么用同样多的人民币要比原来少买5%的商品。（　　）

（四）简答题

1. 什么是广义的指数、狭义的指数？

2. 什么叫同度量因素，它在综合指数中有何作用？

3. 数量指标综合指数与质量指标综合指数如何选择同度量因素？为什么？

4. 由多因素构成的总量指标进行因素分析，应如何确定各因素的排列顺序及其同度量因素？

（五）计算题

1. 某商场商品销售情况统计如下：

品名	单位	销售量		基期销售额（万元）
		基期	报告期	
甲	台	2 500	3 000	1 200
乙	吨	1 800	2 000	900
丙	件	5 000	4 500	400

要求：编制三种商品销售量总指数，并计算由于销售量变动对销售额的影响。

2. 某市肉蛋类商品调价前后的零售价格及比重权数资料如下：

品名	单位	平均零售价（元）		权重 W(%)
		基期 P_0	报告期 P_1	
猪肉	千克	24.00	25.00	70
牛肉	千克	33.50	46.00	6
羊肉	千克	45.00	78.00	2
鸡	千克	33.00	44.00	10
鸡蛋	千克	9.60	9.80	12
合计	–	–	–	100

试编制该市肉蛋类商品零售价格指数。

3. 某企业职工人数和工资水平资料统计如下：

组别	人数（人）		工资水平（元）	
	基期 f_0	报告期 f_1	基期 x_0	报告期 x_1
技术人员	50	60	3 500	5 200
普通职工	180	250	2 450	3 860

根据资料，从相对数和绝对数两个方面分析工人结构变化及各组职工工资水平变动对总平均工资的影响。

4. 某企业四种产品销售价格及销售额资料统计如下：

产品名称	单位	销售价格（元）		报告期销售额（万元）
		基期 P_0	报告期 P_1	
甲	件	420	500	150
乙	台	1 560	1 680	280
丙	米	800	950	120
丁	吨	620	600	340

根据表中资料编制四种产品个体价格指数和价格总指数，并分析由于销售价格的变动对销售额的影响？

5. 某企业生产三种产品，其产量和单位产品成本资料统计如下：

品名	单位	产量		单位产品成本（元）	
		基期 q_0	报告期 q_1	基期 z_0	报告期 z_1
甲	吨	5 200	6 000	240	245
乙	件	3 000	2 500	150	146
丙	担	2 500	3 400	96	96

根据上表资料，分别从相对数和绝对数两个方面计算分析产品产量和单位产品成本变动对企业总成本的影响。

6. 某连锁超市 2014 年商品销售总额 35 800 万元，2016 年商品销售总额 59 572 万元，并且已知两年间商品价格上涨了 6%。试分别从相对数和绝对数两个方面计算分析该连锁超市商品销售量以及销售价格变动对销售总额的影响。

7. 某市 2016 年“社会商品零售总额 2 820 亿元，比上年增长 17.6%，扣除零售物价上涨因素，实际增长 12.8%”。依据所给定的资料：

（1）编制零售物价指数；（2）分别从相对数和绝对数两方面计算分析商品零售量和零售价格变动对社会商品零售总额的影响。

8. 某商场近两年三种商品的销售情况统计如下：

品名	2016 年销售量比 2015 年增长%	销售额（万元）	
		2015 年	2016 年
甲	12	1 850	2 040
乙	6	1 600	1 880
丙	10	5 200	6 420

要求：（1）编制三种商品销售量总指数。（2）分别从绝对数和相对数两个方面计算分析销售量以及销售价格变动对销售额的影响。

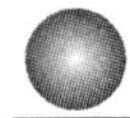

四、实训题解

（一）单项选择题

1. 答案：D。广义的指数是两个相互联系的指标数值对比形成的相对数，即一般相对数；狭义指数是反映数量上不能直接相加的复杂现象总体变动程度的特殊相对数。

2. 答案：A。平均指标固定构成指数是反映各组变量值水平变动对总体平均水平变动影响程度的相对数，平均指标结构影响指数是反映各组结构变动对总体平均水平变动影响程度的相对数，平均指标可变构成指数是同时反映各组变量值水平变动和各组结构变动对总体平均水平变动影响程度的相对数。

3. 答案：C。注意统计指数按其他标准分类的结果。

4. 答案：A。156%/150%-100%=4%。

5. 答案：A。150%×96%-100%=44%。

6. 答案：D。把结构固定在报告期。

7. 答案：B。注意平均指数又称平均数指数。

8. 答案：A。选择同度量因素的一般原则：编制质量指标综合指数时，一般选择与质量指标关联的报告期数量指标作为同度量因素；编制数量指标综合指数时，一般选择与数量指标关联的基期质量指标作为同度量因素。

9. 答案：C。

10. 答案：D。加权算术平均数量指标指数采用 p_0q_0 权数的结果与综合指数一致；加权调和平均质量指标指数采用 p_1q_1 权数的结果与综合指数相同。

11. 答案：B。综合指数、平均指数是编制总指数的两种方法。注意，平均指数不能与平均指标指数混淆。

12. 答案：C。拉氏指数将同度量因素固定在基期，派氏指数将同度量因素固定在报告期。

13. 答案：D。108%×105%-100%=13.4%。

14. 答案：D。（45 600/22 000）/107%=193.71%

15. 答案：A。112.9%/113.6%=99.38%

16. 答案：B。100/108%=92.59

17. 答案：B。105%×95%=99.75%。

18. 答案：C。128.4%/109.8%=116.94%

19. 答案：D。使用基期总量指标 p_0q_0 编制平均指数，应采用加权算术平均方法；使用报告期总量指标 p_1q_1 编制平均指数，应采用加权调和平均法。

20. 答案：D。B 为可变构成指数，C 为结构影响指数。

（二）多项选择题

1. 答案：ABCE。

2. 答案：CDE。各种价格指数都属于质量指标指数。

3. 答案：ABE。注意：平均指标指数不要与平均数指数混淆。

4. 答案：CDE。职工人数、产品产量和商品销售量指标都是数量指标。

5. 答案：ABE。

6. 答案：AD。

7. 答案：BDE。

8. 答案：BC。A 为总量指标指数，不属于综合指数；D、E 为平均指数。

9. 答案：BD。其他分类标准又如何分类呢？

10. 答案：ABD。

11. 答案：ABCE。

12. 答案：CD。

13. 答案：BCE。

14. 答案：AC。

15. 答案：CE。

16. 答案：BC。

(三) 判断题

1. 答案：×。还有权重的作用。

2. 答案：√。

3. 答案：√。

4. 答案：√。

5. 答案：×。

6. 答案：√。

7. 答案：√。质量指标组合指数一般采用派氏公式。

8. 答案：×。固定构成指数是反映各组变量值水平变动对总体平均指标的影响。

9. 答案：×。编制多因素构成的综合指数时，排在前面的因素作同度量因素应固定在基期，排在后面的因素作同度量因素应固定在报告期。

10. 答案：√。

11. 答案：√。

12. 答案：×。100%/105%=95.24%，少买商品（量）4.76%。

(四) 简答题

略。

(五) 计算题

1. 销售量总指数 $\bar{K}_q = \dfrac{\sum k_q \cdot p_0 q_0}{\sum p_0 q_0} = 112\%$，由于销售量增加而增加的销售总额300万元。

2. 肉蛋类商品零售价格指数 $\bar{K}_p = \dfrac{\sum k_p \cdot w}{\sum w} = 110.21\%$。

3. 平均工资可变构成指数153.81%，总平均工资增加1 441.09元；固定构成指数155.26%，由于工资水平提高增加的总平均工资 1 466.13 元；结构影响指数99.07%，由于职工结构变动而减少的总平均工资25.04元。

4. 甲、乙、丙、丁四种产品个体价格指数分别为119.05%、107.69%、118.75%、96.77%，价格总指数106.16%；由于销售价格提高而增加的销售额51.61万元。

5. 企业总成本指数111.53%，报告期比基期增加的总成本223 400元；产品产量总指数110.5%，由于产量增加而增加的总成本203 400元；单位产品成本总指数100.93%，由于单位产品成本提高而增加的总成本20 000元。

6. 商品销售总额指数166.4%，报告期比基期增加的销售总额23 772万元；商品销售量总指数 156. 98%，由于销售量增加而增加的销售总额 20 400 万元；销售价格指数 106%，由于销售价格提高而增加的销售总额 3 372 万元。

7.（1）零售物价指数 104. 26%。

（2）零售总额指数 117. 6%，报告期比基期增加的零售总额 422. 04 亿元；商品零售量总指数 112. 8%，由于零售量增加而增加的零售总额 306. 82 亿元；零售价格指数 104. 26%，由于销售价格提高而增加的销售总额 115. 22 亿元。

8.（1）三种商品销售量总指数 $\bar{K}_q = \dfrac{\sum k_q \cdot p_0 q_0}{\sum p_0 q_0} = 109.69\%$。

（2）商品销售总额指数 $\bar{K}_{pq} = \dfrac{\sum p_1 q_1}{\sum p_0 q_0} = 119.54\%$，报告期比基期增加的销售总额为 1 690 万元；商品销售量总指数 109. 69%，由于销售量增加而增加的销售总额为 838 万元；销售价格指数 $\bar{K}_p = \dfrac{\bar{K}_{pq}}{\bar{K}_q}$ 108. 98%，由于销售价格提高而增加的销售总额为 852 万元。

第十一章　统计综合实验

一、实验目的

该实验是适应当前的统计学教学改革需要，把学生掌握知识的方法从对原理概念的死记硬背拓展到解决问题的活学活用能力培养上来，即培养学生的动手能力和综合素质。该环节需要达到以下几个目的：

（1）激发学习兴趣，巩固所学理论知识，在实践中检验课堂学习的效果。

（2）锻炼学生不怕吃苦、克服困难的精神，培养学生协作（或独立）解决问题的能力。

（3）培养学生设计调查方案、进行实地调查，搜集第一手数据资料的能力；培养学生通过检索各类文献搜集第二手数据资料的能力。

（4）通过对统计调查资料的整理和分析，培养和提高学生借助计算机处理数据的能力、运用统计方法综合分析问题的能力和动手解决问题的能力。

（5）能够对整理分析的数据资料进行正确的解释，并从中得出结论，培养论文撰写能力。拓宽学生的知识面，培养学生实践能力和创新精神。

二、实验内容与要求

1. 选题并设计研究方案

分组完成整个综合实验，每组原则上为 6 人。各组自行讨论确定综合实验的选题，并由小组同学协作设计研究方案。选题原则上分为两类：一类是校园内大学生们关注的、现实热点问题，这类选题可以参考后面列出的“参考选题”；另一类是可以从权威网站、专题数据库或统计年鉴上检索二手资料的有关社会经济问题，这类选题大家可以结合自己的专业和兴趣自拟题目。

随机抽取部分组进行选题答辩：组内同学介绍自己的选题背景，相关问题的研究现状，准备如何进行统计研究（思路、方法），预期的研究结果等。其他同学参与讨论，指出研究方案的不足和缺陷，相互启发、相互学习。

2. 资料搜集

组内同学分工协作完成。

（1）问卷调查。印制调查问卷，按设计方案搜集第一手数据资料。组织实施调查，具体访问量分配到人，每个同学严格按照调查方案的要求，严格、认真地完成调查工作，获取客观、真实的原始资料。

（2）文献检索。主要是指第二手数据资料的搜集以及进行问题分析、论文撰写所需的各类文献资料。这类资料一般来自权威网站、数据库或统计年鉴。

3. 数据的整理和分析

组内同学共同讨论、协作完成。结合上机实验，进行数据资料的整理和分析。

4. 撰写分析论文

综合实验的最终成果以小论文形式呈现，按组提交，基本要求如下：

（1）内容要求完整，一般应包括提出问题、分析问题和解决问题几个部分。论文中必须包含说明问题的统计图表。文章应紧扣主题，层次清晰，重点突出，语言要准确，尽量有一定的研究深度和创新成果。字数不少于 4 000 字，并附资料样本。

（2）格式要求：

题目：二号黑体，居中。

作者信息（小组名单，专业班级及分工情况）：小四号宋体，居中。

摘要、关键词：宋体，小四号。

一级标题：三号，黑体，加粗，左起排，上下各空一行。

二级标题：四号，黑体，不加粗，缩进两字开始排，段前段后各空 0.5 行。

正文文字：宋体，小四号，首行缩进两个字，行间距设置为 22 磅固定值。

装订要求：A4 纸打印，左侧装订。

三、实验指导

（一）选题

选题是确定“做什么和怎样开始”的问题，好的开始等于成功的一半。应注意从实际需要出发选题：①依托校园平台，结合专业知识，选取学习、生活以及同学们关注的热点话题，作为综合实验的选题。②结合已经学习过的经济、管理及其他专业课程，结合现实，选择值得从数量上进行统计分析、进行实证估计和检验的问题。具体选题应注意：

（1）尽量选择在经济和社会领域中受到广泛关注的问题，题目要具体化，不宜空洞。

（2）明确研究的范围（研究的范围也决定了收集数据的范围）。研究的范围可以是宏观社会经济领域，比如：探讨 GDP 增长与固定资产投资增长之间的关系，对财政收支、教育发展、全要素生产率、能源价格、科技进步、人力资本进行数量分析，研究犯罪、贫困、离婚率、就业等方面问题的成因等。在宏观经济中选择题目作统计研究，其好处在于相关数据易于从各种年鉴中获得；其不足在于宏观经济的问题往往较为综合，影响因素众多，涉及诸多方面的知识，需要花费较多的时间和力量，通常只能研究其中一个问题的某个具体方面。研究的范围也可以是微观方面的，如：对某公司的管理、财务分析，或对一所大学的学生管理工作的研究等。这类选题一般比较具体，针对性强。其不足是微观经济的数据收集有相当的难度，当然上市公司公开披露的资料则容易获取。

（3）所选题目的大小要适中。应充分考虑研究的条件和现实可能性，包括理论把握的程度、数据获得的难易、统计分析的方法、完成项目研究的人力和时间条件等。

（4）要充分考虑数据来源的可能性。在选题过程中除了自己做深入研究以外，选题时要充分借鉴他人的研究成果，充分有效地利用各种文献和互联网提供的信息，以避免重复做别人已经完成的工作，也可从中发现自己可能的创新之处。具体题目的拟定也可以借鉴这些文献的标题，如：从题目“从统计分析解读民间资本对西部发展的作用”我们就可以做如下引申借鉴：

从统计分析解读	民间资本	对	西部	发展的作用
	外商投资		我国	
	教育		四川省	
	基础设施		农村	
	旅游产业		革命老区	
	……		……	

或者，再稍微对题目的措辞做些改变：“……对……发展作用的统计分析”“从统计视角看……对……发展的作用”，……

（二）资料搜集

1. 数据资料

（1）第一手数据资料

根据研究目的设计调查问卷；抽取研究样本进行问卷调查；回收问卷整理数据。

（2）第二手数据资料

最基本的数据主要来自于各种统计年鉴、月报、季报等，如《中国统计年鉴》及各地区或各部门编制的年鉴、报告等。一些信息类的报刊也经常提供经济数据。

现在许多年鉴等数据报告已经通过网络对公众提供，如：国家统计局统计数据（http://www.stats.gov.cn/tjsj/），中国人民银行统计数据（http://www.pbc.gov.cn/diaochatongji/tongjishuju/），中国证券监督管理委员会统计数据（http://www.csrc.gov.cn/cn/statinfo/）以及国务院各部委、各地区统计局的网页等。电子文献如：国家哲学社会科学文献中心（http://www.ncpssd.org/），中国知网（http://www.cnki.net/），维普（http://www.cqvip.com/），超星（http://www.chaoxing.com/）等。

2. 文献资料的利用、综述与评价

做研究不能闭门造车，必须检索和阅读大量相关的文献，并将这些文献加以整理，以文献综述的形式总结出来，以利于梳理思路。它通常由文献回顾性综述和文献评价两个部分组成。

（1）回顾性综述

主要是交代所研究问题的理论研究与实证分析的发展沿革、回顾主要研究流派的观点、论点、命题以及支撑这些观点的理论与实证研究方法等。进一步明确别人主要的观点和分歧，对那些与自己所选题目相似或密切相关的文献，应当特别关注建立统计学模型的基本思路，采用的数据是哪些类型、数据来源以及测度方法、使用了哪些估计和假设检验方法等。

（2）文献的评价

可从理论和方法论两个方面展开。从理论方面，主要是对理论的前提、理论命题或立论的准确性、论证推理的逻辑性等方面进行评价。从方法论方面，主要考证方法的假设条件、应用范围、应用对象以及实证衡量标准等。对文献的评价具有相当难度，需要综合运用所学知识和社会实践经验，对相关文献的现有研究成果给出自己的判定和评价，指出现有研究成果中存在的不足，发现其他尚未涉足的研究领域和内容。

相关文献的回顾性综述是论文不可缺少的组成部分。有人喜欢用专门的一章对相关的文献进行综述，表明作者对所研究问题的国内外发展现状的系统把握；也有人将文献综述作为“引言”中的一部分，以保持整个论文在结构上的连贯性。不过关键不在于形式，而是要注意文献综述的内容与实质。

（三）数据的统计分析

1. 数据一般描述性分析

（1）图表分析

将杂乱无章的原始数据经过整理，恰当地以统计图或统计表的形式显示出来，直观地展现数据的分布特征，并由此识别数据的异常值、识别变量之间的依存关系、了解变量变化的时间路径和基本增长率等。

（2）数据的基本统计量

包括最小值、最大值、平均数、中位数、标准差、变异系数、峰度系数、偏态系数、相关系数等。通过这些量化的指标数据，定量说明研究对象的基本特征。

（3）相对指标分析

通常所说的横向对比和纵向对比分析，涉及6种相对指标：结构相对指标、比较相对指标、比例相对指标、强度相对指标、计划完成程度相对指标和动态相对指标。注意在分析中恰当地选择对比的基数（比较的对象）。

2. 对总体的推断分析

如果数据是随机抽样得到的样本数据，则可以通过参数估计和假设检验等方法对总体的数量特征做出推断。

3. 建立统计分析模型

如果研究的问题是时间序列数据，可以考虑建立趋势分析模型；如果涉及多个变量，在相关分析的基础上，可进一步确定自变量和因变量，进行回归分析。

对回归分析模型，应注意检验：

（1）经济意义检验：检验所估计的模型参数的数值和符号是否符合特定的经济意义。

（2）统计推断检验：主要是可决系数的分析、t检验、F检验，通过检验分析模型和自变量是否显著。

建立模型的目的可能是经济结构分析、经济预测、政策评价。其中经济预测和政策评价都要以所确立的经济结构为基础。

（四）撰写分析论文

为了让别人了解研究的成果，应形成论文（或研究报告）。实验论文通常可以考虑包括以下内容：

1. 引言

说明所研究项目的理论意义或应用价值；相关文献综述及评论；本项目研究的基本思路或研究基本目标的简单陈述。

2. 理论分析与研究思路

对所要研究的问题作简要的理论描述，说明理论上对所研究问题有什么结论；对所提出的有关概念、范畴给出明确的界定和解释；从理论上对统计分析的前提条件、基本思路和预计达到的目标作简要说明。

3. 统计分析模型

如果要建立统计分析模型，则需要对所建的统计学模型进行系统全面的论述：

对整个建模思路进行说明，特别是研究的主要对象（被解释变量）的确定、影响因素的分析及解释变量的选择、模型函数形式的设定等。注意说明所选择的估计和假设检验的方法，指出所用方法与他人在研究类似问题时所使用的方法有何差别等。

4. 数据及处理

内容包括：①数据的来源；②对数据所做的加工处理；③代用数据的理由和处理方式的说明；④数据的描述性统计分析等。

5. 结果分析

如果使用了统计分析模型，按规范格式报告回归分析计算的结果，对结果进行评价和解释。重点陈述所得结果的特征，对出现的意外结果给出相应的解释。

6. 结论

结论部分一般包括：①对统计研究的结论和观点等进行总结；②根据统计分析结果提出政策建议；③本项研究的局限性，进一步应当做的工作。

四、实验评分

综合实验与实践成绩的评定，将按总体格式、选题、文献综述、数据来源、统计分析、结论及评价等方面进行综合评分，具体见下面的表 11–1。

表 11–1　　统计学综合实验成绩评定表（总分 100 分）

评分项目	评分标准		得分
选题（15 分）	选题有新意，与专业联系紧密，具有鲜明特色	11~15 分	
	选题有一定新意，与专业有关，有一定特色	6~10 分	
	选题落入俗套，老调重弹，无新意	0~5 分	
文献综述（15 分）	覆盖面广，重点突出，形成统计研究的重要铺垫	11~15 分	
	覆盖面较广，重点较突出，形成统计研究的基础	6~10 分	
	内容相关，基本能形成统计研究的前提	0~5 分	
数据来源（15 分）	数据来源可信度高、及时、准确	11~15 分	
	数据来源真实性有保障，较及时	6~10 分	
	数据来源基本可靠	0~5 分	
统计分析（25 分）	恰当使用描述统计分析方法与推断统计分析方法展开有说服力的分析	17~25 分	
	图表、数据结合，分析正确	9~16 分	
	有简单的统计分析数据	0~8 分	
结论及评价（20 分）	结论提炼合理，视角独到，现实指导意义显著	15~20 分	
	结论提炼较合理，有一定的现实意义	8~14 分	
	结论提炼较合理	0~7 分	

表11-1(续)

评分项目	评分标准		得分
总体格式（10分）	格式规范，图表、公式美观	7~10分	
	格式比较规范	4~6分	
	格式不规范或字数不足4 000字	0~3分	
总　分			

五、统计调查分析参考选题

进行统计调查分析，可以依托校园环境，重点围绕大学学习、生活、大学生世界观、人生观、价值观等问题进行选题，表11-2所示选题可做参考。

表11-2　统计调查分析参考选题

序号	参考选题
1	大学生图书馆资源利用情况调查分析
2	大学生课余时间利用情况调查分析
3	在校大学生课外阅读情况调查分析
4	大学生专业认识及学习能力调查分析
5	关于大学生逃课问题的调查分析
6	大学生假期活动调查分析
7	大学生兼职状况调查分析
8	大学生择业意向调查分析
9	大学生创业意向调查分析（只针对有自主创业意愿的同学）
10	大学生生活状况调查分析
11	大学生生活习惯调查分析
12	大学生体育运动情况调查分析
13	大学生睡眠及健康状况调查分析
14	大学生营养与健康情况调查分析
15	大学生食堂就餐状况调查分析
16	大学生水电使用状况的调查分析
17	大学生校外住宿调查分析
18	学校校园周边环境调查分析
19	家庭经济困难学生调查分析
20	大学生公益活动调查分析
21	大学生网上购物调查分析
22	大学生消费支出状况调查分析

表11-2(续)

序号	参考选题
23	大学生电脑使用情况调查分析
24	在校大学生手机使用情况调查分析
25	学校体育场馆使用情况调查分析
26	大学生道德与法律基础调查分析
27	大学生心目中的“官二代、富二代”调查分析
28	大学生恋爱、婚姻观念调查分析
29	大学生安全意识调查分析
30	关于大学生环保意识的调查分析
31	关于大学生理想信念的调查分析
32	大学生关于盗版问题的调查分析
33	在校大学生师生关系调查分析
34	对任课老师教学评价的调查分析
35	大学生与父母沟通及理解情况调查分析
36	大学生对选秀节目看法的调查分析
37	大学生对“财富榜”认知的调查分析
38	关于大学生社会责任的调查分析
39	关于大学生社会道德的调查分析——由扶不起的老人引出
40	大学生人生价值取向调查分析
41	关于大学生“考证热”的调查分析
42	大学生考研问题的调查分析
43	在校大学生对电影、电视及歌曲偏好的调查分析
44	关于大学生网络语言的调查分析
45	对大学生“中国梦”的调查分析
46	关于大学校区设置问题的调查分析
47	公交车车载（或网络等）广告效果调查分析
48	其他社会热点问题

六、综合实验选例一

该例选自学生提交的一份统计学实验报告，尽管较为简单且不够规范，但它比较客观地反映了同学们的劳动成果，在编入本书的过程中基本没有加以改动。考虑到实验报告的内容不尽完善，此处对一些重要地方进行了点评。

实验报告	点 评
大学生消费调查[①] 一、实验目的 通过调查大学生的日常消费情况，旨在发现当代大学生的消费问题，并提出合理化的建议。同时，该调查有助于了解身边同学的消费习惯，也有助于我们小组成员自身建立良好的消费观念，做一名有责任感的大学生[②]。因此，调查具有很好的社会与现实意义！ 二、实验要求 由小组成员推选一位组长，以协调各位成员的工作任务，特别是问卷的调查、资料的整理和分析报告的撰写。由小组成员集体讨论调查问卷的内容，待调查资料搜集起来之后，再分工整理资料，在此基础上写出实验分析报告。 三、调查问卷的设计 1. 确定调查的目的和任务 目的：了解大学生消费水平、消费支出构成情况以及大学生之间消费支出差异情况，为在大学生中倡导理性消费提供依据。 任务：获取大学生月平均消费支出、消费支出的差异情况以及消费支出的主要构成情况[③]。 2. 确定调查对象、调查单位及报告单位 调查对象：调查对象就是统计调查的范围，由于条件限制，本次调查的对象设定为四川理工学院所有在校大学生。 调查单位：调查单位就是调查资料的承担者，本次调查将从四川理工学院所有在校大学生中随机抽选 200 名同学作为调查单位[④]。 报告单位：报告单位是负责填写调查资料、并向调查组织者提供调查资料的单位。本次调查的调查单位就是随机抽样选中的每一位被调查者。为了保证资料的质量，调查人员将协助被调查者填写调查问卷，并现场收回问卷[⑤]。 3. 拟定调查项目，形成调查问卷 调查项目就是调查资料的名称。经过组内同学的激烈讨论，最终确定的调查项目为性别、年龄、专业三个基本信息外加来源地、家庭月平均收入、月消费支出在内的 15 个主要与消费相关的项目共计 18 个项目。根据调查目的和任务确定的调查项目见调查问卷。 4. 确定调查时间、调查地点 调查时间服从老师的安排。调查地点可以安排在教室、寝室、图书馆、食堂等学生密集的地方。 5. 确定调查方法 调查方法主要采用访问法，当面访问同学、填写调查问卷后现场收回。	①选题是同学们关注的热点问题。 ②应该在所有大学生中倡导、树立良好的消费观念。 ③研究大学生消费支出应该同时关注大学生的家庭收入情况。 ④样本分布是否考虑不同家庭收入水平、不同年级、不同专业等方面的代表性。 ⑤这样做比较好，有助于提高问卷回收率，保证调查问卷的质量。

实验报告	点　评
附：调查问卷 **大学生消费调查问卷** 亲爱的同学：你好！ 我们是2015级会计专业的同学，正在做大学生消费调查，希望借此了解大学生的消费支出水平及消费支出构成情况。我们希望通过这样的调查，能够在大学生中树立良好的消费观念，为倡导理性消费提供数据支持。在此感谢你的参与及支持[⑥]！ 基本信息：性别____　年级____　专业________ 1. 你来自于哪里？（　　）。 A. 城市　B. 农村 2. 包括各种收入在内，你家庭月平均收入大约是（　　）。 A. 3 000元以内　B. 3 000~5 000元　C. 5 000~8 000元 D. 8 000~10 000元　E. 10 000~20 000元　F. 20 000元以上[⑦] 3. 你最近一年平均每个月的消费支出是（　　）。 A. 400元以下　B. 400~700元　C. 700~1 000元 D. 1 000~1 500元　E. 1 500元以上 4. 你每个月生活费主要来源是（　　）。 A. 父母给　B. 勤工俭学　C. 奖助学金 D. 做家教　E. 校外兼职 5. 你每个月的饮食开支是（　　）。 A. 300元以下　B. 300~500元　C. 500~800元 D. 800元以上 6. 你每个月用在学习方面（不含学费，包含教材、其他书籍、文具、考证、资料复印等）[⑧]的开支是（　　）。 A. 30元以下　B. 30~50元　C. 50~80元 D. 80元以上 7. 你每个月在恋爱上的开支是（　　）。 A. 没有　B. 50元以下　C. 50~100元 D. 100~200元　E. 200元以上 8. 你每个月通讯、上网费是（　　）。 A. 40元以下　B. 40~70元　C. 70~100元 D. 100~150元　E. 150元以上 9. 加上学费、电脑、手机、住宿和吃穿等日常费用，你一年的花销大约为（　　）。 A. 9 000元以内　B. 9 000~12 000元　C. 12 000~15 000元 D. 15 000~20 000元　E. 20 000元以上　F. 没算过，不清楚 10. 估算一下，你大学四年的总费用（　　）。 A. 50 000元以内　B. 50 000~70 000元　C. 70 000~90 000元	⑥把调查目的向被调查者交代清楚，是调查取得成功的重要条件。 ⑦组距式分组时，多数情况下宜采用等距分组。应标明数据单位。像这种问题，还应考虑到家庭人口的差异，所以“家庭人均收入”可能更有研究价值。 ⑧为了保证统计口径一致，在某些项目上做些补充说明也是必需的。

实验报告	点 评
D. 90 000~110 000 元　E. 110 000 元以上　F. 不清楚 11 你平时的消费习惯是（　　）。 A. 能省则省　B. 有计划消费　C. 想花就花 12. 你每个月的生活费是否有节余？（　　）。 A. 有剩余　B. 刚刚够花　C. 不够用 13. 你平均每个月用于交友、聚餐的花销为（　　）。 A. 基本没有　B. 50 元以内　C. 50~100 元 D. 100~200 元　E. 200 元以上 14. 下面哪一项消费是你眼下最奢望能实现的？（　　）。 A. 高档时装　B. 旅游　C. 出国留学 D. 笔记本电脑　E. 汽车　F. 高档手机⑨ 15. 你平均每个月用在电影、音乐等娱乐上面的费用为(　　)。 A. 基本没有　B. 50 元以内　C. 50~100 元 D. 100~150 元　E. 150 元以上 小组成员名单：* * *	⑨题目设计的选项就是一种分组，分组应当“不重不漏”，既然是“奢望”，可能就不止这些，所以，最好能列出“其他”选项进行囊括。
大学生消费调查分析报告 **摘要**：当前的消费市场中，大学生作为一个特殊的消费群体正受到越来越大的关注。由于大学生年轻，群体较特别，他们有着不同于社会其他消费群体的消费需求和行为。一方面他们有着旺盛的消费需求，另一方面他们尚未获得经济上的独立，消费受到很大的制约。消费观念的超前和消费实力的滞后，都对他们的消费带来很大影响。特殊群体自然有自己特殊的心理和行为特征，同时难免存在一些非理性的消费行为甚至一些消费的问题。本次调查研究的目的有两个方面：一是调查当前四川理工学院大学生的消费状况，获取大学生消费水平、消费构成、消费差异及其主要影响因素；二是通过对四川理工学院大学生的抽样调查，尝试解读当前全国高校大学生们的消费理念、消费意识以及消费心理等⑩。 **关键词**：大学生　消费支出　消费结构　消费行为 一、引言 消费是大学生生活方式的重要组成部分。作为一个特殊的消费群体，大学生们在引领消费时尚、改善消费构成方面起着不可替代的作用。同时，他们的消费现状、消费特点在一定程度上折射出当前大学生的生活状态和价值取向。之所以开展此项调查，主要基于以下两个目的：作为当代莘莘学子中的一员，作为深切关注中国经	⑩摘要应少谈或不谈研究背景，重点介绍自己所做的工作、自己的观点、成果等。

实验报告	点　评
济发展的一群朝气蓬勃的大学生，本着对中国经济的深切关注，通过深入调查和收集数据，我们完成了这份《调查分析报告》，并力图从消费行为、消费结构、消费意识解读目前四川理工学院大学生们的消费现状和消费趋势。也许我们的数据不够权威，也许我们的分析方法不够完善，但我们有自己的角度，自己的眼光，自己的方法。它代表我们的劳动成果。希望广大读者和所有关心大学生消费的人们，能够通过这份调查分析报告去把握当前大学生的消费行为，解读大学生消费的理念[11]。	⑪引言部分应阐述研究的背景、意义等。
二、基本情况	
此次调查的对象为四川理工学院全体在校学生。为了更好地细分目标群体，将访问对象分为大一、大二、大三、大四学生。	
本次调查共发放问卷200份，其中收回有效问卷200份，有效回收率为100%。在收回的问卷中大一、大二、大三、大四学生分别32人、58人、60人、40人。其中男女比例5：2，涉及四川理工学院10个专业。	
三、大学生消费情况	
根据样本数据计算，四川理工学院大学生月平均消费支出为798.6元，平均消费水平较为适中。各年级在吃、穿、学习、交友、通信以及娱乐方面的消费支出见表1。	⑫计量单位和百分号标注不规范。

表1　大学生月平均消费支出及其构成情况（元、%）[12]

消费支出	吃和穿		学习		交友		其他		合计	
	金额	比重	金额	比重	金额	比重	金额	比重	金额	比重
大一	408	61	49	7	64	10	152	23	673	100
大二	443	57	71	9	83	11	177	23	774	100
大三	455	50	94	10	125	14	237	26	911	100
大四	468	48	41	4	168	17	289	30	966	100
平均	423.9	53.1	64.8	8.1	105.4	13.2	204.5	25.6	798.6	100

实验报告	点　评
大学生的消费支出中，用于吃喝穿的支出占53.1%，用于学习方面的支出仅占8.1%，用于谈恋爱、交友的支出占13.2%，用于通信、上网以及娱乐等方面的支出占25.6%。	
其中大一新生平均消费水平最低，可能[13]是由于大一年级的校区相对偏僻，限制了他们的消费。而大四学生消费最高，可能是有的大四同学已经进入实习环节，能够取得一定的经济收入，消费能力也就自然提高了，还有就是他们面临毕业即将分手，聚餐、请客方面的支出自然也就多了一些。	⑬论述问题的原因，一般用“因为”，而不说“可能”。

实验报告	点　评
根据我们的调查，大学生日常消费支出有以下几个特点： 1. 聚餐请客，花销不菲 在吃的方面，大学生们走出校园食堂到校园周边餐馆聚餐的费用在与日俱增，麦当劳、肯德基以及一些价格不菲的特色餐厅已成为当前大学生尤其是校园情侣们经常光顾的地方。 同学过生日、考试得高分、当了学生干部、入了党、评上奖学金、比赛获奖等都要请客，要不人家会说你不够交情。人情消费因为其形式多样和不确定性较大而相对难以统计。有统计结果显示，近六成大学生在各种形式的聚会、聚餐，每年要花费 500 元左右，近三成大学生这类花费在 800 元左右，更有极少数人每年要花费上千元甚至数千元。 2. 形象工程投入大 家庭条件较好的大学生中，有三成学生拥有价值 4 000~5 000 元的手机。特别是即将步入社会的大四学生，他们更加注重自己的外在形象，在这方面，女生的消费水平普遍高于男生，在被调查的女生中，近三成拥有价格在 500 元以上的品牌服装，少数女生还拥有价格昂贵的化妆品。 3. 省钱也要谈恋爱 校园流行一句顺口溜——“馒头就咸菜，省钱谈恋爱”，已成为不少校园爱情男主角的忠实信条。根据我们的调查，在承认谈对象的同学中，有 50%的“男主角”每月在女友身上的投入超过 200 元。对于恋爱费用的来源，有的同学说是由“家里特别提供”的，有的来自“勤工俭学”，更多的则是从“生活费中支付”的。其中也有两成的恋人坦承，他们恋爱中的花销实行 AA 制。 四、大学生消费心态较为平和 在消费心态上，35%的同学都说能省则省，52%的同学坚持有计划消费，只有 13%的同学是想花就花。与此相对应，25%的同学生活费有剩余，38%的同学生活费刚好够用，而有 37%的同学每个月的生活费不够花。这种情况，与绝大多数同学的家庭经济条件不够好有直接关系。 根据我们的调查，有 68%的同学来自农村，他们的父母绝大多数都在务农或外出打工，家庭收入本身就不高。相关数据见表 2。	

实验报告	点　评

表 2　　农村及城市同学的家庭收入水平⑭

家庭月收入（元）	农村		城市		合计	
	人数	比重	人数	比重	人数	比重
3 000 以下	31	15.5	1	0.5	32	16
3 000~5 000	46	23.0	8	4.0	54	27
5 000~8 000	23	11.5	24	12.0	47	23.5
8 000~10 000	17	8.5	20	10.0	37	18.5
10 000~20 000	15	7.5	8	4.0	23	11.5
20 000 以上	4	2.0	3	1.5	7	3.5
合 计	136	68	64	32	200	100

⑭人数的计量单位、比重的百分号应该标注在指标名称位置。

绝大多数来自农村的同学，都能体谅父母的艰辛，因此在日常花销中，都尽可能节约，能省则省。当生活费透支时，有58%的同学愿意节约开支或自己打工赚钱。“我来上学就已经花费了很多钱了，咋好意思再向父母伸手要钱呢?”某大学生说，自己家是农村的，经济条件本来就很一般，再加上自己上学花钱，家里都快承受不了了，自己说啥也不愿意再向父母伸手了。她告诉我，自己经济上的“额外”收入，都是她平时做兼职挣的。“我宁愿去打工，也不愿意再向家里要钱。”另一位同学说，有时候，一不小心，生活费用就花超了，只好向同学或亲戚借点，等到了假期，自己再找份工作，挣点钱补“窟窿”。总的来看，当生活费透支时，只有不到一成的同学张口向父母索取，绝大部分同学更愿意节约开支或自己打工赚取。

五、大学生消费行为存在的问题⑮

1. 消费的盲目性

部分同学消费没有计划，随意性很强。曾经有人调查：①3.7%的学生，竟不知道每月、每学期要花或花了多少钱，从未思考过钱是怎样花的，反正没了就回家去拿，家里人给的时候也无定数，这类学生以城镇女孩居多；②有了钱就大手大脚地乱花一气，把本是几个月的生活费一块儿花，接下来只得过拮据日子，要么向家里求援，要么东挪西借；③在该买什么与不该买什么上没有主见，看到别人买啥自己也“随波逐流”，结果是钱花了却用处不大，造成了不小的浪费。

⑮分析问题时，很多地方缺乏数据支撑。而且调查问卷中的有些数据还没有使用。

实验报告	点　评
2. 重物质消费轻精神消费 较高比例的同学片面追求物质享受，把钱花在吃、喝、玩、乐上，而对精神生活投资甚少。本次调查中，同学们用于学习方面的支出仅占日常开销的8.1%。曾经有人调查，大学四年中有23.6%的同学从未光顾过书店；有的大学平均每15个人才拥有一部《英语词典》这样的工具书。至于购书的同学中，花费也很有限，每学期不过是几十到上百元。与之截然相反的情况是同学们对吃、穿、用却十分“慷慨”，高档酒店有大学生们的吆喝声，穿名牌时装不乏其人，名贵的化妆品备受青睐，还有同学为手中的苹果、三星手机而沾沾自喜。 3. 消费的模仿趋向 许多学生在努力适应社会过程中最明显的表征就是消费选择的模仿化趋势。男生为装出男子汉的气质与风度，随波逐流地学抽烟，勉强地训练喝酒，刻意用白酒增强“内功”，女生则对时装、化妆品、各类首饰情有独钟。再者是模仿港台影视歌坛上的俊男靓女的包装打扮生活方式，追逐名牌，看通宵电影，上高档舞厅去感受罗曼蒂克氛围。校园中掀起的“生日热”“旅游热”“追星热”……无不与这种消费中的模仿心态有关。 4. 消费的攀比行为 同学们在推崇世俗化的物质享受时，在群体模仿式消费行为中自然会滋生相互攀比的畸形心理。我们往往可以看到某寝室某女生穿了件时髦服装，不久，同寝室的其他女生也会悄悄地穿上与之媲美的时装。某女生家本清贫，可为了跟上步伐，穿上一件流行时装，省饭节菜地节俭了一个多月才如愿以偿，某男生买了一名牌产品暂时领了校园新潮流，其他同学也不甘落后，聚“财”力争。这样你追我赶，相互攀比，导致了高消费不断升温。 六、培养大学生理性消费行为的几点建议⑯ （一）给高校的建议 1. 加强对大学生消费心理和行为的调查研究 在“两课”⑰教学中，大力提倡调查研究与理论教学相结合的科学方法，使理论教学真正摆脱空洞无物的说教。高校应当重视和加强对大学生消费状况的关注，注重在研究他们的消费心理与行为中发现问题和解决问题。当然，调查研究是一个艰辛的过程，但是	⑯为使研究更全面，除了给高校、大学生个人提出建议外，对大学生家长也应该有相应的建议。 ⑰除了在“两课”中进行消费教育外，还可以在大学中推广“消费心理学”选修课。

实验报告	点　评
作为教育工作者应该首先培养自己刻苦钻研的科学精神、实事求是的科学态度、理论联系实际的科学思维。 2. 教育学生树立艰苦奋斗、勤俭节约的消费意识 引导他们在考虑个人消费时不忘光荣传统，科学规划安排，是个人消费标准与家庭情况相适应。当然，在社会主义市场经济条件下，从不断推动社会经济发展和繁荣市场这个角度看，需要鼓励人们积极、合理消费。如果不考虑个人经济状况和支付能力，盲目追求奢侈的消费模式是十分有害的。思政教育工作者要及时客观地分析社会上的消费主义现象，引导学生形成积极的心态，作一个清醒的消费者。 3. 培养和加强大学生的财商 所谓财商，指的是一个人在财务方面的智力，即对钱财的理性认识与运用。财商是与智商、情商并列的现代社会三大不可缺少的素质。财商主要包括两方面的内容：其一，正确认识金钱及金钱规律的能力；其二，正确运用金钱及金钱规律的能力。我们应该围绕这两方面的内容，在相关课程的教学活动中设计生动活泼的教学形式以达到教育目的。 4. 把理性消费融入节约型校园建设之中 高校校风建设应该把握育人第一位的原则，重视大学生为人处世每个环节的教育，重视培养和塑造大学生健康的消费心理和行为，以促进大学生学业的成功追求。建议把大学生良好消费心理和行为的培养作为校园文化建设的重要组成部分。在校园文化建设中设计有关大学生健康消费理念的活动专题，并且持之以恒。塑造节约型的校园理念，利用校园环境促进大学生理性健康的消费习惯的养成，形成良好的生活作风，向社会输出具有健康、理性消费习惯的社会人才。 （二）给在校大学生的建议 1. 合理规划自身消费构成，增强理财意识 要在社会的激烈竞争中站稳脚跟，同学们对自身的消费现状需要有更理性的思考，在大学生活中就要注重养成健康的消费心理和良好的消费习惯。要强调“合理和适度”消费，提倡“量入为出”，有计划地消费。注意发扬勤俭节约的传统美德，自觉抵制不良消费风气影响。 2. 注意克服攀比心理，不要盲目追求高消费 大学生没有独立的经济来源，所以在消费的过程中要做到“一	

实验报告	点　评

切从实际出发”。要选择适合大学生群体的消费标准，而不能因为攀比而一味追求名牌和高标准、高消费。要克服这种心理，同学们就应树立适应时代潮流的、正确的、科学的价值观，逐渐确立正确的人生准则，给自己理性的定位。

3. 注重精神消费，养成健康习惯

对于尚未有固定经济来源的大学生而言，精神消费不但能弥补物质生活上的不足，还能让大学生有更深的精神内涵和更丰富的精神生活。所以，大学生应通过各种教育和文化活动，把娱乐和知识摄取结合进行，以陶冶性情，获取知识。另外，要注意强调绿色消费，反对不利于保护生态环境的消费行为。

七、结束语

大学生多数是自进入大学开始，才更多地拥有选择消费的自主权。有了更多消费自由的同时也面临着一些问题。能否处理好，将关系到整个大学生活。消费的安排直接地影响生活的质量，毕竟学生的经济来源主要是来自家长，基本都是有限定的。不合理的消费会打乱个人的生活秩序，影响学习生活。同时，大学生的消费行为，直接体现了其生活观、享乐观、人身价值等价值观，这对同学们的学习、生活乃至日后工作、成才都有着重要影响。加强对大学生的消费教育，帮助他们走出消费误区，引导他们树立正确的消费观念，也是高教育工作的重要组成部分。

参考文献：

［1］张玉奇. 论大学生消费与消费观的培养［J］. 西南科技大学高教研究，2006（1）.

［2］周涛. 大学生消费行为存在的问题及对策［J］. 改革与开放，2010（18）.

［3］彭锦霞. 大学生消费状况分析［J］. 湖南商学院学报，2004（3）.

［4］袁博，王乔健. 当前大学生消费的误区及对策［J］. 中国职工教育，2012（14）.

［5］焦爱兰. 探析大学生消费偏高的成因与对策［J］. 山东纺织经济，2012（10）.

［6］张倩，蔡文伯. 大学生消费行为调查分析及对策研究［J］. 兵团教育学院学报，2012（5）.

七、综合实验选例二

该例是针对宏观经济问题进行选题的一份统计学实验报告，此处对其论文的一些重要地方进行了点评，便于初学者学习、借鉴。

<table>
<tr><th>实验报告</th><th>点　评</th></tr>
<tr><td>
【实验名称】统计学综合实验
【实验目的】
1. 巩固理论知识，综合运用知识解决实际问题。
2. 锻炼克服困难的精神，培养协作解决问题的能力。
3. 培养检索各类文献的能力和搜集数据资料的能力。
4. 通过对统计资料的整理和分析，培养借助计算机处理数据的能力、运用统计方法综合分析问题的能力和动手解决问题的能力。
5. 培养论文撰写能力。拓宽知识面，培养实践能力和创新精神。
【实验要求】
自主确定综合实验的具体选题，设计研究方案，通过各种渠道搜集数据资料和其他文献资料，对获得的数据进行整理、分析，形成研究论文。
【实验论文】
我国城镇居民边际消费倾向研究
小组名单：＊＊＊
（专业班级、分工情况：＊＊＊）
摘要：根据我国城镇居民 2011 年收入与消费的特点，按照居民的收入水平分组研究了我国城镇居民的消费函数，运用 ELES 系统方法对我国城镇居民边际消费倾向、基本消费支出和消费结构进行了分析，根据我国城镇居民的消费现状及存在的问题提出了相应的对策和建议。①
关键词：城镇居民　边际消费倾向　ELES
一、引言
消费需求主要包括政府消费需求和居民消费需求两部分。多年以来，政府加强基础设施建设等政策极大增强了政府消费需求。而居民消费需求仍持续低迷，消费需求的研究也一直是热点问题。消费是拉动经济增长的“三驾马车”之一，居民消费受居民收入和居民边际消费倾向影响，根据凯恩斯宏观经济理论，居民边际消费
</td><td>
①“摘要”主要写这篇论文运用什么方法对什么问题进行了研究，发现了什么问题、得出了什么结论等。
</td></tr>
</table>

实验报告	点　评
倾向会通过乘数效应影响投资需求。边际消费倾向越高，投资乘数效应越大，对经济的推动作用越大。边际消费倾向是地区经济增长的根源和起点，提高居民的边际消费倾向就能扩大需求。②	②介绍自己的选题背景，说明自己的分析研究是有价值的。
对居民边际消费倾向的研究，常采用 Liuch（1973）提出的扩展线性支出系统模型（ELES）。ELES 模型考虑了消费需求和价格因素对居民消费结构的影响，把居民的各项消费支出看作是相互联系、相互制约的行为，横向上可以反映出生存资料所占的比重，纵向上能够反映各种消费资料的比例关系随收入和价格变动而变化的幅度和趋势，因而得到了广泛的应用。如臧旭恒、孙文祥（2003）用 ELES 模型和 AIDS 模型对我国城乡居民的消费结构进行了分析；王恩胡、李录堂（2007）使用 ELES 模型分析了我国食品消费结构的演进；苏月霞（2012）使用 ELES 模型对 2005—2009 年江苏省城镇居民消费结构进行了实证研究。③但总的说来，在经济快速增长、社会快速转型的背景下，在全国层面上研究城镇居民边际消费倾向的文献并不多见，对后金融危机时期我国城镇居民消费结构新情况的研究也甚少。本文应用 ELES 模型，尝试做这方面的分析，以期掌握我国城镇居民消费结构的新特点，为拉动内需、推动我国经济发展寻找对策。④	③进行简要的文献综述。 ④总结文献，引出自己下文将要研究的问题，介绍自己的研究视角、研究思路、研究创新点等。
二、扩展的线性支出系统模型⑤	⑤对自己要用到的模型、理论、方法等进行简要的介绍、推导。
扩展线性支出系统模型（ELES）的经济含义为：一定时期内，在收入和价格既定的前提下，对各类商品和服务的需求存在基本需求量，消费者首先满足其基本需求支出，扣除基本需求支出之后则按比例在各消费支出和储蓄之间分配。该方法具有科学合理、全面、方便实用的特点。其具体模型如下：	
$$V_i = p_iX_i + b_i(Y - \sum_{i=1}^{n} p_iX_i),\ (i=1,2,3,\cdots,n) \quad (1)$$ ⑥	⑥注意格式，重要公式一般独立成一行，居中，公式编号右对齐。
其中，V_i为居民用于第 i 类商品或服务的消费支出，$\sum_{i=1}^{n} V_i$ 就是消费总支出，p_i 为第 i 类商品或服务的价格，X_i 为对第 i 种商品或服务的基本需求量，$\sum_{i=1}^{n} p_iX_i$ 为基本消费总支出，Y 为居民可支配收入。b_i为第 i 类商品或服务的边际消费倾向，满足 $0 \leqslant b_i \leqslant 1$，$\sum_{i=1}^{n} b_i \leqslant 1$。令	
$$a_i = p_iX_i - b_i\sum_{i=1}^{n} p_iX_i,\ (i=1,2,3,\cdots,n) \quad (2)$$	
则（1）式可以整理为： $$V_i = a_i + b_iY,\ (i=1,2,3,\cdots,n) \quad (3)$$	

实验报告	点　评

实证分析时对模型（3）一般采用最小二乘法就可以估计出参数 a_i，b_i 的值。

第 i 类商品或服务的基本消费支出 p_iX_i 可以这样计算：把（2）式两边对 i 求和可得 $\sum_{i=1}^{n} p_iX_i = \sum_{i=1}^{n} a_i/(1 - \sum_{i=1}^{n} b_i)$，再把它代入（2）式，有

$$p_iX_i = a_i + b_i \sum_{i=1}^{n} a_i/(1 - \sum_{i=1}^{n} b_i),\quad (i=1, 2, 3, \cdots, n) \qquad (4)$$

三、实证分析

1. 样本数据

居民消费分为食品、衣着、居住、家庭设备及用品、交通通信、文教娱乐、医疗保健、其他这八个大类。以 2011 年的截面数据为样本，将我国城镇居民的消费情况按收入划分为最低收入户（10%）、较低收入户（10%）、中等偏下户（20%）、中等收入户（20%）、中等偏上户（20%）、较高收入户（10%）和最高收入户（10%）共 7 组。各组居民家庭人均全年现金消费支出具体资料见表 1。

表 1　2011 年我国城镇居民家庭人均全年现金消费支出⑦　单位：元

	总平均	最低收入	较低收入	中等偏下	中等收入	中等偏上	较高收入	最高收入
人均可支配收入	21 810	6 876	10 672	14 498	19 545	26 420	35 579	58 842
现金消费支出	15 161	6 432	8 509	10 873	14 028	18 161	23 906	35 184
食品	5 506	2 949	3 716	4 536	5 467	6 515	7 790	9 682
衣着	1 675	608	913	1 251	1 629	2 046	2 598	3 699
居住	1 405	749	875	1 023	1 233	1 628	2 117	3 273
家庭设备及用品	1 023	335	490	666	923	1 277	1 736	2 626
交通通信	2 150	501	841	1 150	1 762	2 648	3 963	6 913
文教娱乐	1 852	643	877	1 163	1 637	2 238	3 156	5 061
医疗保健	969	484	579	760	911	1 137	1 512	1 960
其他	581	163	218	324	466	672	1 034	1 971

数据来源：《中国统计年鉴 2012》，中国统计出版社。

从表 1 可见，中等收入及其以下收入的居民在各个大类商品或服务上的消费都低于平均水平，即消费低于平均水平的家庭占多数（约占 60%），而消费高于平均水平的家庭占少数（约占 40%），从一定程度上反映出我国居民收入消费的不平等特征。

收入高低人群在消费上的相对差异，最大的是交通通信，最高

⑦注意按统计学中的要求规范地编制表格，一定要说明原始数据的来源。

实验报告	点 评
最低收入户消费支出比达到13.79倍；其次是其他、文教娱乐、家庭设备及用品、衣着等大类的消费上，最高最低收入户消费支出比分别为12.08、7.87、7.83、6.08；相对差异最小的是食品消费，最高最低收入户消费支出比为3.28倍。说明随着收入水平的提高，城镇居民在交通通信方面的花费增加幅度最大，在其他类、文教娱乐、家庭设备及用品、衣着等方面的花费次之，居住、医疗保健和食品的花费增加幅度较小。⑧	⑧对数据一般可以先做这样的描述统计分析：通过平均数、中位数、标准差、偏度、峰度等指标说明一组数据的基本特征。通过增减量、结构相对数、比较相对数、强度相对数、动态相对数（发展速度、增长速度）等指标对数据进行横向、纵向的对比分析。
2. 实证结果 模型（3）符合凯恩斯的“绝对收入假说”，按此模型，取我国2011年城镇居民人均可支配收入为自变量，家庭人均现金消费支出为因变量，以不同收入等级的家庭户为样本点，运用Excel软件进行回归分析。对我国城镇居民的消费函数进行拟合的具体结果如下： （1）食品消费函数 $V_1 = 2\,619.375\,3+0.129\,4Y$ （7.455 1）（10.945 6） $R^2=0.959\,9 \quad F=119.81$⑨ （2）衣着消费函数 $V_2 = 365.537\,2+0.059\,1Y$ （3.862 8）（18.546 1） $R^2=0.985\,7 \quad F=343.96$ （3）居住消费函数 $V_3 = 334.247\,1+0.049\,6Y$ （9.883 2）（43.597 4） $R^2=0.997\,4 \quad F=1\,900.73$ （4）家庭设备及用品消费函数 $V_4=42.986\,3+0.045\,0Y$ （1.089 6）（33.862 8） $R^2=0.995\,7 \quad F=1\,146.69$ （5）交通通信消费函数 $V_5=-562.387\,0+0.125\,9Y$ （-6.067 2）（40.367 5） $R^2=0.996\,9 \quad F=1\,629.53$	⑨这是回归分析结果的一般报告格式。

实验报告	点　评

（6）文教娱乐消费函数

$$V_6 = -29.9114 + 0.0869Y$$
$$(-0.6728)\quad(58.0730)$$
$$R^2 = 0.9985 \quad F = 3372.47$$

（7）医疗保健消费函数

$$V_7 = 327.0952 + 0.0293Y$$
$$(5.7114)\quad(15.2029)$$
$$R^2 = 0.9788 \quad F = 231.13$$

（8）其他类消费函数

$$V_8 = -178.8161 + 0.0354Y$$
$$(-3.6564)\quad(21.4938)$$
$$R^2 = 0.9893 \quad F = 461.98$$

其中，括号中的数字为对应系数的 t 统计量值。上述结果可决系数 R^2 都在 0.95 以上，说明模型对样本点都拟合得非常好。从自变量系数的 t 检验（或模型的 F 检验）可以判断出，人均可支配收入对八个大类消费支出的影响都是显著的（显著性水平 1%）。各类消费的消费函数的自变量系数都在 0～1 之间，与边际消费倾向的经济意义相符。[10]

⑩对模型拟合的结果进行必要的评价，从统计意义和实际经济意义上进行检验。

3. 城镇居民各类消费的边际分析

从拟合的消费函数可以知道，2011 年我国城镇居民的边际消费倾向为 $\sum_{i=1}^{8} b_i = 0.5606$，与全球金融危机发生前的 2007 年相比有一定程度的下降，与五年前的 2006 年的边际消费倾向 0.6176 相比下降程度更明显，这种变化与边际消费倾向随收入增加而降低的理论相符合，也反映出了金融危机对我国城镇居民边际消费倾向的影响状况。究其原因，受 2008 年开始的全球金融危机影响，我国经济增速开始放缓，居民对收入增长和消费的不确定性预期增加，消费趋于谨慎，虽然 2009—2010 年在国家强力经济刺激政策影响下居民边际消费倾向没有出现下降，但 2011 年开始仍然下降明显（参见图 1）。[11]2011 年 0.5606 的边际消费倾向表明新增可支配收入中平均有 56.06%用于消费支出，其余的 43.94%用于储蓄，这也是内需不足的重要原因。虽然近年来我国在就业、教育、养老、医疗和住房等方面不断进行改革，消费信贷也已经在汽车、住房等领域迅速发展，但由于传统消费观念保守、居民对潜在支出的预期增加、贫富差距依然很大等各种因素影响，居民仍倾向于把钱留着防患风险。

⑪结合有关理论和现实对模型数据进行解释、分析。

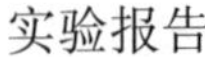

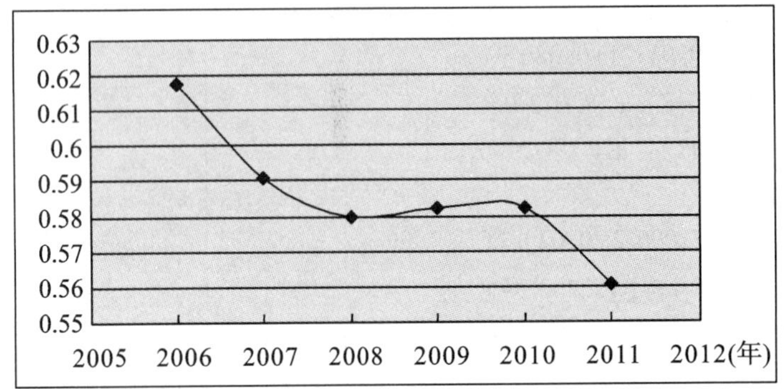

图 1　2006—2011 年我国城镇居民的边际消费倾向[12]

⑫图表结合，形式多样化，形象直观地呈现数据，为论证自己的观点服务。

从各类消费支出的边际消费倾向看，2011 年城镇居民边际消费倾向最高的是食品（0.129 4），说明新增可支配收入在满足基本消费需求之后，剩余收入中 12.94%用于增加食品消费。我国还属于发展中国家，随着居民实际收入的增加，居民饮食向营养化发展，食品支出还将进一步扩大。交通通信（0.125 9）、文教娱乐（0.086 9）和衣着（0.059 1）的边际消费倾向分别排第二、三、四位，与 2006 年排第四位的是居住消费略有不同。近年来我国居民对交通通信的边际消费倾向一直较高，所以交通通信业依然有着良好的市场前景。

4. 城镇居民基本消费支出分析[13]

⑬对问题的分析应尽量深入和全面。

居民的基本消费需求支出，是指在一定的经济水平下，为了保证劳动力的正常再生产，居民对物质产品和劳务所需基本消费量的货币支付能力。按公式（4），可以计算出 2011 年我国城镇居民在八个大类上的基本消费支出 p_iX_i，结果见表 2 所示。

表 2　　2011 年我国城镇居民消费支出情况

项目	实际支出占总支出的比重(%)	基本消费支出(元)	基本消费支出占实际支出之比(%)
食品	36.32	3 478.98	63.18
衣着	11.05	757.82	45.25
居住	9.27	663.81	47.25
家庭设备及用品	6.75	341.60	33.39
交通通信	14.18	273.97	12.74
文教娱乐	12.22	547.17	29.55
医疗保健	6.39	521.71	53.84
其他	3.83	56.13	9.66
合计	100	6 641.20	43.80

实验报告	点 评
由表2可以看出，总体来看2011年我国城镇居民人均基本消费需求为6 641.20元，占同年人均消费支出的比重为0.438 0，即为满足生活基本需要，平均所需要支付的货币约占总消费支出的43.80%。而另外的56.2%则用于发展和享受的消费支出，居民生活处于较高的水平。从各大类商品或服务来看：①食品类的基本消费需求占本类实际支出的比重居各类之首，为63.18%。食品类的需求弹性小，基本需求与实际消费的差距也最小。②基本需求占本类实际支出比重超过50%的还有医疗保健，为53.84%。这与我国现行医疗制度有关，老百姓需要自行支付基本的医疗保健费用，虽然总体上看有46.16%的发展、享受型消费支出，但最低收入户对这类需求还是存有缺口的。③其他类的基本需求消费占本类实际支出比重最小，仅为9.66%，说明其他类消费（如金银珠宝饰品、美容、旅游等）基本属于发展和享受型消费。 社会主义的基本目标是满足人们日益增长的物质文化生活需要，实现共同富裕，因此对低收入家庭的基本消费需求进行分析具有重要意义。把基本消费支出与表1中的实际消费支出比较可以发现，10%最低收入家庭的实际支出水平是基本消费需求的96.85%，其中衣着（80.22%）、食品（84.76%）、医疗保健（92.70%）、家庭设备及用品（98.16%）这四大类的基本消费支出与实际消费支出的比值低于100%，其余各大类都高于100%。较低收入家庭在各大类上的消费支出都高于基本消费需求，因此，至少90%的家庭已经不仅能满足各方面的基本消费生活需要，而且正在向发展和享受型迈进，仅有10%的家庭生活水平较低，在某些消费类别上不能满足基本消费需求。 恩格尔系数反映了居民消费水平和消费结构优化的程度。根据联合国粮农组织的划分标准：恩格尔系数在60%以上为绝对贫困型，50%-59%为温饱型，40%-49%为小康型，30%-39%为富裕型，30%以下为极富裕型。1978年我国城镇居民的恩格尔系数为57.5%，1996年开始低于50%，2000年开始低于40%，2011年的恩格尔系数为36.32%，这表明从总体上看，我国城镇居民的生活从改革开放之初的温饱型很快发展为小康型，又快速过渡到了富裕型。目前，除食品外，交通通信、文教娱乐和衣着消费都各自占据了居民10%以上的消费份额，总体上的享受型消费特征比较明显。⑭ 四、扩大我国城镇居民消费需求的对策 影响居民消费需求的因素是多方面的，经济发展水平、居民收入水平、消费品价格水平、消费习惯和消费预期等都会影响居民的实际消费。因此，提高我国城镇居民整体消费水平，可以着力从以	⑭“说话要有依据”，论文一定要论据充分，而客观、真实的数据就是非常有说服力的论据。

实验报告	点　评
下几方面加以完善： 第一，增加居民收入，抑制收入差距扩大。收入水平决定消费水平，提高居民收入，能够增强居民的有效购买力。调整收入分配政策，缩小贫富差距，尤其是提高低收入群体的收入，由于他们的边际消费倾向高，提高该群体的收入水平，能够有效提高居民的总消费额。 第二，完善社会保障体系，增强消费者信心。完善社会保障体系可以稳定社会，拉动经济增长，促进社会发展，而且通过社会经济的杠杆效应，在一定程度上可以缓解社会收入分配不公、贫富差距大的问题。它可以增强人们的消费信心，提高人们的边际消费倾向，避免出现“有钱不敢花，有钱不愿花”的现象。2011 年我国城镇居民的边际消费倾向只有 0.560 6，还有很大提升空间。完善社会保障体系是促进居民消费的重要方式。[15] 第三，培育新的消费热点，促进消费结构升级。培育新的消费热点，可以激活居民的潜在需求，解决居民的潜在需求与有效需求的矛盾。目前我国城镇居民总体上已经过上富裕生活，后续应着力培养发展和享受型消费，如高档耐用消费品、旅游、教育、住房等方面的消费，进一步完成我国居民消费结构升级，同时改善居民消费环境，提高居民消费质量，拉动经济增长。 第四，发展消费信贷，改变居民消费观念。我国一直以来的低边际消费倾向严重制约着我国消费市场的繁荣，培养人们的适当超前消费意识，完善消费信贷市场制度，不仅可以有效改善当前居民的生活水平，更能从根本上提高我国居民的边际消费倾向，进一步实现消费拉动经济增长的目标。	⑮结合前文的定量分析结论提出对策建议，前后呼应。
参考文献：[16] [1] 国家统计局. 中国统计年鉴（各年度）[M]. 北京：中国统计出版社，2008—2012. [2] 臧旭恒，孙文祥. 城乡居民消费结构：基于 ELES 模型和 AIDS 模型的比较分析 [J]. 山东大学学报（哲学社会科学版），2003（6）. [3] 王恩胡，李录堂. 中国食品消费结构的演进与农业发展战略 [J]. 中国农村观察，2007（2）. [4] 苏月霞. 基于 ELES 模型的江苏省城镇居民消费结构研究 [J]. 安徽农业科学，2012，40（4）.	⑯参考文献的列示应注意要件齐全、格式规范。

附录一：统计学模拟试题

课程名称：统计学

命题教师：

适用班级：

考试　　　　　　　　　　　　　　　　年　　　月　　　日　　　　共　　页

题号	一	二	三	四	五	六	七	八	总分	评阅（统分）教师
得分										

注意事项：

1. 满分 100 分。要求卷面整洁、字迹工整、无错别字。

2. 考生必须将姓名、班级、学号完整、准确、清楚地填写在试卷规定的地方，否则视为废卷。

3. 考生必须在签到单上签到，若出现遗漏，后果自负。

4. 如有答题纸，答案请全部写在答题纸上，否则不给分；考完请将试卷和答题卷分别一同交回，否则不给分。

模拟试题一

一、单项选择题：以下每个小题的四个备选答案中都只有一个是正确的，请将正确答案的选项填入下表。错选、多选和不选均不得分（每小题 1 分，共 14 分）

题号	1	2	3	4	5	6	7
选项							
题号	8	9	10	11	12	13	14
选项							

1. 如果居民消费价格指数 CPI 上涨 3%，则现在的 100 元钱相当于上涨前的(　　)。

A. 97 元　　B. 100 元　　C. 97.09 元　　D. 103 元

2. 关于调查单位的说法，以下正确的是（　　）。

A. 总体单位就是调查单位

B. 调查资料的承担者

C. 始终与报告单位一致

D. 负责调查资料登记并上报的单位或组织

3. 要验证大学生所学专业对其之后的职业收入有无显著影响，对专业与职业收入之间的关系进行研究的最佳方法是（　　）。

A. 动态分析　　B. 方差分析　　C. 相关分析　　D. 回归分析

4. 研究自贡市高新技术企业的创新能力，其总体单位是（　　）。

A. 自贡市每一户高新技术企业

B. 自贡市所有高新技术企业

C. 自贡市所有高新技术企业的创新能力数据

D. 自贡市每一户高新技术企业的创新能力数据

5. 假定 2000 至 2009 年净利润年平均递增 25%，2009 至 2016 年净利润年平均递增 19%，则 2000 至 2016 年净利润年平均递增速度的计算式为（　　）。

A. $\frac{25\% \times 9 + 19\% \times 7}{9 + 7}$　　B. $\frac{125\% \times 9 + 119\% \times 7}{9 + 7} - 100\%$

C. $\sqrt[16]{1.25^9 \times 1.19^7} - 100\%$　　D. $\sqrt[14]{1.25^8 \times 1.19^6} - 100\%$

6. 会同时产生代表性误差和登记性误差的统计调查组织形式是（　　）。

A. 普查　　B. 统计报表

C. 重点调查和典型调查　　D. 抽样调查

7. 某连锁超市三种商品报告期比基期的销售价格分别比增长17%、24%、6%，三种商品在报告期的销售额分别为680万元、720万元和950万元，则编制三种商品销售价格总指数的算式应为（　　）。

A. $\frac{17\%+24\%+6\%}{3}+100\%$　　B. $\frac{117\%\times680+124\%\times720+106\%\times950}{180+750+520}$

C. $\frac{117\%+124\%+106\%}{3}$　　D. $\frac{680+720+950}{\frac{680}{117\%}+\frac{720}{124\%}+\frac{950}{106\%}}$

8. 某课程考核成绩分布情况见下表。

成绩等级	优秀	良好	中等	及格	不及格
学生比重（%）	18	25	39	13	5

将上述数据用统计图展示出来，最佳选择是（　　）。

A. 饼图　　B. 柱状图　　C. 折线图　　D. 条形图

9. 某投资者以10万元本金在股票市场进行连续投资（假定投资过程中既不追加资金，也不取出盈利），连续5年的收益率分别为38%、89%、-22%、156%、40%。则该投资者5年间的平均收益率为（　　）。

A. $\sqrt[5]{1.38\times1.89\times0.78\times2.56\times1.4}-1$　　B. $\frac{0.38+0.89-0.22+1.56+0.4}{5}$

C. $\frac{5}{\frac{1}{0.38}+\frac{1}{0.89}-\frac{1}{0.22}+\frac{1}{1.56}+\frac{1}{0.4}}$　　D. $\frac{\frac{0.38}{2}+0.89-0.22+1.56+\frac{0.4}{2}}{4}$

10. “学号”可以用来识别每一个具体的学生，统计上把“学号”这种计量方式称为（　　）。

A. 类型计量　　B. 顺序计量　　C. 间距计量　　D. 比率计量

11. 如果某企业产品合格率为95%，随机抽取4件产品进行质量检验，则4件产品中有3件合格品的概率为（　　）。

A. $C_4^3\times0.95^4\times0.05^3$　　B. $C_4^3\times0.95^3\times0.05^1$

C. $C_4^1\times0.95^1\times0.05^3$　　D. $C_4^3\times0.95^3\times0.05^4$

12. 某连续变量编制的等距数列，其末组为8 000以上。如果其相邻组的组中值为7 200，则末组的组中值为（　　）。

A. 9 200　　B. 8 800　　C. 8 600　　D. 8 200

13. 根据经验，某课程考试成绩的优秀率为25%。现随机抽查200名学生，成绩为优秀的有52人。为了检验成绩优秀率是否有显著上升，此假设检验的原假设与备择假设为（　　）。

A. H_0：$\pi\geq25\%$；H_1：$\pi<25\%$　　B. H_0：$\pi\leq25\%$；H_1：$\pi>25\%$

C. H_0：$\pi=25\%$；H_1：$\pi\neq25\%$　　D. H_0：$\pi\geq26\%$；H_1：$\pi<26\%$

14. 某公司产品销售费用计划比上年降低7%，执行结果实际比上年降低5.7%，则该企业产品销售费用计划完成程度的计算式为（　　）。

A. $\frac{5.7\%}{7\%}$　　B. $\frac{5.7\%}{7\%}-100\%$　　C. $\frac{1+5.7\%}{1+7\%}$　　D. $\frac{1-5.7\%}{1-7\%}$

二、多项选择题： 以下各题分别有2~4个不确定的正确选项，请将各题正确答案的选项填入下表答题框（每小题2分，共10分）

题号	1	2	3	4	5
选项					

1. 把职工月工资划分为6 000以下、6 000~8 000、8 000~10 000、10 000~12 000、12 000以上五个组，这种分组属于（　　）。

A. 组距式分组　B. 等距分组　C. 异距分组　D. 同限分组

2. 以下属于相关关系的有（　　）。

A. 父母身高与子女身高的关系　B. 正方形的边长与面积的关系
C. 数学成绩与统计学成绩的关系　D. 降雨量与粮食产量的关系

3. 影响抽样误差的因素有（　　）。

A. 总体标准差 σ　B. 抽样方法差异　C. 样本容量 n　D. 置信度大小

4. 以下属于描述分析指标的有（　　）。

A. 总量指标　B. 相对指标　C. 平均指标　D. 检验统计量

5. 如果银行基准利率由3%调整为3.25%，则以下说法正确的有（　　）。

A. 基准利率调高0.25%
B. 基准利率上调后每百元存款可多得利息0.25元
C. 基准利率调高0.25个百分点
D. 基准利率调高8.33%

三、判断题： 正确说法打“√”，错误说法打“×”。（每小题1分，共16分）

题 号	1	2	3	4	5	6	7	8
判断符号								
题 号	9	10	11	12	13	14	15	16
判断符号								

1. 方差分析的结果只能判断各总体的均值是否存在显著差异，而不能判断哪个总体的均值更大或者更小。（　　）

2. 当存在极端变量值的条件下，使用中位数或者众数来反映现象的一般水平效果会更好。（　　）

3. 抽样调查中，总体参数和样本统计量都具有随机性和不确定性特点。(　　)

4. 假设检验中，如果要降低犯“弃真”错误的概率，应当增大显著性水平 α。(　　)

5. 统计工作研究的对象是社会、经济以及自然现象的数量方面，但统计研究的最终目的是通过研究现象的数量来认识事物的本质。(　　)

6. 总体标准差越大，总体各单位之间变量值的差异程度越大。(　　)

7. 课程“考核成绩”标志有时是数量标志，有时是品质标志。(　　)

8. 如果某企业净利润的逐期增长量年年相等，那么净利润指标各年的环比增长速度也年年相等。(　　)

9. 统计调查中的填报单位与调查单位有时是一致的，有时又不一致。(　　)

10. “职工总人数”指标在说明“所有职工”总体时属于总体单位总量，在说明“所有企业”总体时属于总体标志总量。(　　)

11. 统计所指的大量观察法，就是对研究对象的所有单位进行观察、研究。(　　)

12. 向上累计频数是将变量数列中的频数由变量值高的组向变量值低的组依次进行累加。(　　)

13. 计划完成程度相对指标的数值大于 100%，说明计划完成得好；指标数值小于 100%，说明计划完成得不好。(　　)

14. 职工平均工资、粮食平均每亩产量、全国人均粮食产量都是平均指标。(　　)

15. 样本相关系数能否说明总体的相关程度，需要借助样本相关系数的显著性检验才能确定。(　　)

16. 序时平均数是对总体单位在不同时间下的指标数值计算平均数。(　　)

四、简答题：

简述序时平均数与一般平均数之间的区别和联系（5 分）。

五、计算分析题（5 个小题，共 55 分）

1. 根据经验，某小区业主对物管的满意率维持在 80%的水平。在采取诸多服务改进措施后，物管公司经理希望这个数据会有所上升。于是展开了新一轮调查，在随机调查的小区 300 户业主中有 252 户业主对物管的服务表示满意。试问在 5%的显著性水平下，调查结果能否支持业主满意率有所升高的说法？（9 分）

2. 某企业 2015 年产品合格率数据如下表：

指　　标	一季度	二季度	三季度	四季度
合格品数量（万件）	4 570	4 930	5 350	5 890
产品合格率（%）	95	98	96	92

根据上表资料计算全年平均合格率。(8 分)

3. 飞机晚点是让乘客颇为烦恼的事情之一。某机场随机调查了 2 000 架次飞机的起降情况，获得如下数据：

晚点时间（分钟）	飞机架次 f	组中值 x				
10 以下	50	5				
10~20	200	15				
20~30	350	25				
30~40	700	35				
40~50	550	45				
50 以上	150	55				
合 计	2 000	—				

要求根据上表资料，以 95%的把握程度推断该机场全部起降飞机平均晚点时间的可能区间。(12 分)

4. 某企业产品产量与单位成本资料见下表：

产量（台）x	单位成本（万元）y	xy	x^2	y^2
54	98			
69	95			
85	93			
98	89			
120	85			
136	81			
153	76			
合计				

要求：(1) 根据上表资料计算产品产量与单位成本之间的相关系数，并判断相关的程度和方向；(2) 建立产品产量与单位成本之间的回归直线方程，并解释回归系数 b 的含义。(12 分)

5. 某工业企业三种产品的产量及单位成本资料如下表：

商品	计量单位	产品产量		单位成本（万元）		总成本（万元）		
		基期 q_0	报告期 q_1	基期 p_0	报告期 p_1	基期 p_0q_0	报告期 p_1q_1	假定 p_0q_1
甲	只	230	350	10	9			
乙	台	380	550	45	50			
丙	千克	620	760	32	35			
合 计								

要求分别从相对数和绝对数两个方面计算分析该工业企业产品产量以及单位成本变动对产品总成本的影响。(14 分)

模拟试题一参考答案及评分标准

一、单项选择题（每小题 1 分，共 14 分）

题号	1	2	3	4	5	6	7
选项	C	B	B	A	C	D	D
题号	8	9	10	11	12	13	14
选项	A	A	C	B	B	B	D

二、多项选择题（每小题 2 分，共 10 分）

题号	1	2	3	4	5
选项	ABD	ACD	ABC	ABC	BCD

三、判断题（每小题 1 分，共 16 分）

题 号	1	2	3	4	5	6	7	8
判断符号	✓	✓	×	×	✓	×	✓	×
题 号	9	10	11	12	13	14	15	16
判断符号	✓	✓	×	×	×	×	✓	×

四、简答题：序时平均数与一般平均数之间的区别和联系（5 分）

答案要点：区别：①计算的对象不同：序时平均数是对总体现象在不同时间下的指标数值计算的平均数，而一般平均数是对总体各单位在同一时间下的变量值计算的平均数；②计算的依据不同：序时平均数是根据动态数列计算的，而一般平均数是依据变量数列计算的。

联系：二者都说明现象的一般水平；两种平均数在计算方法（公式）上有一致的地方。

五、计算分析题（5 个小题，共 55 分）

1.（9 分）样本满意率为：$P=\frac{252}{300}=84\%$，调查 300 户业主中表示满意和不满意的户数分别达到252户、48户业，表明nP和$n(1-P)$均大于5，所以二项式分布近似于正态分布。根据题意，提出原假设和备择假设如下（想要验证的结论作为备择假设）: （2分）

H_0: $\pi \leqslant 80\%$; H_1: $\pi > 80\%$ （1分）

如果原假设成立，检验统计量 $Z = \dfrac{P-\pi_0}{\sqrt{\pi_0(1-\pi_0)/n}} \sim N(0,1)$ （1分）

在显著性水平 $\alpha=5\%$的条件下，得此问题的拒绝域为 $Z > z_{0.05}$，查标准正态分布表得 $z_{0.05}=1.645$ （1分）

计算检验统计量:

$$Z = \frac{P-\pi_0}{\sqrt{\pi_0(1-\pi_0)/n}} = \frac{0.84-0.8}{\sqrt{0.8\times(1-0.8)/300}} = 1.73$$ （3分）

由于 Z=1.73>1.645，检验统计量的值落入拒绝域，所以拒绝原假设 H_0，接受备择假设。即在5%的显著性水平下，调查结果支持业主满意率有所升高的说法。

（1分）

2.（8分）解：本题中，已知“产品合格率”及其比数指标“合格品数量”，其基数指标“送检产品数量”未知。但比数指标“合格品数量”和基数指标“送检产品数量”均为时期指标，所以全年平均合格率为: （1分）

$$\bar{c} = \frac{\bar{a}}{\bar{b}} = \frac{\frac{\sum a}{n}}{\frac{\sum b}{n}} = \frac{\sum a}{\sum b} = \frac{\sum a}{\sum \frac{a}{c}} = \frac{4\ 570+4\ 930+5\ 350+5\ 890}{\frac{4\ 570}{0.95}+\frac{4\ 930}{0.98}+\frac{5\ 350}{0.96}+\frac{5\ 890}{0.92}} = \frac{20\ 740}{21\ 816.23}$$

$= 95.07\%$ （7分）

3.（12分）解：列表计算样本平均数及样本标准差: （3分）

晚点时间（分钟）	飞机架次 f	组中值 x	$\frac{x-A}{d}\left(\begin{matrix}A=35\\d=10\end{matrix}\right)$	$\left(\frac{x-A}{d}\right)f$	$\left(\frac{x-A}{d}\right)^2$	$\left(\frac{x-A}{d}\right)^2 f$
10以下	50	5	−3	−150	9	450
10~20	200	15	−2	−400	4	800
20~30	350	25	−1	−350	1	350
30~40	700	35	0	0	0	0
40~50	550	45	1	550	1	550
50以上	150	55	2	300	4	600
合 计	2 000	—	—	−50	—	2 750

样本平均数: $\bar{x} = \dfrac{\sum\left(\frac{x-A}{d}\right)f}{\sum f}\times d + A = \dfrac{-50}{2\ 000}\times 10 + 35 = 34.75$(分钟)（2分）

样本标准差：

$$S=\sqrt{\frac{\sum\left(\frac{x-A}{d}\right)^2 f}{\sum f}-\left[\frac{\sum\left(\frac{x-A}{d}\right)f}{\sum f}\right]^2}\times d=\sqrt{\frac{2\ 750}{2\ 000}-\left(\frac{-50}{2\ 000}\right)^2}\times 10$$

$=11.723\ 4$（分钟）　（2 分）

由于样本容量 $n=2\ 000$，可以直接用样本标准差 S 代替总体标准差 σ。

抽样平均误差：$\sigma_{\bar{x}}=\dfrac{\sigma}{\sqrt{n}}=\dfrac{11.723\ 4}{\sqrt{2\ 000}}=0.262\ 1$　（1 分）

在置信度为 95%条件下，得标准正态分布的临界值 $z_{\alpha/2}=1.96$

抽样极限误差：$\Delta_{\bar{x}}=z_{\alpha/2}\sigma_{\bar{x}}=1.96\times 0.262\ 1=0.51$（分钟）　（1 分）

全部飞机平均晚点时间的下限：$\bar{x}-\Delta_{\bar{x}}=34.75-0.51=34.24$（分钟）　（1 分）

全部飞机平均晚点时间的上限：$\bar{x}+\Delta_{\bar{x}}=34.75+0.51=35.26$（分钟）　（1 分）

结论：在 95%的把握程度下，该机场全部飞机平均晚点时间的可能范围介于 34.24～35.26 分钟之间。　（1 分）

当然，本题也可以直接计算样本均值 $\bar{x}$ 和样本标准差 s（不用简捷公式，表达相对简洁一些）：

晚点时间（分钟）	飞机架次 f	组中值 x	$x\cdot f$	$(x-\bar{x})^2\cdot f$
10 以下	50	5	250	44 253
10～20	200	15	3 000	78 013
20～30	350	25	8 750	33 272
30～40	700	35	24 500	44
40～50	550	45	24 750	57 784
50 以上	150	55	8 250	61 509
合 计	2 000	—	69 500	274 875

样本平均数：$\bar{x}=\dfrac{\sum xf}{\sum f}=\dfrac{69\ 500}{2\ 000}=34.75$

样本标准差：$s=\sqrt{\dfrac{\sum(x-\bar{x})^2 f}{\sum f-1}}=\sqrt{\dfrac{274\ 875}{2\ 000-1}}=11.726\ 3$

（注意：由于是大样本，所以样本标准差采用近似计算也可以：$s=\sqrt{\dfrac{\sum(x-\bar{x})^2 f}{\sum f}}=\sqrt{\dfrac{274\ 875}{2\ 000}}=11.723\ 4$，即分母不减 1）

在置信度为 95%条件下，得标准正态分布的临界值 $z_{\alpha/2}=1.96$，所以：

抽样极限误差：$\Delta_{\bar{x}} = z_{\alpha/2} \cdot \frac{s}{\sqrt{n}} = 1.96 \times \frac{11.7263}{\sqrt{2000}} = 0.51$

全部飞机平均晚点时间的下限：$\bar{x} - \Delta_{\bar{x}} = 34.75 - 0.51 = 34.24$（分钟）

全部飞机平均晚点时间的上限：$\bar{x} + \Delta_{\bar{x}} = 34.75 + 0.51 = 35.26$（分钟）

结论：在95%的把握程度下，该机场全部飞机平均晚点时间的可能范围介于34.24~35.26分钟之间。

4.（12分）解：列相关系数及回归参数计算表如下： （3分）

产量（台）x	单位成本（万元）y	xy	x^2	y^2
54	98	5 292	2 916	9 604
69	95	6 555	4 761	9 025
85	93	7 905	7 225	8 649
98	89	8 722	9 604	7 921
120	85	10 200	14 400	7 225
136	81	11 016	18 496	6 561
153	76	11 628	23 409	5 776
合计　715	617	61 318	80 811	54 761

代入相关系数计算公式：

$$\gamma = \frac{n\sum xy - \sum x \sum y}{\sqrt{n\sum x^2 - (\sum x)^2}\sqrt{n\sum y^2 - (\sum y)^2}}$$

$$= \frac{7 \times 61318 - 715 \times 617}{\sqrt{(7 \times 80811 - 715^2)(7 \times 54761 - 617^2)}}$$

$$= \frac{-11929}{\sqrt{54452 \times 2638}} = -0.9953$$ （3分）

相关系数-0.995 3，表明企业产量与单位成本之间高度负相关。

假定回归直线方程为：$\hat{y} = a + bx$

根据回归参数计算公式可得：

$$b = \frac{n\sum xy - \sum x \sum y}{n\sum x^2 - (\sum x)^2} = \frac{7 \times 61318 - 715 \times 617}{7 \times 80811 - 715^2} = \frac{-11929}{54452} = -0.2191$$

（2分）

$$a = \bar{y} - b\bar{x} = \frac{\sum y}{n} - \frac{b\sum x}{n} = \frac{617}{7} + 0.2191 \times \frac{715}{7} = 110.52$$ （2分）

回归直线方程为：$\hat{y} = 110.52 - 0.2191x$ （1分）

回归系数 $b = -0.2191$ 表明，企业产量每增加1台单位成本将平均下降2 191元。 （1分）

5.（14 分）解：根据已知条件计算三种产品的总成本：（3 分）

基期：$\sum p_0q_0=10\times230+45\times380+32\times620=39\ 240$ 万元

报告期：$\sum p_1q_1=9\times350+50\times550+35\times760=57\ 250$ 万元

假定：$\sum p_0q_1=10\times350+45\times550+32\times760=52\ 570$ 万元

（1）计算产品总成本的变动

产品总成本指数：$\bar{K}_{pq}=\dfrac{\sum p_1q_1}{\sum p_0q_0}=\dfrac{57\ 250}{39\ 240}=145.90\%$（2 分）

产品总成本增加：$\sum p_1q_1-\sum p_0q_0=57\ 250-39\ 240=18\ 010$ 万元（1 分）

（2）计算产品产量变动对产品总成本的影响

产品产量总指数：$\bar{K}_q=\dfrac{\sum p_0q_1}{\sum p_0q_0}=\dfrac{52\ 570}{39\ 240}=133.97\%$（2 分）

由于产品产量增加而增加的产品总成本：

$\sum p_0q_1-\sum p_0q_0=52\ 570-39\ 240=13\ 330$ 万元（1 分）

（3）计算产品单位成本变动对产品总成本的影响

产品单位成本总指数：$\bar{K}_p=\dfrac{\sum p_1q_1}{\sum p_0q_1}=\dfrac{57\ 250}{52\ 570}=108.90\%$（2 分）

由于产品单位成本提高而增加的产品总成本：

$\sum p_1q_1-\sum p_0q_1=57\ 250-52\ 570=4\ 680$ 万元（1 分）

（4）指数体系及数量检验：（2 分）

从相对数看，该企业报告期产品总成本较基期增长 45.90%，是由于产品产量增长 33.97%和产品单位成本提高 8.90%两个因素共同作用的结果。即：145.90% = 133.97%×108.9%。

从绝对数看，该企业报告期产品总成本较基期增加 18 010 万元，是由于以下两个因素共同作用的结果：一是产品产量增长使产品总成本增长 13 330 万元，二是产品单位成本提高使得总成本增加 4 680 万元。即：18 010 万元 = 13 330 万元+4 680 万元。

课程名称：统计学
命题教师：
适用班级：
考试　　　　　　　　　　　　年　　月　　日　　　共　　页

题号	一	二	三	四	五	六	七	八	总分	评阅（统分）教师
得分										

注意事项：

1. 满分 100 分. 要求卷面整洁、字迹工整、无错别字。
2. 考生必须将姓名、班级、学号完整、准确、清楚地填写在试卷规定的地方，否则视为废卷。
3. 考生必须在签到单上签到，若出现遗漏，后果自负。
4. 如有答题纸，答案请全部写在答题纸上，否则不给分；考完请将试卷和答题卷分别一同交回，否则不给分。

模拟试题二

一、单项选择题：以下每个小题的四个备选答案中都只有一个是正确的，请将正确答案的选项填入下表。错选、多选和不选均不得分（每小题 1 分，共 14 分）

题号	1	2	3	4	5	6	7
选项							
题号	8	9	10	11	12	13	14
选项							

1. 以下属于顺序计量的是（　　）。
   A. 性别　　B. 学历　　C. 学号　　D. 销售收入
2. 抽样平均误差是指（　　）。
   A. 所有可能的样本平均数与总体平均数之间的标准差
   B. 所有可能的样本平均数与总体平均数之间离差平方的算术平均数
   C. 总体各单位变量值与总体平均数之间离差平方和的平方根
   D. 所有可能的样本平均数与总体平均数之间的平均差
3. 某公司销售收入连续 3 年的环比增长速度分别为 8%、9%、12%，则最后一年的定基增长速度为（　　）。

A. 8%+9%+12%　　　　B. 108%×109%×112%−100%

C. 8%×9%×12%　　　　D. $\sqrt[3]{108\%\times109\%\times112\%}-1$

4. 以下属于相关关系的是（　　）。

A. 圆的面积与半径的关系　　　　B. 家庭人口数与家庭财富的关系

C. 身高与智商的关系　　　　D. 产品总产量与单位成本的关系

5. 某商店三种商品在报告期的销售量分别比基期增长23%、16%、48%，三种商品在基期的销售额分别为180万元、750万元和520万元，则编制三种商品销售量总指数的算式应为（　　）。

A. $\frac{23\%+16\%+48\%}{3}$　　　　B. $\frac{123\%+116\%+148\%}{3}$

C. $\frac{123\%\times180+116\%\times750+148\%\times520}{180+750+520}$　　　　D. $\frac{180+750+520}{\frac{180}{123\%}+\frac{750}{116\%}+\frac{520}{148\%}}$

6. 某企业"十二五"规划要求最后一年产量要达到200万吨，各年实际产量（万吨）见下表：

时　间	2011年	2012年	2013年		2014年				2015年			
			上半年	下半年	一季度	二季度	三季度	四季度	一季度	二季度	三季度	四季度
产量	130	135	65	75	35	45	50	55	50	60	65	75

根据上表资料确定该企业"十二五"产量规划提前完成的时间（　　）。

A. 一个季度　　B. 二个季度　　C. 三个季度　　D. 一年

7. 方差分析的实质是（　　）。

A. 就是检验多个总体的均值是否相等

B. 研究数值型自变量对数值型因变量是否有显著影响

C. 研究数值型自变量对分类型因变量是否有显著影响

D. 研究分类型自变量对数值型因变量是否有显著影响

8. 统计调查中的报告单位（　　）。

A. 就是负责调查资料登记并上报的单位或组织

B. 一定不是总体单位

C. 一定是总体单位

D. 必须是调查单位

9. 统计学上被称为"有统计之名，无统计之实"的学派是（　　）。

A. 数理统计学派　　　　B."政治算术"学派

C. 社会统计学派　　　　D. 记述学派

10. 某公司2010—2015年净利润数据见下表，该数列属于（　　）。

年 度	2010 年	2011 年	2012 年	2013 年	2014 年	2015 年
净利润（万元）	380	460	535	618	756	769

A. 时期数列　　B. 单项式变量数列
C. 时点数列　　D. 等距数列

11. 假设检验中，如果显著性水平 $\alpha = 5\%$，表示（　　）。

A. 犯“弃真”错误的概率为 5%　　B. 总体参数落在 H_0 的概率
C. 犯“纳伪”错误的概率为 5%　　D. 样本统计量落在 H_0 的概率

12. 抽样调查中，必要抽样数目 n（　　）。

A. 与置信水平成反比　　B. 与极限误差成正比
C. 与总体方差成反比　　D. 与极限误差的平方成反比

13. 从 2 000 个同学中采用“对称起点，等距抽样”的组织形式抽取 50 个同学作为样本，假如在最前面 40 个同学中随机抽取序号为 27 的同学，那么在最后面 40 个同学中应抽取的对应序号是（　　）。

A. 1 975　　B. 1 973　　C. 1 974　　D. 1 972

14. 某城市拟对占全市储蓄总额 4/5 的几大金融机构进行调查，以了解全市储蓄存款的大概情况，这种调查形式属于（　　）。

A. 普查　　B. 典型调查　　C. 抽样调查　　D. 重点调查

二、多项选择题：以下各题分别有 2~4 个不确定的正确选项，请将各题正确答案的选项填入下表（每小题 2 分，共 10 分）

题号	1	2	3	4	5
选项					

1. 研究某地区民营高科技企业的创新能力时，获知 M 公司 2016 年的出口创汇总额为 2 897 万美元。则“出口创汇总额”称为（　　）。

A. 标志　　B. 变量　　C. 数量标志　　D. 指标名称

2. 方差分析中的基本假定包括（　　）。

A. 所有总体相互独立　　B. 所有总体均值相同
C. 所有总体都服从正态分布　　D. 所有总体方差相同

3. 受极端值影响的平均数有（　　）。

A. 算术平均数　　B. 中位数和众数　　C. 调和平均数　　D. 几何平均数

4. 组距式分组中，组中值的计算方法有（　　）。

A. $组中值 = \frac{上限 + 下限}{2}$　　B. $组中值 = 上限 - \frac{组距}{2}$

C. $组中值 = 上限 + \frac{组距}{2}$　　D. $组中值 = 下限 + \frac{组距}{2}$

5. 如果某校喜欢足球比赛的同学占 65%，喜欢篮球比赛的同学占 55%，既喜欢足球比赛又喜欢篮球比赛的同学占 45%。则从该校随机抽选一位同学（　　）。

A. 只喜欢足球比赛的概率为 20%

B. 只喜欢篮球比赛的概率为 10%

C. 喜欢足球比赛或篮球比赛的概率为 75%

D. 不喜欢足球或篮球的概率为 25%

三、判断题：正确说法打"✓"，错误说法打"×"。(每小题 1 分，共 16 分)

题 号	1	2	3	4	5	6	7	8
判断符号								
题 号	9	10	11	12	13	14	15	16
判断符号								

1. 统计资料是指统计调查、整理以及分析过程中获得的各种资料，它的主要特征表现为数量性。（　　）

2. 制定中长期计划，水平法一般适用于变动趋势较为明确的指标；累计法一般适用于无明显变动趋势的指标。（　　）

3. 连续型变量只能用小数表示，不能用整数表示。（　　）

4. 对变量进行同限分组时，需遵循"上限不在内"的原则。（　　）

5. 根据回归直线方程，可以由自变量预测因变量，也可以由因变量预测自变量。（　　）

6. 同等条件下，不重复抽样的误差大于重复抽样的误差。（　　）

7. 计划完成程度大于 100%表明计划完成好。反之，则不好。（　　）

8. 增大样本容量可以同时降低犯"弃真"错误和"纳伪"错误的机会。（　　）

9. 发展水平就是构成时间数列的每一项指标数值，它可以表现为绝对数，也可以表现为相对数和平均数。（　　）

10. 综合指数中的同度量因素不仅具有同度量功能，同时还具有权重功能。（　　）

11. 普查和统计报表都是全面调查，但二者之间不可以相互替代。（　　）

12. 随着研究目的不同，总体和总体单位之间可以相互转化。（　　）

13. 一次性调查是指在时间上可以间断的统计调查，一般用来收集时期资料。（　　）

14. 在频数呈负偏分布的情况下，会有 $\bar{x} \geqslant m_e \geqslant m_o$。（　　）

15. 相关系数的假设检验与回归系数 b 的显著性检验是同质的。（　　）

16. 编制产品产量综合指数，既可以选用基期单位成本作为同度量因素，也可以选用基期出厂价格作为同度量因素。（　）

四、简答题：

时期指标与时点指标之间的区别表现在哪些方面？（5 分）

五、计算分析题（5 个小题，共 55 分）

1. 某中学是闻名全国“考试工厂”，每年高考上“一本线”的比率都很高。某年高考结束后，随机抽查该校 400 位同学，结果上“一本线”的人数为 386 人。试以 95.45%的把握程度推算全校同学上“一本线”比率的可能区间。（8 分）

2. 某企业 2016 年各季度计划利润以及利润计划完成程度见下表：

季　别	一季度	二季度	三季度	四季度
计划利润（万元）	5 000	5 200	5 500	6 000
利润计划完成（%）	115	121	128	125

要求：根据上表数据计算该企业 2014 年各季度平均利润计划完成程度。（8 分）

3. 某老师凭自己的经验认为，大学生月平均消费支出不超过 1 000 元。为了验证这一说法，随机调查 2 000 名在校大学生，获得如下数据：

月消费支出（元）	学生人数 f（人）	组中值 x				
500 以下	30					
500~700	250					
700~900	420					
900~1 100	700					
1 100~1 300	460					
1 300 以上	140					
合　计	2 000	—				

试问在 5%的显著性水平下，可否接受“大学生月平均消费支出不超过 1 000 元”的说法？（13 分）

4. 某商业连锁上市公司 2015 年商品销售总额为 479 亿元，2016 年为 616 亿元。根据统计部门提供的物价指数测算，2016 年商品零售价格较 2015 年上升 5.8%。试从相对数和绝对数两个方面计算分析该公司商品销售量以及商品销售价格变动对商品销售总额的影响。（14 分）

5. 随机调查 7 位同学的数学成绩与统计学成绩获得如下数据：

数学成绩（分）x	统计学成绩（分）y	xy	x^2	y^2
53	50			
67	65			
72	73			
78	80			
84	82			
88	90			
94	94			
合计 536	534			

要求：（1）根据上表资料计算数学成绩与统计学成绩之间的相关系数，并判断相关的程度和方向；（2）建立数学成绩与统计学成绩之间的回归直线方程，并解释回归系数 b 的含义。(12 分)

模拟试题二参考答案及评分标准

一、单项选择题（每小题1分，共14分）

题号	1	2	3	4	5	6	7
选项	B	A	B	D	C	C	D
题号	8	9	10	11	12	13	14
选项	A	B	A	A	D	C	D

二、多项选择题（每小题2分，共10分）

题号	1	2	3	4	5
选项	ABC	ACD	ACD	ABD	ABCD

三、判断题（每小题1分，共16分）

题 号	1	2	3	4	5	6	7	8
判断符号	√	√	×	√	×	×	×	√
题 号	9	10	11	12	13	14	15	16
判断符号	√	√	√	√	×	×	√	√

四、简答题：时期指标与时点指标之间的区别表现在哪些方面？（5分）

答案要点：①时期指标的原始资料需要连续登记；而时点指标的原始资料不需要连续登记；②时期指标数值的大小与时间间隔长短有直接关系；时点指标数值的大小与时间间隔长短无直接关系；③时期指标数值既可以纵向相加，也可以横向相加；时点指标数值不能纵向相加，但可以横向相加；④时期指标数值随时间变化只增加不减少，而时点指标数值随时间变化既有增加也有减少。

五、计算题（55分）

1.（8分）解：样本比例 $P=\frac{386}{400}=96.5\%$，随机调查400位同学中上“一本线”的人数为386人，表明 nP 和 $n(1-P)$ 均大于5，所以二项式分布近似于正态分布。（1分）

抽样平均误差：$\sigma_P = \sqrt{\frac{P(1-P)}{n}} = \sqrt{\frac{96.5\% \times (1-96.5\%)}{400}} = 0.918\ 9\%$

（2分）

在95.45%的把握程度下，Z分数临界值 $z_{\alpha/2} = 2$ （1分）

极限误差：$\Delta_P = z_{\alpha/2}\sigma_P = 2 \times 0.918\ 9\% = 1.84\%$ （1分）

全校同学考上一本线比率的下限 $= P - \Delta_P = 96.5\% - 1.84\% = 94.66\%$ （1分）

全校同学考上一本线比率的上限 $= P + \Delta_P = 96.5\% + 1.84\% = 98.34\%$ （1分）

结论：以95.45%的把握程度下，全校同学考上一本线的比率区间可能介于94.66%至98.34%之间。 （1分）

2.（8分）解：本题中，已知“利润计划完成程度”指标及其基数指标“计划利润”，其比数指标“实际利润”未知。但比数指标“实际利润数”与基数指标“计划利润”均为时期指标，所以平均每个季度的利润计划完成程度为： （1分）

$$\bar{c} = \frac{\bar{a}}{\bar{b}} = \frac{\frac{\sum a}{n}}{\frac{\sum b}{n}} = \frac{\sum a}{\sum b} = \frac{\sum bc}{\sum b}$$

$$= \frac{5\ 000 \times 1.15 + 5\ 200 \times 1.21 + 5\ 500 \times 1.28 + 6\ 000 \times 1.25}{5\ 000 + 5\ 200 + 5\ 500 + 6\ 000} = \frac{26\ 582}{21\ 700}$$

$= 122.50\%$ （7分）

3.（13分）解：计算样本平均数及样本标准差见下表： （3分）

月消费支出（元）	学生人数 f（人）	组中值 x	$\frac{x-A}{d}\begin{pmatrix}A=1\ 000\\ d=200\end{pmatrix}$	$\left(\frac{x-A}{d}\right)f$	$\left(\frac{x-A}{d}\right)^2$	$\left(\frac{x-A}{d}\right)^2 f$
500以下	30	400	-3	-90	9	270
500~700	250	600	-2	-500	4	1 000
700~900	420	800	-1	-420	1	420
900~1 100	700	1 000	0	0	0	0
1 100~1 300	460	1 200	1	460	1	460
1 300以上	140	1 400	2	280	4	560
合 计	2 000	—	—	-270	—	2 710

样本平均数：$\bar{x} = \frac{\sum\left(\frac{x-A}{d}\right)f}{\sum f} \times d + A = \frac{-270}{2\ 000} \times 200 + 1\ 000 = 973$（元）（2分）

样本标准差：

$$S=\sqrt{\frac{\sum\left(\frac{x-A}{d}\right)^2 f}{\sum f}-\left[\frac{\sum\left(\frac{x-A}{d}\right)f}{\sum f}\right]^2}\times d=\sqrt{\frac{2\ 710}{2\ 000}-\left(\frac{-270}{2\ 000}\right)^2}\times 200$$

$=231.24$(元) （2分）

由于样本容量 $n=2\ 000$，可以直接用样本标准差代替总体标准差。

根据题意，提出原假设和备择假设（想要验证的结论作为备择假设）：

H_0：$\mu\geqslant 1\ 000$，H_1：$\mu<1\ 000$ （1分）

如果原假设 H_0 成立，则检验统计量：$Z=\dfrac{\bar{x}-\mu_0}{\sigma/\sqrt{n}}\sim N(0,\ 1)$

在显著性水平 $\alpha=5\%$ 的条件下，得此问题的拒绝域为 $Z<-z_{0.05}$，查标准正态分布表得 $-z_{0.05}=-1.645$ （1分）

计算检验统计量：$Z=\dfrac{\bar{x}-\mu_0}{\sigma/\sqrt{n}}=\dfrac{973-1\ 000}{231.24/\sqrt{2\ 000}}=-5.22$ （3分）

由于检验统计量 $-5.22<-1.645$，统计量的值落入拒绝域，所以拒绝原假设 H_0。即在5%的显著性水平下，调查结果支持大学生月平均消费支出不超过1 000元的说法。 （1分）

当然，本题也可以直接计算样本均值 $\bar{x}$ 和样本标准差 s（不用简捷公式，表达相对简洁一些）：

月消费支出（元）	学生人数 f（人）	组中值 x	$x\cdot f$	$(x-\bar{x})^2\cdot f$
500 以下	30	400	12 000	9 849 870
500−700	250	600	150 000	34 782 250
700−900	420	800	336 000	12 570 180
900−1 100	700	1 000	700 000	510 300
1 100−1 300	460	1 200	552 000	23 703 340
1 300 以上	140	1 400	196 000	25 526 060
合　计	2 000	—	1 946 000	106 942 000

样本平均数：$\bar{x}=\dfrac{\sum xf}{\sum f}=\dfrac{1\ 946\ 000}{2\ 000}=973$

样本标准差：$s=\sqrt{\dfrac{\sum(x-\bar{x})^2 f}{\sum f-1}}=\sqrt{\dfrac{106\ 942\ 000}{2\ 000-1}}=231.295\ 8$

（注意：由于是大样本，所以样本标准差采用近似计算也可以：$s=\sqrt{\dfrac{\sum(x-\bar{x})^2 f}{\sum f}}=\sqrt{\dfrac{106\ 942\ 000}{2\ 000}}=231.24$，即分母不减1）

假设检验过程与前面一致。

4.（14 分）解：从已知条件可以获知：（3 分）

基期销售总额：$\sum p_0q_0 = 479$ 亿元；报告期销售总额：$\sum p_1q_1 = 616$ 亿元

由 $\bar{K}_p = \dfrac{\sum p_1q_1}{\sum p_0q_1} = 105.8\%$ 推算假定销售总额：

$$\sum p_0q_1 = \frac{\sum p_1q_1}{\bar{K}_p} = \frac{616}{105.8\%} = 582.23(\text{亿元})$$

（1）计算商品销售总额的变动

商品销售总额总指数：$\bar{K}_{pq} = \dfrac{\sum p_1q_1}{\sum p_0q_0} = \dfrac{616}{479} = 128.60\%$ （2 分）

商品销售总额增加：$\sum p_1q_1 - \sum p_0q_0 = 616 - 479 = 137(\text{亿元})$ （1 分）

（2）计算商品销售量变动对商品销售总额的影响

商品销售量总指数：$\bar{K}_q = \dfrac{\sum p_0q_1}{\sum p_0q_0} = \dfrac{582.23}{479} = 121.55\%$ （2 分）

由于商品销售量增加而增加的商品销售总额：

$\sum p_0q_1 - \sum p_0q_0 = 582.23 - 479 = 103.23(\text{亿元})$ （1 分）

（3）计算商品销售价格变动对商品销售总额的影响

商品销售价格总指数：$\bar{K}_p = \dfrac{\sum p_1q_1}{\sum p_0q_1} = \dfrac{616}{582.23} = 105.8\%$ （2 分）

由于商品销售价格提高而增加的商品销售总额：

$\sum p_1q_1 - \sum p_0q_1 = 616 - 582.23 = 33.77(\text{亿元})$ （1 分）

（4）指数体系及数量检验：

从相对数看，该商业连锁企业报告期商品销售总额较基期增长 28.6%，是由于商品销售量增长 21.55%和商品销售价格提高 5.8%两个因素共同作用的结果。即：128.6%＝121.55%×105.8%。（1 分）

从绝对数看，该商业连锁企业报告期商品销售总额较基期增加 137 亿元，是由于以下两个因素共同作用的结果：一是商品销售量增长使商品销售总额增长 103.23 亿元，二是商品销售价格提高使商品销售总额增加 33.77 亿元。即：137 亿元＝103.23 元+33.77 亿元。（1 分）

5.（12 分）解：列相关系数及回归参数计算表如下：（3 分）

数学成绩（分）x	统计学成绩（分）y	xy	x^2	y^2
53	58	3 074	2 809	3 364
61	65	3 965	3 721	4 225
68	73	4 964	4 624	5 329
72	80	5 760	5 184	6 400
79	82	6 478	6 241	6 724
85	90	7 650	7 225	8 100
94	94	8 836	8 836	8 836
合计　536	534	42 145	42 202	42 114

（1）带入相关系数计算公式：

$$\gamma = \frac{n\sum xy - \sum x\sum y}{\sqrt{n\sum x^2 - (\sum x)^2}\sqrt{n\sum y^2 - (\sum y)^2}}$$

$$= \frac{7 \times 42\ 145 - 536 \times 534}{\sqrt{(7 \times 42\ 202 - 536^2)(7 \times 42\ 114 - 534^2)}}$$

$$= \frac{8\ 791}{\sqrt{8\ 118 \times 9\ 642}} = 0.993\ 6$$　（3 分）

相关系数 0.993 6，表明数学成绩与统计学成绩之间高度正相关。　（0.5 分）

（2）假定回归直线方程为：$\hat{y} = a + bx$

根据回归参数计算公式可得：

$$b = \frac{n\sum xy - \sum x\sum y}{n\sum x^2 - (\sum x)^2} = \frac{7 \times 42\ 145 - 536 \times 534}{7 \times 42\ 202 - 536^2} = \frac{8\ 791}{8\ 118} = 1.082\ 9$$　（2 分）

$$a = \bar{y} - b\bar{x} = \frac{\sum y}{n} - \frac{b\sum x}{n} = \frac{534}{7} - 1.082\ 9 \times \frac{536}{7} = -6.63$$　（2 分）

回归直线方程为：$\hat{y} = -6.63 + 1.082\ 9x$　（1 分）

回归系数 $b = 1.082\ 9$ 表明，表明数学成绩每增加（1 分）统计学成绩平均将增加 1.082 9 分。　（0.5 分）

课程名称：统计学

命题教师：

适用班级：

考试　　　　　　　　　　　　　年　　月　　日　　　共　　页

题号	一	二	三	四-1	四-2	四-3	四-4	四-5	总分	评阅（统分）教师
得分										

注意事项：

1. 满分 100 分. 要求卷面整洁、字迹工整、无错别字。

2. 考生必须将姓名、班级、学号完整、准确、清楚地填写在试卷规定的地方，否则视为废卷。

3. 考生必须在签到单上签到，若出现遗漏，后果自负。

4. 如有答题纸，答案请全部写在答题纸上，否则不给分；考完请将试卷和答题卷分别一同交回，否则不给分。

模拟试题三

一、单项选择题（请将答案对应填入下表。每小题 1 分，共 30 分）

题号	1	2	3	4	5	6	7	8	9	10
答案										
题号	11	12	13	14	15	16	17	18	19	20
答案										
题号	21	22	23	24	25	26	27	28	29	30
答案										

1. 要了解久大集团的制盐生产设备状况，则总体是（　　）。

A. 整个久大集团　　　　B. 久大集团的每一台制盐设备

C. 久大集团的所有制盐车间　　　　D. 久大集团的所有制盐设备

2. 对自贡地区产值占绝大比重的几个大型化工企业进行调查，以了解该地化工生产的基本情况，这种调查属于（　　）。

A. 典型调查　　B. 普查　　C. 重点调查　　D. 抽样调查

3. 如果要反映 3 个变量之间的数量关系，最合适的统计图形是（　　）。

A. 饼图　　B. 气泡图　　C. 直方图　　D. 散点图

4. 某大学在学生中进行一项民意测验，抽取样本的方法是在全校所有班级中随机抽选 5 个班级，对抽中班级的学生全部进行调查，这种抽样方法属于（　　）。

A. 整群抽样　　B. 分层抽样　　C. 等距抽样　　D. 简单随机抽样

5. 要减小抽样误差，可行的办法是（　　）。

A. 控制个体差异　　B. 增加样本容量

C. 严格挑选调查单位　　D. 提高计算精度

6. 在工资分组统计资料中，“3 000~4 000 元”这一组的“向上累计频数”为 86 人，表明（　　）。

A. 有 86 人工资在 3 000 元以上　　B. 有 86 人工资在 3 000 元以下

C. 有 86 人工资在 4 000 元以上　　D. 有 86 人工资在 4 000 元以下

7. 统计表的总标题一般应包括（　　）。

A. 反映对象的时间、范围和基本内容　B. 主词和宾词

C. 横行标题、纵栏标题和指标数值　　D. 数据来源和计量单位

8. 如果你是一个男鞋制造企业的管理者，掌握销售地男性居民穿鞋尺码的哪项指标对你安排生产最有用（　　）。

A. 算术平均数　　B. 中位数　　C. 标准差　　D. 众数

9. 可以用众数反映同学们使用手机品牌的集中趋势。而如果要反映同学们使用手机品牌的分散程度，适宜的指标是（　　）。

A. 极差　　B. 异众比率　　C. 平均差　　D. 标准差

10. 四分位差是指（　　）。

A. 上四分位数与中位数的差　　B. 中位数与下四分位数的差

C. 上四分位数与下四分位数的差　　D. 最大值与最小值的差

11. 方差分析主要用于（　　）。

A. 分析方差的变化　　B. 检验方差是否相等

C. 分析方差对均值的影响　　D. 检验多总体均值是否相等

12. 在填写统计表时，如果某格无数字或不应填写数字，则（　　）。

A. 填上“无”　　B. 不填，保留空位 C. 填上“…”　　D. 填上“—”

13. 参数点估计的无偏性是指（　　）。

A. 估计量的数学期望等于被估计的总体参数值

B. 估计量的值等于被估计的总体参数值

C. 样本平均数等于总体平均数

D. 样本指标等于总体指标

14. 假设检验中，如果原假设为真，而根据样本所得到的检验结论是否定原假设，则可认为（　　）。

A. 抽样是不科学的　　　　　　　　B. 检验结论是正确的

C. 犯了第一类错误　　　　　　　　D. 犯了第二类错误

15. 总体分布未知，样本为大样本，对总体均值进行假设检验，则应采用（　　）。

A. t 检验　　　　B. F 检验　　　　C. Z 检验　　　　D. χ^2检验

16. 下图是 x，y 两个变量的散点图，它们的相关系数最可能是（　　）。

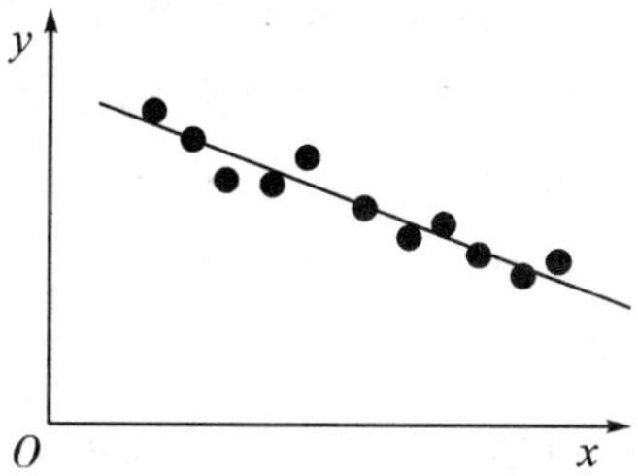

A. 0　　　　B. −0.93　　　　C. −1　　　　D. 0.85

17. 回归直线与样本数据拟合得越好，则可决系数 R^2越接近于（　　）。

A. 1　　　　B. 0　　　　C. −1　　　　D. 无穷大

18. 利用最小二乘法估计回归系数，要求（　　）。

A. $\sum_{i=1}^{n}(y_i - \hat{y}_i)$ 达到最小　　　　B. $\sum_{i=1}^{n}(\hat{y}_i - \bar{y})$ 达到最小

C. $\sum_{i=1}^{n}(y_i - \hat{y}_i)^2$ 达到最小　　　　D. $\sum_{i=1}^{n}(y_i - \bar{y})^2$ 达到最小

19. 某公司连续五年净利润都是环比增长 12%，则各年的净利润增长量（　　）。

A. 每年相等　　B. 一年比一年多　C. 一年比一年少　D. 不能确定

20. 在统计指数的编制中，平均指数是（　　）。

A. 先对比、后综合得到

B. 以基期和报告期的平均值为同度量因素

C. 先综合、后对比得到

D. 对拉氏指数和派氏指数进行平均得到

21. 某连续变量编制的等距数列，其末组为“800 以上”。如果其邻近组的组中值为 750，则末组的组中值为（　　）。

A. 700　　　　B. 900　　　　C. 825　　　　D. 850

22. 经调查发现，某地区 6 岁男孩的身高和体重的平均值分别为 116cm 和 22kg，标准差分别为 2cm、1kg，则他们身高与体重发育的差异（　　）。

A. 体重的差异更大　　　　　　　　B. 身高的差异更大

C. 身高、体重的差异相同　　　　　D. 在两者之间缺乏可比性

23. 某企业上月卖出三批 A 产品：以 2.4 万元/吨的价格卖出 50 吨，以 2.2 万

元/吨的价格卖出 30 吨，以 2.1 万元/吨的价格卖出 20 吨，则该企业上月 A 产品的平均售价为（　　）万元/吨。

A. 2.23　　B. 2.28　　C. 2.27　　D. 前三者都不是

24. 某企业计划 2013 年产值比上年增长 10%，实际增长了 16.6%，则 2013 年超额完成计划（　　）。

A. 6%　　B. 6.6%　　C. 66%　　D. 106%

25. 某学校的评优制度规定，班级出勤率在 90%~95%之间的，纪律项目得分为 80~90 分。现得知某班出勤率为 93.5%，则该班的纪律项目得分为（　　）。

A. 90 分　　B. 89 分　　C. 88 分　　D. 87 分

26. 某企业的利润，2012 年比 2005 年增长了 50%，2013 年比 2005 年增长了 65%，则 2013 年比上年增长了（　　）。

A. 15%　　B. 115%　　C. 10%　　D. 110%

27. 某公司连续三年的投资收益率分别为 10%、9%和 12%，则其此三年的年平均收益率是（　　）。

A. （10%+9%+12%）/3　　B. $(\sqrt[3]{1.1\times1.09\times1.12}-1)\times100\%$

C. $\sqrt[3]{10\%\times9\%\times12\%}$　　D. 110%×109%×112% - 100%

28. 在方差分析中，反映同一水平下样本各观测值之间差异的是（　　）。

A. 组内平方和　　B. 组间平方和　　C. 总平方和　　D. 误差平方和

29. 下列属于派氏指数公式的是（　　）。

A. $\frac{\sum p_1q_0}{\sum p_0q_0}$　　B. $\frac{\sum p_0q_1}{\sum p_0q_0}$　　C. $\frac{\sum p_1q_1}{\sum p_0q_1}$　　D. $\frac{\sum p_1q_1}{\sum p_0q_0}$

30. 设 p 为价格，q 为销售量，则 $\sum p_0q_1 - \sum p_0q_0$ 综合反映了（　　）。

A. 价格变动的绝对额　　B. 价格引起的销售量的增减量

C. 销售量变动的绝对额　　D. 销售量变动而引起的销售额增减量

二、多项选择题（每小题 2 分，共 10 分。请对应题号将正确选项填入下表）

题号	1	2	3	4	5
选项					

1. 统计数据按计量功能不同可以分为（　　）。

A. 定性数据　　B. 顺序数据　　C. 分类数据　　D. 间距数据

E. 比率数据

2. 应用方差分析的前提条件是（　　）。

A. 各总体服从正态分布　　B. 各总体均值相等

C. 各总体具有相同的方差　　　　　D. 各总体均值为常数

E. 各总体相互独立

3. 下列现象属于正相关的有（　　）。

A. 个人收入越高，其消费支出也越大

B. 受教育年限越长，失业概率越低

C. 产量随生产用固定资产价值减少而减少

D. 生产单位产品耗用工时，随劳动生产率的提高而减少

E. 工人劳动生产率越高，则创造的产值就越多

4. 在综合指数的编制中，同度量因素起到的作用是（　　）。

A. 比较作用　　B. 权数作用　　C. 同度量作用　　D. 平衡作用

E. 标准化作用

5. 2013 年国民经济和社会发展统计公报中："2012 年全年社会消费品零售总额 210 307 亿元，比上年增长 14.3%，扣除价格因素，实际增长 12.1%"。则说明（　　）。

A. 零售总额指数为 114.3%

B. 零售量指数为 112.1%

C. 零售价格指数为 $\frac{114.3\%}{112.1\%} \times 100\%$

D. 零售价格上涨了（114.3%−112.1%）

E. 零售价格上涨了 $\left(\frac{114.3}{112.1} - 1\right) \times 100\%$

三、判断题（共 10 分。叙述正确的划"✓"，错误的划"×"）

题号	1	2	3	4	5	6	7	8	9	10
判断符号										

1. 标志不能用数值表示，而指标都是用数值表示的。（　　）

2. 凯特勒被称为"近代统计学之父"，他是数理统计学派的奠基人。（　　）

3. 时间数列的影响因素可以归纳为长期趋势、季节变动、循环变动和不规则变动四种因素。（　　）

4. 可以用典型调查获得的资料来推断总体的数量特征。（　　）

5. 统计量是随机变量。（　　）

6. 点估计可以给出估计的可靠程度。（　　）

7. 在假设检验中，犯两类错误的概率满足 $\alpha + \beta = 1$，所以减小 α，则 β 就会增大。（　　）

8. 在确定抽样的样本容量时，由公式计算出 $n = 63.27$，则实际应抽取 64 个单

位。 (　　)

9. 在相关分析中，相关的两个变量都视为随机变量。 (　　)

10. 能够编制平均指数的资料，也一定可以编制综合指数。 (　　)

四、综合应用题（每小题10分，共50分）

1.（10分）某企业第三季度（7~9月）月产值和职工人数情况如下表，求第三季度的人均月产值。

	6月	7月	8月	9月
月产值（万元）	…	800	930	1 030
月末职工数（人）	186	192	202	226

2.（10分）某地区为了解居民家庭每天看电视的时间，在整个地区随机抽取了36个家庭组成随机样本。对样本的调查结果为：平均看电视时间为3.5小时，标准差为1.2小时。试求该地区居民家庭平均每天看电视时间的置信度95.45%的置信区间。（当$1-\alpha=95.45\%$时，$z_{\alpha/2}=2$）

3.（10分）某企业100名职工的月收入情况见下表：

月收入（元）	人数（人）
2 000以下	20
2 000~3 000	40
3 000~4 000	30
4 000以上	10
合　计	100

要求：(1) 计算这100名职工的平均收入；

(2) 计算这100名职工收入的标准差。

4.（10分）某企业三种商品的销售情况统计如下：

商品	销售量报告期比基期增长百分比（%）	销售额（万元）	
		基期	报告期
甲	5	200	250
乙	15	200	300
丙	10	500	638

要求：(1) 根据这些商品计算销售量总指数，并分析由于销售量的变动对销售额带来多大影响？

(2) 根据这些商品计算销售价格总指数，并分析由于销售价格的变动对销售额带来多大影响？

5.（10分）对M公司A产品近来10个季度的产品产量（件）与单位成本（元/件）资料做回归分析，使用Excel计算得到下图所示结果：

	A	B	C	D	E	F	G	H	
1	产量x	成本y	SUMMARY OUTPUT						
2	2000	77							
3	3050	74	回归统计						
4	4000	71	Multiple R	0.9612					
5	4000	73	R Square	0.9239					
6	4300	69	Adjusted F	0.9144					
7	5000	67	标准误差	1.4945					
8	4500	70	观测值	10					
9	3000	75							
10	5100	65	方差分析						
11	6050	60		df	SS	MS	F	Significance F	
12			回归分析	1	217.03	217.03	97.17	9.45E-06	
13			残差	8	17.87	2.23			
14			总计	9	234.90				
15									
16				Coefficient	标准误差	t Stat	P-value	Lower 95%	Jppı
17			Intercept	87.147	1.793	48.612	3.5E-11	83.013	91
18			产量x	-0.004	0.000	-9.858	9.4E-06	-0.005	-(

要求：

（1）写出产量影响单位成本的线性回归方程；

（2）判断在 0.05 显著性水平下，产量对单位成本的影响是否显著；

（3）解释回归系数的实际意义；

（4）当产量为 6 500 件时，预测单位成本为多少？

模拟试题三参考答案及评分标准

一、单项选择题（每小题 1 分，共 30 分）

题号	1	2	3	4	5	6	7	8	9	10
答案	D	C	B	A	B	D	A	D	B	C
题号	11	12	13	14	15	16	17	18	19	20
答案	D	D	A	B	C	B	A	C	B	A
题号	21	22	23	24	25	26	27	28	29	30
答案	D	A	B	A	D	C	B	A	C	D

二、多项选择题（每小题 2 分，共 10 分）

题号	1	2	3	4	5
选项	BCDE	ACE	ACE	BC	ABCE

三、判断题（每小题 1 分，共 10 分）

题号	1	2	3	4	5	6	7	8	9	10
答案	×	✓	✓	×	✓	×	×	✓	✓	×

四、综合应用题

1.（10 分）解：

第三季度月平均产值为：

$\bar{a} = \frac{1}{n}\sum_{i=1}^{n} a_i$ （1 分）

$= (800+930+1\ 030)/3$ （1 分）

$= 920$（万元）。（1 分）

第三季度平均职工人数为：

$\bar{b} = \frac{b_1/2 + b_2 + \cdots + b_n/2}{n-1}$ （1 分）

$= (186/2+192+202+226/2)/3$ （2 分）

$= 200$（人）。（1 分）

第三季度的人均月产值为：

$$\bar{c}=\frac{\bar{a}}{\bar{b}}$$ （1分）

=920/200 （1分）

= 4.6（万元/人） （1分）

2.（10分）解：由题干可知：

$\bar{x}$ =3.5，n=36，s=1.2，$z_{\alpha/2}$ =2，所以 （2分）

置信区间下限：$\bar{x}-z_{\alpha/2}\cdot\frac{s}{\sqrt{n}}$ =3.5−2＊1.2/6=3.1 （3分）

置信区间上限：$\bar{x}+z_{\alpha/2}\cdot\frac{s}{\sqrt{n}}$ =3.5+2＊1.2/6=3.9 （3分）

所以，该地区居民家庭平均每天看电视时间的置信度95.45%的置信区间为（3.1，3.9）。 （2分）

3.（10分）解：

（1）由题干可得，月收入的组中值分别为：1 500、2 500、3 500、4 500，所以 （2分）

$$\bar{x}=\frac{\sum xf}{\sum f}$$ （1分）

$$=\frac{1\ 500\times 20+2\ 500\times 40+3\ 500\times 30+4\ 500\times 10}{20+40+30+10}$$ （2分）

= 280 000/100=2 800（元） （1分）

（2）$$\sigma=\sqrt{\frac{\sum(x-x)^2 f}{\sum f}}$$ （1分）

$$=\sqrt{\frac{1\ 300^2\times 20+300^2\times 40+700^2\times 30+1\ 700^2\times 10}{20+40+30+10}}$$ （2分）

= 900（元） （1分）

4.（10分）（1）销售量总指数为：

$$\bar{k}_q=\frac{\sum p_0q_1}{\sum p_0q_0}=\frac{\sum p_0q_0\frac{q_1}{q_0}}{\sum p_0q_0}$$ （1分）

= 990/900 （2分）

= 110% （1分）

销售量变动对销售额影响的绝对额：

$\Delta_q=\sum p_0q_1-\sum p_0q_0$ =990−900=90（万元） （1分）

（2）$\bar{k}_p = \dfrac{\sum p_1 q_1}{\sum p_0 q_1} = \dfrac{\sum p_1 q_1}{\sum p_0 q_0 \dfrac{q_1}{q_0}}$ （1 分）

$= 1\ 188/990$ （2 分）

$= 120\%$ （1 分）

销售价格变动对销售额影响的绝对额：

$\Delta_p = \sum p_1 q_1 - \sum p_0 q_1 = 1\ 188 - 990 = 198$（万元） （1 分）

5.（10 分）

（1）由题图知：$\hat{\beta}_0 = 87.147$，$\hat{\beta}_1 = -0.004$， （1 分）

所以，产量影响成本的线性回归方程为：$\hat{y} = 87.147 - 0.004x$。 （2 分）

（2）由于 x 系数显著性检验统计量对应的 P 值 $= 9.4 \times 10^{-6}$，小于 α（$\alpha = 0.05$），（1 分）

所以在 0.05 显著性水平下，产量对成本的影响是显著的。 （1 分）

（3）回归系数的实际意义：产量增加 1 件，单位成本平均下降 0.004 元。

（2 分，缺少“平均”二字，扣 1 分）

（4）当产量为 $x_0 = 6\ 500$ 件时，预测单位成本为：

$\hat{y}_0 = 87.147 - 0.004\, x_0$ （1 分）

$= 87.147 - 0.004 * 6\ 500$ （1 分）

$= 61.147$（元）。 （1 分）

课程名称：统计学
命题教师：
适用班级：
考试　　　　　　　　　　　　年　　月　　日　　　共　　页

题号	一	二	三	四-1	四-2	四-3	四-4	四-5	总分	评阅（统分）教师
得分										

注意事项：

1. 满分 100 分。要求卷面整洁、字迹工整、无错别字。

2. 考生必须将姓名、班级、学号完整、准确、清楚地填写在试卷规定的地方，否则视为废卷。

3. 考生必须在签到单上签到，若出现遗漏，后果自负。

4. 如有答题纸，答案请全部写在答题纸上，否则不给分；考完请将试卷和答题卷分别一同交回，否则不给分。

模拟试题四

一、单项选择题（请将答案对应填入下表。每小题 1 分，共 30 分）

题号	1	2	3	4	5	6	7	8	9	10
答案										
题号	11	12	13	14	15	16	17	18	19	20
答案										
题号	21	22	23	24	25	26	27	28	29	30
答案										

1. 下列标志中，是品质标志的是（　　）。
A. 职称　　B. 存款额　　C. 年龄　　D. 月工资

2. 反映一个企业职工的学历结构状况，最合适的统计图形是（　　）。
A. 雷达图　　B. 直方图　　C. 散点图　　D. 饼图

3. 要检查企业某批次矿泉水质量，最适宜的调查组织形式是（　　）。
A. 普查　　B. 典型调查　　C. 重点调查　　D. 抽样调查

4. 某小组做校内调查，抽取样本的方法是在全校的所有班级中抽选若干班级，对抽中班级的学生全部进行调查，这种抽样方法属于（　　）。

A. 等距抽样　　B. 分层抽样　　C. 整群抽样　　D. 纯随机抽样

5. 对分组标志而言，经过分组的资料表现出（　　）。

A. 组内差异性，组间同质性　　B. 组内差异性，组间相似性

C. 组内同质性，组间相似性　　D. 组内同质性，组间差异性

6. 把月消费支出依次分组为：1 000 元以下，1 000~1 200 元，1 200~1 400 元，1 400~1 600 元，1 600 元以上，某同学月消费恰为 1 000 元，则应将其统计在（　　）。

A. 第一组　　B. 第二组　　C. 第三组　　D. 第四组

7. 在工资分组中，2 000~3 000 元这一组的“向上累计频数”为 60 人，表明（　　）。

A. 有 60 人工资在 2 000 元以上　　B. 有 60 人工资在 3 000 元以上

C. 有 60 人工资在 2 000 元以下　　D. 有 60 人工资在 3 000 元以下

8. 某连续变量数列，其末组为“500 以上”，又知其邻近组的组中值为 490，则末组的组中值为（　　）。

A. 510　　B. 520　　C. 500　　D. 490

9. 有 20 个工人操作机器台数资料如下：2，5，4，2，4，3，4，3，4，4，2，2，2，4，3，4，6，3，4，4。对上述资料编制变量数列，宜采用（　　）。

A. 单项数列　　B. 等距数列

C. 异距数列　　D. 单项数列或等距数列均可

10. 人均粮食产量=粮食总产量/总人口数，该指标属于（　　）。

A. 结构相对指标　　B. 动态相对指标

C. 强度相对指标　　D. 比较相对指标

11. 通常所说的“成数”是将对比的基数抽象为（　　）。

A. 1　　B. 10　　C. 100　　D. 1 000

12. 某公司上半年完成产值 100 万元。下半年计划比上半年增长 10%，实际下半年完成产值 132 万元，则该公司下半年产值计划完成程度为（　　）。

A. 100%　　B. 110%　　C. 120%　　D. 132%

13. 如果想反映某地区居民收入的差异程度，可以采用的指标是（　　）。

A. 标准差　　B. 平均数　　C. 众数　　D. 中位数

14. 有三批同种产品，废品数分别为 25 件、30 件、45 件，废品率相应为 1.5%、2%、1%，则计算这三批产品的平均废品率应使用（　　）。

A. 简单算术平均法　　B. 几何平均法

C. 加权算术平均法　　D. 调和平均法

15. 如果加权算术平均数的权重都相同，则它（　　）。

A. 等于简单算术平均数

B. 权重都大于 1 时，大于简单算术平均数

C. 一定大于简单算术平均数

D. 一定小于简单算术平均数

16. 过去三个月甲、乙两种股票的平均股价分别为 100 元、10 元，股价的标准差分别为 15 元、3 元，则股价的波动性（　　）。

A. 两股票相同　　B. 在两股票之间缺乏可比性

C. 甲股票更大　　D. 乙股票更大

17. 设 X～N（65，9），x_1，x_2，…，x_{10}是取自 X 的样本，则样本均值 $\bar{x}$ 服从的分布是（　　）。

A. N（65，3）　B. N（6.5，9）　C. N（65，0.9）　D. N（65，30）

18. 其他条件不变，根据重复抽样所得样本估计总体均值 μ 的置信区间，要使区间宽度缩小一半，则样本容量应增加到原来的（　　）。

A. 1 倍　B. 2 倍　C. 3 倍　D. 4 倍

19. 在确定样本容量时，由公式计算出 $n=75.22$，则实际应抽取的样本容量为（　　）。

A. 75　B. 76　C. 75.32　D. 80

20. 抽样平均误差等于样本平均数（或样本比例）的（　　）。

A. 平均差　B. 算术平均数　C. 标准差　D. 标准差系数

21. 随着样本容量的增大，几乎可以肯定点估计量的值越来越接近被估计总体参数的真实值，这种性质是估计量的（　　）。

A. 无偏性　B. 一致性　C. 有效性　D. 稳定性

22. 假设检验中，第二类错误指的是（　　）。

A. 否定了真实的原假设　　B. 否定了非真实的原假设

C. 没有否定真实的原假设　　D. 没有否定非真实的原假设

23. 在大样本时，要检验关于总体比例的假设 H_0：$\pi \leqslant 0.8$，H_1：$\pi > 0.8$，给定显著性水平 α，则原假设的否定域为（　　）。

A. $[Z_\alpha, +\infty)$　　B. $(-\infty, -Z_\alpha]$

C. $(-\infty, -t_{\alpha/2}(n-1)]$　　D. $[t_\alpha(n-1), +\infty)$

24. 下列相关系数值，反映变量间相关程度最强的是（　　）。

A. 0.5　B. 0　C. -0.9　D. 0.3

25. 下列数列中，属于时点数列的是（　　）。

A. 某企业历年年末在职人数　　B. 我国历年社会商品零售总额

C. 某地区历年癌病死亡人数　　D. 我国历年发射的卫星数

26. 某市 2012 年居民实际收入的环比增减速度为 8%，2013 年的环比增减速度为 12%，则 2013 年居民实际收入比 2011 年增加了（　　）。

A. 3.7%　　B. 4%　　C. 20%　　D. 20.96%

27. 某人连续三年的投资收益率分别为5%、6%、7%，则其此三年的平均收益率是（　　）。

A. （5%+6%+7%）/3　　B. $\sqrt[3]{5\% \times 6\% \times 7\%}$

C. $\sqrt[3]{1.05 \times 1.06 \times 1.07} - 1$　　D. 105%×106%×107% − 1

28. 编制综合指数时，同度量因素是（　　）。

A. 使计量单位相同的变量　　B. 指数所要测定其变动的变量

C. 固定指数化因素时期的变量　　D. 起着同度量作用和权数作用的变量

29. $\Sigma p_1q_1 - \Sigma p_0q_1$表明（　　）。

A. 由于销售量的变化对销售额的影响

B. 由于价格的变化对销售额的影响

C. 由于销售量的变化对价格的影响

D. 由于价格的变化对销售量的影响

30. 物价上涨后，同样多的人民币购买的商品数量减少了8%，则物价上涨幅度为（　　）。

A. 等于8%　　B. 小于8%　　C. 大于8%　　D. 无法判断

二、多项选择题（每小题2分，共10分。请对应题号将正确选项填入下表中）

题号	1	2	3	4	5
选项					

1. 普查是专门组织的（　　）。

A. 经常性调查　　B. 一次性调查　　C. 全面调查　　D. 非全面调查

E. 重点调查

2. 某企业原材料消耗，计划比上期下降10%，实际比上期下降14.5%，则该企业（　　）。

A. 计划完成程度为95%　　B. 计划完成程度为104.09%；

C. 超额完成计划4.5%　　D. 超额完成计划4.09%；

E. 超额完成计划5%。

3. 影响抽样误差的因素包括（　　）。

A. 样本容量的大小　　B. 总体各单位标志值的差异程度

C. 样本均值的大小　　D. 抽取样本的方法

E. 抽样调查的组织形式

4. 定基增长速度等于（　　）。

A. 环比增长速度的连乘积　　B. 环比增长速度之和

C. 累计增长量除以基期水平　　　　D. 定基发展速度减 1

E. 环比发展速度的连乘积减去 100%

5. 在回归分析中，*SST* 为总平方和，*SSR* 为回归平方和，*SSE* 为残差平方和，则可决系数 R^2 为(　　)。

A. *SSR/SST*　　　　B. *SSE/SST*

C. *SSR/SSE*　　　　D. 1 - *SSE/SST*

E. 1 - *SSR/SST*

三、判断题（共 10 分。叙述正确的划"✓"，错误的划"×"）

题号	1	2	3	4	5	6	7	8	9	10
答案										

1. "统计"一词的含义包括统计学、统计资料和统计工作。　(　　)
2. 中位数和众数都不受极端变量值的影响。　(　　)
3. 可以依据典型调查取得的资料，对总体的数量特征做出推断。　(　　)
4. 抽样误差既可以计算，也可以控制。　(　　)
5. 回归方程为 $\hat{y}=50-4x$，表明变量 x 和 y 之间存在着正相关关系。　(　　)
6. 某企业现有厂房面积 1.8 万平方米，这是时期指标。　(　　)
7. 统计量是随机变量。　(　　)
8. 无偏性、有效性和一致性都是点估计优劣的判别准则。　(　　)
9. 对于假设检验犯两类错误的概率，在样本容量一定时，减小 α，β 就会增大。　(　　)
10. 总体服从正态分布，方差未知，则对总体均值的假设检验应该用 F 检验法。　(　　)

四、综合应用题（每小题 10 分，共 50 分）

1.（10 分）在某地区人力市场随机抽取 100 名应聘者组成随机样本，调查他们的年龄状况，结果见下表：

年龄（岁）	应聘者（人）
20 以下	20
20～30	40
30～40	30
40 以上	10
合　计	100

要求：（1）计算这 100 名应聘者的平均年龄；

（2）假定该样本的样本标准差为 9 岁，试以 95%的置信度估计该地区应聘者年龄的置信区间。（注：$1-\alpha=95\%$时，$z_{\alpha/2}=1.96$）

2.（10 分）对模制的若干塑料样品在不同压力和不同温度下进行抗拉强度测试，以压力为行因素、温度为列因素进行有交互作用的方差分析，运用 Excel 软件得到下面截图所示结果：

方差分析						
差异源	SS	df	MS	F	P-value	F crit
样本	2.056	2	1.028	1.947	0.162	3.354
列	9.056	2	4.528	8.579	0.001	3.354
交互	30.278	4	7.569	14.342	0.000	2.728
内部	14.250	27	0.528			
总计	55.639	35				

取显著性水平 $\alpha=0.05$。要求：

（1）判断压力对抗拉强度是否存在显著影响；

（2）判断温度对抗拉强度是否存在显著影响；

（3）判断压力和温度的交互作用对抗拉强度是否存在显著影响。

3.（10 分）某便利店顾客的购买金额可以认为服从正态分布。现对其随机抽取 25 名顾客进行购买金额调查，调查结果为：平均购买金额为 8.6 元，样本标准差为 1.5 元。样本资料是否支持有人提出的“该便利店顾客平均购买金额在 8 元以上”的观点。（取 $\alpha=0.05$。$z_{\alpha/2}=1.96$，$t_{\frac{\alpha}{2}}(24)=2.06$，$t_{\alpha}(24)=1.71$）

4.（10 分）某商店三种商品的价格和销售量资料如下表：

商品名称	计量单位	价格（元）		销售量	
		基期	报告期	基期	报告期
A	吨	90	90	20	40
B	件	100	90	30	40
C	箱	120	150	30	20

要求：

（1）根据这三种商品编制销售量总指数。

（2）根据这三种商品编制销售价格总指数。

（3）分别从相对数和绝对数两个方面分析销售量及销售价格变动对销售额的影响。

5.（10 分）随机调查某村 10 户家庭，得知其养殖资金投入 x（万元）与销售额 y（万元）情况。现欲做线性回归分析，有下表所示计算结果：

序号	资金投入 x	销售额 y	xy	x^2	y^2
1	2	9	18	4	81
2	3	10	30	9	100
3	5	12	60	25	144
4	5	14	70	25	196
5	6	15	90	36	225
6	8	20	160	64	400
7	9	22	198	81	484
8	10	24	240	100	576
9	10	26	260	100	676
10	12	28	336	144	784
合计	70	180	1 462	588	3 666

要求：

（1）以 y 为因变量，x 为自变量，建立线性回归方程；

（2）解释回归系数的实际意义；

（3）当养殖资金投入为 15 万元时，预计销售额为多少？

模拟试题四参考答案及评分标准

一、单项选择题（每小题1分，共30分）

题号	1	2	3	4	5	6	7	8	9	10
答案	A	D	D	C	D	B	D	A	A	C
题号	11	12	13	14	15	16	17	18	19	20
答案	B	C	A	D	A	D	C	D	B	C
题号	21	22	23	24	25	26	27	28	29	30
答案	B	D	A	C	A	D	C	D	B	C

二、多项选择题（共10分）

题号	1	2	3	4	5
选项	BC	AE	ABDE	CDE	AD

三、判断题（共10分）

题号	1	2	3	4	5	6	7	8	9	10
答案	✓	✓	×	✓	×	×	✓	✓	✓	×

四、综合应用题

1.（10分）解：

（1）由题表知，年龄分组的组中值分别为：15、25、35、45，所以　（1分）

$$\bar{x} = \frac{\sum xf}{\sum f}$$　（1分）

$$= \frac{15 \times 20 + 25 \times 40 + 35 \times 30 + 45 \times 10}{20 + 40 + 30 + 10}$$　（1分）

$= 2\ 800/100 = 28$（岁）　（1分）

（2）由题干知：

$n = 100$，$s = 9$，$z_{\alpha/2} = 1.96$，所以　（1分）

置信区间下限：$\bar{x} - z_{\alpha/2} \cdot \frac{s}{\sqrt{n}} = 28 - 1.96 * 9/10 = 26.24$　（2分）

置信区间上限：$\bar{x}+z_{\alpha/2}\cdot\frac{s}{\sqrt{n}}$ =28+1.96＊9/10=29.76 （2分）

所以，以95%的置信度估计该地区应聘者年龄的置信区间为（26.24，29.76）。 （1分）

2. 解：（1）由题图知，对于行因素，由于F=1.947，对应P值=0.164>0.05， （2分）

故压力对抗拉强度不存在显著影响； （2分）

（2）对于列因素，由于F=8.579，对应P值=0.001<0.05， （2分）

故温度对抗拉强度存在显著影响； （1分）

（3）对于交互作用，由于F=14.342，对应P值=0.000<0.05， （2分）

故压力和温度的交互作用对抗拉强度存在显著影响。 （1分）

3. 解：（10分）提出假设 $H_0:\mu\leqslant 8$，$H_1:\mu>8$。 （2分）

由于总体服从正态分布，但总体方差未知，且为小样本（n<30），故用t检验 （1分）

有 $t_0=\frac{\bar{x}-\mu_0}{s/\sqrt{n}}$ （1分）

$=\frac{8.6-8}{1.5/\sqrt{25}}=2$ （2分）

当 $\alpha=0.05$ 时，$t_\alpha(24)=1.71$， 否定域为（1.71，+∞） （2分）

由于 $t_0=2>1.71$，检验统计量的值落入否定域，故否定原假设 H_0 （1分）

即样本数据支持“该便利店顾客平均购买金额在8元以上”的观点。 （1分）

4. 解：（1）销售量总指数：

$\bar{k}_q-\frac{\sum p_0q_1}{\sum p_0q_0}$ （1分）

= 10 000/8 400 = 119.05% （2分）

（2）价格总指数：

$\bar{k}_p=\frac{\sum p_1q_1}{\sum p_0q_1}$ （1分）

= 10 200/10 000 = 102% （2分）

（3）销售额相对变动：

$\bar{k}_{pq}=\frac{\sum p_1q_1}{\sum p_0q_0}=\frac{10\ 200}{8\ 400}=121.43\%$ （0.5分）

销售额绝对变动：$\Delta_{pq}=\sum p_1q_1-\sum p_0q_0=10\ 200-8\ 400=1\ 800$（元） （0.5分）

销售量变动对销售额影响的绝对额：

$\Delta_q = \sum p_0 q_1 - \sum p_0 q_0 = 10\,000 - 8\,400 = 1\,600$（元） （1分）

销售价格变动对销售额影响的绝对额：

$\Delta_p = \sum p_1 q_1 - \sum p_0 q_1 = 10\,200 - 10\,000 = 200$（元） （1分）

从相对数看，该商店销售额增长了21.43%，是由于销售量增长19.05%和销售价格增长2%两个因素共同作用的结果，有121.43%=119.05%×102%。 （0.5分）

从绝对数看，由于销售量增长引起销售额增加了1 600元，由于销售价格增长引起销售额增加了200元，两个因素共同作用使该商店销售额增加了1 800元，有1 800元=1 600元+200元。 （0.5分）

5. 解：(1)

$$\hat{b} = \frac{n\sum xy - \sum x \sum y}{n\sum x^2 - \left(\sum x\right)^2} = \frac{10 \times 1\,462 - 70 \times 180}{10 \times 588 - 70^2} = 2.06$$ （2分）

$$\hat{a} = \bar{y} - \hat{b}\bar{x} = \frac{180}{10} - 2.06 \times \frac{70}{10} = 3.57.$$ （2分）

故所求回归方程为：$\hat{y} = 3.57 + 2.06x$。 （2分）

(2) 回归系数b的意义：当资金投入增加1万元时，销售额平均增加2.06万元。 （2分，缺少“平均”二字扣1分）

(3) 当资金投入为$x_0 = 15$万元时，预计销售额为：

$\hat{y}_0 = 3.57 + 2.06x_0$

$= 3.57 + 2.06 \times 15$ （1分）

$= 34.47$（万元）。 （1分）

附录二：中华人民共和国统计法

（2009 年修订）

（1983 年 12 月 8 日第六届全国人民代表大会常务委员会第三次会议通过，根据 1996 年 5 月 15 日第八届全国人民代表大会常务委员会第十九次会议《关于修改〈中华人民共和国统计法〉的决定》修正，2009 年 6 月 27 日第十一届全国人民代表大会常务委员会第九次会议修订，自 2010 年 1 月 1 日起施行）

第一章　总则

第一条　为了科学、有效地组织统计工作，保障统计资料的真实性、准确性、完整性和及时性，发挥统计在了解国情国力、服务经济社会发展中的重要作用，促进社会主义现代化建设事业发展，制定本法。

第二条　本法适用于各级人民政府、县级以上人民政府统计机构和有关部门组织实施的统计活动。

统计的基本任务是对经济社会发展情况进行统计调查、统计分析，提供统计资料和统计咨询意见，实行统计监督。

第三条　国家建立集中统一的统计系统，实行统一领导、分级负责的统计管理体制。

第四条　国务院和地方各级人民政府、各有关部门应当加强对统计工作的组织领导，为统计工作提供必要的保障。

第五条　国家加强统计科学研究，健全科学的统计指标体系，不断改进统计调查方法，提高统计的科学性。

国家有计划地加强统计信息化建设，推进统计信息搜集、处理、传输、共享、存储技术和统计数据库体系的现代化。

第六条 统计机构和统计人员依照本法规定独立行使统计调查、统计报告、统计监督的职权，不受侵犯。

地方各级人民政府、政府统计机构和有关部门以及各单位的负责人，不得自行修改统计机构和统计人员依法搜集、整理的统计资料，不得以任何方式要求统计机构、统计人员及其他机构、人员伪造、篡改统计资料，不得对依法履行职责或者拒绝、抵制统计违法行为的统计人员打击报复。

第七条 国家机关、企业事业单位和其他组织以及个体工商户和个人等统计调查对象，必须依照本法和国家有关规定，真实、准确、完整、及时地提供统计调查所需的资料，不得提供不真实或者不完整的统计资料，不得迟报、拒报统计资料。

第八条 统计工作应当接受社会公众的监督。任何单位和个人有权检举统计中弄虚作假等违法行为。对检举有功的单位和个人应当给予表彰和奖励。

第九条 统计机构和统计人员对在统计工作中知悉的国家秘密、商业秘密和个人信息，应当予以保密。

第十条 任何单位和个人不得利用虚假统计资料骗取荣誉称号、物质利益或者职务晋升。

第二章　统计调查管理

第十一条 统计调查项目包括国家统计调查项目、部门统计调查项目和地方统计调查项目。

国家统计调查项目是指全国性基本情况的统计调查项目。部门统计调查项目是指国务院有关部门的专业性统计调查项目。地方统计调查项目是指县级以上地方人民政府及其部门的地方性统计调查项目。

国家统计调查项目、部门统计调查项目、地方统计调查项目应当明确分工，互相衔接，不得重复。

第十二条 国家统计调查项目由国家统计局制定，或者由国家统计局和国务院有关部门共同制定，报国务院备案；重大的国家统计调查项目报国务院审批。

部门统计调查项目由国务院有关部门制定。统计调查对象属于本部门管辖系统的，报国家统计局备案；统计调查对象超出本部门管辖系统的，报国家统计局审批。

地方统计调查项目由县级以上地方人民政府统计机构和有关部门分别制定或者共同制定。其中，由省级人民政府统计机构单独制定或者和有关部门共同制定的，报国家统计局审批；由省级以下人民政府统计机构单独制定或者和有关部门共同制定的，报省级人民政府统计机构审批；由县级以上地方人民政府有关部门制定的，报本级人民政府统计机构审批。

第十三条 统计调查项目的审批机关应当对调查项目的必要性、可行性、科学性进行审查，对符合法定条件的，作出予以批准的书面决定，并公布；对不符合法定条件的，作出不予批准的书面决定，并说明理由。

第十四条　制定统计调查项目，应当同时制定该项目的统计调查制度，并依照本法第十二条的规定一并报经审批或者备案。

统计调查制度应当对调查目的、调查内容、调查方法、调查对象、调查组织方式、调查表式、统计资料的报送和公布等作出规定。

统计调查应当按照统计调查制度组织实施。变更统计调查制度的内容，应当报经原审批机关批准或者原备案机关备案。

第十五条　统计调查表应当标明表号、制定机关、批准或者备案文号、有效期限等标志。

对未标明前款规定的标志或者超过有效期限的统计调查表，统计调查对象有权拒绝填报；县级以上人民政府统计机构应当依法责令停止有关统计调查活动。

第十六条　搜集、整理统计资料，应当以周期性普查为基础，以经常性抽样调查为主体，综合运用全面调查、重点调查等方法，并充分利用行政记录等资料。

重大国情国力普查由国务院统一领导，国务院和地方人民政府组织统计机构和有关部门共同实施。

第十七条　国家制定统一的统计标准，保障统计调查采用的指标含义、计算方法、分类目录、调查表式和统计编码等的标准化。

国家统计标准由国家统计局制定，或者由国家统计局和国务院标准化主管部门共同制定。

国务院有关部门可以制定补充性的部门统计标准，报国家统计局审批。部门统计标准不得与国家统计标准相抵触。

第十八条　县级以上人民政府统计机构根据统计任务的需要，可以在统计调查对象中推广使用计算机网络报送统计资料。

第十九条　县级以上人民政府应当将统计工作所需经费列入财政预算。

重大国情国力普查所需经费，由国务院和地方人民政府共同负担，列入相应年度的财政预算，按时拨付，确保到位。

第三章　统计资料的管理和公布

第二十条　县级以上人民政府统计机构和有关部门以及乡、镇人民政府，应当按照国家有关规定建立统计资料的保存、管理制度，建立健全统计信息共享机制。

第二十一条　国家机关、企业事业单位和其他组织等统计调查对象，应当按照国家有关规定设置原始记录、统计台账，建立健全统计资料的审核、签署、交接、归档等管理制度。

统计资料的审核、签署人员应当对其审核、签署的统计资料的真实性、准确性和完整性负责。

第二十二条　县级以上人民政府有关部门应当及时向本级人民政府统计机构提供统计所需的行政记录资料和国民经济核算所需的财务资料、财政资料及其他资料，并按照统计调查制度的规定及时向本级人民政府统计机构报送其组织实施统计调查取得的有关资料。

县级以上人民政府统计机构应当及时向本级人民政府有关部门提供有关统计资料。

第二十三条 县级以上人民政府统计机构按照国家有关规定，定期公布统计资料。

国家统计数据以国家统计局公布的数据为准。

第二十四条 县级以上人民政府有关部门统计调查取得的统计资料，由本部门按照国家有关规定公布。

第二十五条 统计调查中获得的能够识别或者推断单个统计调查对象身份的资料，任何单位和个人不得对外提供、泄露，不得用于统计以外的目的。

第二十六条 县级以上人民政府统计机构和有关部门统计调查取得的统计资料，除依法应当保密的外，应当及时公开，供社会公众查询。

第四章 统计机构和统计人员

第二十七条 国务院设立国家统计局，依法组织领导和协调全国的统计工作。

国家统计局根据工作需要设立的派出调查机构，承担国家统计局布置的统计调查等任务。

县级以上地方人民政府设立独立的统计机构，乡、镇人民政府设置统计工作岗位，配备专职或者兼职统计人员，依法管理、开展统计工作，实施统计调查。

第二十八条 县级以上人民政府有关部门根据统计任务的需要设立统计机构，或者在有关机构中设置统计人员，并指定统计负责人，依法组织、管理本部门职责范围内的统计工作，实施统计调查，在统计业务上受本级人民政府统计机构的指导。

第二十九条 统计机构、统计人员应当依法履行职责，如实搜集、报送统计资料，不得伪造、篡改统计资料，不得以任何方式要求任何单位和个人提供不真实的统计资料，不得有其他违反本法规定的行为。

统计人员应当坚持实事求是，恪守职业道德，对其负责搜集、审核、录入的统计资料与统计调查对象报送的统计资料的一致性负责。

第三十条 统计人员进行统计调查时，有权就与统计有关的问题询问有关人员，要求其如实提供有关情况、资料并改正不真实、不准确的资料。

统计人员进行统计调查时，应当出示县级以上人民政府统计机构或者有关部门颁发的工作证件；未出示的，统计调查对象有权拒绝调查。

第三十一条 国家实行统计专业技术职务资格考试、评聘制度，提高统计人员的专业素质，保障统计队伍的稳定性。

统计人员应当具备与其从事的统计工作相适应的专业知识和业务能力。

县级以上人民政府统计机构和有关部门应当加强对统计人员的专业培训和职业

道德教育。

第五章　监督检查

第三十二条　县级以上人民政府及其监察机关对下级人民政府、本级人民政府统计机构和有关部门执行本法的情况，实施监督。

第三十三条　国家统计局组织管理全国统计工作的监督检查，查处重大统计违法行为。

县级以上地方人民政府统计机构依法查处本行政区域内发生的统计违法行为。但是，国家统计局派出的调查机构组织实施的统计调查活动中发生的统计违法行为，由组织实施该项统计调查的调查机构负责查处。

法律、行政法规对有关部门查处统计违法行为另有规定的，从其规定。

第三十四条　县级以上人民政府有关部门应当积极协助本级人民政府统计机构查处统计违法行为，及时向本级人民政府统计机构移送有关统计违法案件材料。

第三十五条　县级以上人民政府统计机构在调查统计违法行为或者核查统计数据时，有权采取下列措施：

（一）发出统计检查查询书，向检查对象查询有关事项；

（二）要求检查对象提供有关原始记录和凭证、统计台账、统计调查表、会计资料及其他相关证明和资料；

（三）就与检查有关的事项询问有关人员；

（四）进入检查对象的业务场所和统计数据处理信息系统进行检查、核对；

（五）经本机构负责人批准，登记保存检查对象的有关原始记录和凭证、统计台账、统计调查表、会计资料及其他相关证明和资料；

（六）对与检查事项有关的情况和资料进行记录、录音、录像、照相和复制。

县级以上人民政府统计机构进行监督检查时，监督检查人员不得少于二人，并应当出示执法证件；未出示的，有关单位和个人有权拒绝检查。

第三十六条　县级以上人民政府统计机构履行监督检查职责时，有关单位和个人应当如实反映情况，提供相关证明和资料，不得拒绝、阻碍检查，不得转移、隐匿、篡改、毁弃原始记录和凭证、统计台账、统计调查表、会计资料及其他相关证明和资料。

第六章　法律责任

第三十七条　地方人民政府、政府统计机构或者有关部门、单位的负责人有下列行为之一的，由任免机关或者监察机关依法给予处分，并由县级以上人民政府统计机构予以通报：

（一）自行修改统计资料、编造虚假统计数据的；

（二）要求统计机构、统计人员或者其他机构、人员伪造、篡改统计资料的；

（三）对依法履行职责或者拒绝、抵制统计违法行为的统计人员打击报复的；

（四）对本地方、本部门、本单位发生的严重统计违法行为失察的。

第三十八条 县级以上人民政府统计机构或者有关部门在组织实施统计调查活动中有下列行为之一的，由本级人民政府、上级人民政府统计机构或者本级人民政府统计机构责令改正，予以通报；对直接负责的主管人员和其他直接责任人员，由任免机关或者监察机关依法给予处分：

（一）未经批准擅自组织实施统计调查的；

（二）未经批准擅自变更统计调查制度的内容的；

（三）伪造、篡改统计资料的；

（四）要求统计调查对象或者其他机构、人员提供不真实的统计资料的；

（五）未按照统计调查制度的规定报送有关资料的。

统计人员有前款第三项至第五项所列行为之一的，责令改正，依法给予处分。

第三十九条 县级以上人民政府统计机构或者有关部门有下列行为之一的，对直接负责的主管人员和其他直接责任人员由任免机关或者监察机关依法给予处分：

（一）违法公布统计资料的；

（二）泄露统计调查对象的商业秘密、个人信息或者提供、泄露在统计调查中获得的能够识别或者推断单个统计调查对象身份的资料的；

（三）违反国家有关规定，造成统计资料毁损、灭失的。

统计人员有前款所列行为之一的，依法给予处分。

第四十条 统计机构、统计人员泄露国家秘密的，依法追究法律责任。

第四十一条 作为统计调查对象的国家机关、企业事业单位或者其他组织有下列行为之一的，由县级以上人民政府统计机构责令改正，给予警告，可以予以通报；其直接负责的主管人员和其他直接责任人员属于国家工作人员的，由任免机关或者监察机关依法给予处分：

（一）拒绝提供统计资料或者经催报后仍未按时提供统计资料的；

（二）提供不真实或者不完整的统计资料的；

（三）拒绝答复或者不如实答复统计检查查询书的；

（四）拒绝、阻碍统计调查、统计检查的；

（五）转移、隐匿、篡改、毁弃或者拒绝提供原始记录和凭证、统计台账、统计调查表及其他相关证明和资料的。

企业事业单位或者其他组织有前款所列行为之一的，可以并处五万元以下的罚款；情节严重的，并处五万元以上二十万元以下的罚款。

个体工商户有本条第一款所列行为之一的，由县级以上人民政府统计机构责令改正，给予警告，可以并处一万元以下的罚款。

第四十二条 作为统计调查对象的国家机关、企业事业单位或者其他组织迟报统计资料，或者未按照国家有关规定设置原始记录、统计台账的，由县级以上人民政府统计机构责令改正，给予警告。

企业事业单位或者其他组织有前款所列行为之一的，可以并处一万元以下的罚款。

个体工商户迟报统计资料的，由县级以上人民政府统计机构责令改正，给予警告，可以并处一千元以下的罚款。

第四十三条　县级以上人民政府统计机构查处统计违法行为时，认为对有关国家工作人员依法应当给予处分的，应当提出给予处分的建议；该国家工作人员的任免机关或者监察机关应当依法及时作出决定，并将结果书面通知县级以上人民政府统计机构。

第四十四条　作为统计调查对象的个人在重大国情国力普查活动中拒绝、阻碍统计调查，或者提供不真实或者不完整的普查资料的，由县级以上人民政府统计机构责令改正，予以批评教育。

第四十五条　违反本法规定，利用虚假统计资料骗取荣誉称号、物质利益或者职务晋升的，除对其编造虚假统计资料或者要求他人编造虚假统计资料的行为依法追究法律责任外，由作出有关决定的单位或者其上级单位、监察机关取消其荣誉称号，追缴获得的物质利益，撤销晋升的职务。

第四十六条　当事人对县级以上人民政府统计机构作出的行政处罚决定不服的，可以依法申请行政复议或者提起行政诉讼。其中，对国家统计局在省、自治区、直辖市派出的调查机构作出的行政处罚决定不服的，向国家统计局申请行政复议；对国家统计局派出的其他调查机构作出的行政处罚决定不服的，向国家统计局在该派出机构所在的省、自治区、直辖市派出的调查机构申请行政复议。

第四十七条　违反本法规定，构成犯罪的，依法追究刑事责任。

第七章　附则

第四十八条　本法所称县级以上人民政府统计机构，是指国家统计局及其派出的调查机构、县级以上地方人民政府统计机构。

第四十九条　民间统计调查活动的管理办法，由国务院制定。

中华人民共和国境外的组织、个人需要在中华人民共和国境内进行统计调查活动的，应当按照国务院的规定报请审批。

利用统计调查危害国家安全、损害社会公共利益或者进行欺诈活动的，依法追究法律责任。

第五十条　本法自2010年1月1日起施行。

参考文献

[1] 张春国，甘伦知. 统计学［M］. 2 版. 成都：西南财经大学出版社，2016.

[2] 贾俊平. 统计学［M］. 5 版. 北京：中国人民大学出版社，2012.

[3] 庞皓. 计量经济学［M］. 3 版. 北京：科学出版社有限责任公司，2014.

[4] 吴明礼，黄立山. 统计学［M］. 修订版. 北京：中国统计出版社，2006.

[5] 袁卫，庞皓，等. 统计学［M］. 4 版. 北京：高等教育出版社，2014.

[6] 杨厚学. 应用统计分析技能训练［M］. 成都：西南交通大学出版社，2010.

[7] 缪铨生. 概率与统计［M］. 3 版. 上海：华东师范大学出版社，2007.

[8] 孙炎，陈平. 应用统计学学习指导［M］. 北京：机械工业出版社，2007.

[9] 全国统计专业技术资格考试用书编写委员会. 统计业务知识［M］. 2 版. 北京：中国统计出版社，2011.

[10] 国家统计局统计教育培训中心. 统计业务知识［M］. 北京：中国统计出版社，2013.

[11] 中华人民共和国国家统计局. 中国统计年鉴（各年）［M］. 北京：中国统计出版社，1996—2016.